国家哲学社会科学成果文库

NATIONAL ACHIEVEMENTS LIBRARY
OF PHILOSOPHY AND SOCIAL SCIENCES

"单位共同体"的变迁与城市社区重建

田毅鹏　等著

中央编译出版社
Central Compilation & Translation Press

田毅鹏 1963年生，吉林大学哲学社会学院副院长，社会学系主任，匡亚明特聘教授，博士生导师。兼任教育部社会学教学指导委员会委员，中国社会学会常务理事，国家社会科学基金评审委员，吉林省委决策咨询委员，吉林省社会学会副会长。曾被评为"宝钢优秀教师"（2005年）、教育部新世纪优秀人才（2006年）、入选国家百千万人才工程（2013年），并被授予"国家有突出贡献中青年专家"。主要研究方向为发展社会学、城市社会学、中国社会思想史等，已发表学术论文百余篇，出版《单位社会的终结》、《东亚新发展主义》等学术著作。主持国家社会科学基金重大项目"当代中国单位制度形成及变迁研究"、国家社会科学基金重点项目"社会管理体制改革创新的模式选择和推进路径"等研究项目。

吕方 1982年生，华中师范大学社会学院副教授，社会学博士。主要从事组织社会学、发展社会学、比较政策相关研究。2001年–2010年，在吉林大学社会学系学习。2010年6月获得博士学位，同年7月到华中师范大学社会学院任教。2013年–2014年赴芝加哥大学从事访问研究。先后主持国家社科基金青年项目（2013）、教育部社科基金青年项目（2011）等科研课题。获得省社科优秀成果奖一等奖等多项奖励。近年来，在《社会学研究》、《天津社会科学》、《江海学刊》等刊物公开发表论文十余篇，多篇被《新华文摘》、《中国社会科学文摘》、《人大复印资料（社会学）》转载。

《国家哲学社会科学成果文库》出版说明

为充分发挥哲学社会科学研究优秀成果和优秀人才的示范带动作用，促进我国哲学社会科学繁荣发展，全国哲学社会科学规划领导小组决定自2010年始，设立《国家哲学社会科学成果文库》，每年评审一次。入选成果经过了同行专家严格评审，代表当前相关领域学术研究的前沿水平，体现我国哲学社会科学界的学术创造力，按照"统一标识、统一封面、统一版式、统一标准"的总体要求组织出版。

全国哲学社会科学规划办公室
2011年3月

目　录

导　论 ·· (1)
　　一、"共同体"、"社区"、"单位共同体" ···························· (2)
　　二、单位制度的变迁与城市社区建设的发轫 ······················ (10)
　　三、关于单位社区转型的探索 ······································ (14)
　　四、单位社区转型探索的意义 ······································ (19)

第一部分　"单位共同体"形成及变迁的一般轨迹

第一章　"单位共同体"起源的历史背景 ································ (25)
　　一、中国传统社会的基本构造 ······································ (26)
　　二、中国传统社会在近代的危机 ···································· (36)
　　三、"单位共同体"：中国社会的总体性重建方案 ················ (42)

第二章　"单位共同体"的形成及基本特质 ···························· (52)
　　一、关于"单位制"起源的论争 ···································· (52)
　　二、单位制形成及变迁的基本轨迹 ································ (59)
　　三、"单位共同体"的基本特质 ···································· (73)

第三章 转型期单位制的重建与消解 …………………………………… (79)
    一、单位制重建与单位共同体的修复与扩张 ………………………… (79)
    二、单位制衰败与单位共同体的走向消解 …………………………… (87)
    三、单位共同体变迁的基本走向 ……………………………………… (95)

第四章 从"单位社会"到"后单位社会" ……………………………… (99)
    一、单位社会的"终结" ……………………………………………… (100)
    二、"后单位社会"的来临与社会治理的"重层结构" ……………… (103)
    三、社会体制转换：从"整合控制"到"协同参与" ……………… (109)

第二部分 "单位共同体"演进的经验视域

第五章 国家建构中的"单位共同体" ………………………………… (115)
    一、将国家带回分析的中心 …………………………………………… (116)
    二、"共和国长子"的诞生 …………………………………………… (119)
    三、"单位共同体"的组织学特征 …………………………………… (124)

第六章 "单位共同体"中的生产与生活 ……………………………… (133)
    一、"单位共同体"中的劳动动员 …………………………………… (133)
    二、"父爱式集体主义"的效率悖论 ………………………………… (143)

第七章 "重建单位制"进程中单位共同体的膨胀 …………………… (149)
    一、"重建单位制"过程中的单位共同体 …………………………… (150)
    二、改革初期的"国企悖论" ………………………………………… (159)

第八章 "国企改制"与"单位共同体"的消解 ……………………… (166)
    一、计划经济年代的"改制"构想 …………………………………… (167)
    二、"国企改制"的效率主义叙事 …………………………………… (170)

第九章 工业社区冲突与单位共同体"变迁之痛" …………（183）
 一、"典型单位制"：工人集体行动的社会背景 …………（183）
 二、一种典型样态：H厂集体行动回顾 ………………（189）
 三、工人集体行动的"单位性"特质 ……………………（192）
 四、单位共同体的"变迁之痛"及其后果 ………………（198）

第三部分 "后单位时代"的城市社区建设的勃兴

第十章 单位制度变迁与城市社区建设的勃兴 …………（205）
 一、迈向"社区制"的探索 ………………………………（205）
 二、"后单位时代"城市治理面临的挑战 ………………（218）

第十一章 "后单位时代"的社会原子化与城市社区治理 ……（226）
 一、社会原子化问题研究的理论谱系 ……………………（227）
 二、社会原子化理论的"问题表达" ……………………（237）
 三、如何应对"社会衰落" ………………………………（243）

第十二章 单位社区网格化管理的模式建构及选择 ………（248）
 一、从"蜂窝"到"网格"：城市社会管理之嬗变轨迹 …（249）
 二、网格化社会管理的勃兴 ………………………………（252）
 三、网格化管理对社区自治可能产生的影响 ……………（258）
 四、寻找网格化管理与社区自治间的二元交叉点 ………（267）

第十三章 老年群体的社区活动与"银色公共性"建构 ……（274）
 一、老年群体与公共性 ……………………………………（274）
 二、基于老年人社会参与而生发的公共性 ……………（279）
 三、老年人社会参与的限制 ………………………………（282）

第十四章　单位制变迁与社会管理体制改革的理论逻辑 …………（286）
　　一、"体制生成论" ……………………………………………（286）
　　二、"体制构造论" ……………………………………………（289）
　　三、"体制转换论" ……………………………………………（292）
　　四、"体制协调论" ……………………………………………（295）

结　语　"单位共同体"变迁与"城市治理"的未来……………（299）
　　一、"后单位时代"的城市中国 ………………………………（300）
　　二、当代城市治理的理论逻辑 ………………………………（303）
　　三、"城市治理"的未来 ………………………………………（308）

参考文献 ……………………………………………………………（313）

后　记 ………………………………………………………………（321）

Contents

Introduction ··· (1)
  1. Theory of community and the "Danwei-community" ················· (2)
  2. Thetransition of Danweiand the rise of community construction ··· (10)
  3. The efforts on the transition of the Danwei-community ·············· (14)
  4. Why we focus on the transition of the Danwei-community ·········· (19)

Section Ⅰ: A brief history of the "Danwei-community"

Chapter 1: the origin of "Danwei-community": from a historical perspective ··· (25)
  1. Thestructure of Chinese traditional society ······························ (26)
  2. The crisis of traditional society in Late-Qing ···························· (36)
  3. "Danwei-community": A blueprint of modern China ················ (42)

Chapter 2: The structure and feature of the "Danwei-community" ······ (52)
  1. Dispute on the origin of the institutionof Danwei system ············ (52)
  2. A brief history of the "Danwei-community" ···························· (59)
  3. The basic feature of the "Danwei-community" ························· (73)

Chapter 3: The change of the "Danwei-community" in social transition period ·· (79)

1. Repair the Danwei system .... (79)
2. Dis-organization process of the "Danwei-community" .... (87)
3. Thetheories of the transition of the "Danwei-community" ...... (95)

Chapter 4: From Danwei-society to Post Danwei-society .... (99)
1. The "termination" of Danwei-society? .... (100)
2. The "Multi-layer structure" of social-governance in post Danwei epoch .... (103)
3. Social system's change: from integration to participate ...... (109)

Section II: Empirical research on the evolution of the "Danwei-community"

Chapter 5: Industrial organizations in "state construction" ...... (115)
1. The state as the focus of analysis .... (116)
2. The birth of "the eldest son of the republic" .... (119)
3. The organizational feature of the "Danwei-community" .... (124)

Chapter 6: To work and live in a "Danwei-community" .... (133)
1. Labormobilization in a "Danwei-community" .... (133)
2. "Paternalism" in a Danwei-community and the paradox .... (143)

Chapter 7: The expansion of Danwei-community in 1980s .... (149)
1. Repair the Danwei system in early reform period .... (150)
2. The state-owned enterprise paradox in 1980s .... (159)

Chapter 8: "state-owned enterprise (SOE) reform" and the termination of Danwei-community .... (166)
1. The scheme of SOE reform in Planed Economy epoch .... (167)
2. "Effectivelism" in SOE reform .... (170)

**Chapter 9: Community conflicts of industrial community and the
"transition pain" of Danwei community** ················ (183)

1. "Typical Danwei system": one aspect of the social
   background of workers' collective action ·················· (183)
2. A typical pattern: introduction to a case of H factory and
   review on its collective action ··················· (189)
3. Continuation and transition: workers' collective action
   against "typical Danwei system" ···················· (192)
4. The "transition pain" and constructable future of
   Danwei community ························· (198)

Section III: The rise of community construction movement in post-Danwei epoch

**Chapter 10: the change of Danwei-community and the rise of
community construction movement** ·············· (205)

1. towards "community" ························· (205)
2. Today's the challenges ························ (218)

**Chapter 11: Social atomization in post Danwei epoch and the
urban community** ······························ (226)

1. Social atomization: the theoretical genealogy and the
   question representation ························ (227)
2. The "question representation" of social atomization theory ········ (237)
3. How to cope with social failure ···················· (243)

**Chapter 12: Grid administrative pattern construction in
Danwei community and its selection** ············· (248)

1. from "honeycomb" to "grid": the transformation path of

urban social administration ·· (249)
2. The rise of grid social administration ································ (252)
3. The possible affections of grid administration on community autonomy ·· (258)
4. Seeking the dual intersection between grid administration and community autonomy ··· (267)

Chapter 13: Community activity and publicity construction of the senior group ·· (274)
1. Old group and publicity ·· (274)
2. The publicity generated by the social participation of the senior ······ (279)
3. The limitations of the social participation of the senior ············ (282)

Chapter 14: Theoretical logic in the transition of Danwei system and the reform of social administrative system ············ (286)
1. Evolution of system ·· (286)
2. Construction ofsystem ··· (289)
3. Transition of system ·· (292)
4. Coupling of system ·· (295)

Epilogue: The change of Danwei-community and the future of governance in urban China ·· (299)
1. Urban China in Post-Danwei epoch ·································· (300)
2. The theoretical logic of contemporary urban governance ············ (303)
3. The future of urban governance ·· (308)

Reference ·· (313)

Postscript ·· (321)

导　论

如果将美国哈佛大学教授华尔德 1986 年推出的《共产主义社会的新传统主义》一书作为单位研究起点的话，那么，到今天单位研究作为一个学术研究话题的兴起实际上还不到 30 年。但我们在盘点此领域的研究成果时，会发现，单位研究展开的时间虽然短暂，却已取得了一些颇具影响的研究成果。学界似乎也已公认："单位"已成为理解现代中国社会最为关键的研究领域，任何试图对 1949 年后社会主义中国做出研究和解释的著作，都无法回避和绕开"单位"。单位研究之所以获得如此影响，主要是因为在社会主义初期的中国社会，单位制不是一般性的组织和制度，而是中国迈向现代化的进程中建立的带有总体性的组织制度设计，它决定了现代中国社会的总体结构和体制；同时也是因为单位研究恰好与中国的改革开放相同步，单位研究的发轫和展开的过程，也正是单位制度变迁以及走向解体的历史时期，学术研究与现实的社会制度变革相激相荡，自然会产生与一般学术研究所不同的社会反响。

迄今为止，单位研究主要是循着"组织研究"、"制度研究"、"统治—控制研究"等角度展开的。而从 2000 年前后开始，伴随着单位制度的变迁和社区建设的勃兴，学界出现了颇具特色的"单位—社区研究"。从总体上看，"单位—社区研究"捕捉到了转型期中国社会变迁的一个极其重要的领域——社会体制的转换问题，即在单位全能社会走向消解的过程中，新旧社会体制如何转换。本书即试图将单位制看作是一个高度组织化的特殊形态的共同体，从"单位共同体"的变迁及城市社区重建的视角展开研究。谈及当代中国城市社区建设和发展，人们常将其与单位制联系在一起，强调二者间异常复杂的互动关系。但学术界一般都是将"单位制度"作为一种全国性的、普遍的制度和体制纳入研究视野的,很少将其置于不同空间和地域文化背景下,探讨其具体的多元意义的变异,亦未关注研究单位不同类型的存在。鉴此,本研究将"地方性"变量引入"单位社区"研究,从"单位共同体"起源、形成及变迁的研究视角出发,以老工业基地若干超大型工业社区为研究个案,揭示单位体制变革背景下城市社区发展的模式与经验,深刻体认其深层内涵,以丰富中国语境下城市社区建设理论,解决"单位共同体"变迁背景下城市社区重建等理论难题,较好地完成"单位社会"的转化过程。

一、"共同体"、"社区"、"单位共同体"

(一) 共同体、社区理论的起源及发展谱系

在人文社会科学研究中,"共同体"(Gemejnschaft) 是一个最富有阐释空间的概念,其小可以是一个家庭、家族、群体,中可为阶级、组织、利益群体,大可以为一个民族、国家甚至天下、世界。同时,共同体也是最容易被误用的概念。"共同体有时是在一般的描述性意义上被使用,指某种人口集合或群体划分;有时又是在特定的规范性意义上被使用,专门用于刻画某种特殊的社会联结方式和交往关系。而且即便同属后者,在不同的语境中使用该术语,思考者所指称的内容及其所表述的目的也各有侧重。"[①]

虽然共同体理论的内涵及存在形态容易引起一些歧异,但仍然受到学界青睐,尤其是 20 世纪 80 年代共同体主义风行以来,更是备受关注。共同体概念之所以被学界如此看重,一个重要的原因是 20 世纪晚期以来,步入后工业时代的人类社会正面临"大分裂"和"社会原子化"的挑战,而共同体恰恰是克服社会原子化社会的良药。同时,共同体话语的指向非常宽泛,又具有极强的批判性,自然被广泛运用。诚如加拿大学者布赖登所言:共同体"通常被视为知识的核心;控制与管理的场所;身份的来源和'传统'的贮存地;抗议、权力、权威、治理、问责的体现;政府操控的对象;抵抗与斗争(社会运动和一种可能的关于发展的想象)的场所。因此,共同体

---

① 李义天:《共同体与政治团结》,社会科学文献出版社 2011 年版,序言,第 1 页。

是一个极难理解的社会对象，它很少遭遇到批判性的审视（特别是那些对其高唱赞歌的人，如后结构主义的批评家）。共同体经常被援用为整体的、无差别的且具有内在权力的事物，用同一种声音与国家、跨国非政府组织或者国际法庭对话。共同体当然绝非如此"①。

1. 共同体理论的起源

在学界关于共同体的诸多界定和论争中，19世纪80年代，德国社会学家滕尼斯毫无疑问是此话语最早的开拓者，其观点也最为系统深刻，也是传播最远、影响最大的。在《共同体与社会》这部著作中，滕尼斯运用两分法的分析范式，从人类结合的现实中，抽象概括出人类群体生活中的两种结合类型——"共同体"与"社会"。在讨论二者的区别时，滕尼斯着力强调以下几个方面：共同体应该是"持久的和真正的共同生活，社会只不过是一种暂时的和表面的共同生活"②。"一切亲密的、秘密的、单纯的共同生活，被理解为在共同体里的生活。社会是公众性的，是世界。人们在共同体里与同伙一起，从出生之时起，就休戚与共，同甘共苦。人们走进社会就如同走进他乡异国。青年人被告诫别上坏的社会的当。"③ "在共同体里，尽管有种种的分离，仍然保持着结合；在社会里，尽管有种种的结合，仍然保持着分离。"④ 共同体还应拥有某种共同的价值观，"精神共同体在同从前的各种共同体的结合中，可以被理解为真正的人的和最高形式的共同体"⑤。总之，正如后人所概括的那样：在滕尼斯看来，"'共同体'是自然形成的、整体本位的，而'社会'是非自然的即有目的人的联合，是个人本位的。'共同体'是小范围的，而'社会'的整合范围要大得多。'共同体'是古

---

① ［加］布赖登、（加）科尔曼：《反思共同体 多学科视角与全球语境》，严海波等译，社会科学文献出版社2011年版，第61页。
② ［德］斐迪南·滕尼斯：《共同体与社会——纯粹社会学的基本概念》，林荣远译，商务印书馆1999年版，第54页。
③ ［德］斐迪南·滕尼斯：《共同体与社会——纯粹社会学的基本概念》，林荣远译，商务印书馆1999年版，第52—53页。
④ ［德］斐迪南·滕尼斯：《共同体与社会——纯粹社会学的基本概念》，林荣远译，商务印书馆1999年版，第95页。
⑤ ［德］斐迪南·滕尼斯：《共同体与社会——纯粹社会学的基本概念》，林荣远译，商务印书馆1999年版，第65页。

老的、传统的,而'社会'则是新兴的、现代的"①。

从历史上看,滕尼斯上述关于共同体的观点只是对欧洲由传统步入现代社会进程中诸多经验事实的理论抽象概括,带有一定的理想性和浪漫性,表现了其对工业化和城市化进程中"共同体缺失"的一种惆怅和焦虑。"在滕尼斯的著作中,对典型的共同体形态的理想化描述反映了一种对于田园般社会形态的憧憬,但仅仅列举几种明显的社会现象并不能满足对这一理论进行现实操作的条件。村社、邻里仅仅成为一种故乡的象征,而非对于特定社会现象的精确定义。"② 由此,学界将滕氏的共同体理论视为"社区消失论"的代表性人物③。滕尼斯提出与"社会"相区分的"共同体"概念,主要目的在于强调人类基于传统而形成的亲密关系及对共同体的归属感、认同感,而未强调共同体的地域及组织制度要素。虽然如此,滕氏关于人类社会从"共同体"到"社会"的分析研究,却给后人留下了一个理解社会变迁值得长久玩味的思想观点和重要分析范式。

2. "社区"的再发现

到了20世纪30年代,以欧美社会的工业化和城市化为背景,美国出现了城市研究的芝加哥学派。该学派突出的学术贡献在于,提出关于城市社会的一系列新的观念和论断,认为"城市决不只是一种与人类无关的外在物,也不是住宅区的组合;相反,城市包含着人类的本质特征,它是人类通泛的表现形式,尤其是由空间分布特性而决定的人类社会关系的表现形式"④。与滕尼斯19世纪80年代开启端绪的"共同体消失论"不同,芝加

---

① 秦晖:《共同体、社会大共同体:评滕尼斯的"共同体与社会"》,《书屋》2002年第2期。
② [英]罗杰·科特威尔:《共同体的概念》,《清华法学》第7辑,清华大学出版社2006年版,第266页。
③ 社区消失论观点的理论渊源可以追溯到滕尼斯、迪尔凯姆、齐美尔和韦伯等古典社会学者对19世纪产业革命和城市化的社会意义的研究。尽管他们的思想存在许多重要差异,但其基本点仍是明显的,即:在前工业社会,普遍存在小规模的、相互熟识的、同质性较强的人群,他们参加同类的工作并具有类似的兴趣。由此,他们的思想和行为趋于一致,容易认同某种价值观和行为规范。与此相反,城市是经济专门化和交通运输技术创新的产物,城市居民不可避免地会受到新的经济和社会组织形态的影响。在城市化社会里,人们的相互接触多了,但与家庭、朋友那样紧密的首属关系却不容易获得。同时,社会的分异产生了人们生活方式、价值观和抱负的差异,社会认同感将因此而削弱,其结果是使社区的存在失去应有的基础。见程玉申、周敏:《国外有关城市社区的研究述评》,《社会学研究》1998年第4期。
④ [美]RE.帕克等:《城市社会学:芝加哥学派城市研究》,宋俊玲、郑也夫译,商务印书馆2012年版,导言,第3页。

哥学派的代表人物们在新兴的大城市当中重新发现了新的城市共同体。不过，他们将滕尼斯使用的"gemeinschaft"译为"community"，逐渐开始脱离滕尼斯"共同体"的本意，开启了城市研究的新阶段。

芝加哥学派对城市社区的再发现和再界定，具有突出重要的价值。首先，芝加哥学派强调了地域空间的作用。作为芝加哥学派的代表人物，帕克认为，所谓社区就是"占据在一块被或多或少明确地限定了的地域上的人群汇集。但是一个社区还不止这些。一个社区不仅仅是人的汇集，也是组织制度的汇集。社区与其他社会群集的最终的、决定性的区别是组织制度，而不是人"[①]。这样，芝加哥学派"通过增加地域特征和降低同质性要求，从而带来了所谓的社区在现代社会的重新发现"[②]。

其次，芝加哥学派强调组织制度体系在社区形成过程中的作用。这里所说的组织制度具体包括：生态体制，即人口和组织机构的地理分布；经济组织，在劳动分工的基础上发展起来的社区中的职业体制；文化和政治体制，即建立在职业体制基础之上的限制和约束社区成员、组织的规范系统。[③] 这实际上就把现代社会的组织、制度要素纳入了社区的研究和理解。

再次，对社区的不同类型尤其是工业社区的研究。芝加哥学派强调工业主义在城市社区形成过程中的重要作用，认为"竞争过程迅即迫使新工业将其主要生产企业集中于一两个社区范围之内；然后，这些社区在发挥它的社会磁体的作用，从远近各社区中将适合的人口吸引到自己周围"[④]。并由此开辟了城市工业社区研究的传统，如20世纪70年代，斯塔塞和费谢尔等人通过对工人阶级社区和郊区社区的研究发现了不同城市社区在成因上的差异性。认为"对工人阶级社区而言，永久性和非流动性是促进社区形成的重要因素。工人阶级的个人流动、职业流动和居住流动频次与范围较小，这有助于强化亲属间的垂直联系和朋友间的水平联系；家庭成员和朋友间在居住

[①] [美]R.E.帕克等：《城市社会学：芝加哥学派城市研究》，宋俊玲、郑也夫译，商务印书馆2012年版，第104页。

[②] 马西恒：《社区建设：理论的分立与实践的贯通》，《浙江社会科学》2011年第6期。

[③] [美]R.E.帕克等：《城市社会学：芝加哥学派城市研究》，宋俊玲、郑也夫译，商务印书馆2012年版，第105—106页。

[④] [美]R.E.帕克等：《城市社会学：芝加哥学派城市研究》，宋俊玲、郑也夫译，商务印书馆2012年版，第67页。

方面的地域邻接性不仅会增进亲属、朋友间的互动强度，而且会在强化亲属联系中发挥重要作用；类似的社会经济地位和不流动性往往使许多居民拥有共同的经历并产生情感和目的方面的共鸣。这种共鸣是培育地方社会制度、生活方式和社区精神的重要动力"[1]。此后，虽然在欧美学术界中关于社区的定义和界定具有多元性，但由芝加哥学派开启的社区定义传统却始终占据重要的地位[2]。

3. 中国学界社区研究模式的建立

中国正规学术意义上的社区研究肇始于20世纪30年代初，当时燕京大学社会学系先后邀请美国芝加哥学派的代表人物帕克和英国功能主义人类学家布朗来华讲学。吴文藻等在翻译帕克的著作时，首次将英文的"Community"这个词翻译成中文的"社区"，是为社区概念传入中国之始。在社区理论移入及研究展开的过程中，吴文藻、费孝通等人发挥了重要作用。1935年，吴文藻在《现代社区实地研究的意义和功用》一文中，即对社区概念的引入过程做了详细的介绍：

> "'社区'一词是英文Community的译名。这是和'社会'相对而称的。我所要提出的新观点，即是从社区着眼，来观察社会，了解社会。因为要提出这个新观点，所以不能不创造这个新名词。这个译名，在中国字汇里尚未见过，故需要较详细的解释。社会是描述集合生活的抽象概念，是一切复杂的社会关系全部体系之总称。而社区乃是一地人民实际生活的具体表词，它有物质的基础，是可以观察得到的。"[3]

同时期，费孝通在其研究中也强调，所谓社区就是"联系着各个社会制度的是人们的生活，人们的生活有时空的坐落。每一个社区都有它的一套

---

[1] 程玉申、周敏：《国外有关城市社区的研究述评》，《社会学研究》1998年第4期。

[2] 如英国学者G.邓肯·米切尔即认为社区一词是指称人们的集体，这些人占有一个地理区域，共同从事经济活动和政治活动，基本上形成一个具有某些共同价值标准和相互从属的心情的自治的社会单位，城市、城镇、乡村或教区就是例子。见［英］G.邓肯·米切尔主编《新社会学词典》，上海译文出版社1987年版，第51页。

[3] 《吴文藻人类学社会学研究文集》，民族出版社1990年版，第144页。

社会结构,各制度配合的方式"①。"社区是通过社会关系结合起来的群体,在这种人文世界里谋取生活的个人已不是空间的一个点,而是不断在扩大中的一堆堆集体的成员,就是在幅员可伸可缩的一堆堆集体中游动的分子。"②

吴文藻、费孝通等学人在与欧美学界的互动中开启的中国社区研究传统,成为民国时期社会学中国化进程最重要的标志性成果。随着时间的推移,无论是作为实体内容的社区研究,还是作为方法的社区研究,都被逐渐内化积淀为一种中国社会学的研究传统,并被学术共同体表述为:

"社区概念的界定必须将空间关系引入,在空间关系中分析社区才使其具有可操作性的意义。社区是介于邻里和区域之间的一个社会实体,是社会学的一个研究单位,在严格限定和选择的基础上,通过对这种研究单位的整体性描述、分析和解释,以达到对某一社会类型和某一社会通则的理解,这正是社区研究的全部意义之所在。"③

(二) 关于"单位共同体"

运用欧美学界"共同体"和社区的理论模式来分析理解中国20世纪50年代形成的"单位共同体",我们会发现:与滕尼斯的"共同体"憧憬、"忧叹"以及芝加哥学派关于社区的理论建构相比,20世纪中叶的中国在建立现代国家的进程中所形成的"单位共同体",表现出一种特殊的类型和样态。

1. 文明危机与社会重建

就单位共同体的起源而言,与欧美现代城市社会工业化和城市化进程不同,发端于20世纪50年代的单位共同体实际上是19世纪中叶以来中国文明危机与社会重建的产物。近代以来,在西方资本主义列强咄咄逼人挑战下,面临亡国灭种的中国政治精英和思想家们来不及对现代社会变迁中"共同体缺失"发出滕尼斯式的感叹。为了避免亡国灭种,他们更为强烈地意识到中国传统社会的涣散性弊端,期望通过革命的手段,构建一个充满组

---

① 费孝通:《乡土中国 生育制度》,北京大学出版社1998年版,第92页。
② 费孝通:《江村经济》,商务印书馆2001年版,第330页。
③ 丁元竹、江汛清:《社会学和人类学对"社区"的界定》,《社会学研究》1991年第3期。

织力和战斗力的新的"单位共同体"。在这一意义上，源自西方的共同体概念远远不能涵盖"单位共同体"的内涵。现代中国社会历史上，依托于单位制度而建立起来的"单位共同体"不是一般意义上的组织和制度，而是作为中国政治精英解决社会危机，"重建社会"的根本性措施而出现的。在这一意义上，所谓单位制度建立的过程，实际上就是克服中国人传统散漫劣根性，将家族化的"臣民"改造为"国民"，整合到现代国家体系之中，造成现代多民族国家，形成新的"集体认同"的过程。虽然单位制度的建立有其复杂多元的特殊背景，但不容否认的是，现代国家认同实际上是以单位制度为直接依托建立起来的。

2. 单位共同体的传统基因与现代性元素

基于单位制度而建立起来的"单位共同体"既与传统相联系，又具有现代性的基本特质。当我们直面单位共同体现象时，会联想到《礼记·礼运篇》中关于大同和小康的论述，亦会回忆起孟子在"井田"中所描绘的那种"乡里同井，出入相友，守望相助，疾病相扶持"的温馨图景。而透过《管子》"四民分业定居论"中所提出的"定民之居，成民之事"、"四民者勿使杂处"[①] 等命题，似乎亦可寻出单位共同体的某些踪迹。可见，单位共同体构想与中国思想原典传统中的社会模式设计血脉相通。但"单位社会"又是一种现代性版本。因为就现代化理论在描述传统社会向现代社会移动时提出的分析性指标来看，"中国共产党已是具相当现代化程度并已形成自己独特样式的现代型民族国家：在广大阶层参与社会的中心领域和政治秩序方面，在新的精英形成及其政治作用方面，在大众政治诉求的表达形式方面，在工业化成就和积累方面，在现代科层系统的建构方面，在社会分化的样态（即中断传统的等级秩序，以普遍主义和成就为新的身份资格）方面，在福利政策的设置方面，均已达到了一定程度的现代化水平"。如果承认这一"政治—社会结构"体制具有"现代性"，那么，在评价现代社会主义激进的政治运动时，就不能将其"判定为传统'封建'社会因素的回复"，而应该意识到它是"中国现代性问题的集中而且极端的表达"[②]。

---

① 《国语·齐语》。
② 刘小枫：《现代性社会理论·绪论》，上海三联书店1998年版，第387页。

3. 单位共同体的空间依托与制度形态

1948年东北率先解放后，在哈尔滨、吉林、长春、沈阳等城市革命政权建设的过程中，单位制开始呈现出雏形。而到一五期间，以超大型国有企业的建立为契机，典型单位制开始形成，并由工业企业向政府和事业单位播散，成为改革开放前中国社会体制基础的制度架构和组织单元。

单位共同体的空间形态具有较强的封闭性，尤其是在"生产与生活高度合一"的超大型工业社区，在空间分布上具有占地面积大和高度集中等特点。以单位大院为载体，单位人及其家属体验到强烈的"单位办社会"的氛围。浓郁的单位氛围使得这一空间具有明显的封闭性，体制性的限制使得其员工无法走出单位的辖区，缺乏社会流动。同时，单位的封闭性自然带来"排他性"。从摇篮到坟墓的社会福利保障体制使得单位人充满了一种优越情结，人们也不愿意轻易离开单位空间。此外，作为生活共同体和关系共同体，单位共同体也是建立在一系列真实的制度体系的基础之上的。诸如：工资制度、福利制度、党政双重体制、奖惩制度、福利分房制度、厂办大集体制度、子女接班制度等等。正是依靠上述制度体系，才能构建出单位共同体赖以存在的社会物理空间和关系空间。

建国后，党将这种组织结构从工厂延伸到商店、学校、医院、党政机关等社会的各种组织和机构中，将其变成单位。单位几乎垄断了所有与成员有关的社会资源，单位人完全依附于国家，从而形成了一种集政治、经济、社会各种功能于一身的高度合一的综合性社会管理体制。单位建立了相对公平的分配原则和低水平的福利制度，个体对单位的全面依赖保证了国家强大的动员能力，却使得社区的公共空间完全消失，单位边界的相对封闭和单位内部的行政化管理，使得中国社会呈现出一种"蜂窝状"的结构。

4. 从价值共同体的角度审视单位共同体，我们发现，作为回应近代以来西方资本主义列强挑战的产物，"单位共同体"寄托了中华民族复兴的希望。中国传统社会思想中蕴藏着丰富的乌托邦思想，近代中国是一个需要乌托邦和能够产生乌托邦的时代，在民族空前危机、民族主义极盛的情势下，我们在思想家的墨迹里，不仅能找到国家观念和种族意识，同时也能发现强烈的"世界主义"取向。如果我们将乌托邦思潮与前述的对中国传统社会的激烈否定思想结合起来加以分析研究，会发现二者之间的密切联系以及由此衍生出的中国"革命乌托邦"的特性。"在马克思主义出现前,西方乌托邦和革命很少有联系。而在中国,乌托邦一开始就同革命互为表里,革命以乌托邦社会为目的,乌托邦以革命为表达方式。"① 这两股思潮相激相荡,为 20 世纪下半叶中国迈向"单位社会"这一新形态准备了相当充分的思想材料。

二、单位制度的变迁与城市社区建设的发轫

香港中文大学前校长,著名社会学家金耀基先生,在一篇文章中曾借用墨西哥诺贝尔文学奖得主、诗人巴斯(Octavio Paz)的命题,称中国现代化是"命定地现代化"(condemnedtomodernization)、"被咀咒地去现代化"(condemnedtomodernize)。其涵义主要是说中国的前途除现代化之外,别无他途,但现代化却又不是一个福音。② 窃以为,此命题的深层蕴涵表现为:在揭示现代化道路必然性的同时,也发现在弱肉强食的现代世界上,中国的现代化选择不仅在时间上滞后,而且选择空间也已变得非常狭小。这决定在我们的现代化行程中每做出一次选择,都必定要付出极为高昂的代价。在这一意义上,对于现代中国人来说,任何理想的制度"设计"和"选择"恐怕都是奢侈品。从上述判断出发,我们似乎可以断言:虽然单位制度乃是中国 19 世纪中叶以来社会总体危机背景下政治家和思想精英为挽救民族危机所做出的理性选择,但这种带有必然性的选择在某些条件下也只能是一种阶段性的存在。随着形势的变化,也必定要随之发生变动和转换。

(一)单位制度变迁的背景

虽然改革开放后,单位共同体曾一度走向扩张和膨胀,但自 20 世纪八九十年代以来,伴随着中国社会改革开放和由计划经济向市场经济的转变,单位制必然发生变迁,单位共同体也不可避免地走向消解。也正是从这一时期开始,"单位"作为计划时代的符号逐渐成为一个负面话语,无论是在报章之上,还是在坊市之间,均成为人们批评反思的对象。人们认为,单位制

---

① 金观涛、刘青峰:《中国现代思想的起源——超稳定结构与中国政治文化的演变》(第 1 卷),香港中文大学出版社 2000 年版,第 322 页。
② 金耀基:《论中国的现代化与现代性》,《北京大学学报》1996 年第 1 期。

度虽然在一定时期内可以通过举国"一致"的模式创造高效的人间奇迹，但其所面临的最大挑战却在于不能将这种高效持久化。循着这一思路，很多学者发现了"单位体制"的诸多弊端，断言单位社会是一种被"制度锁定的社会"、"丧失活力的社会"、"平均主义的社会"。在这一意义上，推进单位制度变革，走出"单位社会"便成为中国现代化的必然选择。但我们应该意识到，在新的社会历史条件下，单位制度的剧烈变迁，绝不仅仅是简单的组织体制转换，而是一个复杂的整体结构转型。在这一转换过程中，伴随着企业产权制度的变革，以及住房、医疗、人事、就业等制度方面改革计划的陆续出台，单位制度注定要走上变革之路。其具体进程主要表现为单位体制外组织的萌生、单位成员向体制外流失、单位职能向社区转移、以企业为主体的单位自身大量破产、改制，导致单位社会的最终解体。这种由"单位人"向"社区人"的转变为新时期中国的社区建设和发展提供了最为真实的背景和内容。正由于单位共同体具有如此复杂的内涵，当代中国单位制度的变迁以及随之而来的"单位共同体"的走向消解，便成为当代中国社会转型变迁的最重要表征之一。

（二）单位制度变迁及其社会挑战

1. 单位共同体消解与"社会原子化"

从宏观角度看，单位体制下的社会宏观联结是通过"国家—单位—个人"的纵向结构和跨单位的横向联结体系完成的。在社会总体结构复杂的转换过程中，因单位的"去社会化"，各单位组织逐渐由"管理型单位"向"利益型单位"转化，长期以来由单位组织所承载的意识形态因素和政治要素开始退居背景，在市场化的氛围下单位逐渐成为一个利益共同体，单位组织之间的横向联系也开始明显减弱，遂导致中国社会出现了严重的社会联结中断错乱现象，其最严重的表现是因社会中间联结环节的缺失，而出现国家直接面对个体民众的危险局面。

社会原子化议题在社会学理论的诞生和发展之中始终扮演着反命题的角色。历史地看，社会学的出现正是对伴随西方现代社会兴起而出现社会解组运动，产生社会原子化危机这一重要事实的理论回应。并且，社会学理论在此后的发展中，始终是在与社会原子化问题的理论对话中前进的。社会原子化危机的实质在于中间组织的缺失,即个人直接面对组织化的权力,表现出精神上的孤独无助和思想行为上的混乱,以及个体之间缺乏积极的、建设性的集体行动的资源和能力。因此,培育社会中间组织对于社会原子化危机的化解至关重要。具体而言,中间社会的培育需要把"自上而下"的社会建构力量与"自下而上"的社会自组织发育结合起来,建立政府、市场、社会三者良性互动的局面。为此,需要对弱势群体赋权,强化基层社会的组织能力,并以恰当的方式将这些组织的运转纳入良性的、建设性的运转轨迹。

2. 制度变迁与单位社区冲突

在单位制走向消解的进程中,不可避免地发生一系列矛盾和冲突,而复数意义的"单位人"则在其中扮演了重要的角色。近年来学界关于国企工人集体行动的研究往往运用那些源于西方社会的一般性的集体行动理论展开解释,而忽略了单位制背景下"单位人"特殊的角色扮演及其在集体行动中的作用。在本书中,我们通过个案考察,发现"国企工人"有着区别于一般"社会人"的"单位人"身份,其行动在本质上属于一种"单位化"的行动。对特定社会结构空间的考虑可以弥合集体行动研究中结构主义与建构主义不同取向的差异,故一方面,"典型单位制"共同体式的传统与其分化中的变异构成了这些行动的历史背景与空间条件;另一方面,国企工人在多次的集体行动中也形成了应对国家与市场的行动秩序,不断瓦解着曾经引领共同体辉煌的集体意识,并预示着"典型单位制"走向终结的命运。当既有的单位共同体逐渐消解,新的社会共同体究竟将如何建构?因为只有这种共同体的生活才能最大程度的满足工人的利益,表达需求,化解问题。在剧烈的社会转型期,实现滕尼斯意义中的"建立于初级群体之上的共同体"追求已不大可能。笔者认为,只有尝试介于单位与个人之间的、与工人生活紧密相关的实体来弥合二者之间的关系,以共同意识的强化,使社会在单位制逐渐走向终结的过程中仍然可以有整合的基本载体。毋庸置疑,国企改制实际上是中国改革开放,建立社会主义市场经济进程中的一个不可逆转的必然趋势。但改制并不意味着将所有问题化解,而是将更多问题推向社会。改革不单纯是一个经济学问题,更需衡量背后的社会成本。

3. 制度变迁与社会公共性结构的转换

在单位体制下,由单位组织承载的公共性主要包括:传导意义上的公共性，即负责将国家政策性的社会资源配给传递给每位个体的单位人；生产性意义的公共性，主要是指单位组织内部自生福利的分配。其中，前者可称为"大公共性"，后者则为"小公共性"。在单位体制下，包括国有企业在内的单位组织承载的"大公共性"实际上是天然地内化于其体制之中的。但在转型过程中，伴随着国家控制权力的下放，使单位组织作为一个利益主体和整体的意义日益突出。这种单位利益化倾向，加剧了单位组织走向封闭化，而昔日由单位组织承载的诸多社会责任开始转移到社区。在单位组织日益封闭化和社区成长缓慢的情况下，需要我们加速推进后单位社会公共性构造的转换。

4. 制度变迁与公共精神生活的危机

改革开放以来，伴随着单位体制的变革，单位的社会文化功能也开始逐渐走向消解，而现代社会的公共文化服务体系尚未建立起来，遂导致目前中国城市公共文化服务体系出现严重的供给不足。当传统意义上的单位制开始走向消解之时，人们虽然可以通过市场获取有形的物质资源，但在社会结构发生剧烈变动，社会成员日趋原子化，新的公共生活空间尚未确立的背景下，却无法获得公共精神生活资源，从而引发严重的公共精神生活的危机。

（三）单位消解与城市社区建设之关联

作为对单位社会走向"终结"的直接回应，2000年前后，中国的城市社区建设勃然而兴。社区建设的勃兴与单位制度变迁之间存在着密切的关联：一方面，随着单位制逐渐走向消解，使得原有的国家——社会关系结构发生了剧烈的变化。市场机制的建立使得单位体制外的人群大大增加，社会空间急剧拓展。在初期主要是返城知青、离退休人员和下岗工人等，构成了城市单位制之外的主体人群。后来，自由职业者、非正式就业者、外企私企员工，也加入了此阵营。他们的住房、收入和福利已无法再由单位来承担，逐渐由单位转向了社会；另一方面，在单位制"国家—单位—个人"纵向控制体系背景下，几乎不存在基层社会。而单位制度发生变迁之后，如何通过社区建设，强化建设基层居民自治，通过社区建设，形成自我管理、自我服务的自治体系，则成为社会建设的主要任务。

新时期社区建设的发展进程大体上经历了两个阶段：其一是社区建设发展的启动发轫阶段（2005年前），在此阶段，以沈阳模式和上海模式为代表，社区的组织体系和规制系统得以建立，社区的硬件设施亦获得快速发展，为社区发展奠定了有形的基础条件。在上述背景下，政府开始着力推动以社区服务为主要内容的社区建设运动，并逐渐成为我国城市基层社会管理的核心议题。但是，与经济发展的繁荣局面不同的是，中国城市基层管理体制由单位制向社区制的转型始终步伐缓慢，难以形成稳定成熟的模式，一直未能突破原有的"街居制"的框架。在"强政府"的背景下，自下而上的社区自治虽然获得了一定程度的发展，但其作用却仍非常有限。社区发育的不健全与政府在城市基层管理压力的增大，构成了当前我国社会管理模式创新的现实推动力。

其二是新世纪初的社区发展升级阶段（2005年至今）。在此阶段中，许多省份的社区实验区都致力于破解社区服务系统、参与体系及体制建设等制约社区发展的深层次问题，展开深入的实践和研讨，形成了一些值得深入研究的新模式。

三、关于单位社区转型的探索

从总体上看，近年来学界对单位制度变迁背景下城市社区建设的探索，主要集中在由"单位办社会"向"社区自治"这一历史性的转变上，即将过去由单位承担的诸多社会功能剥离出来，由"社区"加以承接。从表面上看，这似乎是一个简单的"剥离"和"承接"的过程。但如果我们从实践操作层面加以分析观察，就会发现，问题远非如此简单。因为在超大型工业基地"典型单位制"背景下，城市社区建设实际上面临着更为复杂而众多的制约性因素，因此，引入"地方性"变量，从类型学的角度，对转型期超大型国企改制进程中"典型单位制"变革的研究考察，对于我们深入理解当代中国社区建设的多元形态具有重要意义。

（一）结束企业办社会，形成地域社会新体系

新中国成立后，尤其是"一五"计划实施以来，超大型工业基地始终是作为"企业办社会"的典型而存在的。因企业占地面积广，规模巨大，形成了一种特殊的"企业办社会"的氛围。有些超大型企业自成立至今已

经有近60年的历史，承担了比较完备的办社会和办城市的职能。除了殡葬事业外，其他的社会职能几乎都存在，给企业发展带来了沉重的压力。1999年9月22日，党的十五届四中全会通过的《关于国有企业改革与发展若干重大问题的决定》明确提出：分离企业办社会的职能，切实减轻国有企业的社会负担。位于城市的企业，要逐步把所办的学校、医院和其他社会服务机构移交地方政府统筹管理，揭开了企业办社会走向终结的序幕。这是一场关涉到中国转型期经济体制和社会体制根本性变革的改革，因为结束"企业办社会"的传统格局，其价值并不仅仅在于给企业减负，而是通过对传统计划体制下社会体制的改革，以实现社会结构根本性的调整和转换。长期以来，在企业办社会的格局之下，独立于政府和企业以外的社会力量无法成长，市场性和社会性的服务体系也难以发育。在这一意义上，剥离国有企业"办社会"的职能，积极推进社区建设，以承接单位分化出来的基本职能，是保证老工业基地经济社会的协调发展，实现其"社会空间"重组和再建的关键。在结束企业办社会格局的基础上，形成新的地域社会体系。其内容主要包括：（1）由政府及社区自治组织共同承载的社会公共服务的体系和机构；（2）由社区自治组织及民间社团承担的居民社区自我服务和志愿服务；（3）居民自治组织与市场链接的市场化的社会服务体系。这样，在单位社区内，我们看到的就不再是仅仅由单位承载的从摇篮到坟墓的一元化的综合服务体系，而是建立在"国家—市场—社会"密切互动基础之上的新的地域社会体系。要注意通过上述系统，发起一些"自下而上"的有组织的"活动"，把单位体制变革背景下渐趋原子化的人群重新组织起来，建立起新的社会联结，继而形成社区的组织力和社会协动力。

（二）企业和政府关系的调适

如何在企业与政府之间形成社会治理模式创新的合力，是老工业基地社会治理模式转型与改造的关键。建国以来，东北老工业基地的建立主要是在国家政策的直接支持推动下，在较短的时间里在一个相对集中的空间内建立起来的，是集生产和生活为一体的"单位共同体"。计划时期，在单位全能式管理的背景下，几乎不存在单位以外的社会力量。而且，在超大型的企业单位和地方政府两大系统中，以巨型企业为主体的单位组织居于"强势"

地位，而地方政府却长期处于"弱势"，出现了超大型工业范围内地方政府"弱势化"现象。由于企业在时间和空间上"在先"，又握有工业社区的资源垄断权，在行政级别上也居于较高的位置，形成社会资源的单位垄断制，导致地方政府对企业的高度依附从属。上述特殊的历史背景和空间条件，使得单位体制的诸要素在这里贯彻得最为彻底，其内在结构也更为单一，形成了别具特色的"典型单位制"。

典型单位制的上述这些特点决定了老工业基地背景下的社区建设都必须建立在企业与政府合力的基础之上。而恰恰是在上述问题上，往往容易形成两种认识误区：其一是坚持"企业办社会"的思路，认为社区发展触犯了企业的传统领地，而对工业社区内的基层社会变革持消极否定态度。导致工业社区内的社区建设资源匮乏，社会公共空间形成缓慢，对超大型工业社区建设产生了严重的滞阻效应。其二是在"企业办社会"格局消解后存在的"企业去社会化"倾向，即认为企业应该专注于生产和市场，不应过问所在社区的社会事务，实现所谓的企业"去社会化"。这实际上是否定了企业与社区之间的联系。事实上，在转型期的中国，告别"单位办社会"体制并不意味着完全否定单位的"社会性"，而是要努力实现一种创造性的转换。虽然绝大多数社会主流职场人群的社会生活和社会关系不在其居住社区，而在工作场所，但我们仍不能否认工作场所与其生活居住区之间的联系。须知，工作场所也不是一个简单的生产容器，而是一个复杂的组织结构体，其存在与发展都不可避免地与其所在的城市社区发生联系。在这一意义上，建立起企业与地方政府之间的密切联系，以及工作场所与城市社区之间的复杂关联，都具有重要意义。

（三）"单位认同"与"社区认同"间的复杂互动

近年来，社区概念同时与单位制度变迁同步登场，并成为热门话题。人们引入社区概念，其主旨主要是在社会转型的背景下，以"社区认同"替代"单位认同"，实现集体认同模式的转换。从目前社区建设的情况看，最为艰难的便是社区居民对社区的"认同感"和"归属感"形成。

在计划体制下，政府通过单位，对社会实施全面的管理和控制。政府的权力触及了社会的各个层面，一个外在于国家的社会实际上并不存在。因此，在社区建设启动伊始，很多学者便发出"社区是什么"、"社区在哪里"的追问。在典型的单位体制之下，几乎所有的社会公共事务都由企业包下来。从社会关系角度看，所谓"单位办社会"实际上是以"单位"覆盖了"社会"，用"单位空间"代替了"公共空间"。从单位与其外部世界的关系看，更具有极其强烈的封闭性。单位将几乎所有的人都吸纳进单位体系的内部，其活动、其社会交往关系，都直接与单位发生联系。无论是职工，还是其家属，都对企业产生一种强烈的归属和依附感，这种"依附"所带来的对"企业的内部认同"也是非常强烈的。导致对单位的认同替代了对社区的认同。

故在典型单位制背景下超大型工业社区建设过程中，如何推进社区居民由"单位认同"转向"社区认同"，便成为社区建设的关键。在实践中，Y厂范围内的一些社区，在工作中表现出强烈的"活动取向"，即以"活动"破解社区居民原子化的生存状态，努力使居民间建立起密切的互动关系，进而产生对社区的强烈的认同感。从字面上讲，所谓"活动"主要是由具有共同目的且联合起来的人群所完成的具有一定社会职能的动作的总和。从结构的角度看，"活动"一般是由目的、动机和动作构成，具有完整的结构系统。从社会学的角度看，陌生的、未建立起联系的人们因其缺乏共同的目标和组织依托，难以产生互动关系，也难以真正具有社会意义的社会活动。从理论上看，社区居民的社会参与活动在社区发展中占有突出重要的地位，是赋予社区发展灵魂和活力的核心举措。在这一意义上，所谓"活动取向"，实际上就是为社区居民的社会参与提供一个宽阔的参与平台和参与契机，把告别单位或无机会进入单位的孤立而缺乏联系的原子化个体联结起来，融为一个真正意义上的共同体。

（四）"单位—社区"文化构建

建国以来，在单位体制下，单位在办社会的同时，也控制着几乎所在社区的社会文化服务系统。相比之下，为居民提供超越单位的公共文化服务体系则不甚发达。在相当长的一段时间里，单位体制下的城市公共文化服务体系都是由"单位"来承载的，这直接导致中国的城市文化本质上是一种单位共同体的内部文化。如每个单位都有自己的俱乐部、活动中心、图书馆，依单位效益的好坏和掌握资源的多寡，其设施呈梯形演进。这些文化服务设施所承载的公共性是一种典型的、以单位圈子为主体的"小公共性"，而不是社会意义的"大公共性"，具有垄断性和封闭性，单位所属的文化设施除了单位人之外，外人是无法进入的。改革开放以来，伴随着单位体制的变革，单位的社会文化功能也开始逐渐走向消解，而现代社会的公共文化服务体系尚未建立起来，遂导致目前中国城市公共文化服务体系出现严重的供给不足。在新时期，如何构建现代城市公共文化服务体系是转型期中国社会文化建设的核心和关键。其中的难点问题是，如何将单位的文化资源和文化服务体系转化为社会公共文化服务体系，实现体制转换。

（五）老年群体与社区公共性构建

在常态的社区生活中，积极参与社区活动的多为老年群体和弱势群体。而身居职场的社会主流人群则以其所居住社区为睡城，其活动不在社区，从而出现了所谓社区建设的边缘化现象。上述情况是城市社区参与的常态还是变态现象，值得我们认真关注。通过调查，我们认为这种"有限参与"实际上是城市社区参与中的常态现象。因为与农村村民积极参与村务活动的情形不同，城市市民的社区参与基本上属于"有限参与"，即便是在国外也大致如此。早在20世纪三四十年代，芝加哥学派的城市社区研究即发现：在城市社区中，身居职场的"主流人群"很少参与其所居住社区的活动。那些"有能力者—即指那些职业人—大部分时间在社区外面。他们回家只是为了睡觉"。[①]

由此，老年群体便成为社区公共性构建最为重要的载体。学界迄今关于老年群体与公共性之关系的研究，主要是围绕着为老年人服务的公共体系的建立而展开的，强调老年人是公共性的"消费者"而非"生产者"，凸显老年人生活的生存性和被动性，而我们则认为老年群体是公共性构建积极的"生产者"，其所创生出的公共性主要包括：由社区老年群体"互助依赖"体系而生发的公共性、基于社区民主参与而产生的公共性、老年人的社区文体活动和社区生活所蕴涵的公共性、由老年志愿者活动而生发的公共性以及

---

① ［美］R.E.帕克等：《城市社会学：芝加哥学派城市研究》，宋俊玲、郑也夫译，商务印书馆2012年版，第103页。

由老年人参与家庭服务而开出的公共性。当然，我们在充分肯定老年群体社会参与积极作用的同时，要注意不能将其作用无限夸大，因为这既不符合事实，同时还会产生一些意想不到的负面影响。

（六）网格化与社区自治

20世纪晚期以来，伴随着中国迈向市场化和单位制度不断走向消解，城市社会的管理也经历了由"总体支配"到"技术治理"的结构性转换。作为近年来颇为流行的一种新型的城市社会管理模式，网格化管理集多元力量为一体，标志着城市社会管理由"单一被动"到"多元联动"的转变，提高了城市管理的绩效，引发了城市基层"国家—社会"关系的剧烈变动。如何在变动中处理好"国家建设"与"基层社会活力"之间的关系，营造"官民共治"的社会治理格局，是完成基层社会秩序重构的关键。

作为新时期中国城市社会治理的一种创新方法，网格化管理在打造"数字城市"及创新社会管理体制等方面表现出诸多优势，对城市基层社会"国家"与"社会"之关系变革亦产生重大影响。但在网格化推进过程中却存在运行成本过高、持久性不强、弱化社区自治、网格泛化等风险。故我们应努力处理好网格化管理体系构建过程中"行政性"和"社会性"的关系，寻找"政府治理"与"社区自治"之间有效的联结点，使之获得良性持久的发展。

四、单位社区转型探索的意义

虽然自进入工业社会以来，人类的种种社会计划活动业已证明，人类是具有一种超强"社区本能"的高级动物，但到20世纪中后期，伴随着社会分化和隔离的加剧，世界范围内还是出现了严重的社区认同危机，"我们运用社区本能来彼此隔离、自我保护，而不是创建一个丰富多样又互相交融的世界社区文化。我们寻找与自己最相似的人，目的是为了保护自己，与其他部分隔离开来。显而易见，这条隔离之路不会带领我们走向一个值得生活的未来。我们面临的重要任务，是重新思考社区观念，从目前封闭的保护主义走向开放,迎接全球化社区的到来"①。

(一) 当代中国社区发展的世界定位

20世纪下半期以来,世界范围内曾先后出现了两次社区建设的浪潮:第一次是1955年联合国大力提倡"社区发展";第二次是20世纪90年代,在世界范围内,无论是发达国家还是发展中国家,几乎同时出现社区发展热潮。在此背景下,今天中国的社区建设热潮,应属全球范围内"第二次社区关注"的一部分。

值得注意的是,发达国家社区发展是以后现代社会空前的社会疏离为背景的,而中国当下的社区建设则主要是在单位制度变迁的背景下展开的。在欧美发达国家,社区重建问题的背景极为复杂,主要表现在:其一,伴随着城市化和郊区化的进程,大量中产阶级迁往郊区,昔日繁盛的内城开始走向衰落,导致城市空间发生根本性变化;其二,在个人主义取向之下,西方社会的家庭结构和社会关系结构发生重大变化,社会原子化进程大大地加快;其三,由老龄化时代的到来而引发的社会活力的丧失。可见,在上述背景下兴起的新的社区发展浪潮,其实质是在新的历史条件下重建人类社会生活所依托的"共同体"。这里所说的"共同体"泛指"社会中存在的、基于主观上或客观上的共同特征(这些共同特征包括种族、观念、地位、遭遇、任务、身份等等)而组成的各种层次的团体、组织,既包括小规模的社区自发组织,也可指更高层次上的政治组织,而且还可指国家和民族这一最高层次的总体,即民族共同体或国家共同体。既可指有形的共同体,也可指无形的共同体"②。而当前中国的社区建设则是在改革开放,城镇化方兴未艾的背景下展开的。单位制度的变迁、单位共同体的解体、城乡二元结构的崩解、流动人口的激增、老龄社会的初现,所有这些因素,都决定了当下中国的社区建设具有一系列复杂而特殊的因素制约。

无论是欧美世界社区认同深度危机背景下的社区发展,还是近年来在"单位社会"走向终结的背景之下展开的中国式的社区建设,其目标都是在

---

① [美]德鲁克基金会:《未来的社区》,魏青江译,中国人民大学出版社2006年版,第4页。
② [英]齐格蒙特·鲍曼:《共同体》,欧阳景根译,江苏人民出版社2003年版,第1页,译者注。

探索人类在城市化、工业化进程中理想的生存方式。因此，如何根据城市传统的体制性背景和地方性要素，探索出城市社区发展的多元模式，是当下社区建设和发展的难题。

(二) 社区发展与新公共性构建

总结超大型工业社区建设发展模式，我们会发现，其建设经验体现出一种"新公共性"。这种"新公共性"最具新意之处在于其"多元性"和扩散性，即由传统的以"企业"为主体的公共性转变为多元的公共性诸形态，公共性由"垄断"走向"扩散"。审视超大型工业社区建设发展的总体进程，我们发现：以"单位社会"逐步走向消解为契机，在旧有的单位福利保障体系宣告终结的同时，昔日的"单位人"变成了"社会人"。虽然这一转化过程具有长期性和复杂性，也曾出现反复，但其进程实际上已经揭开序幕，并不断走向深化。为避免"单位社会终结"后社会的"原子化"，人们开始意识到着力建设独立于国家、单位、市场以外社会支持体系的重要性。于是，昔日由国家和单位垄断和承载的公共性自然被打破，一系列基于社区居民"自我管理"和"自我服务"的民间组织应运而生。这种"新公共性"构建的意义在于寻找新的社群生活，人们可以通过"社群"建构一种"公共性"。这种"公共性"能够让人们发出面对生活共同抉择的呼声，可以使其在面对社会急剧变化的"速度"时不致失掉方向感和生存的力量，以实现由"单位人"向"社会人"的转化过程。

超大型工业社区的新公共性构建，往往是通过发起各种社区活动，以"活动取向"激活社区的社会性，使社区居民得以建立起新的社会联结。如果我们将社区视为是聚居在一定地域范围内的人们所组成的社会生活共同体的话，那么，社区应包括地域因素、地域内的人群、共同体（核心为组织制度、归属感、认同感）等三个重要因素。其中，最具实质意义的是"共同体"要素。但从目前社区建设的情况看，最为艰难的便是社区居民对社区"认同感"和"归属感"的形成。正如有的学者所指出的那样："一段时间以来，我们更多地强调了社区的地域、组织因素，而忽略了共同体的因素。社区是一个外来的概念，原意本来是指社会生活的共同体。但在我国，由于将其翻译成社区，人们往往较多地重视其中的'区'或'地域'的含义,而对于其中的社会性涵义往往忽视了。实际上,最难实现的便是如何将社区的共同体特质激发出来。"[1] 正是基于上述思考,超大型工业社区重建强调"活动取向",用"活动"将居民请出闭锁的宅院和高楼,建立起密切的互动关系。用"活动"铸起居民对新共同体的认同,建立起新的社会联结。此外,作为新公共性最重要的承载者,各种民间组织和社团在新公共性的构建过程中发挥着越来越重要的作用。这些民间组织和社团把素来分散的居民密切地联系在一起,形成了新的共同体,真正实现了所谓"自我管理"和"自我服务",将老工业基地的社区建设推向了一个新的发展境界。

(三) 单位制度变革与社会治理改革创新

在研究中,我们应充分重视社会管理体制改革创新在老工业基地振兴过程中的重要作用。应该承认,激活国有大中型企业,使东北在经济上重现往日辉煌,是振兴东北最具现实意义的推进路径。但如果我们承认时下东北的振兴和发展,其实质是一个复杂的空间重组和整体的社会转型的话,就会发现,东北老工业基地振兴的基本内涵,既包括以国企改革为核心的经济发展,同时也包含以社区建设为核心的社会发展。在这一意义上,我们应从振兴东北的战略高度来认识"典型单位制"的改造和社区建设问题。

在直面单位制度变迁的社会事实时,我们不能简单地将单位变迁问题等同于经济体制改革的附属物,从而忽视社会体制变迁的复杂性。长期以来,"社会"在很大程度上被视为是经济和政治的从属性存在,而很少将其作为一个独立的领域展开研究。故对学界而言,社会管理体制改革实际上是一个新问题,缺少必要的理论积累。此外,人们也常将社会管理体制改革创新看作是一个单纯的实践问题,对其理论逻辑关注不够,这直接影响到人们对社会体制改革长期性和复杂性的理解。在本书的研究中,我们将结合建国以来中国社会体制变迁的阶段性变化,围绕着"体制生成论"——"体制构造论"——"体制转换论"——"体制协调论"这一系列理论分析框架,以发现社会管理体制的生成、结构特征及其变革转化的一般性规律,为新时期中国的社会管理体制改革创新提供理论依据。

---

[1] 孙立平:《社区、社会资本与社区发育》,《学海》2001 年第 4 期。

第一部分

"单位共同体"形成及变迁的一般轨迹

第 一 章

"单位共同体"起源的历史背景

上世纪 50 年代，新中国的城市社会迅速形成了"举国一致"的"单位体制"。从结构—功能的视角来看，通过单位制度将几乎所有的社会成员吸纳到"国家—单位—个人"的纵向一体化结构之中；单位组织承担着资源分配、社会整合、社会控制和福利单元等多重功能。在单位社会的诸多特征中，较少被研究却十分重要的一点是："单位共同体"不仅联结着国家赶超式发展的宏大历史叙事，成为国家"大公共性"的经验载体，同时也是单位成员"安身立命"的基本社会设置，是每一个城市家庭和城市社会成员生存与福祉的来源。进而，在实践层面形成了浓厚的单位认同，无论在正式制度还是被默许的非正式运转方面，单位组织都具有"小公共性"的特点。这种"大公共性"与"小公共性"并存、甚或依存的构造，成为认识单位社会深层特点及其变革轨迹的重要起点。

在单位研究的众多论题中，关于单位社会的起源，一直争论不已。从不同的研究出发点，学者们提出了"根据地经验移植说"、"社会资源总量约束说"，以及"苏联模式影响说"等多种理论观点。毫无疑问，这些观点在深化对单位制研究的问题上，都具有重要的意义。但其缺憾也是显而易见的，如果说，单位体制是新中国独特的国家建构方案，那么这一方案毫无疑问是经历了近代百余年的屈辱和探索而沉淀下来的。"单位共同体"的理想图景，回应了建国之初一系列实践性的紧迫问题，但同时也包含着知识精英和政治精英对于传统中国社会的反思，以及中国现代化道路理想建构。换言之，对于

"单位共同体"起源的研究应当置于中国传统社会现代转型的视角之下。沿着这一思路，本章将从历史的长时段视角，概述"单位共同体"起源的历史背景。为了回答这一问题，我们将从中国传统社会的基本特征出发，阐述其在近代社会所遇到的危机实质，进而结合逻辑和历史两个层面，回答"单位共同体"作为中国社会的整体性重建方案，包含着怎样的内容。

一、中国传统社会的基本构造

按照安东尼·吉登斯的界说，传统社会"是以过去为基础的社会，过去就是现在。……昨天与今天的延续使得'曾是'（was）和'是'（is）之间缺乏清楚的界限"①。在社会学的语汇中，传统社会一词，更多被处理为一种"理想型"（idea type），实际上，我们很难对这一词汇做史学的经验还原。一般而言，绵延两千多年的"郡县中国"被不做细致划分地视为中国传统社会。在关于中国传统社会基本构造的研究中，形成了"小共同体本位说"和"大共同体本位说"两种截然相对的理论观点。前者认为中国传统社会存在着国家官僚体系与乡土社会的分野，国家正式官僚机构和制度由于渗透能力有限，很少介入乡土社会的运转过程，乡土社会是自治的、礼俗的、伦理本位的、差序格局的；乡土社会中延续着丰富的"小共同体"传统。后者则强调血缘和地缘共同体在传统社会中的规模可能被高估了。中国传统社会是一个"编户齐民"的社会，国家对社会成员的控制力十分严密。

（一）"小共同体本位说"

这里所言的"小共同体"主要指的是国家之外的，依据血缘和地缘纽带而形成的，具有独立和自律个性的内聚性社会单元。知识界形成了多种极富洞见的理论观点，分别描述传统社会"小共同体"性质的特定方面，如梁漱溟的"伦理本位"、费孝通的"乡土社会"、杜赞奇的"权力文化网络"，以及许纪霖的"士绅社会"研究。

---

① ［英］安东尼·吉登斯：《资本主义与现代社会理论——对马克思、涂尔干和韦伯著作的分析》，郭忠华、潘华凌译，上海译文出版社2007年版，（导论），第1页。

1. 乡土中国

费孝通先生认为，中国乡土社会结构特征表现为"差序格局"，是由"一根根私人联系所构成的网络"。① 差序格局与西方社会的"团体格局"有着显著的不同，"团体格局"中的每一个个体都被组合到一个确定的组织中，进而由组织联结成体系。费老以其一贯地生动语言将"团体格局"比喻为"我们在田里捆柴，几根稻草束成一把，几把束成一扎，几扎束成一捆，几捆束成一挑。每一根柴在整个挑里都属于一定的捆、扎、把。每一根柴也都可以找到同把、同扎、同捆的柴，分扎得清楚不会乱的"②。而"差序格局"则是以己为中心推出去的圈，是一个"富于伸缩的社会圈子"，圈子的大小依据"中心的实力厚薄而定"。③ 对于"差序格局"，费老也做了一个形象的比喻："好像是把一块石头丢在水面上所发生的一圈圈推出去的波纹。每个人都是他社会影响所推出去的圈子的中心。被圈子的波纹所推及的就发生联系。"④

"从基层看上去，中国社会是乡土性的。"⑤ 因为百姓赖以生计的农业和土地的关联，中国基层社会是安土重迁的。百姓长时间的聚村而居，形成了一个个空间上封闭且稳固的自然社区，村落的大小不等，但大体上，村落是相对孤立和隔膜的。人口的流动率小，社区之间的往来也不多。于是就形成了一个"没有陌生人的社会"⑥乡土社会并不是以正式的法律秩序来维持，而是以居民耳濡目染共同接受的礼俗来获得整合秩序。换言之，这里不是"法理社会"而是"礼俗社会"。"礼俗社会"中萌生出自然而然的信任，这或许与孔子对子贡⑦的对话暗暗契合，更为深刻的是，"礼俗社会"正构成了孔子所言的"人而无信不知其可"的社会基础。与依据国家权力所维

---

① 费孝通：《乡土中国与生育制度》，北京大学出版社1998年版，第31页。
② 费孝通：《乡土中国与生育制度》，北京大学出版社1998年版，第25页。
③ 费孝通：《乡土中国与生育制度》，北京大学出版社1998年版，第27页。
④ 费孝通：《乡土中国与生育制度》，北京大学出版社1998年版，第26页。
⑤ 费孝通：《乡土中国与生育制度》，北京大学出版社1998年版，第6页。
⑥ 费孝通：《乡土中国与生育制度》，北京大学出版社1998年版，第9页。
⑦ 《论语》颜渊第十二之第七："子贡问政。子曰：足食，足兵，民信之矣。子贡：必不得已而去，于斯三者何先？曰：去兵。子贡：必不得已而去，于斯二者何先？曰：去食。自古皆有死，民无信不立。"关于民信存在着不同的看法，一种认为是民对于政权的支持和信任，另外一种认为是民的守信和互信。笔者更为赞赏后一种观点。

持的法律来调节人与人之间关系的西方社会不同,"乡土社会"是依"礼治"的方式维系的。"礼"是社会公认合适的行为规范,就其规范个人行为的能力而言,与法律具有同样的意义,但是"礼"却不是依赖国家强力来推行的,"礼"则不需要正式的有形的权力机构来维持。"礼"的传承依据的是社会经验的积累,作为一种文化的传习,"礼"深深地沉淀在每个人内心深处,以一种"前反思"的方式发挥着作用。也因此,"乡土社会"是一个"无讼"社会,长期的"习"已经将社会规范在"修身"、"克己"的日常修养中转化为个人的内在习惯,这种礼治秩序的维持则主要是依靠"教化",而非严刑峻法。读书知礼的人自然就成了乡土秩序维护的权威力量,这种权威不同于横暴的权力,也不同于西方社会基于同意的契约性权力,而是一种"长老统治"式的"父爱的"教化权力。与此相对,作为政治体制在基层社会延伸的"保长"一类的政治权力却在这方面没有什么发言权。[①]乡土社会中的权威,既不同于专制社会的"横暴权力",又有别于西方个体主义基础之上的"同意权力",而是一种"爸爸式的权力"[②],即一种"父爱式"的权力。"乡土社会"的观点为我们描绘了一副平稳运行状况下中国传统社会中基层社会的面貌。与"郡县体制"的集权政治体系并存的是一个相对稳固而自治的社会,由礼治的习惯法则维持着,"士绅阶层"成为基层社会与政治体系联结的中间者,维系着传统社会国家与社会关系的基本平衡。

概言之,"乡土社会"具有如下几个方面的特点:首先,"乡土社会"相对于皇权的官僚体系具有一定程度的自治性。"乡土社会"以"礼治"的方式来维持秩序,并且需要经历长时期的积习和沉淀。其次,"乡土社会"具有稳固性和排他性。因为农业经济的内在规定性,人和土地紧密地关联在一起,在长期的历史实践中形成了人与人之间社会关系的基本模式,即"家族本位"和"礼治社会"。家族成了一个人社会关系的主要活动场域,发展和资源的配给主要是以互惠经济的形式,在家族内部或者更小的家庭单元中完成,也因此,"乡土社会"就具有了一定程度的排他性,要真正进入一个乡土社会,需要极大的努力,甚至即使努力也未必能融入。最后,"差序格局"的

[①] 费孝通:《乡土中国与生育制度》,北京大学出版社1998年版,第54—58页。
[②] 费孝通:《乡土中国与生育制度》,北京大学出版社1998年版,第64页。

乡土社会中，不存在西方意义的个体观念，权威、权力和责任都是有差等的。这样也决定了乡土社会百姓的公私观念，"在差序格局里，'公'和'私'是相对而言的，站在任何一圈里，向内看也可以是公的"。①

2. 权力文化网络

美国著名汉学家杜赞奇在《文化、权力与国家》一书中，提出了"权力的文化网络"的概念，从一个不同的角度阐释中国传统社会的"小共同体"性质。"权力的文化网络"中所言的网络"包括不断相互影响作用的等级组织，和非正式相互关联网。诸如市场、宗族、宗教和水利控制的等级组织以及诸如庇护人与被庇护者、亲戚朋友间的相互关联，构成了施展权力和权威的基础"。而"文化"则是指"扎根于这些组织中、为组织成员所认同的象征和规范。这些规范包括宗教信仰、内心爱憎、亲亲仇仇等，它们由文化网络中的制度与网结交织维系在一起"。基层社会中的组织"攀附于各种象征价值，从而赋予文化网络以一定的权威，使它能够成为地方社会中领导权具有合法性的表现场所。换句话说，是出于提高社会地位、威望、荣耀并向大众负责的考虑，而并不是为了追求物质利益。这是文化网络中出任乡村领袖的主要动机"②。杜赞奇通过对华北农村的研究发现，在基层社会中活跃着门类繁多的社会组织，这些社会组织又不是西方多元主义意义上的利益群体，而是结合在一个共同的文化观念体系之下。文化界定了组织和利益的边界，规范着各个群体的行为，进而也就维持了中国传统社会的基础秩序。

借助对华北农村的社会史考察，杜赞奇提出20世纪前半期的乡村中国，经历着两个巨大的历史进程。一是"受西方入侵的影响，经济方面发生了一系列变化"；二是"国家竭尽全力，企图加深并加强其对乡村社会的控制"。第二个变化对于改变乡村社会的传统格局更具根本意义，因为"国家政权的扩张对华北农村社会权力结构的影响"是十分深远的。③ 20世纪中国

---

① 费孝通：《乡土中国与生育制度》，北京大学出版社1998年版，第30页。
② [美]杜赞奇：《文化、权力与国家：1900—1942年的华北农村》，王福明译，江苏人民出版社2004年版，第4—5页。
③ [美]杜赞奇：《文化、权力与国家：1900—1942年的华北农村》，王福明译，江苏人民出版社2004年版，第1页。区域研究在施坚雅的"市场体系论"之后成为研究中国的一个基本方法论要领，华北农村或许与中国其他地区的乡村社会存在着一些差异，但是近代"国家建构"之下乡村社会的变革，就全国范围而言，是分享着一些共同的因素的。

的国家政权建设存在着双重动因,"其一是义和团起义以后,帝国主义列强期望中国有一个强有力的国家政权;其二是列强向财政崩溃的清政府勒索巨额赔款使它不得不加强权力以向全国榨取钱财"①。实际上,在此之外,还应该包括清末新政试图变法图强的主观努力,虽然这种努力来得太晚也太无力了。②

晚清到民国的政府,为了加强对基层社会的控制,并加强对基层社会的汲取能力,采用了"国家经纪人"的方式。这与19世纪之前普遍存在的"保护型经纪制"存在巨大的不同。后者是"村社自愿组织起来负责征收赋税并完成国家指派的其他任务"③的,在实践中,往往更为倾向于村社(社会)自身的利益,他们小心翼翼地在"权力的文化网络"约制下行动,也大致获得了文化网络的支持和认同。而前者,在当时特定的情境下,成为一种"赢利型经纪人",国家通过经纪人加强对基层社会的财税汲取,但是对未被纳入正式官僚体制经纪人的赢利行为(中饱私囊、勒索盘剥)却采取了一种放任和默许的态度,缺乏控制能力。并且,在后来越发表现出"国家政权的内卷化"特征。

"权力的文化网络"更多的是从国家与社会关系的视角来认识传统中国社会的近代的变革,这也构成了理解中国传统社会"小共同体"性质的一种重要方式。诚如杜赞奇所言,正是在近代国家建构、加强对基层社会汲取和控制能力的过程中,基层社会才发生了显著的变化。从国家层面看"20世纪国家政权抛开、甚至毁坏文化网络以深入乡村社会的企图注定是要遭到失败的"。④ 而从基层社会自身看,传统的文化网络正在衰落,基层社会的危机凸显,并逐渐成为体制的反对力量。

---

① [美] 杜赞奇:《文化、权力与国家:1900—1942年的华北农村》,江苏人民出版社2004年版,王福明译,第2页。
② [美] 杜赞奇:《文化、权力与国家:1900—1942年的华北农村》,江苏人民出版社2004年版,王福明译,第40页。另见 [美] 邹谠《二十世纪中国政治:从宏观历史与微观行动角度看》,牛津大学出版社1994年版,第19页。
③ [美] 杜赞奇:《文化、权力与国家:1900—1942年的华北农村》,江苏人民出版社2004年版,王福明译,第28页。
④ [美] 杜赞奇:《文化、权力与国家:1900—1942年的华北农村》,江苏人民出版社2004年版,王福明译,第4页。

3. 士绅社会

许纪霖先生认为中国传统社会中，士大夫作为四民之首，于宋明以后形成了一个"士绅社会"①，"士大夫作为四民之首，曾经是社会与国家的中枢，在朝辅助帝王共治天下，在野作为地方精英领导民间社会。士大夫阶层成为最有影响、举足轻重的社会重心"②。在传统中国，"绅士的地位通过取得功名、学品、学衔和官职而获得，凡属上述身份者即自然成为绅士集团成员"③，国家正是通过对上述资源的分配来控制绅士集团，把他们都掌握在自己的手中。并且绅士集团内部也是存在区分的，上层绅士获得了比下层绅士更多的权力。被选入国家官僚体系的绅士就成为官员，即"入则为官"，而更多的绅士是无法进入官僚体系的，他们与地方社会紧密地结合在一起，形成了地方的精英阶层。按照费正清教授的看法，"士绅社会"活跃于国家公权力和家庭私领域之间，构成了平衡二者之间利益的中间力量。费孝通先生指出，在中国封建社会并不存在所谓高度集中的王权，而"是个一层层重叠着的权力金字塔，每个贵族都分享着一部分权力。王奈何不得侯，侯也奈何不得公，一直到士"④。非但如此，在中国传统社会中，至少存在着皇权、绅权、帮权和民权四种相互作用的权力。国家官僚机构的横暴权力面临着无储蓄农业经济形态的限制，因此政治在其常态对基层社会往往采取"无为而治"的理想信条，⑤从而保持了基层社会的自治权力。士大夫阶层"在朝"则往往纳入政统，成为政治的附庸，为政治鼓噪，"在野"则期望以道统来平衡皇权的专横。整个绅士阶层在政统与道统之间游走，同时构成了国家权力与家庭私领域之间进行沟通的中间力量。而近代以来，士绅阶层随着城乡经济的差别和科举制度的取消而逐渐解体，绅士在城市的聚集形成

---

① 按照张仲礼的估计，士绅阶层在太平天国前有110万人，而在太平天国以后则达到140万（张书P111—P113页）；而罗兹曼则认为如果将这些人的直系亲属包括进去，"最严格计算起来，这一阶层在太平天国之前也有550万人，而在此之后则达到700余万人。见吉尔伯特·罗兹曼《中国的现代化》，国家社会科学基金"比较现代化"课题组译，江苏人民出版社2003年版，第79页。

② 许纪霖：《重建社会重心：近代中国的"知识人社会"》，《学术月刊》2006年第11期。

③ 张仲礼：《中国绅士：关于其在十九世纪中国社会作用的研究》，上海社会科学院出版社1991年版，第1页。

④ 吴晗、费孝通等：《皇权与绅权》，上海观察社发行1937年版，第1页。

⑤ 费孝通：《乡土中国与生育制度》，北京大学出版社1998年版，第62页。

了一个"知识人社会"的雏形,而农村社会则往往被劣绅把持。因此,中国传统社会的基础秩序走向了崩溃。①

(二)"大共同体本位"说

持"大共同体本位"观点的学者认为,如果中国传统社会是"小共同体"本位的,那么就很难解释历史上一些庞大的社会工程和历史事件。因此,应该看到中华帝国的国家官僚体系发展出一套渗透社会、动员社会的方法。传统帝国通过"编户齐民"的行政网络,分裂了基层社会,并建立了个人与国家直接联系的管道,在"大共同体"亢进的挤压之下,"小共同体"不断的萎缩。这种观点分散在不同时期作者的论著中,虽然这些论著各自的理论起点不同,相互之间参考不多,但在坚持国家"大共同体"对中国传统社会的根本性影响和塑造方面,却是一致的。

1. "治水社会"

作为一个学术话题的中国传统社会研究,滥觞于欧陆知识界。西方传教士和商旅的游记、日记构成了西方学界观察中国的最早素材。是时,东方社会被描述为一个遍地黄金的丰裕国度,是经济贸易的潜在乐土。之后,随着一批中国文献被选择性地译介到西方,关于中国社会的理论认识逐渐形成体系。其中较有代表性的是马克思关于"亚细亚生产方式"的研究和韦伯对于"儒教文明"的研究。这些研究中,往往将中国描绘为一个落后和缺乏现代变动的世界。二战以后,在尖锐对立的冷战思维支配下,关于中国社会的研究,则主要为极权主义的范式所主导。

德国裔美籍历史学家魏特夫于1957年出版的《东方专制主义:对于极权力量的比较研究》一书,无疑在海外中国研究界具有重要的影响。魏特夫用"治水经济"的分析来划分世界历史,将整个世界分为两个部分,"一部分是非治水地区,西欧、北美和日本属于这一类;其余是治水地区。非治水地区经过封建社会而发展成为现代多中心的资本主义社会,只要资本主义社会的政府、企业主、农场主和劳工组织互相牵制而又互相配合,就可以使'多中心社会原则长期延续下去',使资本主义万世永存"。魏特夫认为治水社会

---

① 王先明:《近代士绅阶层的分化与基层政权的蜕变》,《浙江社会科学》1998年第4期。

"主要起源于干旱和半干旱地区,在这类地区只有当人们利用灌溉,必要时利用治水的办法来克服供水的不足和不调时,农业生产才能顺利地和有效地维持下去。这样的工程时刻需要大规模的协作,这样的协作反过来需要纪律、从属关系和强有力的领导"。因为"要有效管理这些工程,必须建立起一个遍及全国或者至少及于全国人口重要中心的组织网。因此,控制这一最高组织网的人总是巧妙地准备行使最高政治权力",这样就产生了专制君主和"东方专制主义"① 在"治水社会"中国家比社会更为强有力;国家成为社会事务的组织者和管理者,建立起了全面的信息和资源垄断配置渠道;宗教附属于国家;而社会成员则陷入"全面的屈从",进而是"全面的孤独"。② 社会中的阶层以国家管理者为主轴而划定,由不相信任何人的统治者、永远在猜疑中的官员和担心被牵连的平民组成。关于"治水社会"的理论被用来把"共产党的极权主义解释成这种制度的极权管理变形,而且是专制的变形"③。美国中国学大师费正清继承魏特夫的观点,认为商甚至更早的时代的统治者,出于技术垄断、抵御游牧民族入侵和兴修水利等方面的需要而发展出政治集权的模式,并认为大禹治水的神话佐证了这一观点。④ 这种观点在冷战思维主导的美国社会科学研究领域实际上屡见不鲜。这种在今天的研究看来几乎是不值得一驳的理论,在当时却具有很大的影响力。自上而下的专制体系御寰宇,自然也就无从发问中国传统社会"小共同体"的论题。

2."伪个人主义"

无论是"礼治社会"、"士绅社会",还是"权力的文化网络"等理论解释,这些"小共同体本位论"的观点,都分享着如下的共识:即在中国传统社会,国家的渗透和干预能力是十分有限的,在县以下的基层社会,往往是依据一定的文化、价值和规范采取自我组织、自我管理、自我维持的形式运行。秦晖教授在其史学研究的基础上,对上述观点提出了批评,认为

---

① [美] 魏特夫:《东方专制主义:对于极权力量的比较研究》,徐式谷译,中国社会科学出版社1989年版,(中译本出版说明),第1—9页。
② [美] 魏特夫:《东方专制主义:对于极权力量的比较研究》,徐式谷译,中国社会科学出版社1989年版,第42—157页。
③ [美] 魏特夫:《东方专制主义:对于极权力量的比较研究》,徐式谷译,中国社会科学出版社1989年版,(1962年序言),第24—27页。
④ [美] 费正清:《中国:传统与变迁》,世界知识出版社2000年版,第30—31页。

"传统中国乡村社会既不是被租佃制严重分裂的两极社会，也不是和谐而自治的内聚性小共同体，而是大共同体本位的'伪个人主义'社会"①。国家"大共同体"的亢进，导致了中国乡村社会小共同体的孱弱。

秦晖认为，既有的关于中国传统社会的认识主导范式有两类：一类是"租佃关系论"。视中国传统乡村社会为由土地租佃关系决定的两极社会，一极是占有主要农业生产资料——土地——的地主阶级；另外一极则是因为缺少生产资料，而受雇于地主，并受地主剥削的佃农阶级。而另一类则可概括为"乡土和谐论"。这种解释把传统村落视为具有高度价值认同与道德内聚的小共同体，其中的人际关系具有温情脉脉的和谐性质。在此种温情纽带之下的小共同体是高度自治的，国家政权的力量只延伸到县一级，县以下的传统乡村只靠习惯法与伦理来协调，国家很少干预。传统乡村则被认为是家族本位的（并以此有别于"西方传统"的个人本位）。儒家学说便是这种现实的反映，它以"家"拟"国"，实现了家国一体、礼法一体、君父一体、忠孝一体。于是儒家思想又被视为"中国文化"即中国人思维方式及行为规则的体现，它所主张的性善论、教化论、贤人政治、伦理中心主义等则被看作是中国特色之源。②

"乡土和谐论"在学界引起了较大的反响。有学者对其做出自由主义式的解读，认为中国传统社会即存在"小政府大社会"的自治传统，期望从这个传统中生长出适应当下市场经济改革的社会力量；而另外一些学者则对该传统做出了浪漫主义的解读，希冀从中发现克服西方现代性危机的中国力量。在秦晖教授看来，这两种观点都是靠不住的。因为二者都无法解释中国传统社会周期性的农民战争。

既然上述两种理论认识都存在问题，中国传统乡村社会又应该做怎样的解读呢？秦晖先生用四个字来概括，即"儒表法里"③。秦一统时期法家思想占据着统治地位，法家主张打破宗族的小共同体力量，而统一到皇权的大共同体中。而汉承秦规，打破宗族、家族的努力仍在持续，汉武帝名义上是

---

① 秦晖：《传统中国社会的再认识》，《战略与管理》1999年第6期。
② 秦晖：《传统中国社会的再认识》，《战略与管理》1999年第6期。
③ 与此说相对，我们看到的更多是关于"儒家社会"的解说，如梁漱溟《东西文化及其哲学》，上海世纪出版社2006年版；梁漱溟《中国文化要义》，上海世纪出版社2005年版。

"罢黜百家，独尊儒术"，但是以"推恩令"为纲的社会继承法则在社会层面使得门阀家族的力量不断衰落。这样做一个后果就是，小共同体的传统是相对衰弱的，而与此相对，在大共同体力量扩张下，自治的小共同体不断被打破，家庭、家族的规模都不断地小型化，自上而下的"编户齐民"使得基层社会被行政网格（里）所分裂，而个人则直接与国家建立了联系。① 这种个体的显露，直接面对国家的社会联结形态，并不是西方近代意义上个体主义的兴起，而是建立了专制皇权对个体的支配，属于一个"大共同体本位下的'伪个人主义'"。② 以汉代的基层官僚机构为例，在其基层行政单位"里"中，一里仅为户数十，而所设官僚职位竟多达二十余种，这还没有包括负责信息采集和向上传递的亭邮系统。可见，基层社会被国家官僚体系严密地管控着，而不能说是依据习惯法自治的"小共同体"。③ "伪个人主义"有一种"反公民社会"的性质，④ 也就是说，在国家延伸之外，几乎不存在国家与基层社会之间的中间地带。这样一来我们似乎也可以理解近代中国在西来文明冲击下，产生了国家危机，同时国家控制秩序也相应解体。"伪个人主义"下的个体就陷入了一盘散沙的危机。

实际上，秦晖先生关于"大共同体本位"的理论同样面临着难以解答的问题。首先，即使是传统中国乡村组织（作为国家在基层延伸的）很发达，而宗族力量并不是很强大，这也只能证明关于宗族、家族自治的看法存

---

① 秦晖：《传统十论》，复旦大学出版社2003年版，第1—44、61—126页。这两篇文章中，《传统中华帝国的乡村基层控制：汉唐间的乡村组织》一文，引用了"走马楼吴简"的相关出土史料，证明在汉唐时代乡村社会即存在着"非宗族化"的现象，此外文中关于乡村组织的研究，以凸显中国传统社会儒表法里的"大共同体"色彩。《"大共同体本位"与中国传统社会》一文，则更为直接地把"伪个人主义"对于现代公民社会的发展联系起来思考，伪个人主义不同于个体主义，因此称为现代公民社会建构中不得不面对的难题。

② 人类学的一些经典研究认为中国乡村社会确实存在着宗族的强大自治力量。但秦晖教授认为如果目光不是集中在若干"文化标本"性质的村落，中国传统社会的乡村秩序并没有呈现为想象中的自治，而是暴露在皇权之下的伪个人主义。

③ 政治史学者对"皇权不下县"的解释发起过质疑，如张新光《质疑"皇权不下县"：基于宏观的长时段的动态历史考察》，华东理工大学学报（社会科学版），2007年第1期；夏里《唐朝官僚机构的膨胀》，《人民论坛》2006年第23期；黄宽重《从中央与地方关系互动看宋代基层社会演变》，《历史研究》2005年第4期等。

④ 见秦晖：《"大共同体本位"与中国传统社会》（上、中、下），《社会学研究》1998年第5期、1999年第2期、1999年第4期。

在问题，而不能因此就说明中国传统社会不存在一个相对自治、相对独立的社会自组织领域。就是在一个特别集权的体制中，依然会看到横向的社会结合力量，遑论传统中国国家体系的监控能力并不是那么强大。其次，作为国家延伸基层组织的发达，并不能说明这些机构就完全是依附于国家的体制，遵照国家的意志来运作的。秦晖教授在对走马楼竹简的整理和分析中发现了汉唐间乡村组织确实十分庞大和复杂，但并不能因此就断定国家对基层社会有完全的掌控能力。再次，乡村组织的人员构成和官僚控制体系方面的信息是不完备的，也存在社会力量进入到这个领域的可能，即这个领域并不见得就是完全代表国家的意志，而可能是一个国家与社会共在、利益相互竞争和相互平衡的中间领域。最后，"儒表法里"的社会建构法则，是否构成了通行的集体表象，这似乎并不能凭借个别文本的记载和评论来断言，甚至可以反过来设想，如果中国传统社会是被法家的"术"所主导的一个社会，尔虞我诈、告密、权谋已是社会的常态，那么何来"人心不古"、"世风日下"、"民风浇薄"、"有司贪虐"的感慨？唯此四者，则"大共同体本位下的伪个人主义说"就显得不是那么坚实了。

二、中国传统社会在近代的危机

在对中国现代社会起源的研究中，学界形成了几派颇具影响力的观点。上世纪五六十年代，以费正清为代表的"冲击—回应"论占据了海外中国研究的支配地位。这种理论认为中国传统社会是停滞的，在自我演进的封闭体系中是不可能走上现代化的道路的。近代以来，在西方现代文明的冲击下，中国社会开始积极地回应西方文明的挑战，并逐渐走上了现代化的道路。[1] "冲击—回应"论强调外力对中国现代化进程的影响，并且包含着"西方中心主义"的理论元素。20 世纪 70 年代后期，以柯文为代表的"中国中心观"[2] 对"冲击—回应"论提出了严肃的批评。"中国中心观"试图超越传统中国社会"停滞论"的观点，认为中国传统社会具有"内生的"

---

① ［美］费正清、赖肖尔：《中国：传统与变迁》，陈仲丹等译，江苏人民出版社 1996 年版。
② ［美］柯文：《在中国发现历史——中国中心观在美国的兴起》，林同奇译，中华书局 2002 年版。

现代化的动力。此后，亦有学者试图综合上述两种观点，进而从内部原因和外部原因结合的角度来思考中国的现代化缘起。①

然而无论对中国走向现代社会的原因作何种解释，要深入理解这一过程的实质意义，则近代中国所面临的"总体性危机"几乎是无法回避的理论问题。所谓"总体性危机"指的是晚清以降，中国传统社会的政治架构、文化认同、社会整合、经济形态等诸方面显示出的困境，并且这些方面的危机互相关联，具有整体性的特征。进而，近代中国社会所面临的危机也就是总体性的，体现在众多的领域，这种总体性的危机，使得中国传统社会没有能力以整体性的姿态向现代社会转型，以回应内忧外患的挑战。自秦汉一统以来，虽然历代统治者都追求万世千秋，但王朝更迭似乎是传统社会的宿命。但是，尽管王朝的统治者变换了，中国社会运行的基本特征并没有显著的变化。新的统治者上台以后，专注的事情首在恢复传统社会的政治、经济和文化秩序，以期实现太平盛世。但晚清以降，在西来文明的冲击下，中国社会面临着前所未有的深刻危机，这种危机的化解无法再回到王朝更替的传统循环道路上去，而是需要通过与传统的决裂，完成总体性的社会再造。

（一）国家与社会互动的失序

"总体性危机"的一个重要方面是国家与社会关系的失序。诚如杜赞奇所言，国家建设运动的核心是国家借助官僚体系的扩展，将其控制力尽可能地向基层社会渗透。近代中国，内忧外患，在西方列强的武力胁迫下，晚清政府需要支付巨额战争赔款，从而有需求强化对基层社会的渗透和提取，然而，基层政权的扩张并没有带来国家能力的上升。恰恰相反，"赢利型经纪人"在努力加强对基层社会榨取的同时，也破坏了乡土社会的传统运行方式。绅士阶层在近代经历的变革也使得乡土社会往往为"劣绅"所把持。中华民国建立之后的很长一段时间，国家与社会关系非但没有有效修复，反而为经年的军阀混战所困扰，对于基层社会的盘剥有增无减。在此背景下，国家与乡土社会的关系始终处于一种紧张的状态，反而加速了国家对基层社

---

① 胡大泽：《美国的中国近代史研究》，社会科学文献出版社2004年版，第99—126页。

会的控制力的丧失，乡土社会陷入"一盘散沙"的整合危机。① 国家与社会关系的紧张已经使得国家对地方的动员能力、控制能力下降，基层社会与国家的纵向联系发生了紊乱，而横向的联结在一定范围内扩张，在应对外患的同时，也挑战着国家的权威。

（二）社会中间层的解组

晚清以降，中国社会在西方文明的冲击下，面临着"数千年未有之变局"，深陷"总体性危机"。这里讲的"总体性危机"与传统意义上的改朝换代的战乱局面有所不同。在绵延两千多年的中国传统社会中，虽然历经了多次的改朝换代，但是社会的基本运行方式并未发生实质性的变化，随着新王朝的诞生，社会能够回到原先较为稳固的运行状态。有学者指出，这其中的原因在于"朝廷、贵族—绅士、民众三者之间基本关系的稳定以及在此基础上形成的国家—社会关系模式"② 并没有发生改变。也就是说，在封闭的体系中自我演进的中国传统社会，虽然也会出现大大小小的"内忧外患"，但总体上，其运行的环境和条件并未发生实质性的改变。但从晚清末年开始，维持中国传统社会两千年的基础条件开始发生重大的变化。"由于商品经济发展的侵蚀，近代工商业的发展，西方近代文明的传播及新式学堂的创办，特别是科举制本身的衰败及最后被废除，原来作为社会中间层的最主要部分——'士绅—地主'集团，开始沿着四个方向分化：一部分转变为近代工商业者，一部分转变为近代知识分子，一部分转变为新式军人，还有一部分仍然留在农村的，后者大多成为土豪劣绅。这实际上意味着维系中国传统社会两千余年的'国家—民间精英—民众'三层结构中一个至关重要的部分的分裂与解体。""这种变化带来的不仅仅是一种政治体制的解体，

---

① 孙中山先生在《三民主义》一书中对中国社会一盘散沙的局面作出了解释。孙先生认为："中国人最崇拜的是家族主义和宗族主义，所以中国只有家族主义和宗族主义，没有国族主义。外国旁观的人说，中国人是一盘散沙。这个原因是在甚么地方呢？就是因为一般人民只有家族主义和宗族主义，没有国族主义。中国人对于家族和宗族的团结力非常强大，往往因为保护宗族起见，宁肯牺牲身家性命。……因为这种主义深入人心，所以便能替他牺牲。至于说到对于国家，从没有一次具极大精神去牺牲的。所以中国人的团结力，只能及于宗族而已，还没有扩张到国族。"见孙中山《三民主义》，岳麓书社2000年版，第2页。

② 孙立平：《新中国60年：从政治整合到社会重建》，《新远见》2010年第3期。

同时在更深的层次是社会结构的解组,即由于社会结构构成的变化,社会失去了自组织的能力。"①虽然将社会中间层仅仅设定在民间精英这一群体上,有窄化对中国近代社会中间层变动认识的嫌疑②,但是作为一个理论命题却是成立的。社会中间层的解组,使得国家丧失了与社会进行对话,进而有力地干预社会,走出困境的能力。

(三) 传统文化的认同危机

历史上,当一个社会处于危机状态时,往往会产生两种反应:一种情形是社会内部凝聚力的增强,即通过高扬传统、增强自我认同的途径,唤起民族内部团结认同的力量,以渡过危机;另一种情况则是以外部先进的文明社会为参照系,试图通过激烈的自我否定和批判,以获得新生。在后一种情况下,社会发展及其转换往往是通过激烈的思想革命和社会革命而实现的。在这一意义上,"单位社会"这一新社会的蓝图实际上就是建立在对传统社会激烈否定基础上的"新社会"的图景。

19世纪末20世纪初,以中国传统社会的空前危机为背景,思想界出现了一股强劲的反传统倾向。此后,随着民族危机的日益严重,思想界对中国传统社会的批判也变得愈加激烈。现代中国社会思潮的这一变化倾向,给很多中外研究者留下了深刻的印象。他们认为:"20世纪中国思想史的最显著特征之一,是对中国传统文化遗产坚决地全盘否定的态度的出现与持续。"这一思潮的一个重要预设在于:"如果要进行意义深远的政治和社会变革,基本前提是先要使人们的价值和精神整体地改变。如果实现这样的革命,就必须激进地拒斥中国过去的传统主流。"③而反传统取向最激进的发展,当属五四时期,"五四人的意识深处,并非近代西方意义 to be free(求自由),而

---

① 孙立平:《新中国60年:从政治整合到社会重建》,《新远见》2010年第3期。
② 中国传统社会及其在近代发生的变化是多方面的。海外中国研究学者在评价晚清中国社会时往往十分关注"前现代市民社会"的研究。例如罗威廉在《汉口:一个中国城市的商业社会(1796—1889)》一书中特别强调了这个城市中行会的管理自治与社区认同;芮玛丽在《中国的精英主义与政治转型》中认为太平天国起义标志着中国国家精英和地方精英之间权力平衡的重大改变,这又导致了有关地方福利、教育,较低程度上还有治安等等的主要创议从官僚那里转到了社会方面。
③ 林毓生:《中国意识的危机——五四时期激烈的反传统主义》,贵州人民出版社1988年版,第3页。

是 to be liberated（求解放）。这二者虽有关联，但究竟不是一回事。他们所急的，是从传统解放，从旧制度解放，从旧思想解放，从旧的风俗习惯解放，从旧的文学解放。于是，大家一股子劲反权威、反传统、反偶像、反旧道德"①。这股激烈的反传统思潮愈演愈烈，成为20世纪二三十年代社会思想演化的主潮。从社会思想发展的角度看，上述思潮之所以对中国传统社会持一种激烈的否定态度，主要是因为面对总体性危机，中国传统社会的一盘散沙和"涣散无力"，难以凝聚成现代国家而立足于世界。

在20世纪初期思想家和政治家的著述中，我们会发现关于中国传统社会涣散性的诸多激烈的批判，其观点主要包括：

1. 中国社会"一盘散沙论"

如梁启超曾批评中国国民之劣根性在于"知家族而不知国家"。康有为认为"中国长于自殖其种，自亲其亲，然于行仁狭矣，不如欧美之广大矣。仁道既因族制而狭，至于家制则亦然"②。李树青则将"自我主义"、"家族主义"、"乡土主义"视为中国传统社会的三大病症，试图将这三者结合起来进行批判，断言"自我主义的社会，不但没有秩序，同时也没有办法建立健全的组织"。③费孝通在20世纪40年代概括出的差序格局命题，其深层意蕴亦是对中国传统社会散漫性的批判。社会学家潘光旦稍早的表述更加激进，他说："人们常说中国是一盘散沙，我要否认这一点。我比它作一团面粉，由于滴水及虫蛀混成一个个发霉的或虫蛀的小团，连沙子都不如，不能再有一点用处。"④此语反映出当时知识界对中国传统社会的激进态度。

2. 公私关系错位论

从社会结构角度分析，中国社会涣散之原因在于公私关系的严重错位。从社会构成论的角度来审视"公私"问题，自秦以来封建帝王以"一己之私"充为天下之"公"，致使传统社会的"公私关系"发生了严重的错位。三代以前的"古之君"，以天下为主，君为客，是君为天下，大公无私的时代。在秦以后的漫长历史岁月里，皇帝视天下为一己之私产，以己之"大

---

① 王元化主编：《殷海光林毓生书信录》，上海远东出版社1996年版，第156—157页。
② 康有为：《大同书》，上海古籍出版社1956年版，第173页。
③ 李树青：《蜕变中的中国社会》，商务印书馆1946年版，第42—43页。
④ 《潘光旦文集》，北京大学出版社2000年版，第61页。

私"为"天下"大公,遂导致公私关系的严重错位。秦以后数千年来帝王以"国家为彼一家一姓之私产,于是,凡百经营,凡百措置,皆为保护己之私产而设"①。但在名义上,历代帝王却一直对外宣称自己的王朝是"公"的代表,将王朝称为"公门"、"公家",这实际上是以一己之私来冒天下之公。"今我中国国土云者,一家之私产也。国际云者,一家之私事也;国难云者,一家之私祸也;国耻云者,一家之私辱也。"②而在此基础上遴选出来的官僚不是"公仆",而是帝王的"奴仆"。在专制王权体制下,"其间稍有公论者,则犯颜死谏之臣时或表彰之是已。虽然,然所谓敢谏者,亦大率为一姓私事十之九,而为国民公义者十之一"。因为以皇帝为中心的专制政权"所最欲者,则臣妾之为之死节也"。③ 公私关系的严重错位,还使一般百姓知"家族"而不知"社会",知有"私忠"而不知有"公忠"。"吾国齐民,公共观念至薄弱,曾不知团体之利害即己身之利害。故于欧人所谓自治之条理,未尝梦睹。不必其对于国家有然也,及对于乡市亦有然。自始未尝解要求正当之权利而确保之也。"④ 可见,中国社会的散漫而无凝聚力,与社会内部公私关系的错位有着密切的联系。在晚清和民国的思想精英看来,一般国民知家族而不知国家,有私而无公,涣散至极,根本无法抗拒业已组成现代民族国家的西方列强。如不尽速更改上述恶习,必被文明进化之通例所淘汰。

3. 传统束缚说

在对传统社会涣散性特征激烈批判的基础之上,批判旧社会、建构新社会的"解放精神"得到空前的释放。当时对传统社会的批判意识亦可表述为一种"解放精神"。在激烈的批判意识和激进的解放精神背后,潜藏着一股建设"新社会"的渴望。在他们看来,"现在的时代是解放的时代,现代的文明是解放的文明。人民对于政府要求解放,地方对于中央要求解放,殖民地对于本国要求解放,弱小民族对于强大民族要求解放,农夫对于地主要

---

① 梁启超:《中国积弱溯源论》,见《饮冰室合集·文集》之五,中华书局1998年版,第28页。
② 梁启超:《论近世国民竞争之大势及中国之前途》,见《饮冰室合集·文集》之二,中华书局1989年版,第60页。
③ 梁启超:《新史学》,载《饮冰室合集·文集》之九,中华书局1989年版,第28页。
④ 梁启超:《欧洲政治革进之原因》,载《饮冰室合集·文集》之三十,中华书局1989年版,第44页。

求解放，工人对于资本家要求解放，女人对于男子要求解放，子弟对于亲长要求解放。这些解放的运动，都是平民主义的运动"。但应该指出的是，"这解放的精神，断断不是单为求一个分裂就算了事，乃是为完成一切个性脱离旧绊锁，重新改造一个普遍广大的新组织"。① 这种对中国传统社会激烈的否定思潮和"解放精神"最终转换为一股强劲的改造社会的呼声。如《曙光》杂志在1919年的创刊宣言中即云："我们处在中国现在的社会里头，觉着四周的种种环境、层层空气，没有一样不是黑暗、恶浊、悲观、厌烦，如同掉在九幽十八地狱里似的。若果常常如此，不加改革，那么还成一种人类的社会吗？所以我们不安于现在的生活，想着另创一种新生活，不满于现在的社会，想着另创一种新社会。"②

三、"单位共同体"：中国社会的总体性重建方案

从历史演进的长时段视角来审视单位社会的建立，我们会发现单位社会的建立在中国社会结构动态演化过程中占有重要的位置，从根本上说，它是为了克服"郡县社会"的涣散性弊端而建立的社会模式，是作为现代多民族国家建构的方案而形成的。历史地看，中国传统社会发展演进依次经历了秦以前以宗法分封，"周天子—分封诸侯—封土臣民"纵向联结为特征的"封建中国"；秦一统以来的以皇权为核心，以官僚制、郡县制为主体的"郡县中国"两个阶段。应当注意，无论是"封建中国"，还是"郡县中国"，都是中国社会在未与西方现代社会发生频繁交往，在相对封闭的空间中完成其自我循环、发展的一种社会治理体系。而19世纪中叶以降，面对西方列强的挑战，中国传统社会发生全面危机，在政治解体的同时，出现了严重的社会解组。这表明，传统的"郡县社会"已经难以对西方冲击做出有效的回应，中国传统"礼治"社会的涣散特征暴露无遗，诚如钱穆先生所指出的，与以国家政府权力为核心的法治精神不同，"中国人传统提倡礼治，因此社会松弛散漫。政治只成为一个空架子，对社会并没有一种强力与

---

① 李大钊：《平民主义》，载《李大钊文集》下，人民出版社1985年版，第569页。
② 《曙光》第1卷第1号，1919年11月1日。

束缚，往往不能领导全国积极向某一目标而前进"。① 于是，清末民初的思想精英在深刻反思中国传统社会散漫无力的基础上，掀起了对传统社会激进的批判和否定思潮。他们认为，中国要想在世界文明竞争的大舞台上立足，必须建立一种具有强大社会整合能力的新的社会模式。单位社会的建立，实际上就是上述思潮发展演化的最终结果。当然，这种改造社会的方案实际上也寄托了现代中国社会追寻共产主义的宏伟理想。于是，作为总体性危机的解决方案，"单位中国"应运而生。

（一）"组织起来"：纵向一体化的结构

西达·斯考切波教授认为，中国大众动员型政党国家的兴起对于结束晚清以降中国农民的软弱和士绅的脆弱状况具有举足轻重的作用，后者也决定了中国革命采取广泛社会动员，加强国家与社会的联系，密切党群关系的革命路径。作为对近代中国屈辱与危机的反思和仁人志士不断探索革命的沉淀，"单位共同体"理想建构的首要目标在于，将整个中国社会纳入组织化的纵向一体构造，形成举国范围的"大共同体"，从而将其社会成员的活动，统一到民族自强、赶超发展的国家叙事之中：

第一，中国的革命在社会层面，结束了晚清以降的一盘散沙局面，形成了强有力的社会动员体制。在西来文明的冲击下，"郡县中国"深陷前所未有的"总体性危机"，中国社会陷入一盘散沙的局面。虽然"一盘散沙"论的所指主要在于近代中国实现政治整合的困难，但在社会层面上，传统社会中具有"中间社会"意味的士绅阶层瓦解，乡村的权力文化网络在国家加大汲取的过程中走向衰败，正体现了中国社会在走向现代过程中独特的"社会解组"过程。中国共产党所领导的"农村包围城市"的革命道路，以及之后的社会主义建设，为中国社会提供了一种走出涣散局面，实现高度社会整合的方案。鲍大可指出，新诞生的国家"把中央政权的权限和影响拓展到史无前例的范围"：在中国的传统中，至少在国家存在强大统一政权的时期，中央的权力经过完善的官僚机构，可以有效地传递到县一级。但是在县级以下的"非政府层面"上，传统的精英集团如"士绅"以及各种非官

---

① 钱穆：《湖上闲思录》，三联书店2000年版，第48—49页。

方的机构团体把持着整个局面。共产党则从根本上改变了这种情形。他们基本上摧毁了旧的精英集团和绝大部分传统的社会团体,代之以新的共产党精英和新兴的共产党建立、控制的群众组织,把党和政府的正式的官僚机构的影响扩展到乡村一级。① 此外,国家还将自己的活动范围拓展到社会生活中更为广泛的功能领域。例如推动经济发展、提供公共服务、协调社会关系等。邹谠先生用"全能主义"来概括新诞生国家政权的特点,认为全能主义与极权主义有所不同,虽然二者有着共同的起源,即20世纪初面临的全面危机,但是在当时的中国"国家在军阀混战中解体,社会中各个领域的传统制度在崩溃,日常生活中涌现出不少问题不能以传统的思想和常规的方法去解决。国家在生死存亡的时候,有些仁人志士认为只有社会革命才能从根本上克服整个国家、整个社会和各个领域的危机"。② 这种诞生自近代危机的全能主义国家形式在新中国新生政权不稳定的内外环境下得到了沿袭,并且在推动中国现代化建设的过程中发挥着重要的作用。

第二,形成了"国家—单位—个人"的纵向一体化社会联结模式。新中国的国家政权建设结束了晚清以降的总体性危机,经历了社会主义三大改造、合作化运动等一系列调整,在20世纪50年代初,城市社会就形成了两条社会整合管道:一条是"国家—单位—个人";另外一条是"国家—街居—个人",户籍制度和统购统销制度的确立,更为有效地保障了两条整合管道的效能。新中国的城市社会整合模式体现了将人民"组织起来"的思维。前文已述,"组织起来"这一理念的提出,正是对近代中国社会"一盘散沙"的整合危机的回应。在革命和建设年代,"组织起来"始终是社会整合的基本理念。此外,虽然单位制和街居制是举国统一的制度安排,但是,在不同的空间情境下,往往各自有着不同的重要程度。这种重要程度的差别体现在通过单位和街道居委会组织起来的社会成员在数量和构成上存在重要的不同。例如,在典型单位制所主导的"地方社会",单位组织无疑是占据着主导地位的,单位组织把"地方社会"的绝大多数社会成员都已经吸纳在

---

① [美]西达·斯考切波:《国家与社会革命:对法国、俄国和中国的比较分析》,何俊志、王学东译,上海世纪出版集团2007年版,第315页。
② 邹谠:《二十世纪中国政治——从宏观历史与微观行动角度看》,牛津大学出版社1994年版,第69—70页。

内。而与此相对，街居制在此"地方社会"中，只是扮演着"剩余体制"的角色，主要是为单位组织拾遗补缺，即将不能吸纳进单位组织的社会成员，由街道将他们"组织起来"。而反观另外一些地区，典型单位制的传统并不是十分明显，而主要依靠一些街道系统兴办的小工厂，解决居民的就业，相对而言，街居系统的重要性就显得大得多。

第三，通过人民公社化运动，在农村社会建立了"准单位体制"的建构，"单位共同体"成为整个中国社会的制度性安排。通过社会主义三大改造和农村的集体化运动，"单位共同体"的建构，迅速扩展为一套"举国体制"。应当看到，农村的"人民公社化"运动，不仅与单位制采用了同样所有制、劳动动员以及资源分配方式；同时其与城市中的"单位体制"一起，都是新中国国家建构的重要组成部分。唯有在农村社会建立起"准单位化"的人民公社组织，国家的触角延伸到农村社会的各项事务之中，对于农业部门和农村社会的整合与动员能力得到了空前的强化，这样就能够保证充沛的国家汲取能力，为实现新中国优先发展工业部门，尤其是重工业部门的现代化目标积蓄能量。

第四，强大的社会整合和社会动员能力。新中国自上而下建立的单位体系为资源的集中和分配提供了最主要的通道。虽然中国的计划经济在诸多方面与苏联体制存在着巨大的差异，如行政分权、计划范围、计划制订方式、工业结构、生产组织和动员方式等[1]，但大体而言，国家（中央和地方）垄断了几乎所有的资源，通过中央计划和地方计划的方式，在"两个积极性"[2]的共同作用下，通过单位体系进行集中与分配。李猛、周飞舟、李康在《单位：制度化组织的内部机制》一文中，将这一特征的社会基础概括为：（1）计划经济体制的模式，国家垄断资源获取和分配的渠道，三大改造完成以后，公有制经济占据了绝对的主体地位，自由交换的市场运行方式被取消，城市群体只能通过单位组织获取生存与发展的必需资源；（2）在单位组织内部，劳动关系不是雇佣劳动的形式，而是一个行政关系，工人和行政领导按照行政级别规定工资和福利的水平，公有制的所有形式取消了劳

---

[1] 王绍光《坚守方向、探索道路：中国社会主义实践60年》，《中国社会科学》，2009年第5期。
[2] 毛泽东：《论十大关系》，《毛泽东选集》第5卷，人民出版社1977年版，第267—288页。

动力与资方的分离与对立，再分配权力集中于上级机构；（3）单位结构科层化和功能科层化分离，不同于资本主义的经济组织，单位组织承担着重要的政治功能和社会功能；（4）单位成员的永久性就业。① 这种特征，华尔德将其概括为"组织依附性"，因为资源及其分配渠道的制度性垄断，个体不能在体制之外获得生存与发展的资源，而形成了对单位组织的依附。

总之，单位组织在新中国扮演着国家推动工业化的组织载体的角色，是国家能力的组织基础。把所有社会成员都吸纳到单位体制中，进而形成强劲的社会力量，实现赶超式的"压缩现代化"。单位组织构成了"组织化的国家统治体制"②，在"政行合一"的体制下，政治整合、社会整合和生产动员都以单位组织为载体。与苏联的高度计划经济体制运行方式不同，新中国工业发展过程中，经常是以"生产运动化"的方式展开的，并且通过政治运动来调整工业关系。虽然这种方式使得中国道路经历了曲折和苦难，但是其表现出的强劲社会动员能力却始终是一个值得探索的议题。

（二）"父爱主义"：国家主导的公共性架构

"革命"一词与现代社会和现代化存在着紧密的联系。③ 工业革命和法国大革命标志着欧洲社会步入了现代社会的门槛，与此相对，传统社会的要素则在这个过程中不断瓦解。革命不是王朝的更迭，而是一个生产方式、政

---

① 李猛、周飞舟、李康：《单位：制度化组织的内部机制》，见中国社会科学院社会学所编《中国社会学》第2卷，上海人民出版社2003年版，第144—145页。
② 李路路：《论单位研究》，《社会学研究》，2002年第5期。
③ 革命研究的传统大致可以划分为三个阶段。第一代的革命研究，以"自然史"学派为代表，对革命的爆发过程进行细致地描述，研究结论一般体现为革命进程各个阶段的主要特征，并以此为基础总结"革命模式"；第二代学者受到"现代化理论"的影响，亨廷顿即是其中具有代表性的一位，西达·斯考切波认为第二代革命研究将革命的外延做了理论的放大，与暴力事件合在一起研究，并试图发展出具有普遍解释力的"普适性理论"；第三代革命研究则以比较研究为要，将革命研究的视野放到全球范围，关注不发达世界的社会运动，对少量的重大革命进行深入研究，找出革命在具体时空情境得以发生的原因，及其进程与后果。见［美］西达·斯考切波：《国家与社会革命：对法国、俄国和中国的比较分析》，何俊志、王学东译，上海世纪出版集团2007年版。本文无意全面探讨中国革命对中国社会的影响，但是更为倾向于第三代革命研究的观点，即从中国革命的现实背景出发，思考中国革命对于晚清以降社会原子化局面的改变，及其所塑造的新的社会基础秩序。同时，对于这一社会基础秩序的理解，我们也不能脱离新中国国家主导的现代化这样一个大的历史背景，换言之，第二代革命研究的观点也值得审慎地对待。

治架构、社会组织方式和文化意识形态全方位的剧烈变革。关于什么是真正意义上的革命，亨廷顿认为革命"是现代化的一个方面。它不是某种能够发生在任何类型社会、任何历史时期的现象。它不是一个带有普遍性的范畴，而是一个受到历史局限的现象。它不会发生在社会和经济都不很复杂的高度传统的社会里。它也不会发生在高度现代化的社会里。它同其他形式的暴力与骚乱一样，最有可能发生在已经经历过一定的社会和经济发展，但其政治现代化和政治发展又落后于社会和经济变化进程的那些社会里"。① 亨廷顿主要关注的是革命过程中政治现代化的方面，认为社会和经济变化的进程往往是在先的，而政治方面的变化则相对迟缓，因此革命的主要价值就在于实现了政治的现代化过程，使之能与社会和经济的变化相配合。这种概括依据的是欧美国家的历史发展经验，而对于后发展国家而言，其国家建设过程，即政治现代化过程往往是先在的。即在经济和社会相对欠发达的地区，为了实现民族独立和现代化的目标，国家政治现代化是首要的任务。在此基础上，社会秩序的再造和经济的发展被统合在同一个过程之中。新中国的单位制度的确立正是国家能力建设、社会秩序再造，以及经济发展总体诉求的结果。

中国革命之后，中国社会发生了怎样的变化，这是一个令人痴迷的问题。如果我们以政治现代化的视角来看待中国革命和作为其成果的单位社会，我们又会有什么样的评价？毫无疑问，"单位社会"作为一个举国范围的"大共同体"，将亿兆民众统合到国家现代化的历史洪流之中，其渗透能力、动员能力、汲取能力和国家自主性，都是空前的。并且，从计划经济体系、科层管理制度等方面来看，这个体制足以称得上现代。但同时还需要看到，一方面，作为革命成果的单位社会，不可避免地继承了革命的政治理想和政治承诺；另一方面，中国传统社会的政治心理结构和社会行为逻辑在单位组织中也找到了间隙，得以生存下来。细言之，国家主导的公共性构造，包括以下两个方面的内涵：

第一，"包下来"的福利体制。单位体系集中了几乎全部的资源，个体

---

① ［美］塞缪尔·P. 亨廷顿：《变动社会的政治秩序》，张岱云等译，上海译文出版社1989年版，第288页。

的生存和发展，乃至个人社会身份的获得都需要以单位为依托。同时，单位共同体也承诺为其成员提供全方位的生活和福利保障，虽然在物质匮乏年代，这种福利只是较低水平的。在社会主义的意识形态中，劳动不是人生活的手段，而是为了某种超越世俗的理想和目标，通过共同的劳动创造财富并分享财富。新中国工业体系的建立，在全国范围内形成了政权的领导阶级，即工人阶级。革命年代的工运成果和社会主义意识形态的承诺，为工人阶级的权利设定了基本的纲领。而"生产战斗"集体的诉求则要求单位不仅关心生产效益，也需要对工人生活方面给予尽可能的安排。

第二，父爱主义的回应性政治。由于奉行"包下来"的福利体制，单位组织就不单纯是一个经济组织或者行政事业单元，而是需要为其成员提供全方位的看护和照料。甚至在一定阶段，单位的福利功能膨胀，单位办社会不仅关心在职职工，还必须照顾到职工家属的利益，虽然"家属革命化"在最初是出于生产动员和社会整合的需要，但在后期则主要是迫于城市就业的压力和单位惯习的延续，如为安置知识青年就业而创办集体企业，以及一些单位组织的"冗员"现象。这种温情的父爱共同体，在市场经济的冲击之下，显得难以为继，因此国企改制的一个重要方面就是剥离这些企业办社会的职能。父爱主义的回应性政治，体现在单位共同体的日常运行中，单位成员甚至其家庭成员的困扰，单位组织都有责任去关怀、去回应。

（三）"单位空间"：城市社会生活的基本场景

新中国通过单位制度将社会成员组织起来，获得了国家主导工业化，推动现代化进程的组织基础。而从基层社会的视角来看，单位共同体是城市社会生活的基本场景，个体的交往、认同，以及人与人之间的信任等都是在单位共同体的框架之中展开的：

其一，单位组织为基层社会构架了一套社会成员之间交往、彼此关联的方式，并且形成了公共议题与社会成员之间互动的基本秩序。单位组织把社会成员组织在一个集体中，并且在生老病死、衣食住行各个方面对社会成员负有责任。一般而言，一个单位组织在工厂中又划分为不同的分厂、车间、工段、班组，在行政机构中则划分为部门、处室，这样每一个个体在单位中均具有一个确定的位置和身份，颇有点类似于西方的"团体格局"，所不同的是由于一些特殊的制度设置,如班组制以及以班组制为单元的生产动员和基层民主,乃至奖金、住房分配、子女就学等,形成了一层一层的圈子,即每个个体首先是班组中的成员,与班组的其他同事最为熟悉,生产和生活方面的互动亦最为频繁。接下来是工段、进而是车间,到了分厂和总厂层次则社会关联的密度就有所下降,或者仅仅是相识而已。也因此形成了独特的"工厂差序格局",工厂差序格局不仅是工业组织内部的聚合方式,也扩展到社会生活的领域,在工厂之外的生活空间里面,工厂差序格局在人际交往、情感联结、社会支持诸方面也具有重要的作用。

关于这一点,李汉林教授从个人和组织两个层次进行了分析,他认为"中国的单位作为一种典型的都市里的村庄,带有浓厚的乡土气息",在个人行为层次上,"每个单位人总是根据他人对自己的亲疏远近以及重要性的程度来决定自身的行为方式和行为态度,并以差序格局的方式来构造自己与他人的关系"。在组织层次上,"正式组织形式中,这种差序格局的行为方式主要表现为组织领导的行为。属于自己管辖的成员自然要比不属于自己管辖的成员要亲近些",这也形成了单位社会中"本位主义"的景观;而在非正式组织层次,单位的"日常生活中形成的各种不同的圈子"则是其现实表现。单位组织中的"小圈子"依然奉行一种特殊主义的关系原则,对"圈内者"和"圈外者"有着不相同的关系策略,也因此单位组织不是完全意义的韦伯式官僚组织。① 此外,工厂差序格局还有将工厂内部劳动过程与工厂社区生活联结起来的作用,在"包下来"的单位福利体制中,班组制构成了利益组织化及福利政治的基层单元。② 张静教授反对华尔德关于中国工业中利益政治建立在非正式的个人关系网络基础之上的看法,认为"虽然非正式交换确实存在,但我们很难相信,这是一个处理多数问题的基本方法,我们也很难相信,一个体制可以长期忽略大部分人的利益诉求"③。进

---

① 李汉林:《中国单位社会:议论、思考与研究》,上海人民出版社2004年版,第45—48页。
② 张静认为职代会是单位体制中基层利益组织化上达的制度设置,见张静《利益组织化单位:企业职代会案例研究》,中国社会科学出版社2001年版。然而如果深挖职代会制度运行的社会基础,我们会发现职代会的利益组织化过程是在生产和生活实践中产生,而职代会只有延伸到基层班组才真正具有利益组织化的意义。在后文中,就此话题还要进一步详述。
③ 张静:《利益组织化单位:企业职代会案例研究》,中国社会科学出版社2001年版,第19页。

而认为，职代会作为一项利益组织化的制度设置，保障了单位职工的基本利益诉求得以实现。然而，职代会的召开，应该说只是工人利益诉求表达和实现的最终平台，而这一制度有赖于一个完整体系的支持，即职代会需要建立与大部分职工利益关联的日常形式，通常的说法是使得职代会真正具有广泛的群众基础。因此，职代会制度真正发挥利益组织化的职能，乃是建立在其与基层成员常态化的联结基础之上。实际上，这种常态化的联结渠道一直是工会工作的重点，而没有很好联结基层职工的工会往往被讥讽为"半截子"工会。这样，单位组织就形成了独特的社会内部联结形式，以及社会成员与单位公共议题的联结渠道。

其二，单位作为一个社会生活共同体。按照滕尼斯的说法，"共同体是一种持久的和真正的共同生活，是一种原始的或者天然状态的人的意志的完善的统一体"。"共同体的类型主要是建立在自然的基础之上的群体（家庭、家族）里实现的，此外，它也可能在小的、历史形成的联合体（村庄、城市）以及在思想的联合体（友谊、师徒关系等）里实现。……共同体是建立在有关人员的本能的中意或者习惯制约的适应或者与思想有关的共同记忆之上的。"① 就此意义而言，单位组织的空间实践形成了城市社会中的共同体。前面我们已经提到，西方社会步入现代，共同体的衰落几乎被视为宿命，梅因"从身份到契约"的简练公式却包含着最复杂的社会生态。一方面，个人从权威的规定性结构中解放出来，获得了个体自由，另一方面，如鲍曼所言，获得自由的代价却是献上安全的祭礼。共同体衰落被视为西方现代性的痼疾，与此相对的中国式现代性，采用单位组织的形式，生产与生活空间的合一格局宛若农业社会的稳定空间结构。单位空间中的社会成员彼此熟悉、互相信任，并且接受了共同的道德和价值观念。虽然在一个泛政治化的时代，无法对单位社会成员之间的关系作太过浪漫的想象，但工作中同志式的感情，与日常生活中邻里间的守望相助的共同体，却在市场化的今天尤其值得追忆。

其三，单位组织的正式制度和稳定的社会互动环境建立了道德秩序及信任秩序的社会基础。档案制度、介绍信制度，以及较为稳定的工厂和工业社

---

① ［德］滕尼斯：《共同体与社会》，林荣远译，商务印书馆1999年版，译者前言，第2—3页。

区构成为社会控制、社会整合，和高信任程度的社会奠定了基础。学界往往将档案制度和介绍信制度的建立归因于为了实现有效的劳动力控制和社会控制。"国家通过工作单位，通过设在工作单位内部的人事组织部门而控制着个人政治档案，其中记录着他所不知道的，然而可能决定他人生命运的内容。既然所有社会成员都属于单位，所有单位都属于国家，这样国家就可以通过单位而对全体社会成员实行极有效的控制。"[1] 档案制度和介绍信制度固然在整肃社会秩序，形成国家对社会成员的有效社会控制方面发挥着重要作用。但从信任的角度来看，档案制度和介绍信制度提供了一种制度化的社会信任保障。档案制度和介绍信制度，建立在组织体系之间"公对公"的信任和单位组织稳固的社会关系基础之上。档案制度虽然是由单位中的人事组织部门负责管理，但是这种管理的基础是单位对其成员的熟悉和了解。同样，介绍信制度本身就负载着所在单位为其成员提供行为合理性证明的意义。无论是国家机关、社会团体、企事业单位派员到单位联系工作、了解情况或参加有关活动，还是个人办理结婚、考研等个人私事，均需单位出具介绍信。相对于档案制度和介绍信制度所提供的制度化社会信任，单位组织中还存在着基于彼此熟悉、相互协作的日常工作生活中的信任。在稳定和长期的工作与社会交往中，单位组织的生产和生活空间是一个"没有陌生人的社会"，大家彼此熟悉，在长期的互动中建立起了稳固的行为期待和自我规约。

---

[1] 曹锦清、陈中亚：《走出"理想"城堡——中国"单位"现象研究》，海天出版社1997年版，第72—73页。

第 二 章
"单位共同体"的形成及基本特质

在单位制起源和形成的过程中，无论是作为组织的单位，还是作为制度形态的单位，既是一个广义的生产共同体，同时又是一个建立于相对封闭的单位空间内，植根于单位熟人社会关系体系基础之上的生活共同体。此前，曾有学者使用"蜂窝"概念来比喻单位制和单位共同体的存在形态，认为正是这种类似蜂窝状的共同体，构成了社会主义初期最为重要的社会生产组织和生活单元，同时也实现了个体单位人与国家之间的紧密联结。值得注意的是，这一共同体的形成和创制，并非简单地学习和移植外来经验，亦非某些精英人物独具心智的闭门造车，而是植根于20世纪中叶前后中国社会剧烈变迁的基础之上，经历了一个漫长的发展演化进程。其中，1948年东北率先解放后，在哈尔滨、吉林、长春、沈阳等城市革命政权建设的过程中，单位制开始呈现出雏形。而到一五期间，以超大型国有企业的建立为契机，典型单位制开始形成，并由工业企业向政府和事业单位播散，成为改革开放前中国社会体制最为基础的制度架构和组织单元。

一、关于"单位制"起源的论争

单位制度的起源，构成了单位研究最为基础的内容。因为对于单位制度起源探究的意义不仅在于为单位制度划定一个历史起点，更为重要的是把握单位制度，进而是单位社会在整个中国社会历史演进中的位置。单位制起源问题包含着以下几个方面的内容，即时间上的起点、经验的基础、实践的情境，以及长时段动态考察的问题延续性。一段时间以来，中外学术界围绕着上述几个问题，对单位制度起源问题展开了系统研究，形成了以下几种有代表性的观点。

（一）"根据地经验说"

在探寻单位制度起源时，一种普遍性的观点认为：民主革命时期中国共产党人在农村建立根据地的经验，为其革命成功后在城市社会中建立起"单位制"提供了最为直接的经验和参照。尤其是解放区公营企业的管理经验，当然成为这场改造运动的制度借鉴来源。路风是大陆学者中较早的单位研究者，他在《中国单位体制的起源和形成》一文中提出，共产党在新民主主义革命时期的根据地建设经验，为单位制度提供了蓝本，而新中国城市建设过程中，将根据地制度移植到城市企事业单位的组织架构中。"在共产党根据地的制度结合进新中国的社会体制的过程中，由供给制所体现的（革命队伍）组织原则和分配方式实际上也以各种形式在公共部门中被继承下来。"[①] 美国学者塞尔登也认为共产党人在革命根据地时期所积淀和建立起来的延安道路对建国后的制度建构产生了巨大的影响，他说："所谓'延安道路'不仅是指一个革命根据地（陕甘宁边区）的发展情况，而且包括了中国在抗日战争时期的全部革命经验。……作为一个完整的纲领来看，'延安道路'是一条独具特色的发展经济、改造社会和进行人民战争的途径。其特点是完全依靠中国人民尤其是农民的创造力，相信人类最终能够战胜自然、贫穷和剥剥，它毫不含糊地拒绝上层行政干部或技术干部通过集权制的官僚政治来支配一切，而是强调民众参与、地方分权和依靠社会力量。"[②]

吕晓波的研究基本上也是沿着"根据地经验说"开展的，但是在他看来，路风的研究有一定价值，遗憾的是仅仅停留在一种理论上的假设，并没有用历史经验材料和数据支撑，并且其表述也很不具体。吕晓波认为，根据

---

① 路风：《中国单位体制的起源和形成》，见中国社会科学院社会学研究所编《中国社会学》第2卷，上海人民出版社2003年版，第94页。

② 中共中央党史研究室科研局编译处编：《国外中共党史中国革命史研究论点摘编》，中共党史资料出版社1990年版，第222—223页。

地建设时期的"小公经济"才是建国后单位制度的雏形,小公经济所包含的经济特征和基本矛盾,在建国后的单位实践中有很强的延续性。

吕晓波通过历史文献的梳理发现,从共产党诞生之初的游击战争时期开始,即以分权的"自筹自支"财政供给方式为主,这种方式存在政治和经济上的双重困难,既挤压了富农,也在特定情况下加重了百姓的负担。1932年曾一度尝试通过统一预算和拨付的"统筹统支"来统一各个根据地的财政体系,但是这一体制也遇到了困难,主要是因为新开辟的根据地政权本身并不是非常稳定,同时各个根据地的自然条件和生产条件也存在着比较大的差异。经过了长征,根据地建设开始了新一轮的调整,但这是一个艰苦的过程。由于日本帝国主义和国民党的双重封锁,国际主义支援难以到达苏维埃根据地,此时根据地主要依靠税收和小规模的官办工业,但是其规模都很有限。在此种情况下,1938年一些战斗部队单位开始发展经济,以满足战士的日常生活需求;接下来的1939年,与各个根据地行政机关和部队人数迅速增长相伴的却是经济状况更加糟糕,这种特殊的情况下不得不鼓励"自力更生",通过发展生产来实现经济自给;1940年,各个根据地战斗部队开展了"大生产运动"。从1942年开始,非战斗部队(机关)也加入了大生产运动的行列,并实现了基本物资50%的自给。贯穿整个过程的行政特征是非竞争性的人事安排和平均主义原则;在这一过程中发展出一个意义深远的制度安排即"小公经济"。小公经济区别于根据地中央控制的税收和工业,在分配方面,为了鼓励机关和部队参与生产运动的积极性,其经济成果允许生产部门保留一定比例,改善该部门的生活条件和福利水平。例如当时的一个模范部队359旅的规定是,如果使用了根据地政府提供的生产工具,那么允许保留两成的经济成果,如果使用自己的生产工具,则可以保留三成之多。"小公经济"的分配特征诞生了"大公共性"与"小公共性"的矛盾,即后者更多的通过瞒产、虚报等手段"多取而少缴",小公经济内部构成了一个闭合的"小公共性"体系。吕晓波认为这一特征一直延续到建国以后的单位制时期,甚至在改革年代的某些特定部门仍有其痕迹。①

---

① Xiaobo Lu, "Minor Public Economy: The Revolutionary Origins of the Danwei" // "Danwei the changing Chinese workplace in historical and comparative perspective", ed. By Xiaobo Lu and Elizabeth J. Perry, M. E. Sharpe, Armonk, New York, London, England.

单位制的根据地起源说对于单位研究而言，具有非常重要的价值。因为新中国政权是通过漫长的农村包围城市的武装斗争胜利的基础上建立起来的。加之 20 世纪 50 年代后长期冷战国际环境的影响，使得共产党人在建立其统治体系时，必然要最大限度地借鉴和继承革命根据地时期积累下来的重要经验。从学界业已发表的研究成果看，"根据地起源说"对于我们从更为广阔的视野来理解和研究单位制问题，具有重要的意义。

（二）"革命后社会的统合与联结说"

单位制度也通常被视为新中国在资源总量不足的历史条件制约下的一种实现现代化的组织方式，是新中国独特的社会建构。刘建军认为，单位体制的建构对中国城市社会来说是一件开天辟地的事情。20 世纪初在西方冲击下兴起的旧中国城市格局被一举冲破，单位制度成为革命后社会最基本的社会统合与联结机制。近代城市中各种势力犬牙交错，中国现代化的期望内耗于散漫的经济、社会结构之中，"在中国虚幻的近代化过程中，城市这一具有魔力般的特殊空间成为政治贵族、商业贵族、没落文人、新型的自由分子和西方列强的集聚地，其现代化的意蕴被淹没在一种畸形的政治消费、商业消费和令人眼花纷乱的纷争之中"。[①] 在此情况下，新中国为了实现现代化，选择了有组织的现代化方式，将市场力量、行会力量逐步取消，资源被纳入集权的再分配体系，整个城市通过单位体制组织起来，以行政化的管理替代了市场化的自我约束，而单位则承担了整个国家经济与社会的基础。这样，在新中国社会资源总量不足的历史条件约制下，单位体系被赋予了实现现代化的使命，即通过单位体系对社会资源集中使用，实现迅速的现代化。"当社会资源总量处于明显贫弱的境况下，必须通过权威对资源的强性提取和再分配来满足现代化的要求，单位的形成自然是这一战略设计的一个重要产物。"[②] 可见，刘建军的观点是从国家的视角审视单位制度的起源问题，具有很大的启发性。

[①] 刘建军：《单位中国——社会调控体系重构中的个人、组织与国家》，天津人民出版社 2000 年版，第 130 页。

[②] 刘建军：《单位中国——社会调控体系重构中的个人、组织与国家》，天津人民出版社 2000 年版，第 130 页。

但刘建军的观点也存在着一些值得进一步深入探究之处,如其解释方式过于简单化,单位制存在的多元形态基本未被讨论。此外,虽然其观点承认单位制作为国家和社会的联结点,但无论是国家还是社会的概念都是未经过深入辨析的。历史地看,国家概念确实是理解新中国政治、经济和社会体制运行的关键,但是国家自主性却在其研究中被简约为现代化诉求,这与处在纷繁复杂的国际环境中的新中国现实比照,显得是过于简单化的解释。另一方面,社会也是一个未经深思的范畴,单位体制到底是用国家吞噬了社会,还是社会仍保留着自身运行的一些规则?这个问题尚有待深入的发掘。另外,我们还发现,单位制的另外一些特征在旧中国城市的工业企业中有所表现,例如裴宜理关注了劳工政治的革命时代起源。按照裴氏的解释,中国革命年代的罢工运动并不是完全基于工人阶级意识的觉醒,而是借助了传统的行会组织和地缘结社[①]。早期的工运经历对于新中国单位体制中的工人政治具有举足轻重的影响,新中国经济建设的领导人很多是革命年代工运的领导者。因此在劳动保障和社会福利方面,新中国单位体系与早期工运有很强的历史延续性。[②]

(三) 单位制"民国时期起源说"

美国学者卞历南教授在《制度变迁的逻辑——中国现代国营企业制度之形成》一书中,将民国时期中国国营企业体制的根本性特征概括为"官僚治理结构"、"独特的管理与激励机制"、"企业内部提供的各种社会服务与福利"3个方面。在此基础上,作者分别从兵器工业的发展、重工业的扩张、企业的治理结构、企业的管理与激励机制、企业提供社会服务与福利、国营企业与"单位"的得名等7个部分来展开论述,认为:简单地将1949年后出现的以单位制为核心特征的国营企业制度看作是根据地模

---

① Xiaobo Lu and Elizabeth J. Perry, "Danwei the changing Chinese workplace in historical and comparative perspective", Armonk, New York, London, England. 裴宜理以《上海罢工》为代表的一系列中国工运研究有一个核心的解释起点,即中国工运借助的是传统的工人结社组织,如行会、同业协会等;这样的观点在美国中国研究界并不鲜见,例如魏斐德、芮玛丽、罗威廉、赵文词这样一些学者的研究,也都是在寻找前现代中国的"公共领域"。

② [美]裴宜理:《上海罢工:中国工人政治研究》,刘平译,江苏人民出版社2001年版,第346页。

式的延续或移植苏联模式，都是将复杂问题简单化的做法。他通过对民国时期若干公营企业的考察，发现："中国国营企业的根本特征都可以归因于中华民族的持续的全面危机以及这个民族为回应这一危机而做出的反应。抗日战争直接导致兵器工业与重工业之扩张以及官僚治理结构在国营企业之延伸与扩张。抗日战争期间，几乎所有的国营企业都在其治理结构中建立了这种正式行政官僚机构的组织模式。"[①] 同时，"整个社会与经济生活的危机使得社会服务与福利制度的发展成为必要。档案资料表明，工厂管理的社区（即后来所谓'工厂办社会'的现象）在抗日时期便已经形成"[②]。上述观点的价值在于注重将1949年之后中国国营企业的发展与晚清民国时期的发展置于同一过程中来加以审视，强调了中国社会发展演进的连续性，而没有简单地将单位制的起源归于对苏联模式的移植，亦不认为是根据地模式的简单延续，其观点对于我们深入理解单位制的起源提供了一个很好的研究视角。

（四）东北地区"典型单位制起源说"

将空间的维度带回单位研究的核心，田毅鹏教授提出了"典型单位制"概念，试图从历史的长时段来思索单位制度的起源，构成了单位起源研究一种颇具解释力的分析框架。认为从宏观和长时段的角度来看，新中国单位制的形成乃是现代中国为摆脱社会"总体性危机"，构建民族国家，同时也是为了在新中国建成社会主义乃至共产主义这一理想社会的方案而提出的。既是改造中国传统社会，建立现代社会的思想方略，同时也是一场现实的社会改造运动。将单位社会的形成置于19世纪中叶以来中国传统社会的"总体性危机"和"社会重建"的高度来认识，就会发现，单位社会绝不是一个简单的、偶然的"学习"、"移植"、"选择"和一般意义的"创造"，而是作为中国政治精英解决社会危机，"重建社会"的根本性举措。所谓"社会重建"是针对中国传统"礼制"社会的涣散而言的。海通之后，传统社会

---

① ［美］卞历南：《制度变迁的逻辑——中国现代国营企业制度之形成》，卞历南译，浙江大学出版社2011年版，第285页。
② ［美］卞历南：《制度变迁的逻辑——中国现代国营企业制度之形成》，卞历南译，浙江大学出版社2011年版，第285页。

的总体性危机呈现出来，社会批判理论指向了传统社会结构本身。这里"总体性危机"有如下几层含义，首先是与传统的内忧外患不同，近代中国社会面临的危机，其实质产生于西方与非西方国家间经济、文化发展水平的明显差距，这种危机是由西方资本主义文明的产生而引发的全球性扩张所引起的。其次，在西方列强的冲击下，中国社会的传统运行方式开始面临根本性的危机和挑战。这种总体性危机，无力把国民整合到迈向现代化的集体事业中，私领域和公共性都处于积弱的状态。

而从单位制起源及在全国建立、推进的过程看，其演进轨迹亦不是"同步"的。由于东北在解放战争中率先解放，因而其得以在全国范围内最早借鉴根据地模式构建单位制。遂使得中华人民共和国成立后，在单位制度的创制进程中，东北地区捷足先登，扮演了关键的"典型示范"角色。从地理空间角度，以东北老工业基地为代表的"典型单位制"是在较短的时间内，在相对集中的空间里建立起来的，其工业社区呈现出明显的"单位社区化"特点。从社会空间的角度，企业成员是在一个相对封闭的社会空间内展开其互动关系的，更易形成浓郁的单位氛围和国营惯习。"典型单位制"其有超强的社会整合力，几乎将全部社会成员都吸纳到单位之中。这些超大型的企业不仅仅承担"单位办社会"的诸项职能，而且同时还必须扮演一个行政区的角色。而在告别计划体制的进程中，东北老工业基地亦因"典型单位制"的制约而表现出突出的特点。

综上所述，可知学界关于单位制度起源的研究，可谓众说纷纭。应该说，这种理论纷呈的局面正反映了单位制度形成及变迁的复杂性。单位制度在新中国的确立作为一个社会事实，对其的解释，很难以单一的思维去定论。在历史的长时段中思考，单位中国是一种不同于"封建中国"、"郡县中国"的全新社会构造；在近代中国社会危机的延续性及其化解的视角看，单位制是知识精英、政治精英为克服晚清以降中国社会面临的"总体性危机"而展开的思想反思的产物；从共产党治理经济的基本经验来看，根据地建设时期的历史经验，为单位制诞生绘制了蓝本；而从新中国在资源短缺的现实下寻求快速现代化，实现赶超式发展的历史条件来看，单位制是一套集权化的社会资源汲取和配置体系；就单位制的运行特征而言，传统因素在单位体制内部依然保持着一定程度的影响力。

二、单位制形成及变迁的基本轨迹

(一) 单位制的发生 (1948—1956)

如前所述,在探寻单位制的起源和发展的过程中,学界往往将目光直接投向新民主主义革命时期的根据地建设。上述分析为我们从长时段角度深入理解单位社会起源和形成开启了重要的研究视角。因为中国革命是通过农村包围城市的武装斗争获得最后胜利的。共产党人在农村革命根据地积累起来的革命的组织和制度经验,必定会通过各种形式传递到建国初期对旧中国的社会改造和新中国社会建设的进程中来。

但值得注意的是,"延安道路"所代表的这种中国农村革命所特有的组织模式,是在特殊的战时状态下,在农村革命根据地形成和发展起来的。到20世纪40年代末,共产党人在夺取全国政权的过程中固然可以参照根据地的经验建立城市政权,重组城市社会的秩序,并将这种模式推广到全中国。但我们必须注意,城市社会与农村革命根据地间存在着诸多根本性差异,根据地时期共产党人虽然通过在农村根据地创办的企业,已经创造了可资借鉴的组织管理模式,但这些农村根据地的企业无论是在规模上还是经营方式上,都不具备现代的、大规模工业企业的性质。因此,这些源自农村根据地带有战时共产主义特色的经验,不能简单地直接移入城市社会。而欲使这一"移植"过程成为可能,必须在移植过程中寻找具有实践意义的"中介"环节,以为移植提供转换过渡的经验。在这一转换过渡进程中,由于东北解放时间最早,又与苏联毗邻,交通便利,使得其具备学习苏联经验,转化根据地经验的条件,遂成为中国最早进入计划体制和单位体制的地区,并起到"典型示范"和"中介"的作用。

东北解放初期(1948—1953),在一些率先解放的城市里,共产党人在接管企业和管理城市的过程中,借助根据地经验和苏联模式,结合东北解放初期的具体情况,逐渐概括出一套接收和管理城市及企业的模式和经验,形成了"典型单位制"的雏形,其核心要件包括:(1)"国家—单位—个人"的社会结构体系的形成;(2)企事业单位内部"包下来"的福利制度的建立;(3)以共产党员为核心的社会动员机制的形成。在上述诸要素中,"国家—单位—个人"的社会结构体系的形成最为关键。

（1）"国家—单位—个人"社会结构体系的形成

早在1947年夏，东北即有许多大、中、小城市相继解放，城市接收工作成为当务之急。1948年6月，东北局根据中共中央《关于城市工作的指示》精神，发出了"关于保护新收复城市的指示"，指出："现在我们有了城市，就应当爱护城市，发挥城市的作用，使城市生产出更多的军需品和日用品来支援战争，来繁荣解放区的经济。"[①] 强调了城市接收、管理工作的重大意义。1948年8月中旬，东北局在哈尔滨召开第一次城市工作会议，具体规划了城市接收、管理的具体程序和步骤。

根据东北局的指示精神，解放军每解放一座城市，都迅速成立军事管制委员会，打碎国民党政府的城市政权机构，建立新的市政府、区公所，废除保甲制度，建立新的街公所，形成了新的城市管理系统。这种以市、区、街三级政权的城市管理系统在共产党人接收城市的进程中虽然发挥了重要的作用，但其问题也是明显的。主要表现在："以市、区、街三级政权进行工作，并以街政府为城市中的基层组织，把一切工作推到街政府去作，如是就把集中的城市划成许多豆腐块，大量的干部被纠缠于街道，成天在贫民中打圈子。而市内大量的工厂企业、机关学校却天天吵着缺干部而没有集中注意去管。在区街工作的干部，则各搞一套，使得政策的执行，一个区甚至一个街一个样子，难于统一掌握，混乱时生。同时把市政府吊在空中，与人民群众缺乏直接联系，而人民则苦于机构重叠，手续麻烦，办事深感不便。"[②]

鉴此，东北局及时总结了安东市和吉林市的经验，改变旧的区街组织形式，把政策法令和工作布置与贯彻执行集中于市政府。在较大的城市，可以保留区人民政府一级，在区人民代表大会尚未召开之前，以区公所作为市一级派出的办事机构，执行市政府所指定的某些市政工作。而街公所或街政府则应该取消，加强公安派出所的工作，把好的干部充实到市一级机构或公安派出所或派到工厂、企业和学校中去。至于那些较小的城市，可以考虑区街两级政权组织形式均不要，主要经过市的人民代表会议与按生产与职业单位

---

① 朱建华：《东北解放区财政经济史稿》，黑龙江人民出版社1987年版，第50页。
② 《坚决改变城市政权的旧的组织形式与工作方法》，《东北日报》1950年1月7日。

而组织的各行各业的人民团体去直接联系群众。除了郊区仍应保留区街（或村）的政权组织外，东北的一切城市，均可按以上两种情况进行改变。

从安东和吉林市的情况看，上述改制措施的实施产生了积极的影响，其中最具历史意义的结果在于，改变了传统的纵向行政垂直领导系统，加强了横向组织系统的作用。在这一体制下，政府面对的不再是个体的百姓民众，而是通过以企事业单位为核心的"单位"或"团体"、"协会"组织群众。其影响主要表现在：第一，"取消区街后，市委从区街繁琐事务中解脱出来，工作重点由区街转向工厂企业部门，由贫民转向工人阶级，抽出了大批干部加强工厂及财经部门，市委委员分工领导十大公营企业，展开全市工厂检查浪费运动。市委以国营工厂为重点，市委委员分工深入工厂，依靠工人阶级，发扬民主，推进创造新纪录运动"。第二，"取消区分会及街道劳动者联合会后，按行业成立了四种工会：海员码头工会、私营产业工会、手工业工会、店员工会，把省营、市营工会办事处改为工会，统一了工会组织，加强了公私产业工人运动的领导，团结了工人"。第三，"区街取消后，区街政府各项工作统一于市政府直接领导，总的方面来说，工作效力提高，步骤一致，规定统一，解决问题方便"。①

后来，东北城市虽然又恢复了"街居制"，但以企事业机构为核心的"单位"却始终居于城市的"中心地位"，而街道办事处和居委会则属于"剩余体制"。很显然，上述改制措施与毛泽东在建国初期提出的"组织起来"的思想具有惊人的一致性。正如《东北日报》评论员文章所言："加强各种产业行业与职业工会以及各种同业工会的工作。尽量把各种不同产业、行业、职业的职工，组织到各种工会中去，把各种不同的工商业者组织到各种同业公会中去，不属于各行各业的街道居民，则分别组织在合作社、文化馆中，妇女应分别组织到上述各种组织或妇女代表会中，这样就将城市的人民群众，按其不同的生产或生活需要分别组织起来了，市与区的机构就通过这些组织联系群众。而过去通过街的一揽子的组织是无法直接联系这样多方面的群众的。"② 可见"安东—吉林模式"的意义在于确立了以单位为主体

---

① 《安东市区街组织改变的经验》，《东北日报》1950年1月7日。
② 《坚决改变城市政权的旧的组织形式与工作方法》，《东北日报》1950年1月7日。

的新体制,形成了"国家—单位—个人"的统治、动员的结构体系,"单位社会"的图景已初现端倪。

(2)企事业单位内部"包下来"的福利制度的建立

在革命根据地时期,严酷的革命斗争形势使革命队伍采取了军事共产主义的分配制度——供给制。在共产党人接收大中城市,接管现代化大中型企业的过程中,这种源于根据地供给制的一整套规制在很大程度上成为共产党人接收、管理现代城市和企业的最直接的依据。而东北解放区则在共产党根据地制度结合进新中国城市社会体制的过程中,扮演了重要的角色。

就社会福利保障制度的构建而言,1948年3月4日,中共东北局颁布了《东北公营企业战时暂行劳动保险条例试行细则》,内容包括总则、关于劳动保险基金之征集与保管方法问题、关于职工因公负伤残废医疗和抚恤金的规定、关于职工因公死亡丧葬费和抚恤金的规定、关于职工疾病及非因公伤残之医疗和补助救济的规定等。如在劳动保险条例实施对象的问题上,规定"凡实施劳动保险之公营企业工厂中,有正式厂籍与固定工作岗位之职工,不分国籍、民族、年龄、性别,均适用劳动保险条例与本细则。凡公营企业工厂中所有临时性的、无正式厂籍与固定工作岗位的职工,或附属的公私合作与私营加工业的职工,暂不适用劳动保险条例"。对公营企业正式职工和临时工进行了区别。公营企业职工不仅因公负伤残疾所发生的医疗费由企业全部负责,而且,"职工疾病及非因公负伤者医疗费,在本企业医疗所及指定医院治疗者,由所属企业负担"。此外,不仅职工本人而且就连职工供养的直系亲属死亡,也"由劳动保险基金付给相当于本人一月工资三分之一的丧葬补助金。不满一岁者不发,一岁至十岁者,发给成年人的半数,十岁以上者,按成年人待遇发给之"。[①]《东北条例》是中国共产党颁布和实施的第一部较为完整和专门性的社会保险法规。它对保障广大职工生活,解除职工后顾之忧,支援解放战争起到了重要作用。它虽然产生于全国解放前夕的战时状态,却为建国后建立全国统一的社会保险制度积累了经验,奠定了基础。

---

① 《东北公营企业战时暂行劳动保险条例试行细则》,《东北日报》1949年3月4日。

就具体企业而言，共产党人在接收、管理东北企业的过程中，为迅速恢复生产，支援关内的解放战争，在接收企业，恢复生产的同时，积极建立"包下来"的福利制度。如1948年沈阳化工厂在接收后不久便在恢复生产的同时，注意扩大职工集体福利事业：

"沈阳化工厂当1948年沈阳解放时，工厂全部停工。有的厂房及机器已全部破坏；有的车间在八一五后就停止了生产；有的停工了两年多；最少也停工了十个月。留下的生产设备，残破不堪，需全部整修。全厂当时只有47个人，其中技术人员只有8名，余下的多为蒋匪警卫队。……从1948年11月沈阳解放到1949年8月，化工厂的主要工作是依靠工人，逐步恢复生产，并在企业管理上进行民主改革。当时派去接受工厂的干部采取了以下措施：坚决依靠工人，部分恢复生产；开训练班培养技术干部和工人；清理资产；提倡责任制；解决可能的福利设施和必要的劳动保护设备。在国家经济尚未恢复，困难尚多的时候，只能先从集体福利事业着手。于是，在1949年2月底，设立了有15个床位的医院（1948年12月已有医务所）。3月初又成立了职工子弟学校，有250多个职工子弟受到完全免费的教育。并利用一座破厂房修成了工人之家，可容1000人开会。合作社也在当时建立起来。陆续修理了52栋家族宿舍，可住450户。16栋独身宿舍，可容560人。1950年又修理了家族宿舍36栋，可容200户。新建独身宿舍一座，可容250人。大食堂一座，可容800人同时吃饭。还有澡堂等。……1949年9月到1950年3月，化工厂展开了新纪录运动，并在此基础上初步实行了按照计划来组织和管理生产。当时的情况是工厂大部分开工；但效率不高，定额低，浪费很大。而在多数技术人员和部分职工群众的思想中，尚相当拘泥于'伪满标准'。如果不以事实和行动来创造新的定额，就不可能进一步发挥职工的积极性和创造性与建立一系列的企业管理制度。化工厂新纪录运动的特点之一，是党、行政、工会、青年团集中领导，步调始终一致。虽然运动中也曾产生过某些偏差和毛病，但收到的效果是很大的。它打破了过去建立在殖民地制度生产关系基础上的'伪满标准'。到1949年底止，全厂参加新纪录运动的达2012人，重要的新纪录有254件，增加生产总值达315亿元，产品成本也降低了。火碱比运动前降低了28%，硬化油比运动前降低了 15%。原材料消耗、质量、设备能率等各项定额都跃进一步。"①

上述各种"包下来"的措施,在改善、提高劳动者生活的同时,也将国人开始纳入高度组织化的企事业单位之中,为克服国人传统的"涣散"毛病,培养民众的集体精神发挥了作用。

(3) 以共产党员为核心的社会动员机制的形成

从一般意义上讲,单位制实际上是作为克服传统中国社会散漫涣散弊端而提出的措施。因此,社会动员力乃是城市单位制的核心功能。首先,在城市现代企业内部,建立了以共产党员为核心的权力体系和网络,这是社会动员的领导核心。东北解放初期,鉴于解放战争的严酷形势,企业中的共产党员并未公开自己的党员身份。但随着解放战争的节节胜利,加上革命工作的需要,各企业陆续开始公开党员身份。同时决定在企业内大力吸纳工人阶级加入中国共产党。企业既是一个生产单位,但更为重要的应是一个以党员为核心的政治动员系统。

其次,城市社会动员的重点是工业企业。公营企业不仅仅是经济实体,同时更是作为社会动员的政治实体而存在的。企业的模式和运作逻辑基本上借鉴了苏联的斯达汉诺夫运动模式,依靠社会动员方式加以展开的。东北解放初期,在东北局的统一指导下,便以根据地的社会动员方式和苏联的"斯达汉诺夫运动"为模板,开展了创新纪录运动。新纪录运动虽然有打破"伪满标准",创造更多物质财富的经济目标诉求,但其更为深远的政治意义则在于将农村革命根据地的社会动员模式和苏联的社会主义动员模式移植到以公营企业为核心的城市社会中,通过合理化建议运动和新纪录运动,培养职工的主人翁意识,以调动起"自下而上"的革命力量。

再次,关于街道居民区的居民社会动员。除了以工业企业为核心的社会动员外,开展街道居民的宣传鼓动也是非常重要的。"这些居民包括有员工家属、店员、小手工业者、自由职业者、商人及其他各阶层人士。由于城市生活的特点,一般地说,他们都迫切要求了解国内外大事和一切有关的政策法令。为了提高他们的政治认识,动员他们积极拥护与执行人民政府的法令

---

① 劳动出版社编:《东北两工厂学习管理企业的经验》,劳动出版社 1951 年版,第 23—29 页。

和一切号召，就需要对他们进行经常的时事政策的宣传鼓动工作。"① 对于这些游离于工业企业之外的人群，除了努力将其组织到社团协会之中外，还应加强城市宣传鼓动工作。以东北企业为主体的单位制构建，为全国范围内的单位制建设提供了"典型示范"，被大力推广。

（二）单位制的形成（1956—1958）

在学界以往的研究中，很多研究者在谈及单位制度形成的纵向轨迹时，多将20世纪50年代"一五"计划的完成作为单位制形成的标志。学术界之所以充分肯定"一五"计划在单位制度形成进程中的重要作用，主要是因为：

首先，"一五"时期，在超大型国有企业领域，出现了若干单位制度形成必备的"制度要素"。学界较早进入单位研究领域的路风教授曾撰文指出，当城市的国营部门产生了一种特殊的组织形式，具备了下面几个制度性因素的时候，即可认定为单位制度的初步形成。这些制度性因素包括："第一，由于国家一方面尽力消灭市场关系并运用行政手段控制资源的分配，另一方面又强迫企业承担起劳动者永久性就业和福利的责任，因而造成劳动者对就业场所的全面依附，其实质是个人对国家的依附。第二，决定新中国国家组织过程的政治结构和原则使法律没有成为国家管理社会的主要手段，因而在实现了公有制基础上被纳入行政组织结构的经济组织成为国家对社会进行直接行政管理的组织手段；第三，劳动者的就业场所同时成为他们参与政治过程的主要场所；第四，对于个人来说，就业场所的党组织和行政当局不仅是劳动过程的管理者，而且在政治上和法律上都实际代表了党和政府。在社会生活受到国家行政权力全面控制的条件下，离开就业场所党政当局的认可和证明，个人的许多社会活动就无法进行（如婚姻登记、户口登记、工作调动等等）。"② 从历史上看，上述这些因素基本上都是伴随着"一五计划"的完成而建立起来的，故"一五"期间堪称是单位体制形成最为关键的时期。

---

① 《开展城市宣传鼓动工作》，《东北日报》1950年8月27日。
② 路风：《中国单位体制的起源和形成》，见中国社会科学院社会学研究所编《中国社会学》第2卷，上海人民出版社2003年版，第118页。

其次，"一五"时期，通过苏联援建的 156 个建设项目，新中国工业化开始步入快速发展阶段。同时更为重要的是，此时期中国也确立了高度集中的计划经济体制，"一五"期间，"中央政府各部门直接管理的工业企业数大大增加了，即由 1953 年的 2800 多个增长到 1957 年的 9300 多个，大约占当年国营工业企业总数 58000 个的 16%，工业产值接近国营工业总产值的一半"①。正是在上述背景下，建国初期肇始的单位制获得了进一步发展和完备。而依托于众多超大型国企典型单位制而存在的"单位办社会"格局的形成便成为单位共同体形成的重要标志。

"一五"计划的基本任务是集中主要力量进行以苏联帮助中国设计的 156 个建设单位为中心的，由限额以上的 694 个建设单位组成的工业建设，以建立中国的社会主义工业化的初步基础。在一五计划推进的过程中，东北在较短的时间内建立起超大密集型企业集团，成为新中国工业化最具"典范"意义的地区，形成了典型的"计划社会"，其主要特征有：

1. 从地理空间角度看，"典型单位制"是在较短的时间内，在相对集中的空间里建立起来的，工业生产区与职工家属住宅区在城市地理空间上高度重合，在空间分布上具有占地面积大，生产、生活高度集中与合一，表现出明显的"单位社区"特点。这种生产和生活的高度重合所带来的直接后果，便是单位的多元化功能取代了社区功能，企业成员是在一个相对封闭的社会空间内展开其互动关系的，为典型的"单位办社会"格局的形成准备了空间条件。

2. "单位办社会"格局的形成。

这种依托于超大型国企而建立的工业生产区和生活区普遍具有占地面积广，社会互动规模大的特点，在相对集中的空间内形成了比较完备的社会服务体系，使得这里的居住者更容易体验到"单位办社会"的氛围。从摇篮到坟墓的社会福利保障体制使得单位人充满了一种优越情结，人们不愿意轻易离开单位空间。企业办社会局面的形成是社会主义早期工业化和计划经济

---

① 汪海波：《中华人民共和国工业经济史》，山西人民出版社 1998 年版，第 169 页。

时期的必然产物。① 当时，在市场萎缩、政府职能不到位、社会事业发展低水平的情况下，国企为解决职工生活问题，举办学校、医院等大量社会职能机构，是不得已的无奈之举。② 从历史上看，"单位办社会"实际上是在单位内部形成了一个微型社会体系，这自然导致了单位对新中国成立之前所有社会因素的吸纳，同时也导致了日后城市社会的萎缩。"单位作为一元化的整合工具成为城市中的基本单元，城市社会也就成为严格的'单位社会'，国家也就成为标准的'单位国家'，单位在其构成上不仅与国家相对应，而且也要与社会相对应。它既要执行国家的指令，又要承担西方社会中属于社区的职能，其最大特色就在于这一共同体是由一个个的单位这一相对封闭的实体组合而成的。"③

3. 依托于超大型国企建立起来的"典型单位制"具有超强的社会整合力，几乎将全部社会成员都吸纳到单位及其附属体系之中。在建国之初，工会首先将"家属工作"列入其工作范围，在封闭的空间内，国企逐渐形成了带有"家族化"色彩的利益群体，使得单位共同体形成了具有独特意义的关系网络。

---

① 关于"企业办社会"的成因，学界一般认为：在计划经济体制下，企业的各种后勤服务部仰赖于计划当局的配额，如果企业不能依靠自己动手解决，许多问题将长期没有解决的可能。于是，即使成本高昂，企业也不得不走"办社会"的道路；第二，在计划经济体制下，企业职工的收入少，社会上第三产业又很不发达，职工们只有依靠本企业来解决生活服务方面的问题，为了稳住职工队伍，不得不"大办社会"；第三，在计划经济体制下，"企业办社会"曾经被看成是社会主义优越性的一种表现。国家把企业包下来，企业把职工包下来，这一不正常情况长期以来不仅被看作正常的，而且被认为是天经地义，非此不可的。有些企业这样做了，受到了社会的赞扬，于是产生了示范效应，其他企业因此又面临着社会的压力，只好按照"企业办社会"的模式去做。可见，这种封闭式的"企业办社会"模式是计划经济体制的产物，与市场经济体制是无法相容的。见《厉以宁九十年代文选》，北京大学出版社1998年版，第68页。

② 从一些企业面临的客观实际来看，"办社会"是保证企业生产经营正常运转的需要。如我们油田企业，由地质资源分布所决定，大多处于边疆、荒漠、戈壁、盐碱滩等，自然条件恶劣，远离城市和经济繁荣地区，社会依托条件很差，社区环境相对封闭。而一般情况下，石油勘探开发建设规模宏大，劳动人数众多，每一油区的开发建设都是几万人、十几万人迅速聚集在一起，社会服务需求量很大。这就给在荒郊野外从事大规模油气勘探开发建设的广大石油职工和家属带来了很大困难。因此，各油田从一开始，不仅要建立起必要的基本生产和辅助生产的配套系统，而且还要主动承担"办社会"的艰巨任务。石油企业为勘探开发产前产后服务的拾遗补缺项目，特别是那些为职工生活服务的项目，如职工食堂、宿舍、理发店等。见郭志贤《石油企业改革理论与实践》，石油大学出版社1997年版，第196页。

③ 刘建军：《单位中国：社会调控体系重构中的个人、组织与国家》，天津人民出版社2000年版，第189页。

4. 这些超大型的企业不仅承担着"单位办社会"的诸项职能，而且同时还必须扮演着一个行政区的角色。学术界普遍认为"中国特有的单位组织，其实质是将命令权力和财产权力结合起来的国家统治的一种组织化工具或手段"。① 而单位之所以能够扮演如此重要的角色，主要是因为它代表国家垄断性地占有了大量的社会资源。在单位体制下，国家全面占有和控制了各种社会资源，但国家并不是直接面向单位成员分配这些资源，而是通过单位来实现这一分配过程的。

总之，以"单位生产区"和"单位大院"为载体的单位共同体，将地缘与业缘关系紧密结合，实现了"职住合一"。单位人生于斯，长于斯，长期密切互动，声气相通，形成了具有极强同质性的关系网络和社区文化，具有极强的认同感、归属感的地域生活共同体。

（三）单位制的畸变（1958—1978）

从20世纪50年代末期到70年代末，是单位制曲折发展与发生畸变的历史时期。此时期，在跃进式发展和极左思潮主导下的政治运动中，单位共同体内部发生了较大的起伏和剧烈变动。主要表现在：

第一，单位组织规模的盛衰。

据统计，大跃进期间，我国职工人数大幅度上升。"1958年职工总数上升到4531万人，比1957年增加了2081万人，1960年8月达到最高峰，为5100万人，比1957年增加了2649万人。城镇人口从1957年的9900万人，增加到1960年底的1.3亿人，增加了3124万人。"② 在此扩张过程中，国企"单位共同体"的规模也随之走向扩张。但随着三年困难时期的到来，城市面临越来越严重的人口压力，国家被迫采取措施减少城镇人口，压缩单位规模。为了进一步巩固工农联盟、调整城乡关系、贯彻国民经济按照农轻重发展次序，增加农村劳动力、发展农村经济的方针，1961年5月21日-6月12日，中共中央在北京举行工作会议，制定《关于减少城镇人口和压缩城镇粮食销量的九条办法》，包括：全国城镇只许减人，不许加人，特殊需要

---

① 李路路：《论单位研究》，《社会学研究》2002年第3期。
② 杨先材主编：《共和国重大事件纪实》上，中共中央党校出版社1998年版，第596页。

加人的必须得到中央和中央局的批准。减少城镇人口，必须同压缩粮食销量结合进行。1962年5月21日，中共中央发布《关于减少职工和城镇人口的宣传要点的通知》，指出：目前，我国的经济存在着严重的困难。主要表现为"人民吃的、穿的、用的都不够，生活水平下降。城镇居民的生活消费水平降低了：粮食（贸易粮）的消费量，1957年全国平均每人为411斤，1961年为349斤，减少了62斤；食油、肉类和其他一些副食品的消费量也降低了，棉布、针织品、絮棉等的全国平均消费量，1957年每人折合为30尺布，1961年为9尺多，减少了20尺多。工业生产所需要的原料、材料、燃料和电力都不够，工厂不能全部开工，许多工厂陷于停工、半停工的状态"①。通知要求把全国职工人数从1961年末的4170万人的基础上，再减少1056万人至1072万人；全国城镇人口在1961年末1.2亿人的基础上，再减少2000万人（包括从城镇减到农村去的职工在内），同时相应地减少吃商品粮的人口。

经过努力，"1962年精减职工935万人，减少城镇人口约1200万人；1963年精减职工100多万人，减少城镇人口300多万人"。②精减职工和压缩城镇人口对于减轻城镇人口压力，减少城镇生活供应困难，发挥了重要作用。同时也使大跃进时期单位共同体规模扩张的步伐得到了明显的控制。值得注意的是，此时期全民所有制单位内部女职工的人数直线上升。据统计，1949年建国时，全民所有制单位中女职工总数仅占职工总数的7.5%。到1952年，女职工的比重达到11.7%。1957年底，达到13.4%。1958年后，大批家庭妇女走出家庭，参加生产劳动。到1978年，我国城镇妇女就业已达3128万人，占职工总数的32.9%。③

第二，单位秩序及组织模式的变迁。

文革时期，持续不断的政治运动严重地冲击了单位内部的旧有秩序，单位领导的权威被打破，单位组织走向准军事化，单位内部的群众关系也因派

---

① 中华全国总工会办公厅编：《建国以来中共中央关于工人运动文件选编》（1949年10月—1988年8月），上册，中国工人出版社1989年版，第1025页。

② 《当代中国》丛书编辑部：《当代中国的劳动力管理》，中国社会科学出版社1990年版，第12页。

③ 丁仁船：《中国城镇劳动力供给影响因素研究》，光明日报出版社2011年版，第148页。

系斗争而极度紧张。1966年下半年,"由于'红卫兵'大串连高潮迭起,交通阻塞运输不畅,工厂的生产原材料和产品均被积压,尤其是许多企业由于'文革'的冲击,生产指挥系统失灵,生产秩序遭到破坏,到1966年底,工业企业的班子有5%~10%瘫痪,不少企业生产中出现了设备维修完不成计划,事故增多,产品质量下降。1966年底,出现了少数青工、徒工擅离生产岗位和协作关系中断等现象。基本建设的经济效益明显下降,固定资产交付使用率由1965年的93.6%降到70.4%,大中型项目建成投产率也由1965年的22.9%下降到18.1%"①。

而在极左思潮的影响下,关于单位共同体组织形式的政治实验也在不断展开。早在1958年下半年至1959年,便出现城市试办城市人民公社运动。城市人民公社是一种以组织生产活动为中心,按照"共产主义原则和思想"组织城市居民的社会生活和生产活动的"政社合一"的社会组织形式。到了文革时期,单位的典型模式具体表现为"营房式的社会主义"。"'文革'中的营房式社会主义观念是指以组织形式准军事化、封闭式的自给自足生产经营思想、平均主义为特征的观念。"② 1966年5月7日,毛泽东发出"五七指示",提出:"军队应该是一个大学校",全国各行各业都要办成一个大学校。这个大学校,"学政治、学军事、学文化,又能从事农副业生产。又能办一些中小工厂,生产自己需要的若干产品和与国家等价交换的产品"③。毛泽东还提出各行各业都要办成亦工亦农、亦文亦武的革命化大学校。"五七指示"是继把工农商学兵结合在一起的人民公社之后,毛泽东提出的又一个带有空想色彩的以平均主义为特征的社会主义构想。毛泽东认为,不但军队要这样,工、农、商、学各条战线都要如此。"工人也是这样,以工为主,也要兼学军事、政治、文化。也要搞四清,也要参加批判资产阶级。在有条件的地方,也要从事农副业生产。""公社农民以农为主(包括林、牧、副、渔),也要兼学军事、政治、文化。在有条件的时候,也要由集体办些小工厂,也要批判资产阶级。""学生也是这样,以学为主,兼学别样,即不但学文,也要学工、学农、学军。""商业、服务行业、党政机关工作人

---

① 姜恒雄主编:《中国企业发展简史》(上卷),西苑出版社2001年版,第470—471页。
② 杜蒲:《极左思潮的历史考察》,河南人民出版社1994年版,第57页。
③ 廖盖隆:《中华人民共和国编年史》,河南人民出版社2000年版,第297页。

员，凡有条件的，也要这样做。"① 很显然，"五七指示"体现了毛泽东对社会主义条件下"社会模式"的总体规划。这种营房式社会主义观念实际上是一种建立在低生产发展水平上的、带有浓厚自然经济色彩的社会思想，其在文革中的部分实验和实施，延滞了社会生产力的发展，并对原有的社会主义政治、经济体制的弊端起了强化作用，也使得单位组织的封闭自足和平均主义倾向得到强化。

文革时期，因正常的社会生产和生活秩序被破坏，政府及企事业单位被迫加强了"企业办社会"力度，毫无疑问，这增强了单位的封闭性。"国家主管福利工作的机构处于瘫痪状态，过去通过各级工会组织等还能在较大范围内调剂使用的职工福利经费筹集制度被抛弃，政府举办的社会福利越来越少，仅仅承担着举办城市无依无靠的孤寡老人、孤儿及少数残疾人的福利任务，与职工及其家属有关的一切福利彻底推给了企业，并完全由各企业自行负责。此后，由企业全包的职工福利制度日益走向'小而全'，使企业变成了一个麻雀虽小，五脏俱全的小社会。"②

第三，"家属革命化"与单位共同体的变动。

60年代初期，受"左"倾路线的影响，国家经济凋敝，职工生活水准急剧下降，为了提高部分困难职工生活水准，一大批职工家属走上了自救之路，进国营厂当了家属自救工，从而揭开了"家属革命化"的序幕。在"家属革命化"和"家属自救运动"的旗号下，很多国营企业通过举办家属五七厂，开始将原来居家的职工家属纳入到单位体系之内。由此，单位共同体也有所扩张。

在当时的历史条件下，"家属革命化"具有复杂的多重功能：首先，在极左思潮的背景下，"家属革命化"是作为企业队伍高度"革命化"、"组织化"的步骤而提出的。强调的是将家属纳入单位体系的革命意义，而不承认其缓解单位人家庭生活困难的作用。当时的大庆是"家属革命化"运动的典型单位，作家田汉曾前往考察，在其日记中有一段关于大庆家属革命化的记载：

---

① 中共中央文献研究室编辑：《建国以来毛泽东文稿》第12册，中央文献出版社1998年版，第53—54页。

② 郑功成：《从企业保障到社会保障》，辽宁人民出版社1996年版，第186页。

"大庆家属的革命化、劳动化问题的解决，不是从经济出发而是从政治出发的。从人人参加革命，参加社会主义建设出发的。因为政治工作阶级教育做得细致，做得普遍，人人觉悟提高，所以干劲十足而以计报酬为耻。倘使从经济出发，政治不挂帅，那些职位较高、工资较大的职工家属就没有参加劳动的必要，即令一时参加了也不能持久，结果劳动的只是一些较困难的低级职工，那样就分出等级来很不好。所以大庆家属工作一直坚持政治挂帅，坚持动员大家搞社会主义。这样才能上上下下越干越有劲。党要通过家属革命化、劳动化把大庆建设成为亦工亦农，工农结合，逐渐缩短工与农、城与乡、脑力劳动与体力劳动的差距的幸福的乐园。让儿童们在半工半读、半农半读的学校接受健康的教育。人人生活在集体之中，组织之中。"[1]

同时期刊载于《人民日报》的评论文章也强调："实现职工家属革命化的意义，不仅仅在于生产物质产品，更重要的是和企业中兴无灭资的阶级斗争有很大关系。……认真做好对职工家属的教育和组织工作，实现了职工家属革命化，那么，职工和家属都是干革命，互相帮助、共同进步，家庭里政治空气就会浓浓的，堵住了资产阶级思想进攻的一个缺口，对于促进职工革命化和企业革命化也有很大好处。可见，家属革命化是企业革命化的一个重要组成部分。不但是家属和职工的要求，同时也是社会主义建设和社会主义革命的要求。"[2]

事实上，在"家属革命化"运动中，单位家属得以进入到依托于国营单位的集体五七厂，通过自己的劳动获取微薄的报酬，对于缓解物质生活极度匮乏状态下的单位人的家庭生活具有非常重要的价值。此时期，随着知识青年上山下乡运动中一些问题的暴露，国家也要求各单位对其上山下乡子女加强管理和生活安排，单位逐渐开始深度介入知识青年管理问题。虽然这些子女并未正式进入单位，但单位逐渐把职工子女纳入到单位的"外围"，这为1979年开始的以"厂办大集体"为主要内容的单位共同体的扩张埋下了伏笔。

---

[1] 田汉全集编委会编：《田汉全集·书信·日记·难中自述》第20卷，花山文艺出版社2000年版，第351页。

[2] 工人日报编辑部编：《大庆家属革命化的标兵薛桂芳》，工人出版社1966年版，第2页。

三、"单位共同体"的基本特质

从思想的层面来看,"单位共同体"是中国经历了近代百余年的危机与屈辱,反思与革命之后,沉淀下来的一套理想社会方案。我们可以从国家和个体两个层面来理解:其一,根本意义上讲,近代以来中国社会总体性危机的一个重要表现便是由传统社会"家族本位"文化所导致的涣散性。晚清以降,国家无法动员和整合社会,以回应西方列强的挑战,无力带领中国社会走向现代文明。新中国成立以后,在经济(所有制)、政治(社会主义)、文化(破私立公)和社会(单位体制)各个领域,完成了对中国社会的全面重整,意在建构具有整体性的现代多民族国家,形成强大的国家能力,进而完成赶超式发展的宏图伟业。其二,中国共产党领导的革命和国家建设之所以获得拥护,在于工农联盟的政治纲领为其提供的合法性依据。这套抽象的政治纲领,在情感化的革命工作[①]中,被转译为"翻身做主人"、"工人阶级当家做主"等生活世界中可感知的经验承诺。在旧社会里面,工农阶级是受剥削、受压迫的,作为革命和解放的政治愿景,在新中国的"单位共同体"中,工人阶级是国家的主人,其生活、福利、劳动环境、健康等诸方面,都应当得到国家的关怀。这套承诺,在经验层面主要呈现为"单位共同体"的温情色彩,在"单位共同体"中,每一个社会成员都会得到尊重和照料,"单位共同体"有责任回应其成员的各方面需求。就此而言,解放叙事不仅是中国革命的合法性基石,也是新的理想社会图景的基本质素。

综上所述,"单位共同体"实际上是中国革命理想和国家理想的经验化表达。在"单位共同体"中,每一个社会成员都应当破除狭隘的本位意识,评判其行为的准则是高度政治性和道德性的。另一方面,"单位共同体"又代表着国家,看护和照料其社会成员,在有限的资源条件下,慈父般地回应其成员工作和生活中事无巨细的诉求。接下来,我们将从制度建构、空间建构和社会建构三个方面,来说明"单位共同体"的基本特质。

---

① 裴宜理:《重访中国革命:以情感的模式》,《中国学术》2001年第4期。

(一) 单位共同体的"大共同体"特质

"单位共同体"的理想建构，在实践层面的首要目标是将整个中国社会纳入高度组织化的整体框架，进而形成强劲的国家主导能力，实现赶超式发展的现代化目标。上世纪 50 年代，经过了社会主义三大改造，中国社会在全国城市中迅速建立起了单位制为主、街居制为辅的社会整合体系。如果从历史的长时段来审视，单位制度及作为"辅助机制"的街居制度的建立，绝非偶然。在城市社会，"组织起来"这一社会重组理念的贯彻，借助于单位制和街居制这两个基本的渠道，只是侧重有所不同。

单位制和街居制在新中国的社会管理体制中，共同承载着将社会成员组织化的使命，只是相对而言，街居制处于辅助体制的地位，或曰"剩余体制"。关于街居制的起源，有学者指出："街居组织实际上是一种单位的变体，它以居住场所为基点，把非单位人口纳入到统一的街道、里弄组织内部。借助这一体制，非单位人口也实现了单位化的管理，从而使整个城市形成了高度同一化的单位社会。"[①] 而从国家与社会关系和社会管理体制的延续性来看，街居制"作为介于国家与社会之间的组织，居委会在建国初期一方面作为城市行政体系中的最低一层承担了国家意志向下贯彻的任务，协助国家完成了对城市基层社会的改造；另一方面作为自治性组织承担了大量由社会体系转移出来而国家尚不能通过单位制完成的社会性事务。最终，通过从社会团体到人民团体的转换和从消除保甲到创建居委会的双重过程，新中国不仅重构了城市社会组织体系，而且在此过程中构造了国家的'人民'基础，从而构建了新中国国家政权的城市社会基础"[②]。

一般而言，单位社会时期，国家垄断了几乎所有的社会资源，并将这些资源以计划的形式通过单位系统，投入到经济生产、社会生活的各项事务中。由此，形成了费孝通所言的国家通过单位组织对"物质产品的计划生

[①] 杨丽萍：《从非单位到单位——上海非单位人群组织化研究》，华东师范大学博士论文，2006 年 1 月。

[②] 郭圣莉：《城市社会重构与国家政权建设——建国初期上海国家政权建设分析》，复旦大学博士学位论文，2005 年，中文摘要，第 5 页。

产,也是对人和人的生活的计划安排"①。而与此相对,街居制则实现了单位制领域之外社会空间的"准单位化"管理,1953年,彭真递交了《关于街道办事处组织、居委会组织和经费问题的报告》,建议把很多不属于工厂、企业、机关、学校的无组织的街道居民组织起来,为了减轻区政府和公安派出所的负担。"以居住场所为基点,把非单位人口纳入到统一的街道、里弄组织内部。借助这一体制,非单位人口也实现了单位化的管理,从而使整个城市形成了高度同一化的单位社会。"② 非单位人的单位化管理,实际上是纯化了单位社会的总体建构,建立了高度整合的纵向一体化格局,为单位组织的有效运行提供了保障。这一点,如果从街居制直接管理的人群特征方面来看,就更为直观。大体来讲,所谓非单位人群,主要由两部分构成,一部分是无工作的老人、孩子和通过单位组织兴办的集体企业仍无法完全安置的职工家属;另一部分是被界定为不适合在单位工作或单位不愿意接受的人群,如阶级斗争的对象、劳改释放人员。对于非单位人群,国家主要采取管理和控制的思路,虽然也建立了民主程序,但由于街道可以动员的资源十分有限,基层民主亦往往流于形式。总的来讲,此时期国家通过单位组织和街居系统形成了一个高度组织化的社会,国家管理着社会生活的方方面面,城市社会生活秩序整齐划一。

基于社会资源的垄断性配置,借助单位制和街居制的结合,中国社会被纳入了整齐划一的"大共同体"。其社会成员的命运,因而也就与国家"大共同体"赶超式发展的宏大历史叙事紧密相连。国家借助这一制度设计,将其触角延伸到社会生活的每一个领域,实现了空前的社会整合和动员。

(二) 单位共同体的"小共同体"特质

与西方现代工业组织的空间地理不同,"单位共同体"采取了生产空间与生活空间高度合一的安排,单位社区不仅在空间上紧邻工厂,而且在制度上也是附属于单位组织的。换言之,单位组织的职能,涵盖了生产、集体消

---

① 费孝通:《居民自治:中国城市社区建设的新目标》,《江海学刊》,2002年第3期。
② 杨丽萍:《从单位到非单位——上海非单位人群组织化研究(1949—1962)》,2006年,华东师范大学博士论文。

费、社会整合等多重目标。对劳动的有效控制和对工人各项需求的回应,都汇集到单一的组织架构之下。这样就出现了一种奇异的安排:其一,如果说现代工业组织效率的核心是对劳动的有效管理,那么单位组织注定是缺乏效率的。社会主义的意识形态要求保障工人阶级的利益,但工厂却无法建立起基于劳动控制目标的物质激励体系,来实现劳动的动员。因而,在单位共同体中,劳动过程是高度政治化和道德化的,需要通过持续不断的群众运动,如劳动竞赛、生产会战,来保证生产目标的达成。其二,既然单位组织应保护工人的利益和需求,那么在实践层面,单位组织便不仅仅是国家宏大历史叙事中的"大共同体"的一环,而是具有鲜明的"小共同体"色彩。单位的党政系统及工、青、妇等社会组织,一方面需要动员工人、教育工人,一切行动以国家利益的尺度来衡量;另一方面又实践着单位组织温情脉脉的、慈父式的家长角色。"单位共同体"的"小共同体"特质,可以从"有原则特殊主义的父爱式管理"和"软预算约束下的本位主义"两个方面。

1. "全能主义"的父爱管理。

冷战时代的西方社会科学界,关于社会主义中国的社会关系形成了两种颇有影响力的理论模式,即极权主义理论(totalitarianism)和集团利益理论(group theory)。斯坦福大学华尔德教授认为极权主义理论范式"忽略了这类社会所给与个人的正面鼓励,而是将重点放在社会联系被摧毁、人际关系隔绝、党及其意识形态所要求的非个人化效忠等现象上"。共产党社会在中国的实践培育出了独特的"新传统主义",按照华尔德的说法,依附制度是一种人类的普遍性制度,可能存在于不同的社会环境、文化传统和地理条件下。与极权主义理论范式相比,"新传统主义"理论同样认为共产党社会通过其监视系统与政治控制对人民的行为施加了种种限制,但更多的强调党对于驯服所给予的正面鼓励上。认为自从共产党政权建立的那一天起,政治上的忠诚就得到了以职务提升、特殊供应等方式来进行的有系统的奖励,这样的分配手段只有共产党社会的官员才掌握。基于此,"新传统主义"提出了一个悖论:共产党为动员社会起见,确实提出了行为上的非个人化,以意识形态为准则的标准;在提出这些标准的同时,共产党政权还试图全面地改造现存的社会结构;然而这些非个人化的标准所带来的却是个人以政治效忠和思想追随为交换条件的特殊待遇,而且通常党的领导在实践中都需要发展出一套无所不在的由这样积极分子组成的固定关系网。其结果是形成一套高度制度化的上下互惠关系网,积极分子对党及其意识形态的非个人化忠诚同他们对党的基层干部的个人化的忠诚掺杂在一起,整个社会存在一种丰富的实用性私人关系亚文化。① 华尔德用"有原则的特殊主义"来描述单位组织中干部和一般成员之间的关系,认为干部掌握着资源分配的权力,借用这种权力,干部就能够获得一些成员的个人化的效忠。依此推论,单位组织中充斥着特殊主义的分配原则。

但如果我们考诸一些关于单位组织中资源分配的历史文档,华尔德的观点就显得支持不足。在资源稀缺的计划经济时代,一个单位组织的收入和支出,大多都是遵循着文本化的制度约束,例如工资和福利的分配,不仅有正式的制度化文本,相应地,干部手中所掌握的可用于灵活安排的资源实际上是十分有限的。并且关于资源的分配也会定期地置于职代会这样一些民主程序和群众运动中来评议,试想在一个以平均主义为公正观的时代,这种"非正规的资源"运作,可能是极有风险的。就此而言,单位组织中"有原则特殊主义"的实施空间,可能就极为有限。

从"大公共性"的角度来讲,"单位共同体"是新中国国家建构的基石,通过垄断性的资源配置和单位化管理,国家渗透到社会生活的每一个领域,将普罗大众的日常生活,连接到国家赶超式发展的历史洪流中。但另一方面,"单位共同体"通过包下来的福利体制,兑现其对工人阶级翻身做主人及美好生活的政治承诺,每一个单位组织都是一个福利单元,在全能主义的框架下,单位共同体是其成员的看护者,需要像慈父一般去回应其成员的各种需求。由此,在资源短缺的背景下,工会组织需要做很多的工作去平衡"单位共同体"所负载的"二重公共性"之间内在张力。并且,在理想主义色彩逐渐退色的年代,单位组织的小公共性甚至会剧烈地膨胀,例如我们看到,单位组织中时常保留了生产任务之外的"冗员",这些冗员的产生,自然有全面就业的意识形态因素影响,但更重要的是出自"单位共同体"对其成员,乃至成员家属的"父爱式"照料。

---

① [美] 华尔德:《共产党社会的新传统主义》,龚小夏译,牛津大学出版社 1996 年版,第 1—29 页。

2."软预算约束"下的本位主义。

毫无疑问,"单位共同体"的理想图景,希望将国家赶超式发展和社会成员福祉提升统和在一起。但在计划经济的资源短缺时代,"大—小公共性"的内在张力结构,使得理想主义和世俗生活,始终无法协调一致。同样重要的是,"软预算约束"使得单位共同体更倾向于实践"小共同体"性质。

"软预算约束"的概念由著名经济学家科尔奈教授在研究社会主义计划经济体制时提出的,科尔奈认为,与古典资本主义企业不同,社会主义经济中的企业,如果经营失败,这种风险并不需要由企业自身来承担,而是会得到国家的照料。① 虽然,在计划经济体制中,中国城市是"生产主义"的,基本消费品的供给和消费的规模,都有着严格的限制,单位组织基本不可能任意扩大工资和福利开支的比例;但是如果在扩大生产经营规模的同时,能够服务于单位"小共同体"自身的利益,那么本位主义的行为也就在意料之中了。例如,我们时常看到,一些"典型单位制"国企,通过发展厂办集体经济等形式,为本单位职工的家属提供就业,这种做法,在理想主义松动的改革年代,尤其显著。此外,还应当看到,社会主义的意识形态和全能主义的父爱式治理模式,为"小共同体"的本位主义,提供了意识形态和社会心理的合法性。

---

① [匈]雅诺什·科尔奈:《社会主义体制——共产主义政治经济学》,张安译,中央编译出版社2007年版,第503页。

第 三 章
转型期单位制的重建与消解

20世纪八九十年代以降,是单位制急剧变迁的历史时期,其剧变的轨迹可以用"重建"与"消解"两个关键词来加以概括。从1978年开始,在返城知识青年就业的压力下,大中型国有企业通过兴办厂办大集体、子女顶替接班、内招等途径,使得单位共同体在拨乱反正、改革发展的背景下获得迅速扩张。单位共同体的扩大以及随之而来的国民经济复苏和发展,在很大程度上缓解了中国社会积蓄已久的社会矛盾,改善了民众的生活,文革时期被严重破坏的单位秩序也得到最大程度的重建和恢复,由此,单位共同体的发展似乎步入了发展的"黄金岁月"。但值得注意的是,改革开放初期社会秩序的恢复和经济的初步发展,并未解决潜藏在单位组织内部的深层矛盾,相反,随着经济社会的发展而产生的新的矛盾却日趋严重。在迈向社会主义市场经济的进程中,奠基于计划经济体制之上的单位制度及单位共同体不可避免地走上改革、消解和衰落之路。

一、单位制重建与单位共同体的修复与扩张

在学界以往的研究中,人们普遍承认,在文革时期极左思潮和政治运动的冲击下,基于"国家—单位—个人"纵向动员调控体系而建立起来的社会总体秩序遭到严重破坏。文革结束后,以社会总体秩序恢复和单位内部权威重建为标志,出现了所谓的"单位重建"问题。这里所说的"重建",既

是指"行政秩序在总体上恢复以中央权力为核心的纵向体制,恢复行政科层权力的有效性",同时也是指"国有企业在总体上也维持着单位制结构,服从国家指令性计划,企业中人事、资源和经营等一切活动均按行政等级来管理和配置,成为行政体制链条的一个终端环节"[①]。

"单位重建"的过程,实际上也是"单位共同体"扩张的过程。1980年代,伴随着拨乱反正和改革开放的进程,在一系列政策措施推动下,"单位共同体"的规模开始迅速扩大。其主要途径有二:其一是通过厂办大集体等集体经济企业的建立,将企业职工返城知青子女和城市待业子女纳入到国企举办的厂办大集体就业;其二是通过国有企业的接班顶替制度、内部招工等途径,将部分子女纳入到国有企业体系之中。正是在上述背景下,单位共同体在短时间内得到一定扩张,获得新的发展生机。

(一) 厂办大集体

如前所述,20世纪50年代后期以来,依托于"家属革命化"和"家属自救运动"而建立起来的家属五七厂,虽然与其所依托的国营母企业有着密切的联系,但这些家属厂的生产规模普遍较小,其业务活动尚未进入到企业的核心生产领域,基本上还是围绕着企业服务事业而展开的,在国企体系内是一种典型的边缘化存在。但从1979年前后开始,为缓解返城知识青年的就业压力,在发展集体经济的浪潮中,国有大中型企业开始大力兴办厂办大集体,逐渐出现了一个依托于国企母厂而存在的一种新的集体企业存在形式。企业职工子女通过厂办大集体这一渠道,得以进入单位举办的集体企业,导致单位共同体的规模迅速走向扩张。

1978年10月12日,国务院召开全国知识青年上山下乡工作会议,通过了《全国知识青年上山下乡工作会议纪要》和《国务院关于知识青年上山下乡若干问题的试行规定》。决定调整政策,在城市积极开辟新领域、新行业,为更多的城镇中学毕业生创造就业和升学条件,逐步缩小上山下乡的范围,有安置条件的城市不再动员下乡。城市应该积极开辟新的领域、新的行

[①] 渠敬东、周飞舟、应星:《从总体支配到技术治理——基于中国30年改革经验的社会学分析》,《中国社会科学》2009年第6期。

业，大力发展集体所有制的企事业，举办大学分校、中等专业学校、技工学校等，为更多的城镇中学毕业生创造就业和升学条件。在农村，要学习大庆的做法，在全民所有制单位的领导下，建立集体所有制的农、工、林、牧、副、渔业基地安置知识青年。① 在此背景下，为安置返城知识青年和城市待业青年就业，解除广大职工的后顾之忧，政府及企事业单位纷纷建立集体企业。而在典型单位制的大中型国有企业，则主要体现为"厂办大集体"形式。②

当时，文革刚刚结束，百废待兴，政府面临社会上巨大的就业压力。在"国家—单位—个人"的总体框架下，本着"谁的孩子谁抱走"的原则，企事业单位必须在子女就业的问题上承担责任。厂办大集体的规模和生产经营水平通常与其所依托的国营母厂的实力和规模有关。在一段时间内，厂办大集体经济的发展作为国企母厂的辅助性企业，发挥了积极作用。当然，也存在由厂办大集体发展起来的集体企业。如鞍山市石油化学工业局所属各厂为安置待业青年就业，根据本厂的实际情况，于1979年开始相继办起青年工厂。为进一步加强对青年工厂的管理，广开就业门路，统筹安置待业青年就业工作，鞍山市石油化学工业局劳动服务公司于1980年4月28日成立。截至1985年底，共办厂办集体企业7个，安置1438人就业。这些厂办集体企业在大厂的支持和援助下，不断发展壮大。为了搞好厂办集体企业，各单位选派得力干部加强对厂办集体单位的领导，同时，还根据上级有关"扶上马、送一程"的精神，在资金、原材料、设备、场地等方面均给予支持和扶助，并抽调具有丰富实践经验的工人进行技术指导，帮助青年工人不断提高操作技能和独立工作的能力。到1985年，累计完成工业总产值1182.2万

---

① 魏宏运主编：《国史纪事本末（1949—1999）》第6卷，改革开放时期（上），辽宁人民出版社2003年版，第198页。

② 在20世纪八九十年代，社会上有所谓"大集体"和"小集体"之说。其区别主要是根据集体所有制隶属的政权等级不同而区分为大、小集体。一般的归市、区或县直接管理的为大集体；归街道办事处或县以下的城镇管理的一般为小集体。所谓民办集体，是劳动者集资兴办的集体所有制，这种集体单位是独立核算自负盈亏，不是隶属于行政机构按统负盈亏管理。它在这方面区别于过去办的城镇集体企业，因此也成为新集体。见于光远《社会主义经济建设常识读本》，经济学周报社1984年版，第70页。

元，创利润 166.8 万元。①

在企业初创和发展阶段，厂办大集体实际上是在国企母厂的全力庇护下运行的，具有极强的依赖性。其通常的做法是"化大公为小公"。② 20 世纪 80 年代，这种"小公"吃"大公"的案例非常多见。如某国营铸造厂，自办一个集体企业。1986 年检查组从账目中查出集体企业用该厂水、电、气没有计价付费，厂部支援集体企业人员的工资、福利、奖金仍由该厂负担，1986 年全年共计 1.85 万元。根据国家相关规定，自办集体单位使用国营企业的水、电、气等要计价收费，……对于某些确需由国营企业派出人员支援自办集体单位的，其工资、福利、奖金等费用，应由集体单位支付，不得再由国营企业负担。③ 这实际上是一个将厂办集体企业费用挤入国营企业成本的典型案例。

有些厂办集体企业还无偿使用母厂的财产和资金。如国营某计量厂自办集体商店。1986 年财税检查时，发现该厂借给集体企业使用的房屋、仓库未收租金，并无偿借给资金 50 万元，已逾两年未收回。根据国家相关规定，国营企业多余闲置的财产物资确需转给自办集体单位使用，要按规定程序审批，应按质论价由集体单位一次或分次付清价款；也可以采取出租的形式租给自办集体单位使用，由集体单位交付不低于固定资产折旧的租金。借给集体单位的资金要限期收回，归还期最多不得超过两年。逾期不还的要收取不低于银行贷款利率的占用费。④

可见，厂办大集体对国企母厂的过度依赖以及自身产权不明晰，都在很大程度上影响和制约着其存在和发展，也决定了其作为中国转型期经济体系

---

① 佟培刚主编：《鞍山市石油化学工业志》，辽宁人民出版社 1991 年版，第 3 页。
② 所谓"化大公为小公"是指通过不正当的手段，将属于国家（全民）所有的财产转化为地方或企业集体所有的行为。有些地方或企业单位，为了谋求本地或本企业的经济利益，采用在账目上弄虚作假的手法，任意转移、挪用各项专用基金、物资设备，截留国家预算收入等，把本属于国家并有特定用途的财产、物资、设备，一下变成了地方或企业集体所有，用于地方或集体的生活服务。这样，物资、设备和其他财产的所有制性质和经济性质都发生了变化：全民所有制财产被企业占去那一部分变成了集体所有制财产，财产、物资、设备因被企业用作生活服务设施而由原来的生产资料变成了生活资料。这种做法坑害了国家，肥了集体和个人，是一种违反国家财经纪律的行为。见周舜臣、李凤鸣主编《实用审计手册》，安徽人民出版社 1987 年版，第 157 页。
③ 葛涛、王家彦等编：《税收财务大检查工作内参》，陕西人民出版社 1989 年版，第 300 页。
④ 葛涛、王家彦等编：《税收财务大检查工作内参》，陕西人民出版社 1989 年版，第 301 页。

中"过渡角色"扮演者的命运。

(二) 子女接班顶替制度

民主革命时期，在革命斗争和战时军事共产主义的背景下，包括妻子、子女在内的家属从来就是作为革命队伍中的一部分而存在的，故子女继承父母的工作具有天然的合法性。建国以来，最早提及"子女顶替"问题的文件是 1953 年 1 月 26 日，由劳动部颁布的《中华人民共和国劳动保险条例实施细则修正草案》，该草案的第 6 章第 24 条规定："工人职员因工死亡或因工残废完全丧失劳动力，其直系亲属具有工作能力而该企业需人工作时，行政方面或资方应尽先录用。"① 但当时此规定涉及的范围较窄，"只适用于因公死亡或因公残废完全丧失劳动能力的职工。这是当时国家对职工的社会保障而规定的一项福利措施"②。到 1963 年，国务院批转《关于老、弱、残职工暂列编外以及安置处理工作的报告》，规定放宽老、弱、残职工退休、退职以后子女顶替工作的条件。由此，子女顶替作为一种制度得以确立。但进入文革时期后，因整个社会秩序混乱，经济发展停滞，制度废弛，子女顶替工作的制度亦宣告停止。

1978 年 6 月 2 日，国务院颁发《关于工人退休、退职的暂行办法》，其中规定："工人退休、退职后，家庭生活确实困难的，或多子女上山下乡、子女就业少的，原则上可以招收其一名符合招工条件的子女参加工作"，"家居农村的退休、退职工人，应尽量回到农村安置，本人户口迁回农村的，也可以招收他们在农村的一名符合招工条件的子女参加工作"。③ 1979 年 7 月 28 日，中共中央、国务院发布《国家劳动总局关于贯彻执行中发（1979）43 号文件中若干问题的意见通知》，规定：工人退休、退职后，需要招收其在农村的一名子女时，仍可按国发［1978］104 号文件的规定办理。但必须严格按招工条件进行审查，经地、市以上劳动部门批准。矿山井下、森林采伐、野外勘探、盐业生产等工作岗位增加职工需要招收本单位职工在农村的子女时，仍按中发（1973）30 号文件的规定办理。但每个职工

---

① 劳动部保险福利司编：《我国职工保险福利史料》，中国食品出版社 1987 年版，第 285 页。
② 李劭南、杨薇薇：《当代北京社会保障史话》，当代中国出版社 2011 年版，第 6 页。
③ 劳动人事部劳动科学研究所编：《中华人民共和国劳动法规选编》，1988 年铅印本，第 411 页。

只限招收 1 名农村子女，已经招收过 1 名的，不得再招收。招收农村子女须经地、市劳动部门审查，由省、市、自治区劳动部门批准。被招收的子女，必须经过德、智、体全面考核，符合招工条件。① 除以上四个行业外，其他行业或单位不得实行"内招"。

从历史上看，上述这些规定对于照顾职工生活困难，缓和当时严重的劳动就业矛盾起了一定的积极作用。但此项制度在实际操作过程中却出现了严重的变形。主要表现为：许多不符合退休、退职条件的职工，包括相当一部分工作和生产的骨干，为了子女就业，取得假病证明，提前退休、退职，不少地区自行规定干部退休、退职时，也招收其一名子女参加工作，扩大了招收的范围，许多单位招收退休、退职职工子女不进行考核，将一些不符合招工条件的人招收进来，降低了招工质量，影响工人阶级队伍的素质；许多地方不顾生产、工作是否需要，将招收的退休、退职职工子女都安排在父母原在单位，造成人力上的浪费，生产效率降低等等。② 鉴于上述问题，1983 年 9 月 3 日，国务院发布《关于认真整顿招收退休、退职职工子女工作的通知》，指出："对前几年招收进来的退休、退职职工的子女，要认真进行一次检查和考核。凡是呆、傻、精神病患者，以及明显不符合招工条件的，应当进行清退；本人基本符合招工条件、但不能适应现任工作需要的，要给以培训，经过培训仍不能适应工作需要的，特别是文教、卫生部门的人员，由当地劳动人事部门会同主管部门给予调整，另行安排工作。对不服从调动的，应予辞退。"③ "子女顶替"制度，是在文革后社会就业极度紧张的情况下出台的，对解决就业问题起过一定的积极作用。但这种做法降低了招工条件，助长了少数待业青年的依赖思想。使一些青年失去了平等选择职业的机会，造成职工队伍结构不合理，给企业管理造成了许多困难。

1986 年 7 月 12 日，国务院发布《国营企业招用工人暂行规定》，在第 2 章中明确规定：国营企业招收工人应面向社会，公开招收。"企业招用工人，应当公布招工简章，符合报考条件的城镇待业人员和国家规

---

① 北京大学法律系经济法教研室编：《劳动法资料选编》（一），铅印本 1983 年版，第 90—91 页。
② 劳动部保险福利司编：《我国职工保险福利史料》，中国食品出版社 1989 年版，第 688 页。
③ 劳动部保险福利司编：《我国职工保险福利史料》，中国食品出版社 1989 年版，第 689 页。

定允许从农村招用的人员，均可报考。""企业招用工人，应当张榜公布经过考核合格者名单，公开录用。企业不得以任何形式进行内部招工，不再实行退休工人'子女顶替'的办法。"① 以此为标志，子女顶替制度正式被废止。

（三）单位共同体扩张的社会影响

20 世纪七八十年代单位共同体的扩张，是 20 世纪下半叶中国社会诸多特殊历史条件作用下的产物，其发生具有一定的必然性，在历史上也产生了较大的影响。从积极的意义上讲，"单位共同体"的扩张，对于缓和 20 世纪五六十年代以来中国社会长期积下来的各种社会矛盾，缓解就业压力，发挥了重要的作用。在研究中，我们检索到 20 世纪 80 年代末一位学者对厂办大集体作用的一段评价，代表了当时学界对厂办大集体的认识。他认为厂办大集体"促进了社会的安定团结，使广大青年有业可就，减少了社会压力；为社会提供了大量的小商品，繁荣了社会主义经济；发展了第三产业，增加了社会效益；为地方建设提供了资金；改变了我国单一的全民所有制的经济结构等"。② 从历史主义的视角出发，上述评价观点到今天仍然还是站得住脚的。子女顶替接班制度虽然在执行过程中存在很多问题，但如果将这些问题置于建国以来中国社会总体的演进进程之中，就会发现，在"总体性支配体制"下，社会给人们提供了非常有限的选择空间，故子女顶替接班制度的出台在当时的条件下具有一定的必然性。

但我们也应该看到，"单位共同体"的扩张是一把双刃剑，在其推进过程中亦蕴藏着深刻的内在矛盾，主要表现在：

第一，单位共同体的扩张加速了我国企事业单位走向家族化的过程，导致工人阶级的队伍和素质下降。

在单位制度的框架内，"单位人"概念从其发生之日起实际上就是一个复数概念，即除职工本人外，还包括其妻子和子女。但在 1979 年之前，除了五七厂中单位职工的妻子通过"家属革命化"进入企业边缘的服务系统

---

① 中共中央文献研究室：《十二大以来重要文献选编》下，中央文献出版社 2011 年版，第 35 页。
② 周银校：《集体经济改革初探》，辽宁人民出版社 1989 年版，第 179 页。

外，单位家属尚未进入单位体系内。而从 1979 年前后开始，随着厂办大集体的不断举办，单位共同体在短时间内得到了空前的扩张。由于厂办大集体生产与国企母厂的密切关联，不可避免地出现"国企家族化"现象。

  一般说来，厂办大集体是一种由"家属革命化"和"家属自救"逐步转化而来的一支新兴的集体所有制经济实体。其领导干部多为国企母厂下派，其员工构成则参差不齐。据一份关于吉化厂办集体职工民主参与的调查报告指出：该厂厂办集体企业职工大多是 1979 年以后由学校或社会招进工厂的青年职工。主要来源于社会上的大学漏、高中专技校漏、参军招工漏以及刑满释放的两劳人员等。这些人的情绪不稳定，忽冷忽热、自卑感强。他们无论是在课堂上还是在社会上都未曾受过民主管理知识的教育和民主意识教育，对如何发挥主人翁作用，参与企业管理知之甚少。一大批青年职工虽然具有一定文化水平，但却对专业技术掌握的不十分精通，对社会信息、市场管理、经营生产等方面的知识比较贫乏，因而在参与企业管理中很难提出对企业生产管理等方面好的建议和设想。① 而通过子女顶替接班进入企业的职工子女，更是参差不齐。东北某超大型国企"1979 年以后顶替进厂的职工子女 185 人中，有 23 人有劣迹行为，多数身体状况不佳，约 50 人患有癫痫病、心脏病、高度近视等慢性疾病。这些行为，严重地影响了职工队伍的素质，并引起广大群众的强烈不满。有人痛心地说：退掉一大批财富，接进来一大批包袱"②。

  企业如此近亲繁殖，必然导致国企家族化，使得企业管理的科学化和民主化面临困境。民国时期社会学家孙本文曾撰文抨击"家族本位"对于产业发展的危害。认为"在家族本位的社会中，凡人之一切事业，不在于增进国家社会之幸福，而在于养成家族中的优良的子弟。不宁唯是，家族本位的模型，影响社会其他组织。商店工厂，犹如一个家族组织，店主、场友与伙友工人的关系，犹如父子兄弟的关系。政治制度，亦犹如一个家族的组织。君臣与父子夫妇，并称三纲。故君主时代，君臣关系犹父子夫妇关系。且地方官吏，尝有为民父母之称，即为家族之义所扩充。爱

---

  ① 龚庆珠：《企业民主管理理论与实践》，中国华侨出版社 1991 年版，第 49—50 页。
  ② 中共中央书记处研究室理论组、中华全国总工会办公厅编：《当前我国工人阶级状况调查资料汇编》(1)，中共中央党校出版社 1983 年版，第 54 页。

他人之子，则养为义子，爱朋友过深，则结为兄弟。此皆由家族本位精神所推广的结果"。①

第二，厂办大集体产权不明晰，缺少长期存在和发展的制度保障。

厂办集体企业不同其他集体企业，有其自身的特点。它不是真正意义上的集体经济，而是依附于国企公有制经济的特殊附属物。正如学者周银校所言："厂办集体企业同其他集体企业产生的渊源不同。厂办集体企业是派生于全民经济的一种所有制形式，其他集体企业是社会办企业的结果。厂办集体企业资产来源复杂。有主办厂调拨的，也有依靠自身积累购买的。其他集体企业的资产增殖，完全靠自身积累而实现。厂办集体主要是为主办厂生产、生活配套服务，其产品结构是在为主办厂配套服务过程中发展和定型的。其他集体企业的服务对象是社会和市场，其产品结构是在市场调控下，经过优胜劣汰的竞争而发展和定型的。厂办集体生产中所需要的原材料、能源多数由主办厂提供。而其他集体企业的原材料来源主要靠市场。厂办集体企业是为了安置本厂待业青年而兴办的，职工绝大多数是本厂子女。其他集体企业职工来源属社会安置型。"② 故厂办集体企业同主办厂之间存在着非常直接的从属关系。无论是干部遴选还是员工聘用，抑或是生产规划和发展速度，都要受到主办厂在不同方面和领域中的庇护和制约，出现了名义上是"集体所有"，实际上却是"职工一无所有"的情况。故厂办大集体的真正困境在于：其角色或是国企母厂的侵蚀者，或是被母厂侵蚀的对象，难以获得属于自己的独立发展的空间。

二、单位制衰败与单位共同体的走向消解

大约从 20 世纪 80 年代后期起，由于我国生产力布局政策的改变以及老工业基地自身情况的制约，加之体制转轨、企业组织结构和设备老化、重复建设等因素的影响，我国的老工业基地国企即普遍出现了明显的衰退迹象。

---

① 孙本文：《现代中国社会问题》，商务印书馆 1948 年版，第 49 页。
② 周银校：《集体经济改革初探》，辽宁人民出版社 1989 年版，第 185 页。

虽然国家采取了很多措施，但这种衰退景象并未得到解决。① 国企绩效的持续低迷，厂办大集体更是堕入持续衰退的困境，导致单位制的发展步入了"非变不可"的改革时代。单位制改革及变迁的进程，实际上也就是单位共同体走向消解的过程。

（一）单位福利分房制度的终结

众所周知，自单位制度形成之时起，便形成了由单位为其成员提供住房，单位成员按着"职住合一"的原则集中居住的传统。在单位成员集中居住、生活于"单位大院"的条件下，单位组织内部关系和生活都是以单位院落空间为平台展开的。故"单位大院"堪称是单位时代最具代表性的符号，表征着单位共同体的实体性存在。而单位福利分房制度也由此在单位福利体系中占有特殊重要的地位。

以单位住房分配为核心的单位福利制度的存在与发展是建国以来特定历史条件下的产物。建国初期，百废待兴，在国力有限的条件下，职工的福利自然落在单位的头上。不过，福利分房制度的目标不仅是为了解决生活问题，更是为了证明社会主义优越性的存在。但我们必须看到，在财富短缺、物质匮乏的计划时期，所谓福利分房实际上是建立在较低的住房消费的水准之上的。据统计，1956年—1977年这一时期北京市城市居民的居住水平较低，人均居住面积大都不到4.5平方米，多数年份在4平方米以下；就发展速度来说也较慢，人均居住面积在21年间仅从3.76平方米增加到4.52平

---

① 关于我国老工业基地衰退的原因，学术界认为其直接原因为：国家生产力布局政策的改变以及老工业基地自身布局的制约；体制转轨的影响；企业及企业组织结构老化；重复建设对老工业基地形成冲击；折旧率偏低，少提甚至不提折旧，以及折旧基金被大量挤占和挪用，使老工业基地的技改步伐缓慢；企业管理落后，素质低下，不适应商品经济发展的要求。而老工业基地衰退的深层原因则表现在，大多数老工业基地的产业主要是资源优势和生产优势，缺乏产品优势和经济优势；老工业基地一些优势产业的关联作用差，带动不了整个工业结构的进步；老工业基地的产业发展层次相对较低等。见郭振英、卢建、丁宝山：《中国老工业基地的改造与振兴》，《中国社会科学》1993年第1期。也有学者从单位角度展开分析，认为"单位作为资源的最终占有者和国家诸多职能的代理者，逐渐丧失了扩充社会资源总量的作用，资源在一个个的单位中沉淀下来，具有严重的不可流动性特点"。最终导致社会资源在单位的无限积淀和再生能力的严重萎缩。见刘建军《单位中国——社会调控体系重构中的个人、组织与国家》，天津人民出版社2000年版，第351页。

方米,平均每年仅递增0.9%。① 从1985年城镇居民家庭住房的相关数据也可看出当时住房供给严重不足和短缺的实际状况。根据国家统计局的数据,该年度"无房户、住房困难户、不方便户、人均居住面积在4~6平方米的居民占总户数的比重,在城市高达63.1%,在建制镇达到43.59%,在城镇总和中也高达58.81%。在北京和上海这样的大都市表现得更为突出。人均居住面积在2平方米以下的住房特困户比例高达19%,人均居住面积6平方米以下的比例高达62.5%"②。当时,单位内部围绕着分房所展开的争斗也非常激烈,分到的,没分到的,分得理想的,分得不理想的,都发牢骚。领导也有牢骚:出钱买骂声,吃力不讨好。每一次分房,无论从所花费的时间之久,所投入的精力之多,还是从所引发的纠纷之深,所留下的后遗症之复杂,都不亚于以前搞一次小运动。③ 上述情况足以证明福利分房制度存在的弊端及不可持续性。到20世纪90年代,在中国迈向社会主义市场经济的进程中,福利分房制度在完成其历史使命之后,将不可避免地走向终结。

经过多年的酝酿和准备,1998年7月3日,国务院发布"关于进一步深化城镇住房制度改革加快住房建设的通知",明确提出取消福利分房制度,指出:"深化城镇住房制度改革的指导思想是:稳步推进住房商品化、社会化","停止住房实物分配,逐步实行住房分配货币化;建立和完善以经济适用房为主的多层次城镇住房供应体系。"④ 以此为标志,政府及企事业单位职工福利分房制度宣告终结。但进入实践状态的住房制度改革是异常复杂和艰难的。早在1996年,边燕杰等学者比较详细地研究了中国城市住房和职工工作单位的关系,以及在住房的商品化、社会化改革中单位所处的地位和作用。他发现:"城镇住房对中国来讲仍是一个短缺的资源。到目前为止,中国城市里对这一资源的拥有仍然具有明显的再分配型社会的特征,离完全商品性运作的距离还很远。工作单位作为社会再分配中的重要机制在

---

① 朱汉国、张太原:《当代北京市居民的消费生活方式(1956年—1998年)》,北京出版社2005年版,第37页。
② 黄兴文编:《住房体制市场化改革:成就、问题、展望》,中国财政经济出版社2009年版,第117页。
③ 张登贵:《大题小作》,中国广播电视出版社2002年版,第14页。
④ 本书编委会:《住房制度改革法规文件选编》,中国建筑工业出版社1998年版,第20页。

住房的拥有结构中发挥着不容轻视的作用,担当着难以推卸的责任。""中国迄今为止的住房改革措施都是以'单位'为中介的,对于大多数居民来说,目前尚无机会与能力进入房屋市场。"①1998年发轫的住房制度改革进程验证了上述观点。近年来,见诸报端的众多变相福利分房的消息屡见不鲜。这说明福利分房制度真正地退出历史舞台还需经历一定的反复。但我们必须承认,到本世纪初期,作为一种正式的福利制度,福利分房事实上已宣告正式终结。

住房制度的改革,尤其是福利分房制度的终结,对走向消解的单位共同体产生了深远影响。首先,它消解了以"单位大院"为载体的单位物理空间和关系空间,消除了单位人对单位的实体依赖。那种基于传统单位居住区而生发的"生于斯,长于斯","声气相通"的单位社区感从此失去了真实的空间依托,不可避免地走向终结。由此,单位大院这道计划经济时期的风景线辉煌不再,有些单位社区甚至因企业的效益不佳而走向全面衰落。其次,居住方式的改变也导致单位人与单位的关系发生了重大变化。早在20世纪90年代初期,世界银行的住房专家在考察烟台的"提租补贴"改革模式时指出:切断单位与职工间的住房供给关系是中国住房制度转轨的关键。②在居住形态改变的情况下,"人们之间的关系由单位福利住房模式下的社会组合转为购房模式下的社会组合,这会带来个人社会归属感下降以及社会生活成本提高等问题。这种情况下,单位个人之间原有的生活互助不复存在,取而代之的是社会生活问题如托管小孩、接送孩子上学等须通过市场购买方式或每个人的单独行动解决,以及人与人之间的疏远和淡漠"。③再次,伴随着分配制度的改革,单位内部逐渐开始分化。那些具有一定经济实力的单位人开始不满足于单位居住区所提供的单调的服务,纷纷通过购买商品房,告别单位大院。在新型的商品房住宅小区,集聚的不再是单位人,而是以业主身份进入小区的公民。这些脱离了单位大院庇护的"业主",要想维护个人权益,就不能再依赖单位,而只能结成业主自治联盟。正是在这些"自下而上"的社会自治组织和团体勃兴的基础上,居民自我管理、自我服务

---

① [美]边燕杰等:《"单位制"与住房商品化》,《社会学研究》1996年第1期。
② 朱亚鹏:《国外中国住房政策研究:述评与启示》,《学术研究》2006年第7期。
③ 黄恒学:《公共经济管理研究》,中国经济出版社2008年版,第293—294页。

的大幕被拉开，进入了所谓"后单位时代"。

（二）"企业办社会"功能的分离

如前所述，在计划时期国营企业发展的进程中，形成了一个特殊的"企业办社会"的历史传统。而且，这一传统在很大程度上是作为单位共同体的制度支撑体系而发挥作用的。计划时期，"由于片面强调企业'自力更生、艰苦奋斗'，鼓励企业办学校、办医院等，使许多企业极力追求"大而全"、"小而全"，代替政府兴办了众多托儿所、幼儿园、学校、医院，有的还拥有公、检、法等社会职能机构，企业生产和生活区并存，自办供水、供电、供暖等社会公益基础设施，强化了企业的社会化功能，弱化了政府提供公共服务的作用"[①]。在当时特定的历史条件下，"企业办社会"具有一定的合理性。

到20世纪90年代，在国企走向市场的进程中，"企业办社会"已不适应经济社会发展的步伐，逐渐成为沉重的历史包袱。主要表现为：其一，企业生产体系之外"办社会"的负担沉重；其二，庞大的离退休人员队伍也给企业带来较重的压力。有学者在2000年时曾估算，我国国企"企业办中小学约1.7万所，在校学生约732万人，教职工63万人，按全国生均教育经费873元／年计算，将企业所办学校交给政府，政府需要每年支付约64亿元。企业办医院7292个，床位60万张，工作人员79万人，按县级以上医院人均3916元／年、县级以下医院人均3301元的补助标准，将企业办医院交给政府，需要财政补助31亿元。两项相加，分离企业所办学校和医院，财政每年需增加支出近100亿元"[②]。此外，据统计，"1978——1993年，国有企业离退休职工占总职工人数的比重已从3%上升到20—30%，有些老厂的离退休与在职职工的比例已达到了1∶1，而在此期间全国国有企业离退休（包括退职）职工的保险福利费更高，这种趋势也还在继续"[③]。

1999年9月22日，党的十五届四中全会通过的《关于国有企业改革与

---

① 国务院国资委主编：《探索与研究：国有资产监管和国有企业改革研究报告（2010）》，中国经济出版社2011年版，第226页。
② 江小涓：《世纪之交：国有企业改革回顾与展望》，《国家行政学院学报》2000年第3期。
③ 邢小群、俞景华：《专家视野里的中国经济》，改革出版社1998年版，第72页。

发展若干重大问题的决定》明确提出:"分离企业办社会的职能,切实减轻国有企业的社会负担。位于城市的企业,要逐步把所办的学校、医院和其他社会服务机构移交地方政府统筹管理,所需费用可在一定期限内由企业和政府共同承担,并逐步过渡到由政府承担,有些可以转为企业化经营。独立工矿区也要努力创造条件,实现社会服务机构与企业分离。各级政府要采取措施,积极推进这项工作。"①

2002 年 4 月,国家经济贸易委员会、财政部、教育部、卫生部、劳动和社会保障部等发布《关于进一步推进国有企业分离办社会职能工作的意见》,提出了推进国有企业分离办社会职能工作的时间表。经济发达地区的大中城市地方国有大中型企业自办的普通中小学校、医院等公益型机构一般应在 2 至 3 年内从企业中分离;经济欠发达地区的大中城市和工业、交通、建筑等独立工矿区地方国有大中型企业自办的普通中小学校、医院等公益型机构一般应在 3 至 5 年内从企业中分离出去;少数处于偏远地区独立工矿区的地方国有企业分离办社会职能的时限可根据实际情况确定。

2004 年 9 月,大庆地区 4 个中石油集团企业的 125 所中小学、9 个教育管理机构和 4 个公安机构、15561 人,将按照一次性整体成建制全部分离的原则移交给黑龙江省地方政府管理,机构和人数均占中石油集团所办社会职能的 1/4 以上。② 2007 年 1 月 25 日,国资委主任李荣融在《全国国有资产监督管理工作会议上的讲话》中指出:"国有企业主辅分离、辅业改制和分离企业办社会职能成效明显。截至 2006 年 9 月底,全国共有 1252 家国有大中型企业实施了主辅分离辅业改制,分流安置富余人员 209.6 万人。其中,76 家中央企业的方案已经批复,涉及改制单位 4879 个,分流安置富余人员 77.7 万人。河北省省属企业辅业改制单位总数达 111 家,超额完成省政府确定的 102 家工作目标。河南省基本完成了主辅分离工作。东部地区基本完成了省级企业分离办社会职能工作。在各地支持下,中央企业分离办社会职能工作取得积极进展,到目前为止,已移交办社会职能机构 1528 个,移交

---

① 张卓元、郑海航主编:《中国国有企业改革 30 年回顾与展望》,人民出版社 200 年版,第 12 页。
② 徐大勇:《我省与中石油在京举行企业办社会职能移交签字仪式》,《黑龙江日报》2004 年 9 月 1 日。

在职人员 8.6 万人，离退休教师 4.9 万人。"①

以国企为代表的企业办社会模式的终结，对单位共同体的命运也产生了深远影响。一方面，国企卸下办社会的包袱后，可以轻装上阵，专注于企业发展。另一方面，企业办社会格局的终结，打破了"单位"自我封闭的壁垒和空间，开始走向开放，单位组织的发展由此进入了新的历史时期。

（三）"厂办大集体"与母企业脱离

"厂办大集体"是老工业基地的一个特定概念。建国以来，在典型单位制的背景下，那些超大型国有企业不断地将其家属纳入到附属的集体企业当中，进入单位系列。在封闭的单位空间内，国有企业逐渐形成了"一损俱损，一荣俱荣"的"家族化"利益群体。在就业安排的环节上体现得最为明显。在相当长的一段时间里，国有企业的就业安排采取了"老厂办新厂，单位包家属"的办法。

厂办大集体是一种非常特殊的企业形态，作为超大型国企的子企业，企业产权关系模糊，企业资产的产权归属不清，厂中办厂，一直无偿使用母厂的土地、厂房、设备。虽然在形式上子厂和母厂都是独立法人，但实际上母厂一直对子厂行使行政管理职能，厂办大集体的职工也基本上是母厂的子女和家属。在企业家族化的背景下，子厂与母厂之间存在着宗法意义上的血缘联系。据吉林省财政研究所 1980 年的调查，"吉林省 45 户省市地方国营企业所办的知青厂、家属厂中的职工，长期在国营老厂开工资的就有 1306 人，仅 1980 年即支付工资达 84.6 万元；有 22 户长期无偿占用老厂的固定资产，价值达 357 万元；有 9 户长期借用老厂流动资金 143 万元。有的为了'扶持'知青厂，竟将有发展前途的盈利产品转让给知青厂生产。而老厂只生产无竞争能力、销路不畅的产品，以致自己处于萎靡不振的状态。有的同志说：资本主义是'大鱼吃小鱼'，我们现在是'小鱼吃大鱼'。……有的厂本来有门市部，但知青厂也办个门市部专卖母厂快货，只开张发货票，就到母厂仓库取货，巧取母厂利润。群众称知青厂为'吃爸吃妈厂'，这已成为

---

① 李荣融：《在全国国有资产监督管理工作会议上的讲话》（2007 年 1 月 25 日），国资委网站，http://www.sasac.gov.cn。

各地普遍现象"①。可见,"厂办大集体"问题绝不是一个简单的经济现象,而是"典型单位制"背景下特定的社会现象。由此,"集体企业始终处于一种悖谬的处境:它在产权和经营上具有极强的行政依附性,属于国家单位支配下的企业组织,但职工在身份上却不属于国家职工,因而在实质上不具有'公有权利'的意涵,在产权和身份上都是极其模糊的"②。在这一意义上,厂办大集体与国企母厂的分离具有其必然性。

20世纪90年代前后,国企举办的绝大多数厂办大集体企业陷入了严重的困境,据统计,"东北三省有约100多万厂办大集体职工,绝大多数职工都没有参加社会保险,生活相当困难,已经成为社会不稳定的重要因素。具体来说,黑龙江省有厂办大集体2077户,职工47.5万人,资产总额509亿元,净资产负34亿元。辽宁省有厂办大集体1433户,职工53.6万人,累计亏损额为33.1亿元。其中,经营性亏损企业1054户,占总数的73.6%;停产、半停产企业824户,占总数的57.5%。吉林省厂办大集体有70%处于停产或半停产状态,仅长春、四平、白山3个城市就有厂办大集体1051户,在册职工和离退休人员42.8万人"③。

进入新世纪以来,在典型单位制变革的过程中,剥离国企"母企业"与"厂办大集体"之间的联系,成为国企改革的一个关键问题。2005年国务院批复了《东北地区厂办大集体改革试点工作指导意见》,指出改革的总体目标是:"通过制度创新、体制创新和机制创新,使厂办大集体与主办国有企业彻底分离,成为产权清晰、自负盈亏的法人实体和市场主体,切实减轻主办国有企业负担,为进一步深化国有企业改革创造条件。在试点的基础上,争取用3年左右的时间,妥善解决东北地区厂办大集体问题,并适时在全国推开。"在改革方式上,"对能够重组改制的厂办大集体,可按照《中华人民共和国公司法》和原国家经贸委等八部委《关于国有大中型企业主辅分离辅业改制分流安置富余人员的实施办法》(国经贸企改〔2002〕859

---

① 吉林省财政科学研究所:《我省为什么穷,这样才能富起来》,《吉林财政研究》1982年第1期。
② 渠敬东、周飞舟、应星:《从总体支配到技术治理——基于中国30年改革经验的社会学分析》,《中国社会科学》2009年第6期。
③ 彭真怀:《东北调查研究报告:以科学发展观统揽老工业基地振兴全局》,中央文献出版社2006年版,第234页。

号）等有关法律法规和政策规定，采取多种方式，重组改制为产权清晰、面向市场、独立核算、自负盈亏的法人实体。对不具备重组改制条件或亏损严重、资不抵债、不能清偿到期债务的厂办大集体，可实施关闭或依法破产"。①

国企母企业与厂办大集体脱离，有助于明晰企业产权，有利于国企突出主业，增强核心竞争力。同时也有利于那些效益好、有发展前景的厂办大集体真正面向市场，实现长久持续的发展。此外，国企母企业与厂办大集体脱离，也标志着20世纪七八十年代形成的"单位共同体"宣告终结，国企发展也由此进入新的历史时期。

三、单位共同体变迁的基本走向

20世纪80年代后期以降，伴随着中国社会走向市场化的进程，单位制度不可避免地发生了剧烈的变迁。在学界对于单位制变迁的讨论中，一方面是将其视为一种重要的制度背景，关注这一背景下的社会治理秩序与单位组织结构的改变；另一方面，沿着单位制研究的制度主义传统，围绕"变迁"展开了关于单位制是否变迁、为何变迁、怎样变迁以及如何来应对这些变迁所带来的困境与挑战等一系列问题的探讨，形成了一些代表性的观点：

（一）单位制度消解论

在改革的氛围下，单位制度消解论占据了较强的话语优势。曹锦清、陈中亚认为："中国从计划经济体制向市场经济体制的转型，实质上意味着从抽象整体利益为主的单位组织转向以具体个人利益为导向的契约组织运动过程，随着资源配置手段和社会结构的变革，单位体制解体和个人化发展是同样不可避免的。"② 何海兵也认为："所有制结构的变化，社会流动的频繁等都使得'单位制'失去了生存的土壤，不得不走向崩溃瓦解的地步。"③ 而杨晓

---

① 徐永前：《厂办大集体100问》，法律出版社2011年版，第178—179页。
② 曹锦清、陈中亚：《走出"理想城堡"——中国"单位"现象研究》，海天出版社1997年版。
③ 何海兵：《我国城市基层社会管理体制的变迁：从单位制、街居制到社区制》，《管理世界》2003年第6期。

民和周翼虎在《中国单位制度》一书中将单位社会称为"被制度锁定的社会",提出了以"社会业绩结构"为核心内涵的"后单位社会"的概念。①在上述学者看来,单位制是与计划经济相适应的体制和制度。随着中国社会由计划经济向市场经济的转变,单位制度也必然随之而发生根本性的变迁。

(二) 单位制长期存在说

与单位制度消解论不同,有的学者强调单位制度仍将长期存在。如李汉林认为:"尽管随着改革开放的深入,单位对国家、个人对单位的依赖性会逐渐地弱化,国家与单位两极构造所形成的中国社会的基本结构会逐渐松动。但是,这种以单位组织为主导的基本结构格局在短时期内还不会彻底改变,单位组织和非单位组织并存,两种社会组织行为并存,且相互作用、相互影响、相互制约的状态还会维持相当长的一段时间,彻底重组建立在这种基本结构格局基础之上的中国城市社区的整合控制机制的时机还没有完全成熟。"②李路路也认为"尽管历经众多改革,但单位制依然是中国城市社会的基层组织制度"。③刘建军则从"功能转化说"的角度来分析单位制发展轨迹的延续性,他认为:"简单地说单位正趋于消解,或者说单位依然强固,都是极为武断的评判。我们认为,如果要对单位是趋于消解还是强化作出回答,就不得不对单位在不同层面所承载的意蕴进行区分,然后才能给出完满的答案。"在他看来,作为社会调控之基本单元的单位组织;作为一种维护自身利益、保障单位主权的单位组织;作为个人安身立命的空间和实现社会化之唯一通道的单位组织;作为个人就业场所的一种话语表达;作为个人安身立命的精神空间,单位还是有其存在的充分理由的。传统单位体制的消解和取而代之的新的组织体制的诞生是一个漫长复杂的过程,绝不可能一蹴而就。在目前的条件下,我们不能简单地否定单位制,而应该"通过其内在逻辑的更新,使得单位体制成为一种适合超大型社会调控的形式"④。

---

① 杨晓民、周翼虎:《中国单位制度》,中国经济出版社1999年版,第369页。
② 李汉林:《中国单位社会》,上海人民出版社2004年版,第99页。
③ 李路路、王修晓、苗大雷:《"新传统主义"及其后——"单位制"的视角与分析》,《吉林大学社会科学学报》2009年第6期。
④ 刘建军:《单位中国——社会调控体系重构中的个人、组织与国家》,天津人民出版社2000年版,第570页。

余红与刘欣通过单位与代际地位的实证研究表明,"自改革以来,单位制的影响并未随着社会转型而减弱,父母的单位特征依然显著地影响子女的就业,而子女所属单位的所有制在一定程度上影响子女的职业声望,这与中国传统的单位文化密不可分"①。而在现实生活中也会经常出现所谓"单位返祖"现象的话题和议论。②

持"单位制度长期存在说"的学者,主要是在强调"体制"和"制度"变革的渐进性,而反对"体制"、"制度"速变论。其对单位制度变迁方向及轨迹的判断,亦与20世纪80年代以来中国改革的渐进性质相一致。此外,从单位文化与中国传统"伦理本位"文化关联的角度来评价单位制的持续性,也具有一定的说服力。总之,单位制作为一个"制度生命体"和"组织共同体",其发展变化轨迹非常复杂,值得进一步深入探讨。

(三) 新单位制度论

虽然现实中单位制度复杂的变迁轨迹业已说明其存在和发展的连续性,但一个不争的事实在于:20世纪90年代以来,在国家一系列制度变革和政策推动下,单位制度已发生了重大的变动。针对此种情况,有学者提出了所谓"新单位制论"。主张将近年来中国社会发展表现出的收入差距拉大,收入分配不公,加速分化的状况与单位制的最新变迁结合在一起来加以认识。该文以限制介入性大型国有企业的案例研究为实证基础,认为经过30多年的改革开放,单位制已经发生了重大变化,形成了"新单位制"。主要表现为:第一,企业管理从外部化控制转变为内部化控制,即从原来的上级部门(国家)控制企业的生产、原材料采购、产品定价与销售、职工的招收和辞退、薪酬决定和福利等,转变成为国有企业经营主体可以在生产资料的使用

---

① 余红、刘欣:《单位与代际地位流动:单位制在衰落吗?》,《社会学研究》2004年第6期。
② 2005年在全国文明城市考核中,河南郑州市在行人及机动车违章等方面存在严重问题。于是,郑州市政府祭出了一个杀手锏:今后对违章个人除了进行批评教育、给予经济处罚外,还要将本人与所在单位的评先进、福利待遇等挂钩,或者让单位领导去领人、在新闻单位曝光等。秋风认为20多年来中国社会转型的基本方向是把个人从自上而下的国家控制节点——单位——中释放出来,使其成为相对完整意义的"自由人"。这意味着个人、而非别人或单位对自己的行为承担全部责任。这种具有责任感的个人,乃是法治、民主和市场的基础,政府有责任推动这种转型,而不是试图令单位"返祖"。参见秋风《单位制度的返祖——不合时宜的责任》,《中国新闻周刊》2006年第11期。

权、收益权、处分权以及人事任免、经营决策等方面拥有巨大内部运作空间;第二,国家资源从社会化占有变成单位化所有,即由国家全面掌控社会资源并依据行政指令分配、不同企业职工按国家同意的工资级别领取报酬的方式,转变为单位在资源占有和支配上拥有越来越多的主动权,单位内部福利不断增加并日益成为一个利益整体;第三,个人从对国家的依赖到对单位的依赖,即随着如今国有单位组织的分化,个人所能获得的利益与企业的命运相联系,而不再像传统体制下那样只与是否取得"国有"身份有关。而从总体上看,在改革以后,"国家优质资产的利益单位化,已成为这种限制介入性国有企业变成一个真正的利益共同体的坚实基础。劳动力市场的内部化和人才培养的地域化,以及低流动率,使限制介入性大型国有企业成为在体制内的分化中遗留下来的边界清晰的单位制孤岛"[1]。

而有的学者则不同意"新单位制"的观点,认为"就单位体制研究而言,这一论述仅仅把目光集中于限制介入性国有企业,若以此来阐述原本有着丰富内涵的'单位体制'在当下的新特征、新含义,则显得有点失之偏颇,因而也不能切实完整地回答'单位体制'是否依然构成当前中国社会一项基本组织制度这一关键问题"[2]。而且,"由于中国社会主义制度的延续性,它使得'单位'的一些根本性特征仍未发生明显改变。因此,单位组织与非单位组织并存,并且相互作用、相互影响、相互制约的状态还会维持相当长的一段时间"[3]。

---

[1] 刘平:《变动的单位制与体制内的分化—以限制介入性大型国有企业为例》,《社会学研究》2008年第3期。
[2] 李路路、苗大雷、王修晓:《市场转型与单位变迁—再论单位研究》,《社会》2009年第4期。
[3] 李汉林:《变迁中的中国单位制度:回顾中的思考》,《社会》2008年第3期。

第 四 章
从"单位社会"到"后单位社会"

从新中国建立到改革开放的 80 年代,单位制一直是我国城市社会管理的核心制度,整个城市社会围绕着单位制形成了一整套以"国家—单位—个人"为核心的刚性结构及相应的社会管理运行机制。这套体制随着改革开放后单位制的走向消解而逐渐失去效用,从 20 世纪末至今,以中国社会由计划经济向市场经济过渡为背景,单位制度的变革已经成为一个不争的社会事实。但值得注意的是,伴随着单位制度走向消解的进程,人们逐渐认识到,单位制度的变迁并不是一个简单地单向直线运行的过程,而是充满了复杂性,主要表现在:第一,单位制度变迁的"多向性",即一方面单位制在走向消解,但单位某些方面的功能却在新的条件下得到强化,出现了所谓"单位返祖"或"新单位制"现象。第二,就中国社会的宏观结构而言,由传统的"国家—单位—个人"纵向控制体系逐渐转换为"国家—单位、社区、社会组织—个人"复杂的格局。由于基层社区组织缺少"自下而上"的自治力量的支持,使得在以往的"单位社区"退场后,"自上而下"的政府行政力量开始登场,成为实际发挥作用的重要力量。第三,就社会整合的对象范围而言,当下拥有单位的"职场人"基本上没社区生活,没有有效的社区参与,故介入社区生活的基本上还是老年人和社会弱势群体。在这一意义上,"单位"在社会管理体系中并未退场,而是以新的身份和角色在发挥作用。正是在上述几个方面的作用下,转型期的基层社会治理出现了极其复杂的"重层结构"。而上述这些变化似乎都可以从"单位社会"向"后单位社会"这一判断中得到更为复杂的理解。

从单位中溢出的大量社会职能被转移到社区，原本在单位体制中居于辅助地位的街居制成为基层社会管理的主要制度形式。但是，由于街道办面对众多下沉的社会管理任务不堪重负，其定位不清、责大权小的矛盾十分突出，而与其绑定在一起的居民委员会也被过度行政化。尽管政府自上世纪80年代以来便一直大力发展社区服务与社区建设，但社区力量始终难以在基层社会治理中形成有效的支撑，可以说，面临众多单位制解体之后的基层社会治理难题，构建有效的"后单位社会"基层社会管理运作机制已成为当前城市基层管理体制创新的主要命题。近年来，无论是备受瞩目的街居制改革，还是数字城市的建设中诞生的网格化管理模式，无不反映出当前政府在基层社会治理中打破上下分离的"板块式"治理结构、构建新的基层社会善治格局的努力。

一、单位社会的"终结"

20世纪80年代以降，伴随着中国由计划经济向市场经济体制的过渡，形成于50年代的单位制度发生了剧烈变动。一时间，单位社会的发展趋向及命运，成为学术界关注的热门话题。在单位社会现代命运的问题上，存在着"衰退消解论"、"长期存在说"、"功能转化说"、"新单位之制论"等观点。上述观点的歧异本身就证明了问题的复杂性。这说明直到今天，如何走出"单位社会"的理想城堡，仍是摆在世纪交替中国面前的一道难题。而由"单位社会"终结而引发的社会运行的诸多风险更是值得引起我们特殊的关注。

（一）单位社会"终结"的宏观背景

众所周知，单位研究自其发端之时起，便循着"组织"、"制度"、"体制"等不同的研究视角和路径向前推进，而在诸种研究进路中，较早使用"单位体制"和"单位社会"概念展开分析研究的是路风和李汉林。路风认为，单位体制是"我国各种社会组织所普遍采取的一种特殊的组织形式，是我国政治、经济和社会体制的基础"①。而在李汉林那里,"单位社会"被形象地表述为"两级结构","一极是权力高度集中的国家和政府,另一极则是大量相对分散和相对封闭的一个个的单位组织。长期以来,国家对社会的整合与控制,不是直接面对一个个单独的社会成员,更多地是在这种独特的单位现象的基础上,通过单位来实现的"②。作为对1949年以来中国社会宏观结构的一种比较贴切的概括,单位社会的概念实际上是从社会体制和制度结构的宏观研究视角展开论述的,其总体特征包括:(1)特殊的"国家—单位—个人"的纵向联结控制机制。即单位成员依赖于单位组织,单位组织乃政府控制社会的组织手段;(2)单位组织体制的高度合一性,即单位的党组织和行政管理部门不仅是生产管理机构,同时也是政治、社会管理机构,具有高度的合一性;(3)终身固定就业与"包下来"的单位福利保障制度;(4)基于单位组织的自我封闭性而形成的具有浓厚伦理色彩的"熟人社会"。值得特殊说明的是,在上述几个特征中,"国家—单位—个人"的纵向联结控制机制最具核心意义。

在研究中,我们曾使用"终结"一词来概括转型期中国单位社会变动的性质和结局。认为从"单位社会"的确立、转换、终结的长时段研究视角来审视20世纪晚期以来中国社会的整体转型,会发现"单位社会"之走向终结,应是近年来中国社会最具根本性意义的转变。诚然,在社会科学研究中,"终结"是个具有巨大风险的概念。社会发展时空转换的复杂性使得任何关于"终结"的界定都要慎之又慎。但揆诸社会事实,作为起点意义上的单位社会的"终结"无论在理论上抑或是事实上都应是一种客观存在。

就20世纪晚期中国社会转型的宏观背景而言,"单位社会"走向终结具有一定的必然性。这主要是因为从发展、变异的角度来评价"单位社会",我们会发现,单位体制的高度合一性使其不是一种带有持续性的高效体制,虽然它在一定时期内可以通过举国"一致"的模式创造高效的人间奇迹,但其所面临的最大挑战却在于不能将这种高效持久化。据此,很多学者认为单位社会是一种被"制度锁定的社会"、"丧失活力的社会"、"平均

---

① 路风:《单位:一种特殊的社会组织形式》,《中国社会科学》1989年第1期。
② 李汉林:《关于中国单位社会的一些议论》,见潘乃谷、马戎:《社区研究与社区发展》,天津人民出版社1996年版,第1151—1152页。

主义的社会"。在这一意义上，走出"单位社会"是中国现代化的必然选择。"无论人们是否愿意，单位体制终究是会被改变的。单位组织形式是国营经济部门效率低下的主要原因之一，因沉重的人口压力而迫切需要增长的经济体系，不可能无限期地忍受这种低效率和浪费。即使大多数人不愿意改变，它也将造成这样一个后果，即中国的经济发展水平与世界水平的差距越来越大，从而产生一种造成社会矛盾激化的巨大压力，其结果可能导致整个体制的崩溃。因此，主张改革是明智的。"[①]

（二）单位社会"终结"的内涵及政策推动

从理论上看，本章在这里所使用的"单位社会"终结这一命题有自己特定的内涵：它并不是指具体的作为职场的"单位组织"的终结，而是说传统的单位组织所赖以存在的那个宏观社会管理体制发生了巨大的变化，已逐渐被一种新的社会管理体制所替代，由此作为"职场"的单位组织自身的结构、功能也发生了许多重大变化。因为当整个"单位体制"发生剧烈变革后，局部的单位组织实际上已经基本上不能作为"体制"内的一部分而存在，其性质和功能不可避免地发生了剧烈变化。究其实质，实际上是一种社会管理体制的变革，即由那种基于"国家—单位—个人"的社会管理体制转向"国家—社区、社会团体—个人"的社会管理体制。虽然这一体制转换从发生到完成需要经历较为漫长的过程，亦需要克服诸多障碍，但其走向终结的过程却是真实的。

而从动态角度看，作为社会体制的总体性变动，单位社会走向终结的过程，实际上是通过国家一系列复杂的改革政策而实现的。包括：（1）由福利分配转向绩效分配。应该承认，在物质财富匮乏的背景下，单位体制下单位组织内部"包下来"的政策实际上并未得到充分实施。自20世纪八九十年代以来，伴随着中国走向市场化的改革步伐，一系列改革举措大大地推进了单位社会走向消解的进程，如住房商品化、医疗体制改革、社区建设的勃兴等，推进了"单位人"向"社区人"的转变，对单位体制产生了巨大冲

---

① 路风：《中国单位体制的起源和形成》，见中国社会科学院社会学所编《中国社会学》第2卷，上海人民出版社2003年版，第132页。

击。(2) 依赖控制体系的消解。进入 90 年代，政府陆续出台的改革举措，对单位人与单位存在的种种依附性规定进行了改革。诸如婚姻登记、考研等也无须单位出具介绍信等，单位所承载的革命的、政治性的整合控制功能开始消退。(3) 新世纪初我国关于社会体制的改革和新设计。2004 年，中共十六届四中全会第一次明确提出了社会建设的概念，强调加强社会建设与管理，推进社会管理体制创新。2006 年召开的党的十六届六中全会进一步对社会建设进行界定，提出必须创新社会管理体制，整合社会管理资源，提高社会管理水平，健全党委领导、政府负责、社会协同、公众参与的社会管理格局。很显然，这一新的社会管理格局已非昔日的"国家—单位—个人"的旧体制，而是一个强调在党委领导、政府负责的前提下，社会团体社会协同，公众"自下而上"积极参与的新格局。在这一意义上，党的十六届六中全会关于社会管理体制的新设计，实际上标志着中国社会宏观结构由"整合控制"向"协同参与"转变，堪称是单位社会走向终结的重要标志。

二、"后单位社会"的来临与社会治理的"重层结构"

在承认单位社会业已走向"终结"的前提下，学界开始使用"后单位社会"概念来表述中国社会当下的变迁。值得注意的是，该概念虽然已为众多学者所使用，但其涵义却不尽相同，学界一般都是将其作为一个背景性概念而使用的。在这里我们认为，后单位社会主要是指 20 世纪 90 年代全面市场化改革以来，单位功能弱化与单位返祖现象相互交织、单位运作机制与市场运作机制并存的社会发展阶段及其运行状态。首先，在后单位社会中，旧的社会运行机制开始逐渐消解，而新的社会运行机制尚未成型。因此，它不是一个完整的社会样态的概括，而是一种对原有社会体制消解过程中那种"剪不断，理还乱"的复杂蜕变过程的描述及概括。其次，从静态角度看，单位制虽然开始走向消解，但作为社会管理的一个重要单元，单位组织并未退场，而是以一个新的角色和身份继续发挥作用；再次，从社会运行的角度看，在后单位社会中，市场化进程的开启使得在原有体制中被压抑的经济发展能量被释放出来，并在社会的经济建设方面取得了举世瞩目的成就。在原有社会管理运行机制逐渐萎缩的背景下，只有新的能够有效填补原有体制真空、克服原有单位体制遗留问题的制度形态不断被纳入到社会体系之中，才能有效应对后单位社会的管理困境，保证社会的合理运行。我们正是在这一意义上来讨论后单位社会管理运行机制问题的。

在后单位社会阶段，新的基层社会管理运行机制正处于探索之中。从总体上看，后单位社会的基层社会管理运作主要是从以下几个方面展开的：

（一）单位制的消解及其反向运动

从20世纪90年代开始，伴随着中国走向市场化的进程，传统的单位体制开始趋于消解和变异，在"权力下移"的总体背景下，单位体制变革和社区建设成为社会各界的聚焦点。

在单位体制下，"单位同时兼有生产职能、职工生活职能及大量社会政治职能，是一个职能和设施相对完备的、能满足其成员各方面需要的社会复合体"。[1] 这种呈"蜂窝状"的、多元化的职能安排使单位的边界相对封闭，割裂了作为统一有机体的社会的内部联系，造成了城市基层社会运行机制僵滞。在单位制度变迁的背景下，各种社会功能从单位中剥离并重新释放了社会本身的活力，社区重新被定位为社会生活共同体，逐渐在城市基层社会的整合中发挥越来越重要的作用。大量的基层管理任务被下沉到社区，社区服务、社区建设逐渐成为城市社会工作的重要内容。但是，社区并非单位的简单替代物，从单位剥离出的众多社会职能也并非可以简单地"嫁接"到社区体系中。社区只是重新成为国家、社会、个人之间交互作用的场域，而良性的后单位社会基层良性的运作机制的形成，实有赖于整体意义上社会联结机制的建立与稳定。

值得注意的是，在单位"去社会化"走向的同时还伴随着单位制的"反向运动"，主要表现在：尽管单位制的松动肇始于1978年后的改革开放，但在现实中，改革开放初期城市社会秩序的恢复正是单位体制重建的结果。此后实行的近十年的"双轨制"，建立了一种"分割式"的社会结构，即在保持单位制相对完整的前提下，对市场空间进行开拓与培育，以打破僵

---

[1] 华伟：《单位制向社区制的回归——中国城市基层管理体制50年》，《战略与管理》2000年第1期。

化的经济结构。即使在 90 年代全面市场化改革之后，国家出于经济安全的考虑，仍将某些占有重要资源的大型国有企业予以保留。可以说，市场化改革的实质是将市场经济体制嵌入到原有社会结构之中，经过国家与市场的双向形塑，某些大型国有企业和行政事业机关的单位特征被保留了下来，甚至有所加强，形成了与市场机制并存的新单位制现象，[①] 其最显著的标志还有党政双重体制的延续、各种形式的单位福利在市场经济中的继续。尤其是拥有垄断限制地位的大型国有企业，其单位福利膨胀，制造出极大的社会不平等。在某些重大危机事件面前（如非典等事件），单位组织仍是国家实施社会控制的重要阵地，而在社会个体"地位资源"的获得方面，单位的壁垒效应也仍然存在。[②] 在这一意义上，我们可以说，即使"构成体制根本特征的基本运行原则和连接原则以及在其基础之上建立起来的制度系统也消失了。但是，一个体制的基本连接原则的消失并不一定意味着体制运行过程中发展起来的所有经济和社会结构、传统、观念、行为方式和策略也随之消失"。[③] 所有这些都使得后单位社会的运作机制转换充满了复杂性。

（二）社会管理主体的多元化

后单位社会中诸社会职能从单位组织中的剥离，并没有导致国家对基层社会控制力的实质性减弱，只是在控制方式上由单位社会中的总体性支配逐渐转变为科层化的技术治理，[④] 将行政权力纳入到法制化与规范化的轨道，大大提高了治理效率。这里所说的"科层化"，其一是指政府公务员系列的科层化体系；其二是指自治组织的科层化；国家权力还通过与各种社团组织的互动协作，使得基层社会的运作越来越呈现出法团化模式的特征。此外，单位制的残留使得依托于大型国企和行政事业单位的单位社区仍然大量存

[①] 刘平、王汉生、张笑会：《变动的单位制与体制内的分化——以限制介入性大型国有企业为例》，《社会学研究》2008 年第 3 期。

[②] 边燕杰、李路路、李煜、郝大海：《结构壁垒、体制转型与地位资源含量》，《中国社会科学》2006 年第 5 期。

[③] ［匈］玛利亚·乔纳蒂：《转型：透视匈牙利政党—国家体制》，赖海榕译，吉林人民出版社 2002 年版，第 1—2 页。

[④] 渠敬东、周飞舟、应星：《从总体支配到技术治理——基于中国 30 年改革经验的社会学分析》，《中国社会科学》2009 年第 6 期。

在，单位家属在住宅区的共住模式形成了拥有清晰边界的新共同体形式。不仅如此，社区议事委员会、业主委员会等一批新的带有民主协商色彩的社区自治组织被逐渐建立起来。这种社区治理主体的多元化削弱了原有居委会对社区自治主体的垄断，并促使其自身也开始做出一些变革（如居委会直选）。此外，单位壁垒的打破，促使基于血缘、业缘、地缘关系而建立的民间组织开始大量出现，它有效地弥补了单位组织封闭、狭隘等缺陷，使社会中非政治化的要素在社会联结中开始发挥作用，为更广泛的社会团结提供了多元途径。同时，社会个体的思维方式与行为方式也发生了变化。带有权利和民主意识的"公民观"逐渐取代了传统的"人民观"，公民的社会参与意识大大加强，非政府、非盈利的行为被初步认可和接受，并走向正规化，从而为多样性的社团组织的广泛建立提供了坚实的基础。所有这些都使得社会的自组织化程度大大提高。政府的技术治理与法团化治理、单位制社区的残留、社会自组织能力的增强，这种多元化的社会管理主体遵循着不同的运作逻辑且相互交织，共同构成了后单位社会管理运作机制最为纷繁复杂的一面。

（三）国家与社会相分离

在后单位社会，政府权力从大量原属于社会的领域中退出，将原属社会的事情还给社会，使社会自身的活力被逐渐释放出来。这一过程是原有国家体制在面对发展困境时实践探索的结果，国家对基层社会的全面控制与渗透的"总体性社会"被终结，取而代之的是对政府行为效率与规范的追求。这使得社会管理运行机制的行政化色彩被逐渐淡化，政府管理走向精练化和专业化。在单位社会中，从单位到街道，行政权力渗透到了社会的各个方面，整个社会的管理运行机制呈现出一种"刚性运作"的特征。自改革开放以来步入"后单位社会"之后，社会在自身的分化发展壮大中逐渐形成不同的利益主体，形成与国家协商、合作的格局。因此，中国"小政府、大社会"格局的展开，并未形成西方意义上的"国家与市民社会"分立、对抗的局面，而是形成了政府与社会在相互渗透中走向协作的局面。但是，国家与社会之间的这种复杂微妙的平衡在社会运作机制的建设中往往难于把握，一旦走向失衡，则会在社会中酿成诸多不稳定因素，因此，在建设

"小政府、大社会"的背景下,政府基层权力与社会有机体如何良性对接和有效协作,是构建后单位社会基层管理运行机制所面临的难题。

(四)后单位社会治理的挑战

"后单位社会"的运行并非与"单位社会"截然分开,旧的社会运行机制在瓦解过程中同时夹带着巨大的体制惯性依旧在发挥作用。正如前文所言,单位社会在中国的形成拥有深刻的历史根源,其对中国社会的影响自然也难以在短时期内消除。同时,单位制消退的过程中不断衍生出新的问题。这都使得后单位社会运行机制的建立面临着众多挑战。如政府与社会自治组织之间的衔接问题、资源垄断与责任推诿问题等。如何在过渡时期建立起一种新的社会联结,实现创造性转化,成为严峻的挑战。

1. 体制外人员大量增加,社会整合难度加大。

后单位社会面临的一个重要管理难题便是体制外人群的大量增加。应该说,体制外人口的大量增加是促成单位社会消解的重要因素。单位制的重要基础便是1949年后形成的阶级、城乡、干部与工人、不同所有制等身份系列,[①]它与行政控制相结合,使这种身份制度具有极强的稳定性,保证了在资源有限的前提下城市单位社会对于资源的垄断或优先占有。但是,1978年后随着改革的不断深化和体制外人员迅速增加、单位外社会空间的扩展都极大地改变了这一点。

首先,文革结束后,返回城市的上千万知青,进入就业年龄的60年代生育高峰时出生的城市青年,都无法再被纳入到单位体制之中。在"双轨制"下,发展迅速的市场经济领域不仅吸纳了这批人群,也吸引了大量原体制中分离出来的人群加入,这无疑大大削弱了单位制的社会控制能力。同时,城乡身份制的松动使大量农村剩余劳动力进入城市,原来单位间隔绝、单位内的熟人社会开始走向消解,变成了城市中的陌生人社会,社会整合与社会管理面临严峻挑战。90年代末开始的城市化浪潮更使城市人口急剧膨胀。可以说,是城市体制外人口增长最终淹没了单位社会。伴随着企业改制

---

① 孙立平、王汉生、王思斌、林彬、杨善华:《改革以来中国社会结构的变迁》,《中国社会科学》1994年第2期。

的进程，单位体制内部的人群大量分解出来，成为体制外人群。但是，面对如此庞大且至今增长迅速的城市人口，社会保障及管理体制的建设都极为滞后，使社会整合难度加大。在城市基层社会原有处于辅助地位的街居制被置于中心地位，大量社会管理功能被下放到街道和居委会，由于后者力量弱小，既缺少资源又缺少相应权力，在实际的运作中不堪重负。

2. 社区发育不足，难以在基层社会形成有效的支撑。

社区曾在20世纪西方城市化进程中起到非常重要的作用，其内涵在现代完成了由社会关联方式向地域性生活共同体的转变。80年代中期以来，中国政府先后提出了社区服务与社区建设，希望通过社区自身的发育，减轻政府在基层社会管理中的负担，实现后单位社会的整合。但由于中国城市社区"是为了解决单位制解体后城市社会整合与社会控制问题的、自上而下建构起来的国家治理单元，而不是一个可以促进市民社会发育的地域社会生活共同体"[①]。因此，城市社区发育极为缓慢，无法在城市基层社会形成有效支撑，城市中由陌生人组成的社区，内部基于居民自主性的社会联结十分薄弱，居民的社区参与严重不足。"官本位"的文化传统与政府主导社区发展的现实，都导致社区行政化倾向严重。社区自治一直在低水平阶段徘徊。同时，单位社会的消解，并没有改变中国治理格局中的"条块关系"，条块部门对于城市基层社会的治理权力与资源的掌握依然处于垄断地位，社区所能掌握权力与资源依然有限，这使得社区能力与繁重的基层社会管理任务之间呈现出严重的不匹配性。从单位体制中转移出的大量社会职能以及快速城市化中产生的大量社会问题与矛盾，都使社区穷于应付，始终无法成为独立的基层治理力量。

3. 民间组织发展受限，无法在非政府、非市场层面发挥有效作用。

在现代社会语境下，民间组织一直被视为社会主体存在，同时也是评估社会治理状况的重要指标，其意义在于通过公民志愿性的结社组织活动，强化社会自身的组织化水平、补充政府职能，更好地完善社会治理。在单位社会中，全能主义的国家覆盖了一切传统社会组织，仅存的一些结社形式也被

---

① 杨敏：《作为国家治理单元的社区——对城市社区建设运动过程中居民社区参与和社区认知的个案研究》，《社会学研究》2007年第4期。

纳入了政权体系和单位系统，从而使国家与社会个体之间通过单位直接相连，形成了一种以高度整合、动员为特征的社会结构。民间组织的缺席使得这种社会运作机制成本极高且效率极低。正如涂尔干所言："如果在政府与个人之间没有一系列次级群体的存在，那么国家也就不可能存在下去。如果这些次级群体与个人的联系非常紧密，那么它们就会强劲地把个人吸收到群体活动里，并以此把个人纳入到社会生活的主流之中。"在涂氏看来，如果在国家与个人之间失去了初级社会群体为中介，那么"国家与个人的距离越来越远，两者的关系也越来越留于表面，越来越时断时续，国家无法切入到个人的意识深处，无法把他们结合在一起"①。而在后单位社会，社会空间的释放使得民间组织获得较快的发展，但我国延续20多年的双重管理制度使民间组织的进入门槛过高且监管不足，严重地制约着民间组织的正常发展。此外，捐赠接收制度不合理、财税激励不足等也成为其发展的重要体制障碍，民间组织始终没有发展成为社会中成熟强大的治理力量。而社会组织发展受限的背后，体现的则是中国社会"公共性"的独特构造，中国社会一直是以"官"为主要载体的公共性主体，而非政府、非市场层面上的公共性则始终处于弱势地位，西方意义上与国家对抗的"市民公共性"特征并不明显。因此，在中国式公共性语境下，迫切需要努力提升民间组织的多元协作能力，使其在后单位社会运行机制更好地发挥自身的作用。

三、社会体制转换：从"整合控制"到"协同参与"

综上所述，可知所谓"单位社会的终结"及其引发问题，实质上是个托克维尔式的研究命题。一百多年前，托克维尔面对欧美社会的剧烈变迁，发现在告别传统社会的过程中，因传统的"社会联结"被破坏而引发出严重的"社会退化"的危机，主要表现为："一种倾向是使人们径自独立，并且可能使人们立即陷入无政府状态；另一种倾向是使人们沿着一条漫长的、隐而不现的、但确实存在的道路上走上被奴役的状态。"② 以此而论，单位

---

① ［法］涂尔干：《社会分工论》，渠东译，三联书店2000年版，第40页。
② ［法］托克维尔：《论美国的民主》，董果良译，商务印书馆2004年版，第838页。

社会走向终结背景下的中国社会的转型危机，其实质是"社会"的缺席。如何在体制转换过程中实现社会创新，成为克服危机的关键。

（一）社会创新与更新观念

关于社会创新，德国社会学家沃尔夫冈做过较为系统的研究界定，他认为"社会创新不能简单地等同于社会变迁，而只能看作为社会变迁的一个部分。社会创新是达到目标的新的途径，特别是那些改变社会变迁方向的新的组织形式、新的控制方法和新的生活方式，它们能比以往的实践更好地解决问题，因此值得模仿，值得制度化"。[①]

实现社会创新，首先要更新观念，摆脱单一经济逻辑的束缚，发现转型期社会运行的实践逻辑。近年来，中外学术界在总结概括20世纪80年代以来中国剧烈的社会变动时，常使用由"计划经济"向"市场经济"转变这一理论概括。试图通过经济体制的转轨来透视社会的剧变，以获得对社会变迁的深度理解。上述分析思路虽然具有一定的穿透力，但其局限性却是明显的，即其研究概括都往往将具体的社会分析从属于经济分析，而未使社会分析获得独立的地位。上述做法的危险性在于：人们坚信，一切在经济发展过程中发生的社会问题，均可通过经济发展而最终获得解决。从而忽略了社会建设的现实价值。如在国企改革的实际操作过程中，人们重视的是利润和效益，而往往忽视其社会成本分析。因为"从微观层面上看，产权改革也许使得某一个企业在财务上、账面上的利润增加了，但是它导致的社会成本有多大？这个有没有计算出来？在整个产权改革中，五千多万下岗职工导致的问题，这个社会成本怎么计算？"[②] 在欧美世界，德国就是将市场经济结构和社会因素成功结合的范例，被称之为"社会市场经济"。这种社会市场经济的意义在于"将市场自由同社会均衡原则相联系"[③]，避免以经济逻辑完全替代社会逻辑。

2005年以来，国家密集发布"和谐社会"、"社会建设"、"社区发展"、

---

① ［德］沃尔夫冈：《现代化与社会转型》，陈黎、陆宏成译，社会科学文献出版社2000年版，第21—22页。
② 卢周来：《回到政治经济学时代》，《读书》2005年第1期。
③ ［德］H. 罗尔夫·哈赛等：《社会市场经济辞典》，复旦大学出版社2004年版，第234页。

"小康社会"等一系列关于社会建设的纲领性文件,这正体现了对社会缺位潜在风险的理论警觉。历史地看,生产社会的历史任务是单位社会终结命题的逻辑延展,是对后单位时期社会原子化危机的直接回应,也是新一轮改革的重点领域。围绕着社会建设如何破题,学界形成了多种理论设想,包括社区建设、培育新型社会组织、非政府组织发育、建立弱势群体利益表达机制和公民权保护等。总体而言,社会建设不仅要回应现实的社会问题,如在工厂中建立劳动仲裁机制、劳资协商机制。更为重要的是需要将社会建设提升到中国发展模式转换高度来认识,把社会联结模式的转换与经济发展方式的转变联系起来总体规划,寻求在进一步激活市场经济活力的同时,遏止市场社会的野火,最终形成国家、市场、社会三者彼此增权的和谐发展境界。

(二) 体制转换:从"整合控制"到"协同参与"

与前工业时代的政治统治实体相比,现代民族国家在能力体系上的最大变化在于其具有较为强大的资源控制和社会动员能力。建国以来,通过"国家—单位—个人"这一纵向控制体系,建构了中国版的现代国家,改变了旧中国"一盘散沙"的局面。20世纪80年代以降,当中国社会告别了一个高度组织化的单位社会后,如何在新的历史条件下提高社会协同能力和公民参与意识,成为体制转换的关键。卡尔·波兰尼在《大转型》中曾提出"就近百年而言,现代社会由一种双向运动支配着:市场的不断扩张以及它所遭遇的反向运动(即把市场的扩张控制在某种确定方向上)。市场体系快速地发展着,它吞没了空间和时间。与此同时,同步的反向运动也在进行中。它不只是社会面临时的一般防御行为;更是对损害社会组织的那种混乱的反抗"[1]。在波氏看来,正是在面向市场的挑战过程中,工会、合作社等各种社会制度、社会组织和社会规范应运而生,社会发展进入了一个以"协同"和"参与"为主题的时代。在中国,自20世纪80年代以来的转型社会在走向市场化的进程中,亦呼唤市场与社会的反向互动,但因社会组织发展严重滞后,旧有的建立在单位组织基础上的"社会联结"被破坏了,

---

[1] [英]卡尔·波兰尼:《大转型:我们时代的政治经济起源》,冯钢、刘阳译,浙江人民出版社2007年版,第112页。

而新的"社会联结"还没有建立起来,从而使人们走向原子化,社会认同感急剧下降。在单位社会走向消解的背景下如何加强社会组织建设,已迫在眉睫。

社会协同力和参与力的提高,不是单纯的精神价值观问题,也不是简单的组织重建问题,而是二者的密切结合。诚如涂尔干所言:"集体的角色不仅仅在于在人们相互契约的普遍性中确立一种绝对命令,还在于它主动积极地涉入了每一规范的形成过程。……社会置身于舆论的氛围里,而所有舆论又都是一种集体形式,都是集体产生的结果。要想治愈失范状态,就必需首先建立一个群体,然后建立一套我们现在所匮乏的规范体系。"[①] 由此可知,在单位社会走向终结,社会道德严重失范的背景下,我们仅仅从精神价值层面去理解危机是不全面的,而应该引入组织等要素展开更为全面的分析和理解。

在人类文明史上,由"臣民"到"国民"、"公民"的身份变更,是人类社会由"传统"到"现代",从"身份"到"契约"社会进步运动的重要标志。从一般意义上讲,公民社会体现了一种新的"社会联结","公民身份意味着一定的社区或文明社会在人与人和群体与群体之间有某种联系或网络,而且有某些规范和价值观使他们的生活有意义"[②]。其显著特征在于"它是相对于政府而言的非官方的社会结构和过程,诸如各种民间组织机构、非政府机构、中介组织、社会运动等均属于市民社会的范围"[③]。因此,社会组织和社会团体建设乃是单位社会走向终结过程中社会再组织化的核心和关键。

[①] [法] 涂尔干:《社会分工论》,渠东译,三联书店 2000 年版,第 17 页。
[②] [美] 雅诺斯基:《公民与文明社会》,柯雄译,辽宁教育出版社 2002 年版,第 32 页。
[③] 俞可平:《社会主义市民社会:一个新的研究课题》,《增量民主与善治》,社会科学文献出版社 2003 年版,第 196 页。

第二部分

"单位共同体"演进的经验视域

第 五 章

国家建构中的"单位共同体"

"industry"一词最初的含义是"组织人类劳动"。18世纪,第一次工业革命迅速改变了人类社会沿袭数千年的生产劳动形态,机械工业成为最有活力和最重要的经济部门,"industry"一词的含义也变得狭窄了起来,特指"制造业"。① 这个词汇在语义上的变化,投射于社会发展研究领域却包含在一种颇为有影响力的理论范式之内,即现代化理论。作为现代化的重要尺度之一,"工业化"就其生产层面而言,意指由于技术和机械手段的更新,人类在劳动组织方式方面发生的变革。而在社会学的意义上,"工业化"的含义体现为迪尔凯姆所言的社会整合方式由"机械团结"转换为"有机团结"。基于欧洲社会,特别是西欧的经验,学界在很长的一段时间里,把人类社会生活的这一重大变革视为是自然演进的、由自由市场法则支配的、单向的,由传统社会到现代社会的变革。随着东亚国家与新兴工业国(NIC)的迅速崛起,社会科学研究展开了其全球视野,并发现国家在理解现代化发展中至关重要的作用。"找回国家"一时间成为比较政治学、比较政治经济学,乃至比较政治社会学领域的显赫话语。甚至一些学者将国家的视角应用到对资本主义早期工业化的研究,形成了颇为独到和具影响力的成果。

理解新中国的工业化进程,国家毫无疑问是一个核心的视角。在走出近

---

① [美]彼得·F.德鲁克:《新社会:对工业秩序的剖析》,沈国华译,上海人民出版社2002年版,第5页。

代总体性危机,实现压缩式、赶超式现代化的过程中,国家力量始终扮演着主导角色。具体到单位研究的问题域。1949 年以后,新诞生的国家政权所主导的工业化采取一种独特的社会建构模式。在宏观的社会结构方面,国家通过单位体系将社会成员整合起来,形成了"国家—单位—个人"的宏观联结模式,通过单位组织将社会成员统合到国家赶超式发展的历史洪流中,个人成为国家大共同体的一个组分。同时,"单位共同体"是城市社会生活的基本单元,通过单位共同体的父爱主义照料,国家对其国民兑现社会主义的政治承诺,举凡衣、食、住、行、保、教、养、医等个体需求,都在国家主导的公共性机构中实现。由此,"单位共同体"成为新中国现代化历程中的独特景观。

就此而言,"单位共同体"架构,是在中国社会由传统社会向现代社会转型的过程中发生的。以单位体制作为现代国家建构的总体性方案,有别于西方民族国家建构的历史过程。具体来说,"单位共同体"是对整个中国社会的系统性重整,社会各领域"单位化",既是国家渗透能力、汲取能力、协调能力和强制能力形成的有意识历史过程,也是国家兑现对其国民政治承诺的经验框架。

一、将国家带回分析的中心

在古典发展理论的语式中,国家的角色往往是被忽视的。按照其经典表述,自由市场的发育就能够带来经济的繁荣,自利个体追求私利的行动亦会推动社会公共福利水平的提升,而国家则被限制在一个极小的范围内,扮演"守夜人"的角色。自由主义经济学在西方发达资本主义国家的"早发内生型"现代化过程中几乎没有受到有力的挑战,然而,随着 20 世纪 70 年代,西方发达资本主义世界陷入长期的"滞涨",而东亚国家与新兴工业国崛起,并逐渐显现出强劲势头,整个社会科学界都在寻求对自由主义经济学的重新思考。在这一反思市场理论的潮流中,"找回国家"的知识取向,无疑是其中较具影响力的理论范式。

依照韦伯的界定,国家是"对一定的领土以及该领土之上的人民拥有控制权的强制性团体"①，行政、立法、赋税征收以及强制机构是一切国家的核心。马克思主义者视国家为阶级统治的工具，这样的看法实际上就以国家的阶级性观点取消了国家团体自身存在独立意志、采取独立行动可能性的问题。但是，正如"国家学派"所见，国家在从封建主义向资本主义转型、发达工业资本主义民主国家中的经济事务以及资本主义世界经济体系下依附性国家推动经济和社会发展等诸多领域中都扮演着核心的角色。诚如琳达·维斯和约翰·M.霍布森通过对欧洲经济发展的分析指出："经济的强力发展只会在制度上拥有分割功能的国家出现后才会产生。"②

国家研究有两个核心的论题：一是作为一个行为主体的"国家自主性"；二是作为一种制度组织的"国家能力"。"国家自主性"概念的提出是对社会科学研究中"社会中心论"理论方法的反省。按照"社会中心论"的观点，政府仅仅是"一个平台，经济性的利益集团或规范化的社会运动在其中或者互相斗争或者彼此结盟，从而塑造公共政策决策。因此，相关研究集中在"社会对政府的'输入'以及政府'产出'的分配效果"③。而国家本身则不被视为一个独立的行动主体。90年代以来的国家研究强调国家作为一个自主的行为主体具有自我意志和自我行动的趋向。"国家自主性"就是指国家追求一些并非仅仅是反映社会集团、阶级或社团之需求或利益的目标。当然，这种界定源自对西方资本主义多元民主国家的经验抽象，在理解社会主义国家之自主性时需要慎重地再思考。有了对国家的这种界定，那么就可以思考国家作为一个行为主体的行动方式及其行动能力。在多元民主国家，国家实施官方目标时的能力"尤其要考察其遭遇强势社会集团的现实或潜在的反对，或者是面临不利的社会经济环境时的情况"④。

新中国经过社会主义的三大改造，已经不存在独立于国家体制之外的利

---

① ［美］彼得·埃文斯、迪特里希·鲁施迈耶、西达·斯考切波编著：《找回国家》，方力维等译，三联书店2009年版，第8页。
② ［澳］琳达·维斯、约翰·M.霍布森：《国家与经济发展——一个比较及历史性的分析》，黄兆辉、廖志强译，吉林出版集团有限责任公司2009年版，第19页。
③ ［澳］琳达·维斯、约翰·M.霍布森：《国家与经济发展——一个比较及历史性的分析》，黄兆辉、廖志强译，吉林出版集团有限责任公司2009年版，第3页。
④ ［美］彼得·埃文斯、迪特里希·鲁施迈耶、西达·斯考切波编著：《找回国家》，方力维等译，三联书店2009年版，第10页。

益集团。因此，国家的自主性主要体现在有意识、有规划地推动现代化进程，以及实现社会主义意识形态所承诺的社会平等的价值诉求上面。此外，值得一提的是，就国家建设（state—making）的过程而论，在西方发达国家和后发展国家，有着截然不同的历史背景与现实过程。欧洲民族—国家建设的核心在于扫除中世纪封建主义的壁垒，为全国乃至更大范围的自由市场体系铺平道路。与此不同的是，后发展国家很多有着被殖民的经历，在此背景之下，国家建构的首要使命是寻求民族国家的独立，要实现这一目标国家需要将松散的、地方性的传统社会，整合为一体化的国家。毫无疑问，一个国家的历史遗产对于国家建构的路径形成了现实的制约，也规定着国家建构的可能。为回应晚清以降的社会总体性危机，近代中国国家建设的路径只能是一种总体性的重构，即从政治、经济、社会、文化等诸方面的全方位改造。

  国家能力的思考是关于国家研究的又一个基本问题。琳达·维斯将国家能力具体化为三个相互关联的维度。第一个维度是国家的"渗透"能力，即"国家需要一种进入社群并能与人民直接互动的能力"。在传统社会中国家只有很小的渗透力量，与社会往往是"隔离"的，而"现代工业国比古典型专制国家强得多，部分原因是它们的渗透能力，在原则上比较容易实现其国家的政策和目标"。第二个维度是"汲取"能力。"指一个国家从社会中汲取资源（原料和人力，无论是为了税款、战争、福利、发展或其他）的能力。"汲取能力的来源和强弱是混合性的，而渗透能力则构成了其先导。第三个维度是建制性权力的"协商"能力。协商能力的核心在于政治与工业从业者、社会利益团体之间的制度化合作程度。总体来说，"国家的自主能力越高，与社会组织的距离就越大，只能创造出少量的经济和社会能量。相反，国家把自主能力透过支持社会团体嵌入社群，产生的经济与社会能量就越多"①。

  如上文所言，西方社会科学界长期以来是一种"社会中心论"的解释范式，只是到了20世纪末，才发生了"找回国家"的理论变革。这一变革的发生源自对西方国家发展经验的省思和非西方世界经验的关注，然而总体

---

① ［澳］琳达·维斯、约翰·M.霍布森：《国家与经济发展——一个比较及历史性的分析》，黄兆辉、廖志强译，吉林出版集团有限责任公司2009年版，第8—9页。

来看,"找回国家"的努力滥觞于资本主义社会内部,主要用于回应20世纪70年代以后的国家危机。① 而当我们将情境转换到新中国之初的单位社会,国家自主性和国家能力的内容都需要重新思考。经过社会主义三大改造,中国社会中已经不存在独立于国家现代化进程之外的社会利益群体。在农村中,农业合作社将分散的小农经营集中起来,城市中则通过单位制和街居制实现了社会的整合和控制。每一个社会成员都被纳入到自上而下组织体系中,也因此每个社会成员都加入到国家有计划地推动社会主义现代化建设的历史洪流中。公有制的经济所有形式和高效的社会组织与动员体系,使得国家自然地获得了"渗透"和"汲取"的能力,社会主义劳动者在新中国初期的革命和生产热情,使得"协商"的成本大为降低,因此国家获得了空前强大的能力。

二、"共和国长子"的诞生

"共和国长子"不是一个严格意义的学术概念。作为一个公众语汇,"共和国长子"在不同的使用情境下,其所指较有差异。但大致而言,可以归结为两个方面,其一是从地域性的角度,特指东北地区。1950年2月27日,毛泽东主席在视察哈尔滨的时候,提出了"共和国长子"的说法,谈话的背景是,哈尔滨是解放最早的城市。其二,是指国有企业,尤其指"一五计划"期间兴建的156项国家重点工程。这些企业在建设新中国的伟大事业中做出了重要的贡献,创造出共和国的多项第一。在本文中,我们取后一层意思,并以Y厂为个案,讨论"共和国长子"作为典型单位制的发生、运行及其特征。通过这个案例,我们试图说明,"单位共同体"的建构,如何体现了国家对整个中国社会的理想性改造。

一般而言,案例研究需要在一开始的时候介绍案例的基本情况,并在此基础上阐明其典型意义。但在这里,我们希望借用稍有差异的写法,按照"时间—事件"的线索来组织全文,对于案例的介绍,也切分到不同的章节

---

① [美]萨拉蒙:《全球公民社会——非营利部门视界》,贾西津、魏玉等译,社会科学文献出版社2002年版,第4—5页。

之中。在这一章里面，我们将借助相关史料和文献，还原 Y 厂建厂的情景：

　　Y 厂坐落于东北 C 市，主要生产载重汽车和小轿车。汽车与现代性，在社会理论的表述中，被理解为生产主义和消费主义两副面孔。"自德国工程师卡尔·本茨制造出第一辆实用汽车以来，世界汽车工业已经走过了 120 多年的旅程。"① 从生产主义的视角，汽车既是现代文明的产物，又是现代工业社会的重要机制。吉登斯用"时空压缩"的概念来描绘现代性的特点，而汽车则为人类提供了驾驭时空的重要手段。难以想象，没有汽车，现代工业文明的辉煌成就会何以可能。在新中国赶超式现代化的发展叙事框架中，汽车更被表述为"国家能力"的象征。"生产自己的汽车"，不仅意味着社会主义国家能够实现资本主义的工业成就，更体现在汽车是社会主义工业建设和国防建设的必需品。因而，Y 厂成为最早一批被纳入国家"一五计划"的重点项目。该厂坐落于 C 市西南郊孟家屯车站西北侧，厂址原属空旷地带。

　　"孟家屯旧址系日寇投降前关东军盘踞的地方，那里分散地建了很多建筑物。但大多已经被破坏，屋顶荡然无存。其中有八七五大楼，两层一万多平方米，其次有白楼（建厂时期做医院）、黄楼（建厂时期做技工学校）、灰楼（建厂时期做教育训练中心），另外还有四联（建厂时期有些单身领导干部住此）。"②

　　按照设计规划，C 市 Y 厂的设计生产能力是年产载重汽车 3 万辆，建厂工作于 1953 年开始，于 1956 年正式投产。

　　"经过三年的施工，共完成建筑面积 702480 平方米，其中厂区 382274 平方米，宿舍 320206 平方米；安装设备 7552 台（套）；完成各种管道 86290 米，电缆 47178 米，宿舍区安装各种管道 43507 米；建成了由 13 个基本车间、8 个辅助车间、5 个动力站、9 个服务车间和仓库在内的 40 个工程项目组成的工厂区，以及由 115 栋宿舍组成的生活区；完成总投资额

---

　　① 林晓珊：《汽车：一个现代性的狂想与梦魇》，《中国社会科学报》第 111 期，2011 年 3 月 22 日。
　　② 张树梅：《Y 厂建厂准备工作概略》，载全国政协文史和学习委员会编：《Y 厂创建发展历程》，中国文史出版社 2007 年版，第 43 页。

6.087 亿元（含代工程公司垫购货款 1.389 亿元）。"①

(一)"造自己的汽车"："赶超式发展"的国家叙事

新中国成立之初，我国工业部门是十分薄弱的。毛泽东主席曾经有一段意味深长的话："现在我们能造什么？能造桌子、椅子，能造茶壶、茶碗，能种粮食，还能磨成面粉，还能造纸，但是一辆汽车、一架飞机、一辆坦克、一辆拖拉机都不能制造。"据统计，直到1949年，中国现代工业总产值从未超过国民收入的3.5%，产业工人的数量始终不到劳动力总数的1%。从结构方面来讲，中国工业以中小型轻工业为主，并且主要分布在东部沿海地区。铁路线不多且分散，根本就无法形成一个完整的交通网络，从而联结所有主要的城市与乡镇。②受不稳定的国内外环境影响，新中国选择了优先发展重工业现代化战略。汽车制造业则因其在现代工业文明中扮演着重要角色，及其与现代农业、现代运输业、现代国防事业的密切关系，而得到了优先的考虑。时任一机部部长的黄敬在Y厂奠基典礼的大会上讲话，指出："今天我们的国家、全国人民最大的利益是实现国家工业化、国防现代化。汽车工厂的建成对实现国家工业化、国防现代化将起着重要的作用。"③ 因此，在新中国刚刚成立的1949年，党和国家领导人就已经着手为中国汽车制造业发展，进而是整个工业现代化谋划大局。1949年12月毛泽东主席访问苏联时，"在参观斯大林汽车厂时，那一座座高大的厂房，一辆辆驶下装配线的汽车给毛泽东留下了深刻的印象，他对随行的同志说，我们也要有这样的工厂"。在1950年2月签订的《中苏友好互助同盟条约》中，就包括了苏联援助中国建设高水平的汽车制造厂的内容。Y厂是新中国"一五计划"期间"一五六项目"之一，在一穷二白的基础上，在短短三年时间里面，就要建设年产三万辆汽车的现代制造业企业，其难度是可想而知的。可以说，这在人类工业史上也堪称罕见的高速度、高效率。下文中，我们将展

---

① 冯云翔：《史料整理：繁重而艰巨的土建安装工程》，载全国政协文史和学习委员会编：《Y厂创建发展历程》，中国文史出版社2007年版，第185页。

② ［美］西达·斯考切波：《国家与社会革命：对法国、俄国和中国的比较分析》，何俊志、王学东译，上海世纪出版集团2007年版，第300页。

③ 黄敬：《加强学习 按期完成建厂任务》，载全国政协文史和学习委员会编：《Y厂创建发展历程》，中国文史出版社2007年版，第63页。

现，这种高速度、高效率，得益于凭借举国体制强力贯彻"赶超式现代化"的国家意志。Y厂的建厂不仅负载着新中国推进社会主义现代化建设的历史使命，同时也包含着强烈民族主义的情感。在新中国成立以前，我国没有形成自己的汽车制造业，"仅有几家国家开设的配件厂或装配厂，如沈阳汽车配件厂、南京汽车配件厂、綦江汽车配件厂等，都不能制造汽车。所以中国的马路上只有外国的汽车在奔驰，当时见得最多的是英、美等国制造的'福特'、'万国'、'道奇'、'奥斯丁'等牌号的汽车"①。因此，生产中国自己的汽车，不仅包含着建设社会主义新中国的功能性诉求，同时也负载着民族自强和民族进步的情感价值。

（二）举国体制：完成"三年投产"的政治任务

国家从各个方面扶持Y厂的创建。经历了晚清以来百余年的动荡，迈上现代化的征程，人才乃第一要紧的事情。为了给Y厂提供充足的技术人才，1950年初，在中央重工业部下设立了"汽车工业筹备组"，筹备组在全国范围内征集建设汽车工业所需的技术干部，并组织专家组在保定、石家庄、榆次、太原、平遥、太谷、临汾等地进行了选址和初步的勘测，细致地研究制定了建厂方案。

选定建厂方案之后，就进入了土建施工阶段。这时最大的困难在于，工期短、任务重，尤其是在朝鲜战争迫近的背景下，迅速建厂和投产就具有重大的政治意义。为此，国家调动数以万计的土建大军云集到C市南郊辽阔的土地上，其中有参加过孟良崮战役，刚从抗美援朝战场归来的中国人民解放军建筑五师的同志们，以及中央建筑工程公司各工区的同志。② 1953年6月9日，由毛泽东主席签发的《中共中央关于力争三年建设Y厂的指示》中，肯定了争取缩短Y厂建设时间，对我国国防、经济建设的重大意义，并指出："由于我们技术落后和没有经验，要在三年内建成这样一个大规模的工程，不论在施工力量的组织、施工的技术、国内设备的供应以及生产准

---

① 江泽民：《Y厂建设简略历程的回顾》，载全国政协文史和学习委员会编：《Y厂创建发展历程》，中国文史出版社2007年版，第9页。

② 陆孝宽：《祖国汽车工业的孕育时期》，载全国政协文史和学习委员会编：《Y厂创建发展历程》，中国文史出版社2007年版，第31—32页。

备等方面，都将会有很大的困难。因此，中央认为有必要通报全国，责成各有关部门对Y厂的建设予以最大的支持，力争三年建成。"并明确要求一机部党组每月将Y厂的建设情况向中央做一次报告，重大问题要随时报告中央。①

在强劲的国家推力下，汽车厂创建的事业可谓汇集了举国的努力：

在总进度计划中，关于全部干部及施工力量，我们提请中央责成一个中央局解决，并建议最好由华东担任，请中央建工部以华东工程局世纪公司、工程公司为基础统一调配。不足者，请中央建工部补齐。中央组织部的行动非常快，马上从华东地区抽调了一批又一批成龙配套的、经过战火洗礼、有很高政治觉悟和组织能力的干部，派往Y厂。同时，从全国二十几个省市调集了大批干部，支援Y厂。

……

Y厂的建设工程大，来得猛，又没有经验，为了组织起最强大的施工力量，确保按进度完成建厂任务，建工部的陈正人、万里两位部长在请示了周总理后，把建工部的主力——建筑五师整个调往Y厂工地。

……

铁道部门落实中央的指示，对Y厂建设的物资保证优先运输。许多临时追加的紧急物资，我们打个电话、写个条，铁道部的滕代远、吕正操部长都亲自安排，没有一次耽误过。

邮电部为了保证我们同苏方的联系，特别为我们开辟了通莫斯科的专线电话，使我们坐在办公室里就能同一万公里以外的莫斯科通话。当时，苏联的施工图纸、设备都是陆续分批交给我们的，而且不时有些变化。有了专线电话，为我们国内外这样远距离的配合创造了条件。

外交部为支援Y厂的建设，特别为我们增设了四名信使，上午参赞处还经常主动找我们联系，协助催图纸、设备，联系一切有关事宜。

Y厂所在地省委、省市政府，更是对Y厂的建设予以全力的支援，调拨物资、房产，修建通往厂区的电车线路，组织大批学生、机关干部到工地义务劳动，有力地保证了蜂拥而至的几万名建设者的衣、食、住、行，保证

---

① 张逢时：《历史的壮举》，载全国政协文史和学习委员会编：《Y厂创建发展历程》中国文史出版社2007年版，第45页。

了工程的顺利进行。解放军不仅在人力、物力上给 Y 厂的建设以大力支持，彭老总还亲自批示，将仅有的五个随军建设起来的、基础很好的汽车修配厂拨给我们，成为我们培训技术工人的基地之一。①

"单位组织"的发生，体现了新中国"赶超式发展"的国家意志，凭借对资源进行垄断配置的举国体制，社会主义的工业体系在"一穷二白"的基础上，创造出了令人叹为观止的"人间奇迹"。

三、"单位共同体"的组织学特征

按照组织学的观点，特定的组织是围绕着特定目标而相互协调行动的成员集合。这一部分，我们将要讨论，来自"四面八方"的人力和物力，是如何被有序地组织起来？换言之，单位组织有哪些组织学方面的特点？其与西方工业组织的差别在哪里？

（一）作为"理想型"的单位制度

"单位组织"既是一个生产性的组织，又是社会成员的生活空间。在文献梳理的过程中，我们发现，单位组织的正式制度具有"早熟性"的特点。而作为"单位传统"的非正式制度，则在长期的演进过程中，不断积累和丰富。这一部分，我们将主要讨论单位组织的正式制度，关于非正式制度的讨论，则留在后面的章节。

"理想型"不同于马克斯·韦伯所提出的理想类型（idea type），后者作为社会学的基本范畴，被用于复杂现象的抽象认知。在本文中，"理想型"一词，寓意单位制度是新中国有意识的社会改造方案。在思想史领域，"理想社会"观念蔚为大观，构成了知识分子孜孜以求的社会形态。单位制度作为"理想型"，有两个方面的意义。其一，在共产党领导的国家建构中，单位制度是实现"赶超式现代化"社会理想的制度基础，包含着国家独立自主，人民生活幸福的理想诉求。其二，单位制度是一套生产和社会生活的组织方案，通过相关的规章、制度、组织机构设置、资源配给，为生产和生

---

① 张逢时：《历史的壮举》，载全国政协文史和学习委员会编：《Y 厂创建发展历程》，中国文史出版社 2007 年版，第 46—47 页。

活提供了制度依据。而整个单位制度中,居于核心地位的是单位的生产管理制度和福利分配制度。从 Y 厂的具体物质形态来看,单位组织是被"创建"出来的,但是在组织方式和动员方式的角度来看,单位制作为一种"理念型",是预先就存在的。这不单体现在提前由苏联帮助设计了工厂的组织结构,更为重要的是 Y 厂创建时期,单位社会的要素就已经齐备了。

第一,官僚组织性质。就单位组织作为韦伯意义官僚组织的特征而言,Y 厂在建厂前就已经成立了"重工业部汽车工业筹备组"作为领导建设的核心,筹备组的工作得到了全国范围的支持。1952 年 7 月"重工业部汽车工业筹备组六五二厂(Y 厂代号)"在 C 市成立,Y 厂建设工作得到了迅速地推动。来自全国各地的干部被分配到预先设计好的各条战线,组织土建施工和设备安装。虽然这一时期尚没有后来单位组织的实际形态,但是单位组织和单位动员的方式已经形成了,生产建设活动是以干部和工人结合的方式开展。

第二,党群工作体系。党的群众工作在 Y 厂的筹建阶段发挥了重要的作用。"1953 年建厂初期,职能机关系统建立了机关分党委,下设 6 个党总支,36 个党支部;基建系统建立三个工区政治处,两个厂,一个站分党委,4 个党总支,40 个支部;在教育系统建立 3 个总支,10 个支部。"[①] 这一阶段厂党委的主要工作是:"围绕建立基层组织,集结人员,稳定队伍,制定制度,加强对职工的思想政治工作。党委及时建立了党、政、工、团组织,调配各级领导班子,并对集结人员进行严格审查、热情接待;进行建厂意义、工厂远景规划等教育,使他们稳定情绪,团结奋斗,提高建厂工作的自觉性和积极性。"[②]

第三,"包下来"的全面福利体制。"在 Y 厂的《生产组织设计》中就有房产管理处、生活福利处(食堂、托儿所、理发室、浴室)、职工医院。"[③] Y 厂这样一个大型单位组织的创建不仅需要自上而下的统筹规划,

---

[①] Y 厂史志编纂室编:《Y 厂厂志(1950—1986)》下卷,吉林科学技术出版社 1991 年版,第 179 页。

[②] Y 厂史志编纂室编:《Y 厂厂志(1950—1986)》下卷,第 163 页。

[③] 冯云翔:《Y 厂实业总公司的由来和发展》,载全国政协文史和学习委员会编:《Y 厂创建发展历程》,中国文史出版社 2007 年版,第 651 页。

也需要解决实际中出现的一些问题。

第四，"家属革命化"。Y厂建厂时期的工人是从全国各地征召而来，很多干部工人的家属都远在外地或者在农村生活。因此单位为了稳定职工队伍，凝聚人心，安定家属情绪就成为必须的工作。《Y厂建厂期间工会工作》对此有如下描述：

> 随着职工的到来，职工家属也从全国各地大批集中到C市，由于建厂期间各方面的物质条件较差，因而职工家属的思想情况是比较混乱的，有些南方来的家属埋怨职工来北方受罪，要求回南方工作。当时家属之间，因为各地风俗习惯不同，吵架闹不团结的现象也时常发生……派出所召开群众会议，很多家属不愿意参加。当市妇联和区妇联的同志去访问的时候，有的家属不让她们进屋。家属中的许多糊涂思想和不团结现象，严重地影响着职工间的团结和职工的生产情绪，也妨碍了当地居民工作的开展。厂工会在职工家属陆续到达的同时，就注意开展了家属工作。从1954年3月开始，我们通过各项中心工作发现积极分子，再通过积极分子去联系广大群众，把家属组织起来。到1956年3月，集中居住在21个区域的家属已全部组织起来，共建立了27个家属委员会，420个小组。现在已有小组长以上的积极分子600多人，其中有500多人在家属工作训练班受过训。家属陆续到厂后，我们经常采用访问形式了解家属的思想情况，然后分别召开座谈会，会上针对家属的各种错误想法做报告，报告后组织大家漫谈。我们首先向家属进行了关于建厂意义、建厂远景和建厂艰苦性的教育。经过这些宣传以后，家属们表示：为了服从建厂任务，一定要设法帮助职工共同克服建厂时期的各种困难，初步树立了家属协助职工提前完成建厂任务的责任感。以后厂里进行每一件中心工作时，我们都注意同时在家属中进行宣传。1956年工厂开工生产前，工会组织家属参观了工厂，这堂生动的政治课，对职工家属的启发很大，有的家属发表感想说："现在我们国家能搞这么大厂子，真是了不起啊！职工要掌握这样的新设备，责任也是够重的……"另外，由于家属们迫切要求学习文化和政治，我们在家属中

组织了读报小组和组织了文化学习,有两千多家属参加了学习。①

随着 Y 厂投产,家属工作摸索出新的路子,即"家属革命化"。通过厂办集体经济的方式安置部分职工家属就业。Y 厂在 1960 年代初即存在了为安置职工家属而兴办的集体经济成分。② 应该说,在单位组织创建和起步阶段,家属革命化对于稳定队伍、凝聚人心确实发挥了十分重要的作用。然而,这种职能却在之后的单位实践中一直沿袭了下去。特别是在改革初期重建单位制的年代,为了安置返城知青和城市待业人员,各个单位通过厂办大集体的方式(少量通过直接招工)解决就业问题,这或多或少地导致了单位组织机构膨胀、出现大量冗员,在市场经济的环境下,背负上沉重包袱的单位组织步履维艰。

(二) 单位主导的公共性

"单位共同体"在空间方面的意义值得深入地挖掘。在较大的地域面积上迅速建立起一个庞大的单位组织,在社会学意义上乃是完成了一次剧烈地空间生产。在短短三年时间里,原本荒芜空旷的郊区崛起了一座现代化的汽车厂,充分展现了以"单位共同体"为基础的,新中国强大的国家能力。在国家的主导下,从全国各地来的物资、人力被迅速地组织到单位制的框架之中,形成了具有当时世界先进水平的汽车生产线。

在单位组织所有特征中,最具根本性的是单位组织乃是一个生产与生活空间高度合一的制度安排。与西方工业组织不同,中国的单位组织既是生产的组织又是生活的共同体,单位成员几乎由摇篮到坟墓的每一件事务都可以在单位组织中完成,也因此,单位组织几乎囊括了个人工作与生活的全部丰富性,社会成员被组合到单位组织中,形成一个个封闭的"共同体",构成了新中国城市社会的独特景观。尤其是在"典型单位制"工业社区中,生产与生活合一的特征体现得尤为充分。我们无法从理论上确切地追寻生产与

---

① Y 厂工会编:《Y 厂建厂期间的工会工作》,工人出版社 1957 年版,第 67—69 页。
② 夏云海:《实行股份制改革是我厂克服企业经济改革一重要途径》,Y 集团四环企业总公司(集体企业管理部)编:《学海泛舟——Y 集团劳动就业服务企业论文集》(1984—1999),内部资料,1999年,第 71 页。

生活合一的制度安排究竟是起源于根据地时期的经验还是其他，但是有一点是明确的，即生产与生活空间的合一使得国家获得了高度的社会动员能力，能够在资源相对短缺的历史背景下，实现赶超式的发展。

公共性是一个历史悠久，并且仍然鲜活的政治哲学范畴。所谓"公共性"，主要是指"某一文化圈里成员所能共同（其极限为平等）享受某种利益，因而共同承担相应义务的制度的性质"。[①] 强调某种事物与公众、共同体相关联的一些性质。公共性问题由来已久，"自人类组成社会、共同体制度确立以来，从来就没有间断过、总是被思考和探索的古典问题。对于个人（私）来说，公的规模从很小的村庄发展到小镇，从县、市发展到大都会，然后是国家，随着其规模扩大的历史进程，其构成人员之每一个人之'个'的生存意识也要进行相应的变革，这种一个又一个历史阶段的超越过程，就是人类历史的真实状况"[②]。从社会学的视角来看，"公共性"至少可以从以下几个维度去理解：首先，空间的维度。即一种特定的领域，公共生活得以开展，这种领域可以是动态的，也可以是相对静态的。其次，实体的维度。强调一种实体化的、静态的共同体。其三，"公共性"的主体。与公共性相关的行为主体包括作为集合体的公众，以及公众的公共利益。其四，"公共性"作为一种情操。对公共领域的行为主体设定德性上的要求。最后，"公共性"的实现过程。公共性意味着与私密性相对应的公共参与、公开讨论的行动过程与言语方式。[③]

虽然关于"公共性"的经典理论作家，如尤根·哈贝马斯和汉娜·阿伦特，均视古希腊的"城邦公共性"为首善。但无疑其看重的更多的是一种精神风貌，站在被"殖民的公共领域"和"被私领域侵占的公共领域"的残垣断壁间，所叹惋的是现代文明建基于"公共性"之上却在严酷地破坏着公共性的基石，而所呼唤的也正是回归公共性的伦理和德性。公共性的诉求在民族国家建构过程中不断得到强化，无论是以欧洲为代表的西方现代性，还是以东亚为代表的东方现代性，公共性的呼唤始终是告

---

① 李明伍：《公共性的一般类型及其若干传统模型》，《社会学研究》，1997年第4期。
② 卞崇道、林美茂：《公共哲学，作为一种崭新学问的视野》，佐佐木毅、金泰昌主编：《公共哲学》第1卷，刘文柱译，人民出版社2009年版，第15—16页。
③ 谭安奎编：《公共性二十讲》，天津人民出版社2008年版，第1—2页。

别传统社会走向现代社会的强劲声音。因为无论如何有一点是不可否认的，那就是至少在积极的维度，现代社会中人与人的相互关联性在不断地加强。如果将公共性视为一个现代性的伴生物，那么显然，在传统社会特殊主义原则之下，公共性是极度萎缩的。作为一个关涉众多社会成员集体利益的公共性，则存在于所有时空的人类共同体。在东方语境中，公共一词与西方话语有着重大的不同，主要指涉"国家"、"政府"等"被公认的存在"①。传统社会中，官府被称为"公门"，因为一些关系到家庭私领域之外的事务是由官府主导的。新中国的单位体制中，单位构成了微观的"小福利国家"，是国家在基层社会的投影，国家垄断了所有的社会资源并通过单位体系分配，因而，从基层社会来看，单位成员的公共事务往往由单位组织包办。

具体来说，单位主导的"公共性"包括两个方面的内容。第一，具体的单位组织是自上而下单位体制中的一环，是国家主导的赶超式、压缩式现代化的经验载体。在计划经济体制下，几乎所有单位的生产与生活活动都具有公共性质。这不仅是计划经济的数理经济学约制，更为重要的是单位组织乃是宏大社会发展规划的基础秩序。第二，从基层社会的视角来看，单位组织将一定规模的社会成员吸纳到一个共同体中，单位组织对其成员的生老病死、生存发展等诸多方面均负有责任。因此，单位空间乃是单位成员公共事务的运行环境。前者是民族国家视域的"大公共性"，后者是集体主义的"小公共性"。二者在运行中并不总是一致，但就其主要面向，"国家—单位—社会成员"的社会联结模式中，单位乃是经验层面的国家，"单位就是国家的替身"②。虽然单位组织也发挥着为本单位成员谋求集体福利的职能，但总体而言，福利水平不高，国家现代化事业的"大公共性"才是居于主导地位的。值得一说的是，即使存在着吕晓波教授所言的"小公经济"特征，单位组织仍然是代表国家维护着社会成员的诉求。

---

① 卞崇道、林美茂：《公共哲学，作为一种崭新学问的视野》，佐佐木毅、金泰昌主编：《公共哲学》第1卷，刘文柱译，人民出版社2009年版，第6页。
② 揭爱花：《单位：一种特殊的社会生活空间》，《浙江大学学报》（人文社会科学版），2000年第5期。

上文已述，单位主导的公共性，乃是新中国赶超式、压缩式现代化的必然选择，同时也是直面晚清以降社会总体性危机，重构社会基础秩序的产物。单位主导的"公共性"建基于国家对社会资源的全面垄断，并通过单位体系进行分配。关于这一点，很多学者沿袭华尔德的经典论断，认为单位社会是一个全面依附的社会，即社会成员直接依附于单位组织，进而形成了个人对国家的依附关系。而上文已述，单位制度设置了对社会福利品这样一些具有"公共品"性质的资源的严格分配和管理制度，这一点又有别于华尔德所言的"有原则的特殊主义"和通过政治效忠交换稀缺资源的非正式化运作。

在"民族—国家"构建的大历史中，"单位共同体"无疑是新中国国家建构的经验载体。国家通过指令计划的方式，协调各单位组织的行动。在单位组织内部则通过严谨的科层体系，进行生产动员，开展劳动竞赛，以保证生产任务的完成。而从单位空间的中观视角来看，单位组织，尤其是以Y厂为代表的超大型中直国企承担了大量的政府职能，主导着地方社会的公共性格局。我们从Y厂的历史资料整理出关于单位办政府职能的一张表格：

表5-1　Y厂承担政府职能一览表

机构名称	人员（干部/工人）	职能
环保处	32/101	执行国家颁布的环境保护法律、法规，对全厂各单位执行环境保护法律、法规的情况实行检查监督；负责全厂环境建设规划、计划的编制和组织实施；负责环境管理和监测；对专业厂进行技术服务。
厂区管理处	95/888	负责汽车厂厂区园林绿化、环境卫生、道路配套、设施维修以及城建监察管理，并代表C市人民政府行使对汽车厂区域的城建管理等工作。
计划生育委员会	计划生育工作人员65人，宣传员7256人	掌握孕情，宣传贯彻计划生育方针政策，普及人口理论和节育、优生知识，落实人口生育规划，开展优生优育优教活动。

(续表5-1)

机构名称	人员（干部/工人）	职能
公安保卫处	216/371	Y厂公安处隶属C市公安局编制序列，受市局和汽车厂双层领导，行使公安分局职权。主要承担汽车厂内部的生产保卫、消防工作、综合治理、打击犯罪、开展隐蔽斗争及中央领导和外宾的安全警卫等全部公安保卫工作和职工集聚区15万人口厂区社会面的治安管理、交通管理工作。

此外，单位组织还承担着职工教育、子弟教育、职工文化活动、体育活动、生活服务、房产管理、医疗卫生等诸多社会事务。这里仅以Y厂职工子弟中小学教育为例：

表5-2 Y厂厂办小学一览表

学校名称	建校时间	地址	班级数（个）	学生数（人）	教职工数 教师	教职工数 职员
Y厂子弟一校	1955	锦城大街13号	27	1510	73	
Y厂子弟二校	1956	迎春南路14号	18	907	43	
Y厂子弟三校	1961	四联大街35号	23	1241	49	9
Y厂子弟四校	1963	文明路16号	33	1773	76	9
Y厂子弟五校	1964	迎春北路1号	21	1242	52	3
Y厂子弟六校	1966	文明路12号	18	864	49	3
Y厂子弟七校	1986	革新路25号	21	1085	52	2
Y厂子弟九校	1987	越野路13号	20	1024	45	2
Y厂子弟十校	1980	支农大路70号	12	655	28	5
Y厂子弟十一校	1988	锦城大街103号	24	1207	47	9

资料来源：《朝阳区志》，第93页。

表5-3 Y厂厂办中学一览表

学校名称	建校时间	地址	班级数（人）	学生数（人）	教职工数 教师	教职工数 职工
Y厂子弟一中	1957	四联大街5号	18	864	78	4
Y厂子弟二中	1983	创业大街	20	1111	93	18
Y厂子弟三中	1896	西二路	12	459	50	9

(续表5-3)

学校名称	建校时间	地址	班级数（人）	学生数（人）	教职工数	
					教师	职工
Y厂子弟四中	1973	东风大街二站	20	1018	92	19
Y厂子弟五中	1980	越野路	22	1220	77	14
Y厂子弟六中	1987	自立路	21	972	75	14
Y厂子弟七中	1988	西五路	14	703	47	16
Y厂子弟十中	1987	双丰村	6	332	24	4

资料来源：《朝阳区志》，第100页。

在单位组织封闭运行的空间格局中，幼儿教育、小学教育、中学教育、职业技术教育形成了一个完备的体系，并且这个体系还通过"顶班"、"招工"等形式与单位组织的生产部门直接联系。这就形成了Y厂职工常有的一种说法："一个人在咱们单位生活，如果没有特别的情况，可以终身都不用离开这个地方，从上幼儿园到就业、退休，几乎所有的生活（事务）都可以在单位就完成了。"[①]

单位主导的公共性是新中国单位社会的社会基础秩序中一个重要的面向。事实上，单位主导的公共性之内涵远不止上面所列举的事务。作为一种社会基础秩序，单位组织在基层社会主导了几乎全部关于国家对社会控制及社会成员公共利益的公共事务。在后面的章节中，我们将会发现随着国企改制的深入，企业办政府事务、公共服务和社会事务的分离，虽然为单位组织转变市场经济中的企业组织铺平了道路，但"后单位时代"的公共性构造重塑是一个远未终结的命题。

---

① Y厂工作人员访谈（2009年9月）。

第 六 章

"单位共同体"中的生产与生活

在单位组织诸多特征中,最具根本性的特征在于,"单位组织"采取了"生产与生活空间高度合一"的制度安排。与西方工业组织不同,中国的单位组织既是生产的组织又是生活的共同体。社会成员几乎由摇篮到坟墓的每一件事务都可以在单位组织中完成,也因此,单位组织几乎囊括了个人工作与生活的全部丰富性。尤其是在"典型单位制"工业社区中,生产与生活合一的特征贯彻得尤为彻底。通过此项根本性的制度安排,使国家获得了超强的社会动员能力,能够在资源相对短缺的历史背景下,实现赶超式的发展。但与此同时,单位组织在运行中,始终无法实现对劳动的有效控制,同时也背负上沉重的办社会的包袱,直接导致了单位制度在经济层面存在的低效率问题。

一、"单位共同体"中的劳动动员

"组织的理性化"是组织学的经典论题。无论是韦伯、泰勒还是法约尔,都将理性主义、科学主义的治理结构视为现代社会正式组织效率的源泉。在西方现代社会兴起的过程中,在军事领域和经济领域,组织的正式化和理性化程度都在不断提高。韦伯将这一现象表述为"科层制"。当我们以科层制的理想模型来考察"单位共同体"时,不难发现,后者确实具有某些科层治理的要素,但其运行过程又往往突破科层管理的运行常态,而借用政治动员式的群众路线。从组织结构的角度来看,单位毋庸置疑地具有现代组织的特征，例如权力结构分等、明确的岗位责任、完善的协作系统等。社会资源的分配和社会行动的协调，正式借助于单位组织自上而下的组织体系。但另一方面，在计划经济的三十多年中，我们时常又看到正式的科层管理原则被搁置一边，而通过群众运动的方式，完成相关的工作任务。

（一）"单位共同体"的两副面孔

从空间的视角来看，"单位共同体"最具特点的地方在于其生产空间与生活空间的高度合一性。这种合一性，不仅仅是物理上的临近，更强调其制度上、社会建构和社会认同方面的密切联系。"生产空间"的属性，表明"单位共同体"具有国家赶超式发展"大共同体"经验载体的性质；"生活空间"的属性，则体现着社会主义国家对其工人的政治承诺和社会整合。以 Y 厂为代表的超大型工业社区，在这方面表现得尤为深刻，即无论是在其规模，还是在内部结构和职能的完整性方面来看，超大型工业社区俨然形成了"城中之城"的封闭空间结构。然而"城中之城"的概括，仅仅是速写了单位组织的外部特征。当我们深入探究单位组织的内部关系时，就会自然地提出一个问题：同时作为生产组织和社会生活共同体的单位组织，在两方面的关系上是如何设定的，其实践过程怎样？又有哪些制度后果？

庞大的单位组织采取生产与生活高度合一的运行方式，在单位组织中，既有"严父式的"政治控制、生产管理、社会动员景观，同时也存在着"慈母式的"，或者说"父爱式的"福利关怀、集体主义情感。[①] 吕晓波和裴宜理的研究发现单位组织在两种角色的转换方面，具有完全的主动权。[②] 我们同意单位组织具有复杂职能设定的看法，然而却无法认同单位组织在两个角色之间转换具有完全意义自主性的观点。单位组织虽然具备了高度的社会组织和管理能力，但是在其权力实践的过程中却不是以威权的方式运行的，更不是阴晴不定地玩"变脸"。

实际的情况是，在有组织的现代化实践中，生产职能一直是单位组织的

---

① "Danwei the changing Chinese workplace in historical and comparative perspective", ed. By Xiaobo Lu and Elizabeth J. Perry, M. E. Sharpe, Armonk, New York, London, England, pp. 8 – 12.

② "Danwei the changing Chinese workplace in historical and comparative perspective", ed. By Xiaobo Lu and Elizabeth J. Perry, M. E. Sharpe, Armonk, New York, London, England, pp. 8 – 12.

基础性使命①，只是社会主义工厂的生产并不对应于市场的需求，而更多地在指令与计划执行的过程中展开。此外，还应该看到，计划经济体系作为一种资源配置方式，其目标被设定在最大限度地调动全社会的各种资源以实现赶超式的现代化。尤其在紧张的国内与国际态势下，生产指令和计划目标带有浓厚的政治意味。而社会动员和社会控制除了在一些特定的历史时期——如以阶级斗争为纲的十年动乱期间——主要服务于政治需求以外，目标主要集中于获得较高的劳动生产率。秦晖先生将其概括为"运动经济"，虽然运动经济不是最有效率的生产动员方式，但在单位组织管理层没有能力获得对企业制度设计主导权的时候，运动经济成为几乎唯一的选择。然而，"运动经济"的概括未免又流于空泛，实际上在单位组织的生产动员中我们至少可以析出这样几种主要的方式，即劳动的政治化动员、劳动道德化、劳动的情感化和劳动的福利化。只是相对而言，在物质资料普遍匮乏的历史条件约束下，劳动福利化的激励更具有符号意义。据1955年进入Y厂工作的H老人回忆：

> 那时候职工的劳动热情还是很高的，因为咱们就是厂子的主人，厂子做的是大事，给国家生产大量汽车，都是军队和地方急需的。总之，很光荣。记得援助越南时候，有的工人说要报名上前线，厂子领导说了，厂里的工作对前线很重要，我们要组织生产突击队，保证前线的后勤线。老多工人都报名参加突击队呢……
>
> 要什么报酬？就是心里想着国家，想着咱是做有意义的大事呢！
>
> 我们班组得了标兵称号，每个职工发了一副新手套。美着呢，好多都舍不得用。②

与此相应，"慈母式的"社会福利职能，总体上讲是单位组织实行"包下来"的全面福利制度，涉及社会成员医疗、养老、教育、住房、生育、工伤等诸多方面。但应该说总体水平一直是不高的，以住房为例，在改革初期即使是行政级别高、福利水平高的超大型国有企业，人均住房面积也不足

---

① 这一点无论是从建国之初工会职能的调整，还是历次政治运动后重整工业秩序的努力都可以证明。如大跃进之后"工业七十条"的制定，和文革末期《全党讲大局 把国民经济搞上去》讲话的出台。
② Y厂工作人员访谈（2009年10月）。

10平米。下文中我们将要提到的全国范围学习的"大庆经验"则鲜明地体现着通过典型模范的塑造、劳动道德的激发,动员工人在生活资源匮乏的制约下,集中力量建设现代化。

(二)"平均主义"的分配原则

在生活资料匮乏时代,单位基本上都采用了平均主义的分配原则,并制定了严格的分配制度。从这一点上来讲,关于严父角色和慈母角色的自主性转换的认识就显得十分靠不住了。这里以Y厂的房产管理制度为例:

Y厂于1953年2月设立了房产组,隶属于行政处。经过历次机构调整,1984年11月起对外称房产公司,对内称房产管理处。主要负责全厂职工宿舍分配、管理、维修与生活区采暖、水电、煤气的运行、维护及液化气的采购、供应和各种租费的收缴等工作。

自1953年建厂以来,Y厂制定了一系列房产管理规章制度。1954年1月制定了第一个房产管理办法,其中规定了家属宿舍和单身宿舍的分配原则及家具标准;房租、水电收费标准等。同年年底对公共财产赔偿办法做了补充说明……1964年,制定了职工申请住房办法。

……

1964年,Y厂规定:职工具有8年工龄,28岁以上,家属为城市户口,以男方为主申请住房。1982年12月,修订为凡职工工龄满5年、25周岁以上,夫妇双方户口均在本市又确属无房居住者申请住房,夫妇一方在Y厂工作以条件优越一方申请住房,爱人在外单位又确属无建房能力的女职工可申请住房,并规定,1949年10月1日后出生的工人、一般干部按一室分配,1949年9月30日前出生的工人、一般干部以及科级干部、工程师、讲师、经济师、会计师、主治医师等按一室、一室半和两室分配;处级干部、高级工程师、教授、主任医师根据工作需要,可照顾一室。1986年,Y厂完成了中级知识分子两万平方米住宅标准的分配工作,使1983年以前晋升的各类中级知识分子的住房基本上达到了标准。[①]

---

① Y厂史志编纂室编:《Y厂厂志》(1950—1986)下卷,吉林科学技术出版社1991年版,第321—324页。

从 Y 厂的住房管理条例，我们可以得出如下的结论：首先，单位组织中的生活福利分配有严格的标准。关于工龄、年龄、职称等方面的规定是从普遍意义上设置的，至少在制度上，排除了"有原则的特殊主义"分配方式的可能。其次，关于福利的分配政策在生活物资总量不足的情况下，采取了平均主义的做法，并且政策具有延续性。材料中 1964 年制定的分配方案，直到改革开放的 1982 年才进行了修订，同时，材料中也显示所分配住房面积是很小的，大多数是一室，约 20 平米。第三，改革开放年代，为了配合生产积极性的调动，按劳分配和按照技术等级分配的方式被采用，平均主义的分配方式方才发生变动。这也就从制度上说明了，"单位共同体"的严父角色和慈母角色不是任意转换的，而是受到了生活资料总量的限制，在很长一段时间里面采用了平均主义的方式。在平均主义分配的原则下，单位组织就很难通过分配环节实现对劳动积极性的调动，而只能采用"运动经济"的方式，以不断的"劳动竞赛"和"任务攻关"来提升劳动生产率。

（三）"运动式"的劳动动员

"生产与生活合一"的体制在不同时期有着不同的实践形态。我们无法仅仅用"包下来"的体制来完整涵括单位组织在这方面实践的丰富性。大致而言，在单位组织的创建阶段和困难时期，生活从属于生产，即生活方面的消费活动被压缩到极低，通过政治化和道德化的生产动员完成生产和建设的目标。这方面"大庆精神"提供了最好的注解，大庆精神内涵丰富，通常的解说是"六个传家宝"[①]，其中"干打垒精神"很好地体现了在困难时期生活从属于生产的特点。关于"干打垒精神"，大庆油田文化网上有这样一段文字说明：

> 1960 年 3 月到 5 月，4 万多人的石油会战队伍，在短短 3 个月的时间里，一下子集中到荒无人烟的大草原，居住条件十分困难。这年 9 月初，西伯利亚的寒流提前袭来，但由于打油井、铺油管、筑道路、造油

---

① "六个传家宝"指的是在大庆石油会战和后来的油田开发建设中，大庆建设者们形成的"人拉肩扛精神"、"干打垒精神"、"五把铁锹精神"、"缝补厂精神"、"回收队精神"和"修旧利废精神"。

库、修厂房等工作紧张，油田广大职工仍住在帐篷或活动板房里。面对这种情况，会战领导机关果断地决定：（1）不管西伯利亚寒流如何凶猛，不管冬天何等严寒，会战的队伍，一定要像解放军在战场上一样坚守阵地，在大庆油田上一支队伍也不许撤走，钻井一刻也不能停，输油管一寸也不能冻，人一个也不能冻伤。（2）由油田基建指挥部，迅速调查总结当地群众打干打垒的施工方法，油田设计院提出干打垒的标准设计，供应指挥部准备木房架、苇席、油毛毡及少量砌炕口的红砖。（3）各级领导干部分工负责，充分发动群众，在搞好当前生产的同时，抽出一切可能抽出的人员和时间，开展一个"人人打干打垒"的群众活动。在各级领导的动员和组织下，一场过冬突击战很快在整个油田展开。各基层单位建立了干打垒专业小分队，下班的职工包括领导干部、工程技术人员和生产工人也都积极参加，动手挖土打夯，终于赶在大冻之前，建成了30万平方米的干打垒，解决了职工安全过冬问题，缓解了职工住房困难，保证了石油大会战的进行。后来大庆的职工和家属，充分利用国家提供的各种有利条件，自己动手，大盖干打垒，建设工农村。从职工住宅到办公室，从幼儿园、学校到卫生所、医院，从商店到农副产品加工作坊，几乎都是干打垒。当年到过大庆的同志都说："看到干打垒，就像看到了当年的延安窑洞；来到了大庆，就好像回到了革命战争年代的延安。"党的十一届三中全会以后，大庆根据邓小平要把大庆油田建设成美丽的大油田的指示，从生产实际出发，逐步建起了楼房，职工的生产和生活条件不断得到改善。尽管干打垒在油田上已经越来越少了，但干打垒精神所体现的创业精神仍在鼓舞人们艰苦奋斗。[①]

干打垒精神随着全国范围"工业学大庆"运动的热潮而迅速推开。Y厂也在1963年对非生产性建设做出了新的安排：在统一规划下学大庆"干打垒"精神，建简易平房宿舍200多栋，建筑面积30000多平方米，建简易中小学各一座。[②]

---

① 干打垒精神［OL］：大庆油田文化网，http://www.dqwhw.com/html/2009/5/14028.html。
② Y厂史志编纂室编：《Y厂厂志》（1950—1986）上卷，吉林科学技术出版社1991年版，第114页。

总体而言，在计划经济时代，工资水平、社会福利水平都不高，生活资料总量匮乏。因此，平均主义的分配方式就在所难免。正如刘建军所言："由单位组织所构成的单位体制，迎合了中国社会资源总量不足这一状态下实现现代化的战略需求。"① 站在市场经济的今天来看，平均主义使单位组织难以建立有效激励机制，是其生产效率低下的一个重要原因。但客观地讲，这种诟病如果从历史条件约制的角度来看，则显得有失公允。

计划时期，单位组织在分配环节很难实现对劳动者的激励，只能通过对劳动过程的控制激发劳动热情，完成生产任务。在这方面，单位组织发展出了如下几种做法：其一是将劳动过程政治化。实际上在不稳定的内外环境下，恢复和发展生产原本就是一个关涉政权稳固的政治议题，将生产劳动上升为一个政治标准也无可厚非。劳动过程政治化表现为通过将工人在劳动过程中的表现与对其个人的政治忠诚联系起来的做法，而政治忠诚在一定时期内被设定为考评工人第一位的标准。其二是持续开展的劳动竞赛。生产竞赛是社会主义工业中一种常见的生产组织和劳动动员方式，列宁曾经指出计划制定出来后，最主要的就是要善于"发起竞赛和激发群众的首创精神，以便他们立即着手工作起来"。② 根据列宁的构想，"竞赛应该包括整个国家，并且成为吸引劳动群众参加建设无阶级社会的经常方法。在竞赛参加者面前提出了始终不渝地提高工作成果、交流先进经验、安排核算和监督、提高群众福利水平和文化水平，并吸引他们参加国民经济管理的组织者"。甚至列宁还将组织竞赛上升为社会主义政府执政的首要任务。③ Y厂工会自建厂起就把组织竞赛视为工会工作的重点，并在此后根据工厂发展的历史任务组织劳动竞赛活动，取得了较为突出的成绩：

1954年至1955年，劳动竞赛工作主要是配合行政开展围绕巩固劳动纪律、提高工作效率、保证完成机器安装及生产准备任务而开展的。1956年

---

① 刘建军：《单位中国：社会调控体系重构中的个人、组织与国家》，天津人民出版社2000年版，前言，第2页。
② ［俄］B. C. 列利丘克：《苏联的工业化：历史、经验、问题》，闻一译，商务印书馆2004年版，第141页。
③ ［俄］B. C. 列利丘克：《苏联的工业化：历史、经验、问题》，闻一译，商务印书馆2004年版，第142—143页。

至 1957 年主要是开展提合理化建议活动，全年累计提出合理化建议 10000 多项，实现 2648 项，创造价值 100 多万元。并组织了 10 个系统、有 2000 余名职工参加的系统竞赛。1958 年，工会组织开展了反浪费、反保守、比先进、比多快好省生产大跃进红旗竞赛。通过竞赛，全厂超额完成了国家计划，降低汽车成本（与 1957 年相比）24.44%。1959 年，工会组织了迎接国庆 10 周年献礼竞赛，并结合实际掀起了增产节约和技术革新、技术革命运动新高潮。1960 年，工会提出"人人有建议、台台有革新"的口号，开展了"双红"（思想红、生产红）、"六比"（比优质高产、比革新攻关、比企业管理、比经济核算、比安全生产、比安排生产）的班组与班组、个人与个人的对口挂钩竞赛；在此基础上，又开展了"一条心、一股劲、一个样"竞赛活动。1961 年，根据党的"调整、巩固、充实、提高"的方针，工会组织开展了共产主义写作竞赛、"三五好"（五好模范班组、五好工人、五好干部）竞赛和增产节约运动。1962 年至 1963 年，工会组织全厂职工开展了以提高产品质量为中心，以贯彻规章制度、工艺纪律、遵守岗位责任制为内容的"树雄心、立大志、出名牌、保名牌"的活动和以攻克 30 项越野车质量关键为中心的共产主义协作公约赛。1964 年至 1965 年，工会组织全厂职工开展了以提高产品质量、降低成本为内容的增产节约运动和以"五好"为目标进行的评功摆好活动。"五好"集体以"思想政治工作、产品质量、班组建设、技术文化学习、团结互助"为标准，个人以"政治思想、完成任务、经常学习、团结互助、遵章守纪"为条件。

  文革时期，受极左思潮影响，工厂的劳动竞赛受到严重破坏。1972 年 9 月 24 日，Y 厂制订《社会主义劳动竞赛方案》。工会为贯彻落实中央"援越汽车增产会议"精神和全面完成当年汽车生产任务，开展了"以陈岱山为榜样，大干巧干一百天，努力完成生产任务"的"五赛"（赛政治觉悟、赛完成任务、赛产品质量、赛企业管理、赛团结协作）活动。1975 年至 1978 年工会组织职工开展了学习大庆人"三老、四严、四个一样"的群众运动。1979 年厂提出"全厂总动员、每人一千元、超产二千辆、增产三千万、节约一千五、实现第一流、人人做贡献"的口号。召开了工会打擂比武大会，动员全厂职工围绕总厂奋斗目标订规划、订措施，掀起落实增产节约目标的劳动竞赛高潮。1980 年厂成立立功竞赛委员会，开展为四化建设立功活动。工会组织了系统对口赛、单项立功赛、百工种岗位排头兵赛、千名优秀工管员赛、万项合理化建议赛。1981年全厂继续开展同工种竞赛、同业务竞赛、工种排头兵赛。1982年全厂开展结合关键项目确立攻关、限期攻克的评功竞赛和围绕提高产品质量、提高设备工装精度的升级竞赛活动。1983年围绕提高经济效益开展了"四保一迎"(保生产任务、保换型改造、保整改验收、保环境改貌、迎建厂三十周年)和"四保一创"(确保换型改造、确保增产节约、确保产品质量、确保工资调改、创六好企业)的竞赛活动。1984年,厂工会发动全厂职工实现总网络计划,在四个季度里分阶段开展了"两争四迎"(争当换型改造全优献礼单位、争当换型改造全优献礼项目和迎接公司现场会、迎接党的生日、迎接国庆、迎接元旦)立项竞赛,完成了换型改造项目205项;在5月、8月"争创最佳合理化建议单位和最佳合理化建议者"的竞赛中,共提出合理化建议18 478项,采纳实现8 437项,实现91.3万元。1985年为保证换型转产的顺利进行和经济效益不减目标的实现,工会组织全厂职工开展了"九万辆大检阅"活动。厂十四届职工代表大会正式通过了《为20万辆立功竞赛暂行办法》,并决定在全厂开展"换型杯"立功竞赛活动。1986年在组织围绕零件调试、新车试装、质量攻关、老线改造等四个战役中,全厂开展了"换型转产抢点大奖赛"和解决新车质量根治"松漏脏"竞赛;组织800多个有换型任务的班组开展"能力、水平双达标"竞赛,当年有9个单位47个班组实现了双达标目标。

历年来,Y厂在社会主义劳动竞赛的基础上,坚持评先树模,对先进集体和个人,如开隆重的会议宣传、表彰,并坚持以精神鼓励和物质奖励相结合的原则,对被评为厂级的先进集体和个人,分别颁发奖旗、奖状、奖章、奖金、奖品和荣誉证书,还利用厂报、广播、电视、光荣榜、黑板报和编写典型材料、举办经验交流、巡回报告事迹等形式大力宣传。①

(四) 温情的"城市生活共同体"

与政治化的控制和管理并行的是单位组织集体主义的温情。1958年由

---

① Y厂史志编纂室编:《Y厂厂志》(1950—1986)下卷,吉林科学技术出版社1991年版,第220—223页。

赵明导演执导的电影《爱厂如家》记述了这样一个故事：在大跃进的热潮中，上海石粉厂的产品供不应求。厂长刘国荣积极动员职工搞技术革新、增加产量，以满足市场需要，彭师傅提出改进计划，盛家海认为不行。刘厂长支持改装。第一次失败了，盛等人认为得不偿失，要求放弃试验。在区工业部长的支持下，他们找到了原因，使改革获得成功。工人们再接再厉盖厂房、修宿舍，同时，使如盛家海这样的人也学会了节约。在"双反"运动中，该厂又提出了更先进的指标，向百年大厂中国造船厂挑战。电影中"爱厂如家"被阐释为广大干部、工人发扬拼搏进取精神发展生产，建设美好生活的情怀。爱厂如家是一种集体主义的激情与温情，一方面是作为维护单位组织集体荣誉，并不断提升这种集体荣耀感；另一方面，单位组织中的每一个成员互相关心和支持、协作互助共同完成生产任务的同时，共建美好的生活。当然在大跃进的年代，生活总是从属于生产的。但这种集体主义的父爱温情，却一直作为单位惯习延续了下来。

"单位共同体"是一个大家庭，在这个家庭里面，不仅是正式的制度，道义、情感、慈爱等非正式制度也维系着共同体的整合。只是不同于私利的、特殊主义的褊狭想象，道义、情感等力量带有共同体内的普遍主义特征。如单位组织发动工人捐助生产困难家庭。C 社区的 S 书记给笔者讲了一个这样的故事：

> Z 老人是早年的大专毕业生，60 年代初进入 Y 厂研究所工作，废寝忘食，生活条件又不好，身体一下就垮了，68 年下乡，一去就是 4 年，回来之后得了严重的肺病，厂子里面多次发动职工捐款捐物，邻居、往日的同志也经常去看望，帮着家里干活。大概是 83 年，老人去世了，单位帮着料理后事，照顾家庭，安排了他两个子女就业。①

在日常交往领域中，情感、道义、传统文化的力量也发挥着重要的作用。但凡一个家庭遇到红白大事，同志间、邻里间的网络就发动了起来，与一个小家庭共同经历不平凡的时刻。

---

① Y 厂工作人员访谈（2009 年 12 月）。

以上，大致描绘了在生活资料匮乏年代，单位组织中生产与生活的关系。客观地讲，生产与生活空间合一的单位组织结构源自在社会资源总量不足的历史约制下实现国家推动的、赶超式现代化的民族国家诉求。单位组织构成了这一"大历史"的经验载体，但还应当看到，单位共同体中，生产职能与生活职能存在着复杂的关系，远不是在严父和慈母角色之间任意转换所能概括。在单位组织的实践中，社会成员之间结成了交往与互动的组织化形式，形塑了地点社会的独特景观。

在改革开放之初，单位体制虽然做出了一些调整，但传统的社会职能和单位惯习的延续使得单位组织规模越来越走向膨胀，导致冗员众多和缺乏效率。对此，路风的观点颇具理论穿透力，他认为单位组织的"社会关系结构是在为了有利于中央控制而做出的制度安排下发展出来的，它却促进了最终偏离官方目标的重要组织发展：企业变得越来越倾向于自我服务，即把改善内部职工的福利置于对社会的贡献之上。不可能破产的企业和不可能被解雇的职工使国家不能不对国有工业承担起无限的责任和义务。工作与生活的混淆，社区服务与单位福利功能的膨胀，使中国的社会主义工厂逐渐演变成了多功能的、具有家庭性质的、自我服务的组织，即变成了类似'村庄'式的组织"[①]。

二、"父爱式集体主义"的效率悖论

中国单位制背景下的工业社区与西方工业文明时代的城市社区有着显著的不同。西方在进入现代工业文明的过程中，经历了波兰尼所言的"大转型"，即经济与社会的分离，按照斯密等古典经济学家的构想，企业是以效益最大化为核心诉求的，因此西方意义上的工业社区，乃至20世纪20年代以梅奥《工业社会中人的问题》出版为标志的工业社会学的诞生，均把目光仅仅设定在工业组织的内部，即以功能性、契约性相联结起来的劳动组织和工作场所。而关于工业社会中社区的研究则被归入城市社会学的门类，这种学科的划分正是经济与社会分离的理论表征。有学者将经济与社会相分离

---

① 路风：《国有企业转变的三个命题》，《中国社会科学》2000年第5期。

视为西方现代性的基本特征之一，认为经济与社会的分离在初期获得了巨大的经济成就，但是20世纪70年代的石油危机拷问着经济与社会分离的西方现代性，进而呼唤"第二次工业分水岭"的来临，凭借高科技使得脱嵌的经济重新嵌入社会。① 经济与社会的分离，在城市空间结构上表现为工作场所和生活场所的分离。在马克思主义者那里，劳动过程、市民社会和意识形态就被分开思考，后继者往往更为关注市民社会和意识形态方面，而劳动过程，即工作场所内部的具体实践，只是到了布雷弗曼以后才再次获得了重视。

新中国独特现代性的实践是以单位组织为载体。② 与自由市场发育，经济与社会相分离的西方现代性历史过程不同，新中国经过社会主义三大改造，已经取消了体制外资源的存在。而在单位组织的具体实践中，生产空间与生活空间乃是高度重叠的，此外，政治动员和社会控制也以单位组织为管道，这就形成了单位社会独特的"总体性格局"。所谓总体性格局，指的是"社会的政治中心、意识形态中心、经济中心重合为一，国家与社会合为一体以及资源和权力的高度集中，使国家具有很强的动员和组织能力，但结构较为僵硬、凝滞"③。总体性格局是对于中国改革开放前社会宏观特征的概括，而把视角下移，在基层社会则主要是以单位为中心的社会基础秩序。城市社会内部以单位组织为单元分割为一个个的小共同体，而以本书个案Y厂为代表的"典型单位制"工业组织则更具代表性，形成了"城中之城"的空间构造。

（一）单位制工业社区的空间构造

单位在其空间形态上是生产空间与生活空间合一的，生产空间与生活空间合一，不仅指地理空间方面，生活区紧邻生产厂，更为重要的是生活区的建设、管理、运行都与单位组织有着密切的关系，单位成员生产活动与社会

---

① 甘阳：《文明、国家、大学》，三联书店2012年版，第61页。
② 刘建军：《单位中国：社会调控体系重构中的个人、组织与国家》，天津人民出版社2000年版，第187页。
③ 孙立平、王汉生、王思斌、林彬、杨善华：《改革以来中国社会结构的变迁》，《中国社会科学》1994年第2期。

生活的全部丰富性几乎都是在单位空间中展开。Y厂的生活区建设与生产厂同时开工建设,由苏联建筑工程部城市建设设计院规划完成的。

1953年建厂时,宿舍区工程共23项,1953年开工的有12项,1954年开工的有8项,1955年开工的有2项,1956年开工的有1项。到1956年6月底,宿舍区建筑工程全部竣工。人们习惯地把301工地五个街区称作301宿舍区,把300工地8个街区称300宿舍区,又统称第一生活区。

从1956年300、301标准宿舍区交工使用到1962年,在第一期建设规划区域内基本未再建标准宿舍和其他设施,直到1963年对非生产型建设才有所安排。在统一规划下学大庆"干打垒"精神,建简易平房宿舍200多栋,建筑面积30000多平方米,建简易中小学各一座。接着又在301、300居住区陆续进行了续建和改造工程。从70年代中后期开始,特别是党的十一届三中全会以后,Y厂的职工生活福利文化设施建设规模进一步扩大,到1981年7月底,职工住宅已达840000平方米(包括其他区域非标宿舍),人均居住面积3.3平方米。

……

第二生活区位于厂区西北,其中心距Y厂一号门1.6公里,总占地面积为225公顷,由东向西分期建设。

二生活区建筑工程于1983年4月正式开工,每年计划建成8—10万平方米的民用工程。住宅单元标准采用Y厂自行设计的定型标准单元组合而成,各种服务设施如百货商店、邮局、银行、新华书店、饭店、药店、照相、文体设施集中设置在居住区中部,形成一个商业、服务业及文化娱乐中心。菜场、粮油店、托儿所、幼儿园、小学校等设施分散布置在街区的内部。自二生活区开工建设以来,大批建筑群拔地而起,仅1986年的一年中就交工宿舍68个栋,建筑面积218225平方米,4076户职工迁进了新居。

到1986年底,Y厂共建成职工宿舍1045个栋,加上市内承租房118个栋(包括标准和非标准),总面积为1118611平方米(不含Y厂院外专业厂的宿舍)。[①]

[①] Y厂史志编纂室编:《Y厂厂志》(1950—1986)上卷,吉林科学技术出版社1991年版,第114—115页。

需要指出的是，二生活区始建于 1983 年，也就是后文将要论述的改革开放初期"重建单位制"的年代，这一时期单位组织的运行环境已经发生了很大的变化，而单位福利制并没有发生改变。反而体现得更为充分，单位组织整齐划一的并列式结构正在发生变化，围绕着核心国企的集体企业和生活服务部门，渐渐形成了一个单位体系。

从公用工程，如水、电、煤气、道路这些硬件环境来看，Y 厂在建厂之初就形成了自己独立的体系。这样就在社会"硬件"方面奠定了单位组织相对封闭的空间结构的基础，使得单位组织在其运行中更像是一个独立的"理想城堡"。

Y 厂通讯系统早在建厂初期就已形成，1956 年开通了德国 GWN 型步进交换机 800 门。三十年来，随着汽车生产的发展，通讯系统不断扩大，至 1986 年，步进交换机已增 2200 门。"六五"期间通讯建设总投资为 312.98 万元，建成 2039 平方米的通讯大楼一座，安装 HJ—921 型纵横交换机 6000 门，主干管道 42 孔公里，主干电缆 9 条公里，1986 年投入使用。

建厂时自备电站有 12000 千瓦汽轮发电机两台。1958 年扩建一台 1.2 万千瓦汽轮发电机组。1966 年三期扩建了一台每小时 75 吨锅炉。1973 年开始四期扩建工程，增加 6000 千瓦和 25000 千瓦汽轮发电机各一台，以及每小时 130 吨锅炉两台。1985 年进行六期扩建（此次扩建仍在进行中）。到 1986 年底电厂共装机容量为 6.7 万千瓦（未包括 6 期扩建）。

厂区给水系统为环状管网，由 C 市自来水厂进来直径 600mm 和 400mm 两条专用上水管线供水。厂区供水设有两座 1500 立方米水池，一座水塔和日用消防水泵站，进行水压、水量调节。换型后，全厂用水量增加 300 立方米/h（最大值）。为改善网络末端水压过低这一状况，除对原有管路加强维护管理外，由老厂区日用消防水泵站沿六号路及十二号路重新敷设一条直径 300mm 管路在 308 井处与原管路连接并增设供水泵一台。

热电厂有七台锅炉，总出力为 635T/h，生产和生活蒸汽采暖全由电厂供应并采用循环热水集中采暖。

……

原有煤气发生炉 10 台，发气量为 6 万立方米/小时。新建加压煤气站一座，拥有 3 台机组，日发煤气 8 万立方米，其中 50% 供生活区民用，实际投资 969.9 万元。①

Y 厂自建厂之初就拥有自己独立的公用工程体系，这固然与建厂时期历史条件和自然条件紧密关联。在白手起家建设社会主义现代化的历史背景下，超大型单位组织拥有自己独立的公用工程体系是一个相当普遍的现象。此外，还应该看到，独立的公用工程体系，不仅是生产组织正常运行的必须，也在实践层面构成了一个独立、封闭的"城中之城"。

（二）"单位共同体"的集体认同

典型单位制的空间实践，形成了独特的"城中之城"格局，在此基础上，形成了单位成员对单位组织的强烈认同。不仅是空间和社会关系上相对独立、封闭，而且在其现实运行中，单位成员生命历程的各个环节几乎都可以在该空间结构中完成。接受访谈的 T 干部坦言："Y 厂除了没有检察院和火葬场以外，几乎所有的部门都很齐备。在 Y 厂生活的人，尚未出生就受到单位的关怀，因为他的父母已经在享受单位的生育政策了。出生以后从托儿所、幼儿园到小学、中学、职高，再到工作、恋爱、结婚，几乎都在单位这个圈圈里面就完成了。"② 工作和生活在这样超大型单位组织中的个体形成了强烈的空间认同，这一点甚至体现在他们的日常生活语言中。Y 厂的老职工总是把去该市 Y 厂之外的地方说成"到市里去一趟"，这表明，在他们的空间认知图示中，Y 厂乃是一个相对独立的空间。

L 女士今年 40 岁，在 Y 厂长大，现在是 Y 厂所在地 J 街道下属一个社区的主任，在访谈中，她的一段话引起了笔者的兴趣：

> 我从小在 Y 厂长大，幼儿园、小学、中学，中学毕业的时候，对 Y 厂子弟来说，有两条可选择的道路，一是 Y 厂的职业高中，二是普通高中。我的成绩在班里一直是排在前面，如果进普通高中，考大学还是没什么问题的。当时也没有多想这些，就听从父母的意愿，和大多数同学一样选择了职高。等分配工作，到了车间，看着机床，我傻了。（这

---

① Y 厂史志编纂室编：《Y 厂厂志》（1950—1986）上卷，吉林科学技术出版社 1991 年版，第 111—112 页。

② Y 厂工作人员访谈（2009 年 9 月）。

或许是因为车间的钢铁生产线和严格纪律与喜爱文学的 L 女士的浪漫情感形成了较为强烈的反差。——作者注）后来，企业改制，我主动选择了下岗，随即就出国生活了两年。原以为自己终于离开了这个锁定的空间，但真的走出去以后，才发现，原来 Y 厂那么值得我眷恋。

……

在国外，问起 C 市，很少有人知道，但是一说 Y 厂，却有不少人都听说过。

……

我回到了 Y 厂，做了一个社区工作者，待遇很微薄，这你也知道。可我不为别的，就是愿意生活在这里，愿意和这里的人在一起。①

单位认同，不仅是因为 Y 厂从建厂开始就一直享有各种荣耀，更为重要的是一种生于斯、长于斯的依恋情怀。单位组织作为一种独特的社会基础秩序，形成了一个个封闭的"理想城堡"，而对于这个理想城堡的强烈认同感和归属感在改革年代则具有颇为复杂的意义。一方面，Y 厂在改革开放之初完成换型改造以及之后的国企改制过程中，单位认同被持续地作为"情感"动员手段。如关于"我是 Y 厂人"的大讨论，希望通过单位认同而触发积极的行动甚至是自我牺牲来应对单位组织在市场经济年代遇到的挑战。另一方面，单位认同又是一种对旧有体制的强烈依恋，成为改革的现实阻力。

---

① Y 厂工作人员访谈（2009 年 9 月）。

第 七 章
"重建单位制"进程中单位共同体的膨胀

"十年动乱"使得整个中国社会陷入了混乱失序的局面。如何迅速走出"文革"阴影,使社会生活迅速回归良性运行的状态,就成为改革开放之初的首要任务。在农村,以"家庭联产承包责任"为核心的经营方式改革,打破了人民公社体制的低效率,使得农业劳动者的生产积极性空前高涨,农业经济获得了前所未有的成绩。而城市改革的情形则相对要复杂得多,一方面要处理好"文革"时期遗留的历史问题,另一方面要应对崭新的经济和社会环境。而这两项工作的展开都汇聚于"重建单位制"的工作之中。

"重建单位制"已经无法简单地回到旧有体制。渠敬东、周飞舟、应星在《从总体性支配到技术治理》一文中率先提出了"重建单位制"的说法。该文认为:"与广大农村依靠家庭生产所激发出来的活力相比,城市中'文革'的遗留问题对于社会稳定运行的消极影响尚未消除,各级政府依然忙于拨乱反正,重整从中央到地方政府再到国有企业等各级行政秩序,通过重建单位体制,使各项社会生产和生活秩序得到有效恢复。"而"重建单位制"的过程则体现出恢复行政为中心的控制和协调体系,以官僚治理的方式,应对社会的复杂局面。[①]

---

① 渠敬东、周飞舟、应星:《从总体性支配到技术治理——基于中国30年改革经验的社会学分析》,《中国社会科学》2009年第6期。

一、"重建单位制"过程中的单位共同体

本文认同改革初期国家通过"重建单位制",恢复行政体系官僚治理秩序,来修复"文革"对于城市社会秩序和工业经济秩序创伤的观点。然而,如果深入"重建单位制"的具体实践过程中,就会发现,"重建单位制"不是简单地恢复旧有的"单位中国"格局。事实上,市场化的改革和对外开放,已经使得单位制不得不进行变革,即单位制运行的外部环境正在发生深刻地变化。另一方面,单位制在此阶段,内部的矛盾也逐渐凸显,如缺乏有效的生产激励和生产控制导致的劳动生产率低下,以及安置职工子女就业等办社会事业使得单位组织福利职能的不断膨胀。

因此,谈及"重建单位制"的提法,首先需要明确一点,外部环境变化对于单位组织运行方式提出了新的要求,"重建单位制"的努力也是在不断对环境做出回应的过程中展开的。改革开放年代,单位组织的变革大致经历了两个阶段,第一个阶段是在未改变单位组织内部治理结构和全能主义福利体制的情况下,试图通过扩大企业自主权和推行利润包干制的方式进行的管理体制与经营体制调整,我们可以将其称为"国有企业改制的 1.0 版本"。第二个阶段,发端自上世纪 90 年代中期,在国企改制领域,通过产权制度变革、集团化发展、三项制度改革、剥离企业办社会职能等途径,实现了计划经济时代"单位组织"向市场经济体系下"企业组织"的转变。[①] 在本章中,我们将第一个阶段称为重建单位制的阶段,从时间上看,是从改革开放之初到 90 年代初期。

---

① 当然,从国企改制的宏观层面来看,90 年代中期(1995 年)以来,"抓大放小"的改革策略,使得一部分企业在关、停、并、转的过程中消亡,另一部分则或者所有制形式发生了变化,或者延续着国有企业的身份。对前一部分而言,自然不存在单位组织变革的命题,而后者在改革年代的企业化转变构成了本文所言的单位组织变革的基本语境。需要指出的是,就本文的问题意识而言,即使是前一部分"消亡"的单位组织,也面临着社会基础秩序再造的深层命题,因为至少在其存在的年代,单位组织与地点空间结合塑造了一种社会基础秩序,这种基础秩序变革的过程或许存在差异,但作为一个基本问题是有共性的。

（一）学习农村，"包"字进城

20世纪70年代末，农村改革破冰，"一方面是国家集中控制农村社会经济活动弱化，另一方面是农村社区和农民个体所有权的成长和发展"[①]。农民基于生计需求的"创造"，引起了政府和知识界的兴趣。按照经济学的发现，计划经济生产体制之下，很难实现对劳动的有效激励。而"包产到户"的农村改革则在"产权"层面，明确了农民的主体地位。在农村改革的领域，造就了"一包就灵"的改革神话。"包干制"的做法，亦迅速被复制或借用到其他领域的改革之中。例如在财政体制改革领域，放弃了之前国家统收统支的办法，采取了"定额包干"的制度设计。财政体制的分权改革取得了巨大的成功，对于推动地方经济增长起到了十分积极的作用。地方政府在"包干制"的财政体制构架之下，利益主体意识觉醒，为市场经济的扩张提供了"援助之手"。回到城市改革语境。在效率尺度之下，"单位共同体"的困境是显而易见的。为此，在借助重建行政官僚体系权威"拨乱反正"的同时，"包"字进城，改造"典型单位组织"的低效率，成为当时"典型单位组织"改革，同时也是城市改革的主调。

计划经济的管理体制是50年代参照苏联的模式建立起来的。"这个模式以企业是国家所有为理论基础，规定企业的一切经营活动都要由国家安排。任务由国家下达，产品由国家包销，设备材料由国家调拨，人员由国家调配，利润全部上缴，亏损由国家包干。这种体制把企业变成国家行政机关的附属物，上边推一推，下边才能动一动，严重束缚了企业的积极性和主动性。"[②] 在计划经济体制之下，企业几乎没有经营和管理方面的自主权。因此，改革开放之初，如何通过行政体系的分权设计，激活国有企业的创造力，成为国有部门经济工作的重点。1979年5月，国务院宣布首都钢铁公司、天津自行车厂、上海柴油机厂等八家大型国企率先进行扩大企业自主权

[①] 周其仁：《中国农村改革——国家和所有权关系的变化》（上），《管理世界》1995年第3期。

[②] 林凌：《关于扩大企业自主权的几个问题》，《社会科学研究》1979年第8期。该文还指出，关于扩大企业自主权的思考很早就已经提出，但是一直没有得到很好的贯彻。经济管理体制在改革开放之前也曾经有过四次调整，但"不论是条条管还是块块管，对企业来说不过是换个'婆婆'而已，企业'小媳妇'的地位始终没有改变"。

的实验。同年7月，密集下达了关于扩大国有企业经营管理自主权、实行利润留成、开征固定资产税、提高折旧率和改进折旧费使用办法、实行流动资金全额信贷等五个文件。这些文件的密集出台，标志着继文革后期恢复国有企业生产管理秩序之后，国家对企业管理体制的改革有了一个实质性的开端。"首钢经验"得到了总结，并在全国国有企业中推广，本研究的Y厂是国家首批扩大企业自主权的单位：

国家经委和财政部经机（1982）57号文件批示：国家从1982年开始对Y厂实行利润逐级包干办法，时间暂定3年（具体办法：1983年产量是60000辆，1984年63000辆，1985年65000辆），3年平均增长2.5%。上缴利润包干数以一亿三千七百万为基础，1983年开始至1985年，每年按2.5%递增。在这期间，增收因素均不另外算账，多收了国家不多要，少收了由企业补，不减少对国家的上缴。这就是国家第一次对Y厂实行经济责任制的具体方案。1984年，国家发文明确，此方案延续到1990年。

在国家宏观政策许可的范围内，Y厂进行了大刀阔斧的改革，在生产、管理、质量控制、服务等各部门，因地制宜地创造出形式多样的"包干制"：

以此（国家经委和财政部经机（1982）57号文件——笔者注）为依据，Y厂学习和推广"首钢"厂内经济责任制的经验和做法，结合本厂实际制订了《健全和完善厂内经济责任制实施办法》。办法规定：厂内经济责任制的主要形式有利润包干、利润分成；产量（产值）包干，增产增值分成；工资总额包干，减亏增益分成；产品换型投资包干；单项任务包干；劳动收入分成等七种包干形式。厂内经济责任制实施过程中，各专业厂（处室）增利、增产、劳务分成等收入主要用于职工集体福利、奖励和技术措施。Y厂的厂内经济责任制方案主要包括包、保指标，考核标准，分成办法等内容。

包（即承包）的指标有生产任务、换型任务、产品质量、实现利润四个方面。保（指确保完成）的内容通常包括生产均衡率、工具动能消耗、节约挖潜、设备及工装完好率、协作任务、安全与文明生产、人数定员等七个方面。

对于职能处室，按其工作性质分为综合性管理业务处室、技术或专业性较强的业务处室、后方服务性业务处室及事业单位四大类。各类明确不同的侧重点进行包保，其主要内容包括：国家计划中归口管理的各项专业技术经济指标；经费预算、为生产基层服务；协作配合；领导交办任务的完成等。

1986年末，Y厂对前几年厂内经济责任制承包工作进行了全面总结，结合换型转产后CA141新车投产第一年生产经营中遇到的新问题、新特点，制定了《关于1987年增强企业内部活力若干问题的规定》（简称20条）。它针对Y厂生产经营状况，归纳出10种承包模式适用于不同的专业厂（处室）。[①]

通过推行"包干制"，扩大企业自主权的经济管理体制改革"组合拳"收到了很好的效果。企业在利润包干制的刺激下开始焕发出空前的生产积极性，劳动生产率也有了大幅度的提高。

从实行利润留成，1983年改为利润逐级包干。与推行全面计划管理、全面质量管理、全面经济核算相结合，在厂内实行了承包增产分成、利润承包增利分成、技术改造投资承包、单项工程承包、劳务收入承包、百元工资含量等多种形式的经济责任制，把企业对国家承担的经济责任及企业的经营目标层层分解落实，使每个职工都关心企业的经济效益，给各项工作的发展带来了内在的动力。

在生产任务不足、汽车严重滞销的困难条件下，全厂千方百计开拓市场，提高质量，搞好用户服务，保持产品信誉，并年年开展大规模的增产节约活动，平均每年增产节约总值1500万元。在利润递增包干的4年间，Y厂生产的汽车总数相当于28年产量的29.5%。4年上缴利税和各种基金相当于前28年的21.2%，企业自留4.06亿元，为换型改造筹集了资金，职工的奖金和集体福利也得到了明显的改善。[②]

……

这一点同时也反映在1981年—1986年Y厂主要财务及经济效益指标和劳动生产率、职工工资统计上：

[①] Y厂史志编纂室编：《Y厂厂志》（1950—1986）上卷，吉林科学技术出版社1991年版，第106页。

[②] Y厂史志编纂室编：《Y厂厂志》（1950—1986）上卷，吉林科学技术出版社1991年版，第9页。

表 7-1 1981—1986 年 Y 厂劳动生产率、职工工资统计资料

	单位	1981	1982	1983	1984	1985	1986
职工平均人数	人	45025	53388	54294	58153	64095	67473
全年工资总额	万元	4270	4724	5215	6974	9090	11206
其中计时工资	万元	2755	3130	3566	4547	5841	6932
计件工资	万元	85	100	143	180	452	575
各种奖金	万元	772	819	832	1467	1317	1843
各种津贴	万元	511	552	557	689	1386	1705
人均工资	元/人	948	885	961	1199	1419	1661
全员劳动生产率	元/人	21422	18026	20256	22853	23617	17893
工人劳动生产率	元/人	31960	26732	33496	37713	40593	31201

资料来源:《Y 厂年鉴》(1987),第 406 页。

表 7-2 1981—1986 年 Y 厂主要财务及经济效益指标

	单位	1981	1982	1983	1984	1985	1986
固定资产原值年末数	万元	87328	89861	92511	96098	101291	125404
固定资产净值年末数	万元	29022	27722	26432	26347	28129	42415
定额流动资金年末数	万元	22545	24518	26610	32998	48365	68155
定额流动资金平均余额	万元	29848	28569	25947	31396	39474	69828
产品销售收入	万元	81446	92822	120762	139877	164551	101194
产品销售税金	万元	4387	4994	6101	5946	12982	6025
产品销售工厂成本	万元	56024	68685	92882	98592	105796	84640
产品销售利润	万元	21034	16963	20134	34712	44985	8604
全年实现利润	万元	21144	16380	19833	34951	45062	8604
全年上缴利税	万元	21521	19421	20272	20222	21202	8526
全部商品产品总成本	万元	68085	75077	84988	101795	129259	127938
可比产品总成本	万元	67068	62529	—	77290	89881	78572
可比产品成本降低率	%	-3.93	-2.66	—	-5.09	-15.81	-24.54
百元产值实现利润	元	21.49	17.02	18.03	26.3	29.78	7.1
销售收入利润率	%	25.45	18.28	16.67	24.82	27.34	9.4
定额流动资金周转天数	天	131.93	110.8	77.3	80.8	86.36	248.41
资金利税率	%	43.95	41.2	50.1	77.6	89.08	14.9
工业净产值	万元	34156	30278	33446	51271	72357	28660

资料来源:《Y 厂年鉴》(1987),第 410 页。

起源于农村改革的"承包责任制"在改革之初走进了国有企业。在

"包"字进城的经济管理体制改革推动下,国有企业无论是在产销收入、完成利税,还是在职工工资总额、福利水平等方面都有了明显的提高。从上述两个图表中我们可以清晰地看到,1980 年 Y 厂在行政体系改革扩大企业经营自主权的背景下,采取的"逐级包干制"做法,较为有效地调动了职工的生产积极性。由此,我们也看到,单位制建立初期通过劳动政治化、道德化,以及不断开展的生产竞赛来调动职工工作热情的做法,已经从管理理念领域退居次要的地位。但是"包"字进城的经济管理体制改革,并未触动单位组织在实践层面的组织结构和运行方式,恰恰相反,由于需要承担安置返城知青和职工子女就业的任务,单位组织机构不断膨胀、冗员众多,背上了沉重的社会包袱。应该说,这一时期,单位组织向市场经济中企业组织转变的命题并没有被触及,发生的仅仅是单位组织对于效率低下困境的一些应激式和尝试性反应。

(二)厂办集体企业的快速扩张

重建单位制的过程并不是简单地回到计划经济时期单位组织的运行方式。在这一重建过程中,单位组织的内外环境都发生了显著的变化。一方面,在政府与企业关系方面做出调整,通过政企分开、下放经营权和利润包干制的实施,在一定程度上赋予了单位组织一定的生产经营自主性,调动了劳动者的生产积极性。但另一方面,重建单位制的努力旨在通过单位体制恢复城市社会生活秩序,不但单位的全面福利制没有改变,而且政府将安置返城知青、解决城市待业人员就业,特别是安置职工子女就业的任务落在单位组织身上①,使得单位组织进一步失去了对劳动的控制,企业冗员不断增

---

① 在城市待业人员和返城知青安置上,有两种可能,一是通过自谋出路,通过个体经营的方式获得就业。但这种方式在改革初年市场经济发育很初步的情景下几乎不可能占据很大比重。另外就只能是通过原有单位组织吸纳这些人,通过高考、参军、升学、接班顶替或者新办厂办集体企业的方式来安置。而后者占据了绝大部分。据统计,全国"六五"计划后每年有 1300 万人,"七五"计划期间预计有 2900 万人需要安置。吉林省"六五"计划期间预计有 80 万人。长春市 1983 年结转 1984 年的需安置待业青年 3.75 万人,1984 年预计新增 2.83 万人。1984 年至 1985 年两年需安置的待业青年 9 万人,"七五"期间预计新增 12.5 万人(已扣除大学、参军人数)。从 1979 年开始,平均每年安置就业 230 万人;全省从 1979 年到现在安置就业 130 万人,其中在城镇集体企业就业 73 万人。参见张瑛《副厂长张瑛在集体企业第三次工作会议上的讲话》(1984 年 4 月),Y 集团四环企业总公司(集体企业管理部)编《光彩之路——Y 集团劳动就业服务企业工作文集》(企业运行篇),内部资料,1999 年,第 44 页。

加,效率低下。

党的十一届三中全会以后,解决城市劳动就业上升为"国民经济中的一个重大问题","关系到人民群众的切身利益,关系到国家的安定团结和四化前途"。中央曾经提出要注意广开门路,发展集体所有制经济。1979年中央召开的全国劳动就业工作会议,又进一步提出"在国家统筹规划和指导下,实行劳动部门介绍就业、自愿组织起来就业和自谋职业相结合"的方针,并且下达了中发[1980]64号文件。① 但是在改革开放之初,城市市场经济要素虽然有了一定的发育,但总体而言还是很弱小的部门,也就是说,通过"广开门路、自谋职业"的方式在市场经济部门实现劳动就业的毕竟只是极少数。这种情况,在超大型国企所形成的浓厚氛围的单位空间中表现尤为突出。因为在这些地方单位组织的庞大自足体系几乎覆盖着社会生活的所有方面,社会成员对单位组织存在着强烈的认同和依赖感,市场经济要素除了在极少数的领域之外,很难有生长的空间。事实上,单位组织迫于劳动就业的压力,在实践中发展出了"单位化市场"的方式,即通过厂办集体企业的方式,迅速占领市场经济改革所显现出的市场领域,虽然采用了市场交易的方式,但仍然以单位化的形态运行。如在本文所考察的个案中:

为满足社会需要,方便职工生活。我们从社会和市场实际出发,兴办了生活服务行业,除集体企业管理处直接办的百货、饮食、生活服务公司、服装加工、针织和各种修理门市部外,各知青厂也办起了副食、小百货、烟酒、服装、理发、粮米加工、摊床、流动服务车等服务网点30多个,解决了职工和家属买东西、做衣服、修理东西难的实际困难,既方便了群众,又增加了收入。②

单位组织出面解决职工家属劳动就业问题可谓由来已久。Y厂在1964年"为解决职工家属就业问题,就已经产生了集体经济成分,全民办集体

---

① 《中共中央、国务院关于广开就业门路,搞活经济,解决城镇就业问题的若干规定》,1981年10月17日。见中共中央文献研究室编《三中全会以来——重要文献选编》下,中央文献出版社2011年版,第294页。

② 王春:《1979—1982年工作总结与1983年工作纲要》,Y集团四环企业总公司(集体企业管理部)编《光彩之路——Y集团劳动就业服务企业工作文集》(企业运行篇),内部资料,1999年,第5页。

企业（至 1986 年——作者注）实际已有 20 多年的历史了"。①1979 年，Y 厂厂区社会待业知识青年已有 2000 多人，早期下乡亟待安置的知识青年尚有几千人，并且之后每年有 1500—2000 人需要安置就业。在当时严峻的形势下，Y 厂根据中发【1978】74 号文《中共中央通知》转发的《国务院关于知识青年上山下乡若干问题的试行规定》和中发【1980】64 号文《中共中央关于转发全国劳动就业会议文件的通知》，结合本厂实际成立劳动服务公司，同知青办一道指导待业青年进行生产自救，发展以安置知青为主的劳动就业服务事业，先后创办了 17 个劳务队，4 个商业网点，36 个知青厂，共 57 个知青企业，共安置待业青年 6000 余人。这一时期属于集体企业的草创阶段，劳动的内容，从拣废钢材到挖土方，从补工作服到修废品、搞搬运，有啥干啥。1982 年之后，进入主办厂指导下的统筹发展阶段。经过统一规划、统筹发展，到 1986 年底，发展到 162 家新创成员企业。1987 年之后，Y 厂劳动服务公司逐渐与主办厂同步发展，根据主办厂重、轻、轿全面发展战略和厂区社会劳动力就业实情，本着背靠 Y 厂、服务 Y 厂的方针，一家一家组织开办。②截至 1998 年，厂办大集体的就业人数已达 3.6 万人。

通过发展"厂办集体企业"的方式解决返城知青的劳动就业工作问题，集中体现了单位共同体的全能主义和父爱主义传统。在 Y 厂的思维中，"我们集体企事业绝不是 Y 厂事业以外的一部分。这个道理大家都能领会，因为我们都有切身的感受，我们的孩子都在集体企业工作，所以说集体企业的工作是牵动着全厂职工的心，26000 名职工，2 万多名子弟，可能涉及 2 万多家，2 万多家人牵涉到 4—5 万、乃至 6—7 万职工。我们的汽车厂，大概多数职工子弟都在我们集体企业工作着。现在我们已经是 26000 名了，而且每年还要以 2000 名的速度在增加"。③由此，单位主导的公共性进一步放大

---

① 夏云海：《实行股份制是我厂劳服企业经济改革一重要途径》，Y 集团四环企业总公司（集体企业管理部）编《学海泛舟——Y 集团劳动就业服务企业论文集》（1984—1999），1999 年版，第 71 页。

② 上述引文整理自顾文《关于 Y 厂劳动服务公司产权依法形成的历史分析与未来对策设计》，Y 集团四环企业总公司（集体企业管理部）编《学海泛舟——Y 集团劳动就业服务企业论文集》（1984—1999），内部资料，1999 年，第 108—125 页。

③ 耿昭杰：《在集体企业生产经营经验交流会上的讲话（1990 年 9 月 19 日）》，Y 厂四环企业总公司（集体企业管理部）编《光彩之路——Y 集团劳动就业服务企业工作文集》（重大活动篇），内部资料，1999 年，第 120 页。

为单位共同体对其职工,乃至职工家属的无限责任。

值得一提的是,集体企业在其"单位"属性上,与主体厂具有相同的构造。单位办社会的职能在新成立的集体企业中得到了全面复制:

> 随着集体企业生产的发展,积累的增加,要逐步扩大和增加集体所有制职工的生活福利。1983年我处将为老职工盖2栋非标准宿舍。在Y厂统一规划安排下,从明年开始筹建5—6栋集体标准宿舍,逐步解决集体企业职工住房问题。要建筑1栋托儿所,解决集体企业职工的子女入托问题。
>
> 在这同时,还要统一发放集体企业职工证,解决集体企业职工看病、理发、洗澡等方面的福利待遇问题。总之,各单位要把集体企业职工生活福利问题纳入工作议事日程。这是关系到集体企业发展巩固、职工队伍稳定的大事,一定要努力抓好。①

Y厂的"厂办大集体"事业虽然步履艰难,但是在改革之初释放出的活力和主体厂换型改造、扩大产能的总体拉动下,依然得到了一定程度的发展。但由于兴办"厂办大集体"的初衷并不是出于提升企业经营效率的考虑,而是服务于城市劳动就业工作大局的政治目标和让职工放心的社会考量。事实上,在改革开放之初,虽然单位体系的经济管理体制已经开始了调整,但迫于历史情境的约束,单位组织的全能特征非但没有改变,反而强化了,主要体现在从安置配偶工作发展到安置子女工作。

厂办集体企业的迅速扩张,再次印证了路风教授的观点,即社会主义国家的企业制度结构是在各国特定的政治过程中形成的。② 一个直接的后果是,长期以来,效率低下,成为"吃爹吃妈厂",冗员众多,甚至在90年代出现了很多青工的半失业状态。③ 从理论上讲,厂办大集体一方面使得改革开放之前"经典单位制"阶段的总线式、并列式单位组织结构演化为体系式、"核心—外围"式的单位体系形态;另一方面,单位的全能主义和内

---

① 王春:《1979—1982年工作总结与1983年工作纲要》,Y集团四环企业总公司(集体企业管理部)编《光彩之路——Y集团劳动就业服务企业工作文集》(企业运行篇),1999年,第16页。
② 路风:《国有企业转变的三个命题》,《中国社会科学》2000年第5期。
③ 黄金河:《在四环企业总公司第二次企业工作会议上的讲话》,Y集团四环企业总公司(集体企业管理部)编《光彩之路——Y集团劳动就业服务企业工作文集》(企业运行篇),内部资料,1999年,第198页。

部共同体色彩在这一阶段展现得最为完备,"单位共同体"的封闭性、自足性的特点呈现无遗。

综上,在改革开放之初,城市社会通过"重建单位制"来恢复经济社会秩序。然而,"重建单位制"不是简单地回到单位社会的原有体制。在这一时期,经济管理体制的改革使得单位组织获得了一定的劳动积极性和主动性,但由于历史条件的约束,城市中的单位组织不得不承担劳动就业安置的政治使命。还应注意到的是,这一阶段,国有企业虽然已经意识到市场经济将对其之前的运行方式构成变革的压力,但是国企改革仅限于经济管理体制方面,而从计划经济下的单位组织向市场经济中的企业组织转变的议题并没有形成一种主体层面的自觉。

二、改革初期的"国企悖论"

改革开放年代,单位组织面临着双重的挑战。一方面,市场经济的发展,对外开放领域和程度的拓宽,使得单位组织既往的经济运行环境发生了根本性的变化,单位组织必须获得对生产和组织管理的控制能力,以获得应对市场经济的主体能力。上世纪80年代末期,日本著名学者小宫隆太郎在考察了中国经济改革之后指出,中国不存在或几乎不存在企业,中国改革的中心议题之一是创造出真正的企业来。在高度集中的计划经济体制下,企业成了政府行政机构的附属物,由于整个国民经济呈现出"行政性"运行的特点,企业自然也不能例外,它没有自主企划事业的内在动力和外部环境条件,沦落为社会再生产"大工厂"的"车间"或"班组",自然,在这种"车间"、"班组"式的经济组织中的人群也丧失了革新应变主动性。因此,传统的计划经济体制下甚至"没有企业"可言。[①] 市场经济条件下,单位组织必须完成企业化的转变才能生存下去。另一方面,如前文所述,在拨乱反正的大环境下,重建单位制的过程中,虽然通过下放经营权和利润包干制使得单位组织获得了一定的活力,但是企业办社会的延续甚至膨胀、安置返城知青等事务对于单位组织在市场经济中生存和发展,构成了严重的挑战。因

---

① [日] 小宫隆太郎:《现代中国经济——日中比较研究》,商务印书馆1993年版,第76—81页。

此,单位组织外部环境的变化和企业内部运行效能的低下,统一到一个命题,即起自上世纪90年代中期的国有企业改制。

重建单位制阶段出现了一个奇怪的悖论,李培林教授将其概括为国有企业"在'全要素生产率'得到提高的情况下出现亏损"[①]。学界普遍认为解答这一问题的关键在于评估国有企业的社会成本,即单位组织为其非经济功能所支付的成本,具体到单位组织的语境中,社会成本被操作化为国有企业福利供给的成本。"这种福利供给被区别为潜在福利和显性福利。潜在福利指国有企业用于兴办集体福利的福利费用,如图书馆、俱乐部、操场、游泳池、疗养院、澡堂、医院、电影院、草坪、社区绿化、企业所属的各种学校等。显性福利指国有企业主要以货币或实物的方式直接支付给职工个人,用于满足个人福利需求的福利费用,如过节费、计划生育补贴、奶费、托儿补贴费、冬季取暖补贴、上下班交通补贴、上下班班车支出、职工探亲旅费、卫生洗理费、住房等。"[②] 历史地看,单位组织社会成本在改革初期扩大源自于几个方面的原因。首先,改革开放之初,城市劳动就业安置的任务主要落实在单位组织的肩头,企业职工数量不断增加。其次,单位全能主义惯习的延续,起自单位制初创阶段的单位全能色彩非但没有淡化,反而在一定范围内得到了强化,例如单位不仅要解决职工配偶的就业,还要考虑其职工子女就业问题。其三,改革开放之后社会生活水平整体提升,单位组织不得不安排更为庞大的消费和福利基金。最后,在产权改革之前,软预算约束问题使得单位组织在福利费用问题上采取了较为宽松的态度,倾向于扩大单位内部福利。以上种种原因相互作用,使得国企的社会成本居高不下。下面我们从企业冗员和办社会职能膨胀两个主要的方面来透视这一问题。

(一)单位组织中的劳动力短缺与过剩

虽然关于社会发展的技术决定论已经遭到了来自多方面的质疑,但是技术进步往往先于人类劳动组织方式变革这一点却几乎不会遭到质疑。无论在

---

① 李培林、张翼:《国有企业社会成本分析——对中国10个大城市508家企业的调查》,《中国社会科学》1999年第5期。

② 李培林、张翼:《国有企业社会成本分析——对中国10个大城市508家企业的调查》,《中国社会科学》1999年第5期。

资本主义社会还是社会主义社会,大工厂、大工业的生产技术变革均遇到了同样的问题,即劳动力的短缺,特别是有技术的劳动力短缺。雅诺什·科尔奈在其关于社会主义的经典研究中将劳动力的持续短缺视为社会主义体制的基本特征之一。[①] 科尔奈从社会主义体制的一般特征上指出,在走上强制增长过程中最重要的外延增长方式就是动员剩余劳动力。在社会主义体制的起步阶段,公开失业、潜伏失业、家庭企业工人、"没有社会地位的人"、从事家庭劳动的妇女和新的人口增长共同构成了公有制经济部门吸纳的劳动力来源。[②] 这一过程在社会主义国家中,形成了一个规模庞大的社会主义工人阶级。虽然工人阶级已经取得了政权,与资本主义社会中,或者说马克思主义者所言说的工人阶级在政治地位上有着根本性的差异。但是就工业发展的普遍阶段而言,社会主义工业组织发展之初,同样面临着持续的技术劳动力短缺的问题。

科尔奈将社会主义体制的劳动力短缺概括为结构性劳动力短缺,而其出现的原因可归结为以下三个方面:(1)大部分剩余劳动力都缺乏技术,这样就使得快速增长的经济,特别是工业发展,严重缺少拥有一定技能的劳动力。这种短缺出现在各种职业中:需要更多的技术工人,更多的中级和高级教育专业人士,更多有经验的管理者。(2)大部分剩余劳动力居住在农村,而短缺主要是在城市里。在剩余劳动力转移到城市之前,就需要尽快发展城市住房和其他相关服务,但这些工作在社会主义体制下属于次要任务,常常会被推迟。(3)劳动力短缺的另外一个原因是地区发展的不平衡。有些地区发展很快,需要大量的劳动力,但剩余劳动力往往集中在其他地区。如果需要大量劳动力的地区是人们不想去的地方,那么问题就更为严重。例如新的工业位于气候条件差、文化发展相对落后的地区,人们当然不愿意去那样的地方工作。[③]

---

① [匈]雅诺什·科尔奈:《社会主义体制——共产主义政治经济学》,张安译,中央编译出版社2007年版,第200页。
② [匈]雅诺什·科尔奈:《社会主义体制——共产主义政治经济学》,张安译,中央编译出版社2007年版,第194—195页。
③ [匈]雅诺什·科尔奈:《社会主义体制——共产主义政治经济学》,张安译,中央编译出版社2007年版,第200—201页。

考诸世界工业发展的历史，在工业化初期和工业化的快速扩展时期，劳动力短缺几乎是任何一个经济体必然要面对的问题。福特主义的工业模式正是起源于劳动力短缺背景下减少劳动力流动的考虑，希望"资本、管理和劳动都或好或坏地，在未来的很长一段时间内，保持另一种聚合状态——它受大型工厂建筑、重型机械和大规模的劳动力的约束和限制。……亨利·福特的天才创造，在于发现了一个将他的产业城堡壁垒的所有卫士守在城墙内的方法——以抵挡叛变和改变立场的诱惑"①。苏联工业化的起步阶段同样为劳动力短缺和劳动力流动的问题所困扰，"许多厂长尽力不让人走，有时还从别的企业吸引来有专业技能的人员，不得不提高工资基金；较之劳动生产率、工资基金在一个劲地迅速增长。对人员流动及其后果的害怕促使经济负责干部过分地扩大了编制"②。与此同时不断加强劳动纪律"加强了与懒汉和旷工者、与破坏劳动纪律的人们作斗争"，甚至在1929年决议"授权企业领导人根据情况利用规定给破坏者以各种惩罚措施的我国现行法律"③。

而以赶超式、压缩式的现代化为特征的中国现代化实践过程中，恰恰是劳动力短缺造成了单位组织内部的冗员问题一直未能得到克服。劳动力短缺背景下，新中国一方面采用了严格的社会流动管制办法，不断加强单位组织内部"技能养成"的环节④，在企业组织内部劳动用工计划的制定上做了较为宽松的名额安排；另一方面，单位组织内部冗员的做法几乎成为常态。上一章节中，论述了单位组织通过组织劳动竞赛的办法保证生产任务的完成，而单位组织的内部冗员则是其另外一项基本的策略。在赶超式现代化和不稳定的国际环境双重压力下，"急、难、险、重、新"任务几乎是每个单位都无可避免的，因此，为了保证按期完成任务，不得不采用冗员的办法，即储备超过常态生产需求的劳动力。此外，单位组织在其实践过程中，为了稳定职工队伍，常常不得不抓住一切机会解决职工家属的就业。这就出现了在三

---

① [英]齐格蒙特·鲍曼：《流动的现代性》，欧阳景根译，三联书店2002年版，第88—89页。
② [俄]B. C. 列利丘克：《苏联的工业化：历史、经验、问题》，闻一译，商务印书馆2004年版，第199页。
③ [俄]B. C. 列利丘克：《苏联的工业化：历史、经验、问题》，闻一译，商务印书馆2004年版，第147—148页。
④ 王星：《从"分配政治"到"生产政治"——转型过程中的单位政治研究》，吉林大学博士论文，2008，第91页。

年大跃进之后，城镇清退超编劳动力的现象。由此可见，单位冗员的做法一方面受到生产环境的刺激，另一方面也具有为职工谋取利益的推力。

在改革开放之初的重建单位制阶段，解决城市劳动就业的任务主要还是落实在单位组织的肩头。从而产生了以安置为主要目的，而不是以生产效率提高为主要目的的大量厂办集体经济。这甚至超出了改革之初为解决城市劳动就业而采取的"外延式经济增长方式"的有效限度。由于首要任务是解决就业，维持社会安定局面，厂办集体经济中（甚至一定范围内扩散到主体厂），企业冗员众多。早在1981年，中央就已经意识到这一过程使得"一些单位人浮于事的状况更加严重，对于改善经营管理十分不利"①。然而，在"广开就业门路"存在现实困难的情况下，大量冗员的厂办集体经济只能是最为现实的选择。值得一提的是，在上世纪90年代，国企改制走向深化，"厂办集体经济"为主体厂改制充当了蓄水池的角色，冗员进一步增多，出现了较为普遍的经营困难局面。

（二）企业办社会职能的膨胀

在市场经济不断发展的改革年代，企业办社会职能膨胀的问题很快便显现出来，成为单位组织适应市场经济的现实难题。在前面的章节中已经论证，单位组织的全能主义特征起源于资源短缺背景下实现赶超式现代化的要求，可以说是特定历史阶段的必然选择。然而，在改革年代，背上沉重办社会职能包袱的单位组织，显得步履维艰。

Y厂的办社会服务事业是从办福利开始的，在Y厂的《生产组织设计》中就有房产管理处、生活福利处（食堂、托儿所、理发店、浴室）、职工医院。1961年，为了解决职工子弟就学，成立了子弟教育科，下属一个中学和两个小学。1964年一机部将汽车工业学校下放Y厂，成为半工半读的中等专科学校。"文革"以后，大批知青返城，为解决职工子弟就业困难问题，从1979年5月开始，又办起了知青工厂、附属工厂。随着厂区面积的不断扩大，城市建设、环境治理任务日益繁重。1981年10月，吉林省政府

---

① 《中共中央、国务院关于广开门路，搞活经济，解决城镇就业问题的若干决定》（1981年10月17日），见中共中央文献研究室编《三中全会以来——重要文献选编》下，中央文献出版社2011年版，第295页。

批准 Y 厂保卫处改名为公安处，行使 C 市公安分局的职能。1986 年 3 月，C 市政府又批准成立厂区管理处，行使汽车厂区域城建管理的职能。同时，为解决技术后备人才不足的困难，1985 年 4 月又成立了 C 市汽车工业高等专科学校。这样 Y 厂就从最初的办职工福利、办子弟教育逐步发展到办大专学校、办知青就业、办城区建设、办社会治安。这些事业到了 90 年代处于鼎盛时期。据 1992 年 Y 厂年鉴记载，Y 厂办社会服务事业部门和单位的职工包括在基层单位从事社会服务工作的人员在内，约有 4 万人，其中全民职工 1 万人，集体职工 3 万人。

Y 厂办社会服务事业，是计划经济的产物。这些服务部门或单位的职工，为 Y 厂的汽车生产和职工生活创造了安定团结的良好环境，也不断改善和提高职工的生活质量、解决职工的后顾之忧，为积极培育 Y 厂的后继人才，做出了很大贡献。但是，由于是非营利的，各单位所办的知青厂中，有许多是依赖主办厂物资和资金的资助维持的，因而也给 Y 厂带来了沉重的经济负担。据有关资料统计，Y 厂平均每年在办社会服务的开支都是 4 个多亿。①

从理论上看，重建单位制阶段有两种力量塑造着单位组织形态的演化。一方面，单位组织依然是城市社会基础秩序的主要载体。走出文革阴影，解决城市劳动就业问题，恢复城市社会生活秩序的任务，主要是通过单位组织来实现的。而在此过程中，原来的国有经济部门已经很难容纳更多的劳动力，只能以厂办集体经济的方式来完成这项任务。实践经验表明，借助换型改造、市场需求丰富和不断扩大的有利形势，单位组织基本实现了城市劳动人口的单位化管理。但是单位组织的结构也不断地复杂化，之前总线式、并列式的组织结构放大、拓展为厂办集体厂围绕着核心大型国企的"核心—外围"体系结构。并且，在组织结构膨胀的同时，单位组织内部冗员众多，人均效益低下。另一方面，单位组织的效率诉求逐渐清晰，通过经济管理体制的重大调整，单位组织的微观主体性得到了一定程度的激活。然而，单位组织的全能主义运行方式并没有改变，单位组织的社会成本空前膨胀，其效

---

① 冯云翔：《Y 厂实业总公司的由来和发展》，全国政协文史和学习委员会编《Y 厂创建发展历程》，中国文史出版社 2007 年版，第 651—651 页。

率困境也因此呈现得尤为尖锐。

以上我们分析了重建单位制阶段,单位组织应对外部环境变化过程中出现的两难境遇。这种重建不是简单地回到传统单位体制,而是在不断面对新问题,在与不断变动的外部环境进行交流、回应的实践选择。在重建单位制的过程中,单位组织不仅要恢复经济秩序,而且还要承担政治和社会任务,如在第二节中,我们发现Y厂通过厂办集体企业等途径安置返城知青和原有企业职工子女就业的政治和社会任务,使得单位组织的家族化及福利特征急剧膨胀,单位组织产生了大量的冗员,生产效率低下。这一时期的调整主要是经济管理体制方面的改革,而单位组织向市场经济条件下企业组织的转变始终没有明晰。然而,市场化改革的潮流势不可挡,Y厂在计划经济年代的产销模式发生了本质的变化。在市场经济环境下,单位组织已经不能再依靠国家计划来帮助企业完成生产和销售,而必须完成企业化转变,获得参与到国内外市场竞争中去求生存、求发展的能力。也就是说,单位组织到了这一时期,既往的运行方式已经难以为继,到了不改制就不能生存的关头。换言之,单位体制的高度合一性使其不可能是一种持续高效的体制,虽然它在一定时期内可以通过举国"一致"的模式创造高速发展的奇迹,但其所面临的最大挑战却在于不能将这种发展势头持久化。据此,很多学者认为单位社会是一种被"制度锁定的社会",难以保证国家获得真正意义上的快速发展。在这一意义上,走出"单位社会"是中国现代化的必然选择。

第 八 章

"国企改制"与"单位共同体"的消解

工业主义乃是现代性的核心构件之一①,就工业之本意而言,指的是"组织人类劳动"。从一开始,工业主义就在追寻"最有效率的组织形式"。而实践中,"组织人类劳动"的活动和"人类劳动的组织"又无往不在时空环境的制约下。单位体制作为新中国"赶超式现代化"道路的基本方案,完成了对陷入"总体性危机"的中国社会的"总体性重构",得以在物质资源匮乏、外部环境不稳定的情境制约下,创造了社会主义的人间奇迹,其历史贡献不容抹煞。然而,单位体制的高度合一性使其不是一种带有持续性的高效体制,虽然它在一定时期内可以通过举国一致的模式创造高效的人间奇迹,但其所面临的最大挑战却在于不能将这种高效持久化。

在 Y 厂个案中我们发现,市场经济年代,单位组织不得不完成企业化的转变以适应市场经济的生存与发展逻辑。这个过程大致经历了两个阶段,即改革之初重建单位制的阶段,和 90 年代以来的全面改革阶段。前一个阶段重建单位制包含两个并行的进程,一方面,拨乱反正、恢复城市社会秩序及城市劳动就业安置的政治和社会使命需要单位组织来承担;另一方面,经济管理体制的改革也在进行,包括放权让利、利润包干制等。然而,这一阶段,单位组织的变动尚不具备明确的企业化改革总体战略思维,虽然从经济管理体制上"放活"了管得太死的全面计划经济体制,单位组织的生产积

---

① [英]安东尼·吉登斯:《现代性的后果》,田禾译,译林出版社 2000 年版,第 10 页。

极性得到调动，但单位组织的全能特征依然明显，尤其是其基层社会成员福利共同体的色彩不减反增，机构不断膨胀、冗员众多。90年代以来，在内外市场环境变化的总体趋势下，单位组织进入了全面改革时期，抓大放小、精干主体剥离辅助、三项制度改革、企业（集团）化发展，表明单位组织向企业组织的转变已经上升为行动层面的自觉。虽然这个过程中充满着阵痛，但总体而言，原有单位组织获得了在市场经济环境中求生存、求发展的自主性。

一、计划经济年代的"改制"构想

历史地看，国企改制虽然是在上世纪90年代中期才作为一项举国关注的事业去推进的。但是国有企业经营体制的变化过程却是连续的，我们无法割裂地认识、或者从理论上标定一个前转型体制，而采取二元论的方式来理解单位社会的变革和中国社会的转型。在对Y厂历史资料的梳理过程中，我们发现，企业的横向联营、经营权和产权的合理配置以及企业办社会职能的剥离等问题，包括改革的构想，在上世纪60年代就已经由国家高级领导在不同的时期提出来了。

（一）改进企业管理方式

早在1964年，邓小平总书记在视察Y厂的时候就已经提出Y厂为进一步发展应该进行改进，通过采用生产协作、生产和产品标准化与系列化、借鉴国外汽车制造企业经验发展和壮大汽车工业。

> 郭力同志在汇报中提到解放卡车产量增加，三轴军用越野车又开始生产而出现一些薄弱环节时，总书记说："可以多与其他专业机械厂去搞协作嘛！"继而又说："能拿出去的就拿出去。""一般加工，凡是机械厂都可以搞的。"郭力说：我们在制定Y厂远景规划时，考虑把有些东西扩散出去。这时总书记指出："你们生产零件后可以到西南、中南搞装配嘛！"郭力同志说：外国一条生产线上搞几种汽车，我们只能搞一种汽车，这里没有系列化。总书记肯定地说："就是嘛！我们现在的

汽车工业不多嘛！凡是能搞标准化的都要标准化。"又说："标准化、系列化就要从这里开始，我们去买一些外国技术来搞标准化、系列化。"

……

（总书记）听完汇报后指出："要怎样吸收世界上的经验，用劲去另行改组，决心改组，以后就快，怕痛怕痒不行，现在你们时间已经晚了。你们要想出一个革命方案来，要当革命派。汽车厂只有那么几家好搞革命。大厂、分厂可以经济独立核算，自负盈亏，一个环节逼一个环节。"总书记问道："你们有熟悉欧美汽车工业的吗？"得知副厂长孟少农同志熟悉便问道："你为什么不按它搞一个革命方案？不接受也要接受，一面要宣传，一面要试验。"总书记充满信心地说："用上两年来搞调整，来革命，是增加生产的办法，是最好的机会。别的行业架子大，而汽车工业很年轻，还是儿童时代，只有这样一点点产量嘛！儿童时代思想改造容易些，等到了老头子再来改造，就改造不动了。在汽车工业上你们带个头。"接下来又说："我们现在是小改组，将来有十个八个这样的厂变老头子了，再改组就难了。我们搞这个行业要革命，为什么永远当落后分子？厂子漂亮倒是漂亮，我们外行看你们厂是现代化，内行一看就不先进。主导思想应该是靠革命，宁肯减少产品也利用这个时间完成革命，包括这里生产什么、哪些东西拿出去放在哪里，以及科学实验和设计等问题。"……"技术有了，主厂搞什么，专业厂分出一部分也可以，无非是系列化、标准化，不然成本不能降低，产量上不去，品种又单调，再生产几年解放牌就成问题了，就要落后了，解放牌也要改造嘛。"①

通过这段材料，可以看出，从具体单位组织的角度来看，作为一个生产企业，其发展和壮大是具有内在规则的。从国际经验来看，系列化、标准化、生产协作，以及精益生产方式、集团化发展等均是汽车制造企业提高生

---

① 张瑛：《邓小平总书记视察Y厂》，载全国政协文史和学习委员会编：《Y厂创建发展历程》，中国文史出版社2007年版，第287—288页。

产效率的基本方式。这是汽车工业企业发展内在规律的延续性。而这些问题早在 1960 年代就已经提了出来，只是囿于当时不稳定的政治环境，在很长的时间里，这些改进的努力往往搁浅。而改革开放以来，无论是该企业的集团化发展、三项制度改革、精益生产方式的采用均是 1960 年代提出问题的延续。因此，从具体的单位组织演进的角度，就不能截然区分出一个前转型和后转型形态，而只能从不断变化的外部环境约制和企业适应环境的主体性之间的关系做出解答。

（二）剥离企业社会职能

此外，企业办社会一直以来被视为导致国有企业包袱沉重、效率低下的重要因素。也因此，在 90 年代中期，国有企业剥离企业办社会职能，就成为国企改制的一项重要内容。但实际上，关于企业办社会职能的思考并不是滥觞于对改革年代国企效率低下的反思。同样早在 1960 年代初，将服务职能交给地方，打破单位组织大而全的运行方式的问题就已经提出：

1962 年 6 月 19 日，周恩来总理在对 Y 厂的视察时明确提出把工厂的后勤服务工作交给地方管理的设想和具体意见。总理说，你们厂外的服务事业部门，应该归 C 市接收。可以成立一个联合小组研究。可以拟一个方案报省委、东北局并报中央、国务院研究。经中央审核后再接收。汽车厂可做典型实验。你们全厂 19000 人，把做厂外服务的 1600 人分出去，剩下 17000 多人，又去了 8%，行政人员也可以精简一点。①

然而，由于不稳定的运行环境，对单位组织运行体制的调整搁浅了。一方面，虽然在生产联营上，根据中央关于试办托拉斯的指示，于 1964 年成立了以 Y 厂为主体，有 13 个企业参加的中国汽车 C 市分公司，对公司的管理体制和管理方法进行了探索。但是由于文革的干扰和体制的约束，远没有达到对生产的控制能力。在后文关于"三十年一贯制"的讨论中，将对这些原因进行分析。另一方面，企业的后勤服务系统都是依靠 Y 厂管理费用的福利费用维持的，不但没有交出去，而且越滚越大。并且，在重建单位制

---

① 张瑛：《周恩来总理视察 Y 厂》，载全国政协文史和学习委员会编：《Y 厂创建发展历程》，第 283 页。

的过程中，依靠单位组织来解决城市待业人员和返城知青就业的工作等内容，使得企业办社会的职能越来越庞大。

二、"国企改制"的效率主义叙事

进入90年代中期，随着市场化改革的深入推进，单位共同体在计划经济年代的运行方式已经很难为继，因此，无论是政府、企业还是学界均意识到单位体制变革的必要性，国有企业改制已经上升为一个最为紧迫的理论和实践命题。然而，这个转变的完成并非一朝一夕的事情，在单位组织企业化转变的实践过程中，单位组织对市场经济观念的接受受制于具体的经济社会条件约束，乃是一个渐进的过程。一种较有代表性的看法认为90年代的国企改制遵循梅因"从身份到契约"的论断，即"中国从计划经济体制向市场经济体制的转型，实质上意味着从以抽象整体利益为主的单位组织转向以具体个人利益为导向的契约组织的运动过程"。[①] 市场化改革以来，企业的效益诉求逐渐明确，迫切地需要在国有企业产权问题、指令性经济和计划经济体系的软预算约束这几个方向寻求突破。应当承认，这些制度环境的变革对于国企能否成功走向市场经济体系，适应改革开放之后的经济环境具有至关重要的价值。

（一）"三十年一贯制"的重负

"三十年一贯制"指的是Y厂自1956年投产到1986年的三十年间，在载重汽车车型上一直沿用投产之初的CA15四吨载重汽车，虽然进行过多达6000多项的技术改造，但一直没有能够换型。Y厂生产的解放牌CA15型四吨载重汽车，是引进苏联40年代的产品，虽进行过上千项改进，解决了转向沉重、水箱开锅、驾驶室闷热等缺陷，对油耗过高和发动机也进行了挖潜改进。但从根本上说，仍没有改变老解放牌汽车外形陈旧、油耗偏高、司机驾驶条件差、车速低、自重大、大修里程少等本质上的缺陷，跟不上科学技术的进步，满足不了社会主义建设的需要，老解放汽车已严重影响同国内外

[①] 曹锦清、陈中亚：《走出"理想城堡"——中国"单位"现象研究》，海天出版社1997年版，（前言），第2页。

汽车市场的竞争力。① 实际上，自 1982 年老 CA15 载重汽车就已经面临严峻的滞销局面，至 1986 年，"由于国家实行宏观控制、税收增加、油料紧张、进口车冲击等原因，国内汽车市场严重萎缩，我厂又处于新老产品交替的特殊时期，老车销售就更加困难。不但车辆难销，更为严重的是很多已签订购车合同的用户要求中止合同；没有中止合同的用户要求停止发车；已经收到车辆的用户又拖欠货款。致使我厂库存积压逐月上升，高峰时达 2.6 万辆，我欠人货款 2.9 亿元。汽车长时期积压，又带来车况下降，增加了管理工作和财政负担。这种建厂以来绝无仅有的困难局面，直接影响着 Y 厂的前途命运，使我厂在经济上承受了巨大的压力"②。因此，"换型转产这一仗是非打胜不可，我们称之为'背水一战'"③。

顺利实现换型转产，打破"三十年一贯制"，不仅是 Y 厂能否在市场经济浪潮中站稳脚跟的生死存亡的大事件，同时还被赋予了关乎企业荣誉、社会责任的意义。1986 年 2 月 14 日，春节后上班的第一天，换型转产万人动员大会在一号门广场召开。时任 Y 厂厂长的耿昭杰的动员讲话就明确地体现了换型转产对于维护企业荣誉和实现企业社会责任的意义：

同志们，我厂生产解放牌汽车已有三十年历史了，我们亲手制造的 110 多万辆汽车奔驰在全国各地，我厂累计上缴国家 60 多亿利润，相当于建厂投资的 10 倍，Y 厂的历史是一部战斗的、胜利的、光荣的历史。但是，老解放毕竟是五十年代初的产品，速度慢、油耗高、舒适性差，如果不迅速扭转这种局面，我们 Y 厂作为祖国汽车工业的第一个大基地，她所应有的地位、声誉、优势和应该给国家做出的贡献，都将随着产品的落后而失去。④

探究"三十年一贯制"的原因，自然地会归结于计划经济体制的束缚。

---

① 李治国：《Y 厂换型改造是历史赋予的光荣使命》，载全国政协文史和学习委员会编：《Y 厂创建发展历程》中国文史出版社 2007 年版，第 404 页。
② 佚名：《1986 年工作总结及 1987 年工作纲要》，载 Y 厂史志编纂室主编《Y 厂年鉴》1987 年版，第 98 页。
③ 耿昭杰：《在换型转产万人动员大会上的讲话》，载厂史志编纂室主编《Y 厂年鉴》1987 年版，第 27 页。耿厂长用历史上著名的"井陉之战"来刻画当时 Y 厂面临的困境，指出 Y 厂在产品换型上也面临着没有任何退路的形势。
④ 耿昭杰：《在换型转产万人动员大会上的讲话》，载厂史志编纂室主编《Y 厂年鉴》，1987 年版，第 26 页。

从总体上讲，单位制度的实施，就实现其预期的组织功能而言，是有效率的。它为高度集权的一元化的政治体制和高度集中的计划经济体制，以及严格的意识形态控制体制的运作，提供了强有力的组织保证。但正如在迅速推进工业化进程当中曾经表现出了很高效率的计划体制，随着时间推移，逐步暴露出效率低下的严重弊端，单位制度也产生了一系列的"制度后果"，有关问题的日积月累，更是发展到积重难返的地步。据介绍，30 年间，Y 厂曾经提交过 12 次的换型方案，但由于历史条件的经济体制的限制始终未能如愿。此外，单位在人事、劳动力、分配等方面的制度安排及其"小公"特征，也使得变革缺乏现实性。Y 厂档案馆的 W 老师对笔者说：

  说到换型转产的十二个方案，当时国家的经济体制束缚确实是一个重要的方面。但即使批下来了，也是做不成的。换型说白了最终是要动人的，动谁不动谁，也不是很好办的事；还有生产技术、考核标准、配套协作，这些都得大动。①

  在这样的情况下，单位体制变革既缺乏来自计划经济体系的外部动力，又缺乏组织自身调整和转变的内部动力。这一点在典型单位组织中表现得更为彻底：大有大的好处，大也有大的难处，船小好调头，Y 厂这么大一个摊子，哪里是说变就能变的。看着只是某一个具体方面的调整，但所牵动和影响的方面却多了去了，那真是"牵一发而动全身"呢。好像是 63 年，厂里计划修订标准工时，结果弄得各个部门不乐意，工人有意见、师傅们不高兴、家属闹情绪……唉，总之，想做点啥真是不容易啊！慢慢地也就没谁愿意折腾了。②

  如果说在计划经济体制下，一个革新缓慢的工业组织尚能够生存的话，市场经济年代，在改变了的外部环境之下，单位组织的变革已经势在必行。

（二）学习现代企业制度

  Y 厂对精益生产方式的采用被誉为该厂发展历史上的"明治维新"，③

---

 ① Y 厂工作人员访谈（2009 年 12 月）。
 ② Y 厂工作人员访谈（2009 年 12 月）。
 ③ 耿昭杰：《我跑第六棒——耿昭杰访谈录》，载 Y 集团公司史志编纂室主编：《Y 集团公司年鉴》（2004），吉林科学技术出版社 2004 年版，第 41 页。

早在1978年，Y厂就组织实习团赴日本学习企业管理经验，并开始在企业生产管理过程中实践。时至今日，对精益生产方式的思考和实践依然是该厂生产管理的一项重要议题。通过对Y厂相关文献的挖掘，笔者发现，精益生产方式在改革的过程中，不仅是生产方式层面的实在变革指向，对精益生产方式的认识和采纳也经历了一个渐进的过程，并且这一过程无意中扮演了单位组织接受市场经济下企业生存观念媒介的角色。

师法"精益生产方式"成为Y厂由单位组织向企业组织转变的实践选择。所谓"精益生产方式"是对日本丰田公司生产模式的理论概括。学界认为，以丰田公司为代表的"精益生产方式"（Lean Production），相对于以福特公司为代表"大批量生产"（Mass Production），乃是制造业生产方式一场革命性的变化。① 后者往往具有严密的官僚体制和金字塔型的组织结构，通过泰罗制的推行，工人在严密的监视下，从事简单、标准而又是重复的劳动。其特点是产品成本低，标准化，大批量，这一模式曾经造就了称霸全球的福特T型汽车。而精益生产方式产生的社会背景有两个方面，一是用户对产品需求的多样化和个性化不断凸显，二是在买方市场的条件下，同行业、跨行业乃至全球的竞争不断加剧，产品交货期限不断缩短。虽然精益生产方式中的一些理念诞生很早，在20世纪30年代的日本企业中就有采用，而其真正显示出威力是20世纪70年代的事情。"丰田汽车公司的大野耐一通过应用精益生产方式，把丰田汽车公司的交货期和产品品质提高到世界领先地位时，精益生产才得到完全准确的描述。"② 其主要特征表现为：（1）品质：寻找、纠正和解决问题；（2）柔性：小批量、一个流；（3）投放市场时间：把开发时间减至最小；（4）产品多元化：加快产品周期、减少规模效益影响；（5）效率：提高生产率、减少浪费；（6）适应性：标准尺寸总成、协调合作；（7）学习：不断改善和解决。③

细细品读Y厂的年鉴等相关材料，笔者发现，在单位组织向企业组织转变的各个环节，Y厂对精益生产方式的强调也是有侧重的。这种"阐释

---

① 顾新建、曹韵红、徐福缘：《大批量定制生产与精益生产方式的比较》，《成组技术与生产现代化》2000年第4期。
② 李润茹：《精益生产方式研究及生产方式的未来》，《经济师》，2005年第11期。
③ 李润茹：《精益生产方式研究及生产方式的未来》，《经济师》，2005年第11期。

学"背后的因素，乃是 Y 厂在不同历史时期所面临的现实任务：

【1993 年年鉴】所谓精益生产方式，就是坚持质量第一追求不断降低成本、无废品、零库存和产品多种多样。与大量生产方式相比，人员、面积、设备、产品开发和工程设计的时间、现场在制品和废品等都大大减少，达到以最少的投入最大限度地生产出满足用户要求的产品的目的。①

【1995 年年鉴】一是办企业追求的目标。我们现在往往停留在以前的目标上，像产量、产值、利润、销售额或者废品率等等，……但我们要搞精益生产，或者我们要在国际竞争中取胜，我们追求的目标还必须有人均、单位面积，或者叫作单位投入量的产出等指标。

要抓住精益生产方式的精髓，……什么是精髓？……就是彻底消灭无效劳动和浪费、提高生产率，最大限度满足市场多元化的需求。

精益生产方式为我们提供了这样一个典范。……就是一个弱者、一个穷国怎么战胜富国，或者说一个穷的企业战胜一个富的企业，一个落后企业战胜一个先进企业，这样一个典范。它是竞争的产物，是那个弱者为了生存逼出来、创出来、开拓出来的一条路子。②

【1998 年年鉴】生产领域要普遍实现"拉动式生产"和多品种混流生产；产品开发、市场营销和采购领域，要普遍用精益化管理方式和工作方式；群众性的改善活动要进一步上档次、上水平。③

【2003 年年鉴】基层领导班子和高级经理每年学习一到两本书，近几年先后学习了《改变世界的机器》、《精益思想》、《6 个西格玛》等管理书籍。④

今年我们培训的内容就是"六个西格玛"。"六个西格玛"的灵魂就是以用户为中心，这和我们的精益思想是一致的，它是落实精益思想的具体

---

① 耿昭杰：《深化改革 扩大开放 抓住机遇 再展宏图》，载 Y 集团公司史志编纂室主编：《Y 集团公司年鉴》（2004），吉林科学技术出版社 1993 年版，第 38 页。
② 耿昭杰：《在第三次创业中全面推进精益生产方式》，载 Y 集团公司史志编纂室主编：《Y 集团公司年鉴》（1995），吉林科学技术出版社 1995 年版，第 21—29 页。
③ 耿昭杰：《全面完成第三次创业的历史任务以崭新的面貌跨入二十一世纪》，载 Y 集团公司史志编纂室主编：《Y 集团公司年鉴》（1998），吉林科学技术出版社 1998 年版，第 21 页。
④ 佚名：《确立精益思想，扎扎实实做好差别化培训》，载 Y 集团公司史志编纂室主编：《Y 集团公司年鉴》（2003），吉林科学技术出版社 2003 年版，第 95 页。

措施。①

在 Y 厂改制的不同时期，强调了经营生产方式的不同侧面。可以说，Y 厂正是通过精益生产方式这一媒介而认识现代企业制度的。此外，Y 厂在阐释"精益生产"内涵方面体现出强烈的自主性。即这一过程，并不是一揽子接收精益生产方式对企业经营管理的改造，而是将对精益生产的学习，嵌入 Y 厂自身改制的意识形态需求和知识需求。

（三）企业集团化改革

虽然说单位组织在改革开放最初的十余年间已经进行了一系列的改革，但是诚如路风教授所见，企业内部结构和管理形式却基本未变，这就直接导致了单位组织在 1990 年代中期的全面危机，即企业内部构造与市场经济要求之间的差距。②

汽车工业是一个规模性很强的产业。目前，国际汽车行业一般认为，汽车制造企业的最佳规模为小轿车年产 100 万辆以上，汽车总产量 150 万辆以上。对于发展中国家来讲，汽车制造企业的最佳经济规模是年产小轿车 40 万辆以上。受规模经济的驱使，各国的汽车厂家纷纷进行了大规模扩张。如韩国在 1972 年将当时 30 多家汽车厂关、停、并、转，形成了 4 个大型汽车企业集团，实现了汽车工业的结构优化。1980 年，当中国汽车产量达到 22 万辆时，韩国的汽车产量只有 12 万辆。可到 1995 年，中国年产汽车 145 万辆，比 1980 年增长 6 倍，而韩国年产汽车却达到了 252 万辆，比 1980 年增长近 21 倍。韩国成为仅次于美、日、德、法的世界第五汽车生产大国。纵观世界几个汽车生产大国的汽车工业都经历了由分散到集中的发展过程。美国的汽车制造厂商多时达到了 140 多家。现在，美国的汽车厂商只剩下 3 大家，日本只剩下 4 大家，德国也只剩下 3 大家。Y 厂借鉴世界汽车工业的发展规律，结合自身的实际，从 80 年代初起就开始了集团化发展的尝试。③

Y 集团十年来所走过的历程，大体上经历了 1982 年前的生产技术协作，

---

① 吴畏：《吴畏书记讲话》，载 Y 集团公司史志编纂室主编：《Y 集团公司年鉴》（2003），吉林科学技术出版社 2003 年版，第 36 页。
② 路风：《国有企业转变的三个命题》，《中国社会科学》2000 年第 5 期。
③ 韩朝华：《战略与制度：中国企业集团的成长分析》，经济科学出版社 2000 年版，第 273 页。

1982年—1985年的经营联合和1985年以来以资产联合为特征的三个阶段。其中,第三个阶段是Y集团初步发育成型和完善提高阶段。其主要特点是,为适应Y厂第三次创业上轻型车、上轿车的需要,采取参股、控股、企业兼并等多种途径,积极推进资产联合。1986年10月,集团更名为"解放汽车工业企业联营公司";1987年开始,集团实行计划单列;集团内部还成立了财务公司,从而使Y集团的功能进一步完善,初步具备了规范企业集团的基本条件。1991年,Y集团被国家列为首批试点企业集团之一,1992年7月15日,Y集团由解放汽车工业企业联营公司正式更名为"Y集团",核心企业为"Y集团公司",Y厂作为集团公司从属名称保留,它标志着Y集团建设进入了一个新的发展阶段。①

按照世界汽车工业发展趋势,汽车制造厂家的主业一般只搞冲、焊、涂、装四大工艺和动力总成,其他都靠全球采购,发展专业化协作。为了迎接即将加入WTO的挑战,从1998年冬到2000年春,集团公司决定把所有毛坯、零部件、辅助生产厂和技术后方的有关部门全部剥离,先后组建了富奥汽车零部件、Y厂铸造、Y厂锻造、Y厂模具、Y厂启明信息技术、Y厂工艺装备、Y厂非标准设备技术开发、Y厂建设工业、Y厂装备技术开发制造、Y厂蓝迪自动化工程、Y厂运输、Y厂动能、Y厂综合利用、Y厂通信、机械工业第九设计院等10多个全资子公司、控股子公司或分公司,实行独立核算,自主经营。其职工人数达35000多人,其中富奥零部件公司就包含着集团公司所属7个零部件企业和8个中外合资企业,员工15000多人。

……

伴随着二级子公司和分公司的成立,原来集团公司管理部门职能发生了变化。2000年初,集团公司总部原有47个行政和党群部门优化、组合为22个部门和事业部门,机构减少53%,人员精简30%。2002年,22个部门又减少到18个,负责集团公司宏观管理职能,微观管理职能下沉到子公司、分公司,真正实现了管干分开,管理放大,决策集中。

……

---

① 耿昭杰:《深化改革 扩大开放 抓住机遇 再展宏图》,Y集团公司史志编纂室主编:《Y集团公司年鉴》(2004),吉林科学技术出版社1993年版,第29—30页。

2003 年公司化体制改革任务基本完成。Y 集团已拥有 18 个职能部门、3 个分公司、30 个全资子公司、15 个控股分公司和 26 个参股公司。集团公司内部市场化运行机制也逐步建立起来，同时，对企业组织、信息管理、质量管理等重点领域的管理方式进行了改革，形成了一套新的管理运控系统，各级子公司的体系能力和经营管理水平均有不同程度的提高。[①]

(四) 精干主体剥离辅助

如前所述，单位制度是新中国赶超式现代化的组织基础，通过全能体制的建立，克服了晚清以降的社会总体性危机，并确实在一定时期创造了举世瞩目的人间奇迹。然而，在市场经济年代，单位组织的运行方式距离市场经济的要求悬殊，随着单位组织向市场经济下企业组织转变的改革思维逐渐明确，Y 厂制定了企业集团化的发展战略，这就使得分离主辅、精干主体、剥离企业办社会职能等问题逐渐被提上议事日程。

Y 厂实施公司化体制改革是从剥离企业办社会事业起步的。按照《公司法》和建立现代企业制度的要求，必须实行政企分开，就是政府不再直接管理企业，而企业办的社会事业交给地方政府去办。但是 Y 厂所在地办社会事业都是不盈利的福利性公益事业，交给政府养不起，直接推向社会自己也活不成。于是，1994 年 5 月，把房产处等 6 个服务处室及其下属 6 个实体（共计 1 万多名职工）拢起来，成立了实业总公司，实行整体剥离，但还尽 Y 厂社会事业部的职能，经济上给予一定补助。直到 2001 年 7 月，实业总公司完全有能力自负盈亏时，才按照"管干分开"的原则，把实业总公司改制为名副其实的全资子公司。[②]

厂办集体经济和企业办社会职能的剥离是主辅分离、辅业改制的主要内容。

为适应 Y 厂深化改革、转换经营机制、建立现代企业制度的需要，1994 年 4 月，Y 厂成立实业总公司，决定把生活福利处、子弟教育处、房

[①] 闵铁华：《Y 厂的公司化体制改革》，全国政协文史和学习委员会编：《Y 厂创建发展历程》，中国文史出版社 2007 年版，第 701—704 页。

[②] 闵铁华：《Y 厂的公司化体制改革》，全国政协文史和学习委员会编：《Y 厂创建发展历程》，中国文史出版社 2007 年版，第 701—704 页。

产管理处、卫生处、厂区管理处、电信处等 6 个服务性事业单位划入其中。实业总公司是 Y 厂特殊的全资子公司，囊括了 Y 厂当时几乎所有的非生产经营单位，同时行使对社会服务职能进行归口管理的权力，充分体现了"精干主体、剥离辅助、释放潜能、分流人员"的原则，使 Y 厂的整个社会服务部门独立出来，统一管理。

……

实业总公司对外使用 Y 厂实业总公司的名称，办理法人营业执照；对内使用中国第 Y 厂车集团公司社会事业管理部的名称。实行一个机构两块牌子，在 Y 厂统一规划、统一政策、统一领导下，相对独立地开展生产经营和社会生活服务管理等多项活动。①

同年（1994 年），Y 集团对集体企业归口管理，成立了 Y 厂四环企业总公司。

1994 年 5 月 7 日，公司下发【1994】Y 集团企字 250 号文件，决定成立中国第 Y 厂车集团公司四环企业总公司（中国第 Y 厂车集团公司集体企业管理部）。新成立的 Y 厂四环总公司（集体企业管理部）是集团公司直接领导的子公司，同时又是集团公司对集体企业行使统一管理的职能部门。是以集体企业为主体，兼有全民等多种经济成分的独立核算、自主经营、自负盈亏、自我发展、自我约束的经济实体，担负着安置子女就业及统一管理集团公司所属集体企业的职能。对外使用 Y 厂四环企业总公司的名称，办理法人营业执照；对内使用 Y 集团公司集体企业管理部的名称，实行一个机构、两块牌子，在集团公司的宏观控制及指导下，相对独立地开展生产、经营、管理及对系统服务、指导等工作。这是公司为加强对集体企业管理，充分发挥集体企业的整体功能和优势，进一步明确产权界限和隶属关系，加速公司化改组所采取的重大举措。②

通过前文的分析，可知，Y 厂的集体经济和企业办社会职能均是单位组织在实践过程中不得已的现实选择。在改革年代，为了适应市场经济的发

---

① 李南南：《深化社会事业改革 促进企业发展》，全国政协文史和学习委员会编《Y 厂创建发展历程》，中国文史出版社 2007 年版，第 683—684 页。

② Y 集团公司史志编纂室主编：《Y 集团公司年鉴》（1995），吉林科学技术出版社 1995 年版，第 138 页。

展,精干主体、剥离辅助成为必然的选择。1994实业总公司和四环公司成立以后,Y集团公司的组织架构明晰,主体厂获得了轻装上阵,在市场经济中求生存和发展的组织保障。此后,实业总公司和四环公司各自又进行了二次剥离,公司化体制逐渐完善。这一过程中有几点是值得注意的:

首先,实业总公司和四环公司成立之后,采取了"一个机构、两块牌子"的运行方式。这种做法恰好反映了单位主导的公共性变革的实践逻辑。前文已述,单位组织在其实践面向上构成了一种独特的社会基础秩序,一个城市中共同体的景观。无论是实业总公司(社会事务管理部)还是四环公司(集体企业管理部),就其起源而言,都是不能离开单位主导的公共性得到单独的理解。改革年代,单位主导的公共性逐渐变动,但不是一夜之间就能打破单位惯习而转变为市场经济中的企业组织的。相对而言,"一个机构、两块牌子"的做法是新旧公共性格局转换的实践逻辑。即通过一种渐进的过渡,完成公共性构造的转换和社会基础秩序的变革。

其次,实业总公司和四环公司的成立,一方面扮演了主体厂改革的蓄水池,另一方面自身也进行了二次剥离,市场化导向的改革。为了精干主体,原主体厂中与集团化改革不相适应的部门被拿到实业总公司和四环公司,进行了部门分割、人员分流。此后,实业总公司和四环公司进行了二次剥离,进一步下岗分流、剥离低效部门,从而建立现代企业制度。

(五) 重塑劳动控制

如前所述,企业集团化改革、精干主体剥离辅助,更多的是完成了组织结构的企业化转变。而三项制度改革,则直接作用于管理者和劳动者,调整二者之间的关系。国有企业三项制度改革主要是指国有企业在劳动人事、工资分配、社会保险制度三个方面的改革。从社会学的视角来看,三项制度改革完成了单位组织向企业组织转变过程中生产政体[①]的重塑。其结果是劳动关系契约化,管理者获得了对劳动过程的控制能力。起源并形成于政治过程的社会主义工业关系的制度框架使企业演化出一种特殊的社会关系结构。这

---

① 关于生产政体的论述,参见迈克尔·布诺威《制造同意——垄断资本主义劳动过程的变迁》,李荣荣译,商务印书馆2008年版。

种以"铁饭碗"和工作场所福利制为核心的劳动关系结构严重限制了管理者对劳动过程执行纪律的能力，使管理者从来没有能够有效地控制和协调生产过程。缺乏管理控制是计划经济体制下企业管理能力长期低下的根本原因，也是国有企业组织转变的直接障碍。在从计划到市场的过渡中，无论国家的改革政策创造出什么样的必要条件，实现对生产过程的管理控制才是国有企业组织转变的真正起点。①

三项制度改革中，劳动人事制度改革是基础，工资分配制度改革为中心，社会保障制度改革为保障。其目标有三：首先，实行全员劳动合同制，建立起有竞争机制的劳动人事制度。其次，实行岗位技能工资制的工资分配制度。其三，实行国家、企业、个人三方合理负担的办法，建立起具有保障机制的社会保险制度。

具体到 Y 厂，改革的内容包括：

1. 改革用工制度，实行劳动合同制。

（1）强化定员管理。本着"精简、高效、节约"的原则，从精简机构、提高劳动负荷入手，调整和改善劳动组织，合理确定岗位定员。重点解决二、三线劳动负荷不满、人员配备不合理的问题。

（2）实行上岗考核。根据劳动岗位的特点和客观要求，制定岗位规范和上岗考核办法，并认真地进行考核，为竞争上岗提供依据。

（3）合理组合、竞争上岗。在核定定员的基础上，本着"条件公开、平等竞争、双向选择、最佳配置"的原则，实行竞争，择优上岗，并实施动态管理。

（4）签订合同，实行合同管理。企业与职工在平等自愿、协商一致的基础上，签订岗位合同和劳动合同。第一步签订岗位合同，实行合同化管理，第二步签订全员劳动合同，破除职工的身份界限，变国家职工为企业职工，逐步建立起以合同形式调整企业和职工劳动关系的管理方式。

（5）妥善安置富余职工。对合理组合后的富余职工，要从原岗位上撤下来，根据富余职工安置以企业内部消化为主的原则，采取厂际交流、厂内培训、厂内待岗、厂内退养、发展第三产业等办法予以妥善安置。

---

① 路风：《国有企业转变的三个命题》，《中国社会科学》2000 年第 5 期。

2. 改革人事制度，实行干部考核聘任制。

（1）精简机构，合理确定干部岗位和编制。进行公司化管理体制的改革和调整，重新划分管理职能，本着"精简、统一、效能"的原则，精简机构和压缩干部编制，理顺党、政干部双轨制管理等关系，解决某些机构重叠、职责不清、人员超编等问题。

（2）引入竞争机制，坚持考核上岗。按干部岗位规范的要求，认真进行上岗考核。根据干部编制，本着"公开、平等、择优"的原则，竞争上岗。

（3）签订聘任合同，完善干部聘任制，经考核上岗的干部（不包括选举干部）一律实行聘任制，签订聘任合同。未聘干部要予以妥善安置。要逐步打破干部和工人的身份界限，促进人才的合理交流。

（4）深化职称改革，完善专业技术职务考评制度。专业技术职务任职资格，纳入专业技术干部聘任上岗的条件，不再单设专业技术职务岗位，把专业技术职务与专业技术干部工作岗位融为一体，不再重复聘任。

3. 搞活企业内部分配，实行岗位技能工资制。

（1）制定岗位评价标准，科学地进行岗位测评。从我公司的实际情况出发，按照劳动责任、劳动技能、劳动强度、劳动条件四项基本劳动要素的要求，分别制订干部、工人岗位评价标准，并认真地开展岗位测评，合理确定各岗位的差别，以此作为确定劳动报酬标准的依据。

（2）制定岗位技能工资实行办法及标准。根据我公司经济效益及现有工资水平，制定符合我公司实际情况的岗位技能工资实行办法及标准。

（3）分步兑现岗位技能工资。第一步是在完成核定定员、岗位测评、上岗考核、签订上岗合同工作后，兑现岗位工资。第二步是在建立职工劳效评价标准，并进行严格的考试考核后，兑现技能工资。

（4）建立健全岗位技能工资运用机制。通过岗位技能工资的实施。逐步建立以劳动岗位和劳动成果决定劳动报酬的工资分配制度，形成"岗位靠竞争，报酬靠贡献"的动态管理机制。

4. 进行养老保险制度改革，实行基本养老保险个人缴费制度。

贯彻实施《国务院关于企业职工养老保险制度改革的决定》，逐步建立国家基本养老保险、企业补充养老保险和个人储蓄性养老保险相结合的多层次养老保险体系，资金由国家、企业、个人共同负担，随着职工工资的增长，实行基本养老保险个人缴费制度。①

　　Y厂从单位组织向市场经济要求的现代企业组织转变的战略思维于90年代中期明晰起来。具体而言，作为一个超大型汽车制造业企业，企业集团化改革是宏观层面完成了组织结构的调整；精干主体、剥离辅助使得国有企业成功地甩掉了社会成本的沉重"包袱"；而三项制度改革，则从企业内部管理、人事、劳资、财务等方面型塑着新型的现代企业制度。然而，从单位组织到企业组织的转变不能简单地化约为一个经济学和管理学命题。由于单位组织不仅是一个生产组织，而是新中国建立的一整套对于中国传统社会的改造方案，因此，仅从效率的尺度来评价理解单位体制的转移，无疑将会带来巨大的理论风险。

---

① Y集团公司史志编纂室主编：《Y集团公司年鉴》（1995），吉林科学技术出版社1995年版，第124—125页。

第九章
工业社区冲突与单位共同体"变迁之痛"

改革开放至今的 30 多年历程中,中国在创造了令世人瞩目的经济奇迹的同时,也经历了剧烈的经济社会变迁,原有的平均主义社会宣告终结,社会开始走向严重分化。在此背景下,每个国企工人及其家庭的命运深深卷入其中。伴随着破产重组、分立改制等政策的运行,下岗、失业、买断工龄等词汇成为国企工人群体中最日常的表达,静坐、上访、围堵、护卫厂等集体行动也随即频繁发生。在国企背景深厚的东北老工业基地,这一现象尤为常见,媒体的曝光、网络的推动将一个个触目惊心的场面还原在大众面前,工人的集体行动俨然成为关乎民生追求与影响社会稳定的重要问题。那么,这些国企工人的集体行动有着怎样的特质与属性,行动背后的深层机制是什么?又会形成哪些影响呢?学界迄今的相关研究往往运用那些源于西方社会的一般性的集体行动理论展开解释,而忽略了单位制度背景下"单位人"特殊的角色扮演及单位共同体在集体行动中的作用。故本章拟将国企工人的集体行动置于单位制度变迁的背景下,从破解"单位人"概念的特殊蕴涵开始,以东北老工业基地 H 厂一次持续 86 天的千人集体行动为个案,试图对典型单位制背景下单位人集体行动的实践逻辑做出新的理解与解说。

一、"典型单位制":工人集体行动的社会背景

近年来,学界关于国企工人集体行动的研究成果,普遍存在着简单移用

发源于西方公民社会的集体行动理论直接加以解释的现象，从而对国企工人集体行动问题存在着较为明显的误读，难以对有着鲜明本土色彩的社会现象做出具有说服力的解释。对此，笔者认为，我们应充分重视转型期中国社会集体行动的复杂性，意识到不同群体、不同时空条件下的集体行动都不尽相同。故本文试图在长时段的历史视野与动态的社会视角的关照下，以个案为基础的具体时空的考察，注意将这种集体行动与其所依托的"典型单位制"直接联系起来，发现其行动背后的社会机制。

（一）学界关于国企工人集体行动的讨论

关于集体行动的分析解释，西方的研究多将其融合于更为广义的社会运动中，呈现出建构主义与结构主义两种不同的研究取向：前者关注个人心理及其特质因素的作用，如斯托夫等人的相对剥夺理论与奥尔森对集体行动逻辑的分析；后者强调结构（制度）因素的制约，如政治动员与政治过程理论。这种模型化的理论建构的确带来了清晰化的解释框架，但试图以此来理解类型各异的集体行动无疑是冒险的。

国内学界对于频繁发生的非正式渠道利益诉求，亦尚未形成统一的术语。集体行动、集体上访、维权行动、集体抗争、社会冲突、社会运动、社会革命、群体性事件等概念均为不同情境中的表达。赵鼎新从组织化程度、制度化程度、政治行为所追求的社会变革程度三个方面，将集体行动定义为"区别于社会运动与革命的，即许多个体参加的、具有很大自发性的制度外政治行为"[①]。在对维权行动、社会抗争、社会冲突等术语的辨析中，刘燕舞主张以集体行动作为界定此类行动的概念，并以组织化、政治信仰、理性

[①] 赵鼎新在区分了集体行动与社会运动、革命的关系。社会运动是有许多个体参加的、高度组织化的、寻求或反对特定社会变革的制度外政治行为。革命是有大规模人群参与的、高度组织化的、旨在夺取政权并按照某种意识形态对社会进行根本改造的制度外政治行为。三者的共同点在于都是制度外的集体性政治行为，从而与选举、政府会议、官方集会等制度内政治集体行动相区别。同时，三者可以从组织化程度、制度化程度、政治行为所追求的社会变革程度三个方面区别开来。革命旨在追求根本性变革，因此其组织化程度极强，是具有高度体制外的政治行为。如果是高度组织化、体制性的，且追求的社会变革比较小，则属于常规政治。与前两者相比，集体行动的制度化、组织化和所追求的社会变革程度都很低。这一概括因与中国情境贴合，多为研究者所用。见赵鼎新《社会与政治运动十讲》，社会科学文献出版社2006年版，第2页。

这三个维度对国内各种集体行动做出类型划分①。在认同上述观点的基础上，笔者将本章研究对象进一步限定为，国企工人因改制以来生存状况的变化所引致的集体行动。除强调集群性、自发性、非制度性之外，更突出此类行动在具体社会时空情境中的特性。

对于国企工人的集体行动的具体研究，西方学界的两种解释框架均得到本土化推进。学者侧重在具体的社会情境框架下讨论国企工人在集体行动中的主体性问题，以弥合建构主义与结构主义视角之间的张力。这些探讨集中在动力机制、行动策略、行动影响以及对集体行动本身的概括等内容。如曾鹏等将引致国企工人集体行动的社会情境归纳为"转型时期导致社会不公正的结构再造，日益明显的相对剥夺感与阶层意识，民众利益表达途径的梗阻"。②唐军将此类行动概括为"一种以生存伦理至上和分配公正优先为思想依据的，即我们概括为生存型理性行动的抗争逻辑"，并以"传统体制下企业的管理组织形式和公有制观念的策略"为手段"③。佟新以个案为依据揭示了社会主义的文化传统在工人集体行动中"以充斥着旧意义的话语中创造了新的意义和内涵"。④同时，应星提出"气"⑤、刘能强调"怨恨"⑥、郭景萍关注"情感"⑦，这些对主体情感建构性的考虑，也提供了有益视角。但值得注意的是，上述研究成果基本上都是在以国企工人为个体研究单位而展开的，没有注意单位制度背景下国企工人作为"单位人"的存在，这实际上在很大程度上遮蔽了集体行动的真正主角"单位人"的特殊性。

这些各有侧重的多样视角，甚至充满张力的研究结论正是社会转型与国企改革长期性与复杂性在横向角度的真实回应，同时，这一现象也在对不同

---

① 刘燕舞：《集体行动的研究传统、类型及其争论》，《周口师范大学学报》2009年第7期。
② 曾鹏、戴利朝、罗观翠：《在集体抗议的背后——论中国转型期冲突性集体行动的社会情境》，《当代中国研究》2006年第2期。
③ 唐军：《生存资源剥夺与传统体制依赖：当代中国工人集体行动的逻辑——对河南省Z市Z厂兼并事件的个案研究》，《江苏社会科学》2006年第6期。
④ 佟新：《延续的社会主义文化传统——一起国有企业工人集体行动的个案分析》，《社会学研究》2006年第1期。
⑤ 应星：《"气"与中国乡村集体行动的再生产》，《开放时代》2007年第6期。
⑥ 刘能：《怨恨解释、动员结构和理性选择：有关中国都市地区集体行动发生可能性的理论分析》，《开放时代》，2004年第4期。
⑦ 郭景萍：《集体行动的情感逻辑》，《河北学刊》2006年第2期。

时期国企工人集体行动的纵向把握中得以体现。通过对不同时空背景下的不同的行动样态的辨察，也会对学界一直存在的"集体无行动"、"无集体行动"与"有集体行动"争论赋予一定的洞见。周雪光、李静君等学者以"集体无行动"解释降低积极性、缺工、逃避责任、不合作等行动对90年代初期企业改制变革①。刘爱玉针对90年代中后期工人中广泛存在的服从、退出和个人倾诉，而没有利益组织起来的公开的集体行动，将其概括为"无集体行动"②。冯同庆提出，工人的感恩型国家观念也可能会限制他们的集体行动。他认为，社会转型时期的国有企业工人从计划体制内走出来，其社会行动的后果往往不在他们意识之中，工人的集体行动往往是注重与社会协调的。也即说，工人们仍然相信通过现有的工会、职代会、工人持股组织形式来表达自己的行动，他们的行动将导致一种自发的经济民主制度形成，这种经济民主制度既不能被漠视也不能被误用。③

以陈峰为代表的一批学者对近十年来随着工业关系的转型研究发现了国企工人对工作条件恶化、权益侵犯等现象的抗争，并总结为具有明显的"道德经济学"倾向的集体行动④。在认同"集体有行动"基础上，于建嵘对工人"以理维权"的概括等形成了不同理论视角。将这些探讨放置于长时段的历史分析视角中，这些相互争鸣的观点其实解释了改革以来不同时期的行动形式，并显现着一个清晰的脉络，即随着市场的延伸与国企改制的推进，国企工人的回应心态上从消极到积极，在形式上从隐秘到公开，从组织化程度上也从个人上升到集体。

（二）"典型单位制"：一个具体的社会框架

在社会变迁与个体行动的互构中，国企工人的集体行动在多样复杂的样

---

① 见 Zhou, Xueguang. 1993. "Unorganized Interests and Collective Action in Communist China", *American Sociological Review*. Volume58, Issuel (Feb.), 54-73. Lee, Ching Kwan. 1998. "The labor Politics of Market Socialism: Collective Inaction and Class Experiences among State Workers in Guangzhou", *Modern China*. Volume 24, Issue1 (Jan.,) 3-33.

② 刘爱玉：《选择：国企变革与工人生存行动》，社会科学文献出版社2005年版，第73页。

③ 冯同庆：《中国工人的命运》，社会科学文献出版社2002年版，第164页。

④ Chen, Feng. 2000. "Subsistence Crisis, Manager Corruption and Labor Protest in China", *The China Journal*, Vol. 44, pp. 41-63.

态中显现出应对国家与市场的内在秩序。区别于其他不同的集体行动,在这些行动的背后,单位,作为工人生产与生活交叠的空间,不仅仅是行动的场所,也是行动产生本身的机制。在单位这一具体场域,集体行动的主体——"国企工人"有着区别于一般"社会人"的"单位人"身份,行动的发生发展具有一定的空间封闭性,因此从本质上属于一种"单位化"的行动。基于此,笔者认为,不能简单地将国企工人的集体行动等同于一般意义上的集体行动,而更应关注其内在的"单位属性"。因此,衍生这些行动的时空因素——单位及单位人的特殊身份,应成为分析的基本框架,并对提纯式的理论建构提供更为丰富的解释。在东北老工业基地,这一框架即内化为"典型单位制"的存在与变迁所带来的影响。

学术界多是将"单位制度"作为一种全国性的、普遍的制度和体制纳入研究视野的,虽然有些学者已经注意到单位制度不同类别的存在,开始探讨单位级别和单位类型对单位制度的影响,但却未将"单位制度"置于不同空间和地域文化背景下,探讨其具体的、多元意义的变异,从而限制了我们对单位现象的深入理解。对此,笔者曾提出"典型单位制"这一概念,尝试对单位制研究带来富于地方景观特色的解读。

首先,所谓"典型单位制"实际上是在相对比较中提出一种带有本土性的研究概念。因为从时间上透视东北老工业基地发生、发展与转型的进程中,我们会发现:(1)作为最早取得解放战争胜利和最早进入计划体制的地区,东北地区是最早学习苏联经验,进入单位体制的地区,以公营企业为核心组织机构,便构成了"典型单位制"第一种存在"形态"。(2)在"一五"计划期间,东北凭借苏联援助的156项重大建设项目,建成了中国具有典型意义的工业基地,使单位制初步形成,并进一步强化了东北地域"典型单位制"的一些特性。(3)在中国退出计划体制的过程中,由于东北地区中央直属的、超大型企业高度密集,加之地缘因素的制约,使得"典型单位制"的特色再度凸显。因此,在建国以来单位体制在全国城市范围内普遍确立这场剧烈的空间重组过程中,由于特殊的历史背景和社会条件的作用,使得以东北老工业基地为代表的"超大型"工业社区形成了极具特色的"典型单位制",对其经济社会发展产生了极其深刻的影响。20世纪八九十年代开始,伴随着改革开放的进程,中国社会步入了复杂多变的"转型期",与沿海开放城市相比,东北地区迈向市场化的步履相对滞后,"典型单位制"的内在结构比较单一,缺乏来自非单位体制的挑战,具有封闭自足的特色。相比之下,单位制的现实影响仍然很大,不仅传统单位制度的堡垒仍然非常坚固,而且,一些非单位制的企业也往往向单位制模仿、靠拢。因而,作为与计划经济体制相配套的一种社会政治组织体制的存在,单位文化对于东北老工业基地仍然发挥重要的功能,遂导致东北的"典型单位制"走向消解的过程也异常缓慢,其"典型单位制"特色更加突出。

其次,在典型单位制背景下生长起来的"单位人",具有一些特殊的社会性格。主要包括:(1)封闭性。由于这些"超大型工业社区"多是建国后在城市远郊或城乡结合部新建的,这种新建性决定了它几乎没有什么历史和传统的社会关系可以继承,这里的社区文化完全是由"单位人"自己建立起来的。这里的每一个家庭和个人都从属于单位。(2)与一般的个体产业工人不同,"单位人"是一个复数概念。在企业建立之初,只有家庭里的户主(通常是丈夫)属于单位人。后来,随着"家属革命化"的进程,来自农村的妻子也被纳入企业所属的集体所有制单位中工作,开始进入单位系列。在没有恢复高考制度之前,绝大多数的企业子女在高中毕业后,除了参军之外,多以进入其父母所在的企业工作为理想的就业途径。可见,在东北老工业基地的某些发展时期,甚至连中学生也被潜在地纳入了"单位体系",成为"单位人"的预备。故单位人实质上包括了工人及其妻子和子女,这势必使单位人的行动带有自己的特点。(3)依赖性。与规模相对较小、居住相对混杂的工业社区相比,东北老工业基地范围内的工业社区普遍具有占地面积广、社会互动规模大的特点,在相对集中的空间内形成了一整套的社会服务体系,使得这里的居住者更容易体验到"单位办社会"的氛围。浓郁的单位氛围使得这一空间具有明显的封闭性,体制性的限制使得其员工无法走出单位的辖区,缺乏社会流动。同时,单位的封闭性自然带来"排他性"。从摇篮到坟墓的社会福利保障体制使得单位人充满了一种优越情结,人们也不愿意轻易离开单位空间。

因此,"典型单位制"的框架之下的国企工人集体行动研究,应充分考虑到所处环境空间分布上的集中性和封闭性,考虑到"单位人"种种特性的现实影响,进而挖掘行动的内在逻辑。基于此,笔者主要以观察法、访谈法与文献法收集资料，试图通过具体的案例分析，厘清"典型单位制"背景下的工人集体行动的特质与深层机制[①]。

二、一种典型样态：H 厂集体行动回顾

本文个案样本的选取及 H 厂的发展历史、现实困境、研究代表性的考虑：首先，H 厂是国家"一五"期间建设的国营大厂，曾为国家的稳定与建设做出过重要贡献。其次，与光荣的历史记忆相比，H 厂在改革以来一度陷入困境，经过 2006 年的破产重组、分立改制，其命运并没有得到本质性的改观。第三，H 厂是经历了国有企业建设与改革洗礼的典型案例，在长期的"典型单位制"的影响下，具备国有企业共有的传统，也存在着与同等企业相似的问题，具有较强的代表性。

（一）H 厂单位共同体的存在形态

H 厂始建于 1951 年，地处北部边陲，占地 69 平方公里。计划时期 H 厂曾有过难以磨灭的辉煌年代，H 厂厂志记录了这样一段历史：

> 1950 年 10 月，美国军队把战火烧到了鸭绿江边。应朝鲜劳动党和朝鲜民主主义人民共和国政府请求，中共中央做出了组建志愿军赴朝，与朝鲜人民军并肩作战的决定。抗美援朝保家卫国的战争，在"雄赳赳、气昂昂、跨过鸭绿江……"的歌声中，在赴朝部队的急促脚步声中拉开了帷幕。这起突发事件给当时正在安排"减产"和"调整"的兵器工业带来了一个迅雷不及掩耳的挑战。正在北京召开的"全国第一届兵工会议"紧急改变议题，讨论如何迅速转入战时生产，最大限度增产前线所需的武器弹药。中共中央东北局根据全国统一的战略部署，决定将沈阳及以南地区的重要设施、重要工厂进行疏散转移，兵工

---

① 首先，笔者以"完全观察者"的身份在集体行动发生的厂门口与 S 广场等地进行长期观察，目睹了整个集体行动发生与消解的全貌。其次，对单位主要领导、中层干部、上访工人、在职工人等各个群体进行深度访谈，访谈人数达 40 人，录音时间达 20 小时。同时，笔者也运用了文献法，一方面，通过阅读 H 厂近 60 年发展史的文献史料，厘清 H 厂发展的脉络，了解单位文化与工人的生活变迁状况；另一方面，也观看了 H 厂集体行动整个过程的录像，并学习了 H 厂本次集体行动的相关文字材料。

厂是转移的重点。东北兵工局决定将沈阳五一工厂（前身为东三省兵工厂）迁至黑龙江省 N 区，也即今天的 H 厂。1952 年 12 月，H 厂第一批产品出厂。1954 年 7 月各厂相继开工。1955 年——1956 年陆续扩建。一个有二十万平方米建筑的 H 厂，在 N 区生机勃勃地崛起。

H 厂作为一个"典型单位制"企业中的典型，长期以来形成了如下特征：从地理空间角度看，H 厂是在较短的时间内，在相对集中的空间里建立起来的，其工业社区呈现出明显的"单位社区化"特点；从社会空间的角度看，H 厂内的职工与家属在相对封闭的社会空间内展开其互动关系，形成了浓郁的单位氛围和国营惯习；从社会整合的角度看，H 厂"典型单位制"具有超强的社会整合力，几乎将职工、家属等全部社会成员都吸纳到单位之中，并通过"接班"等制度形成厂内职工的代际流动，形成具有独特意义的社会空间；从社会控制体系建构的角度看，H 厂从职工与家属的住房、医疗、教育等方方面面承担"单位办社会"的诸项职能，进而扮演"以厂设区"的行政性角色。

但在计划经济向市场经济转轨过程中，企业经济效益连年大幅度下滑，一度陷入困境，在至今近十几年脱贫解困中，因企业发展没有实质性进展而最终走上破产重组之路。2006 年，国家下发了关于 H 厂分立破产的适用政策和相关规定，H 厂的改制正式启动[①]。在 60 年的发展历程中，H 厂也形成了浓厚"典型单位制"特色的共同体：从地理空间角度看，H 厂仅用一年时间，在远离城市中心的 N 区建成，其相对集中的工业空间呈现出明显的"单位社区化"特点。从社会空间角度看，H 厂内近四万名职工与家属在相对封闭的社会空间内展开长期的生产与生活，形成了浓郁的单位氛围和国营惯习。从社会控制体系建构的角度看，H 厂从职工与家属的住房、医疗、教育等方方面面承担"单位办社会"的诸项职能，进而扮演"以厂设区"的行政性角色，俨然是一个功能健全的生活共同体。

---

① 见《H 厂厂志》，企业管理出版社 2005 年版。

(二) H 厂集体行动的过程演绎

进入90年代以来，H 厂由于经济效益下滑，连年亏损，工人的生活陷入困境。为此，H 厂职工曾有过静坐、上访等集体行动，其中，2006年企业改制之前的这次持续86天的千名职工集体行动影响最为深远。

1. 行动初始——静观态势（3月29日——4月7日）

由于长期以来的亏损，H 厂破产重组计划已逐步开始启动。2006年3月29日，厂门前广场聚集了五六百名退休职工与家属。往昔属于宣传国家与单位政策的广场，此时成为上演集体行动的舞台。退休工人们的提议旗帜鲜明：首先，要求补发拖欠10年的基本生活补助与行业津贴；同时，要求提高10年来分文未涨的退休金以应对市场物价的不断上涨。历史欠账的清理与现实要求的达成必须抢在前，因为当改制一旦完成，他们将彻底成为脱离单位的"社会人"。然而，单位领导班子并没有给出正面回应，只是静观态势。

2. 行动扩展——开始干预（4月8日——6月10日）

单位领导的冷淡态度激化了退休工人们的情绪，加剧了集体行动的态势，参与人数很快增多至千人。无论96岁高龄的耄耋老人，还是刚刚退休的壮年职工都坚守在行动第一线，每日按规律行动：上午8点到11点在广场静坐；午饭后继续回到广场坚守；晚上则聚集在各个居民区据点，分析厂方对策，商议行动方案。集体行动的持续干扰了单位的生产秩序，也引起了厂方的重视。单位领导由放任到干预，退休工人们的坚持换来了欠发的生活补助与行业津贴。

3. 行动升级——消解平息（6月11日——6月26日）

取得了部分胜利的退休工人们继续要求厂方涨工资。对此，工厂的治理也开始由软到硬：禁止到广场聚集静坐，这则通告成为全面平息集体行动的宣言书，在工人间激起了千层浪。工厂的党员与领导干部组成"人堤"把守在通向厂门的路上。退休工人们挥舞板凳前进，冲破"人堤"，围堵厂门，将行动推向了高潮。

6月24日，省市领导前来视察工作的消息在退休职工中不胫而走，他们抓住了这个有利时机，准备以更激进的方式——卧轨来要求达到目的。上千的退休职工涌向 N 北铁路,集体行动进入了高度紧张状态,厂领导终于承诺与退休职工对话以正面解决问题。

6月26日,工人文化宫,一面是由地方警械保卫的厂领导班子,一面是浩浩荡荡的退休工人队伍。H 厂总经理 L 与职工对话的气氛异常紧张,做出一定承诺后,李总等领导在警械的护卫下离开现场。次日,特种部队组成的警械保卫队开始对厂门与广场全面保卫,集体行动得以平息。这场由退休工人发起的持续 86 天的千人集体行动最终在由警械维护的单位领导的平息下落幕,并被单位定性为"先进与落后、正义与邪恶、发展与反发展的不稳定事件"。

4. 行动之后

行动平息后,2006 年 7 月,组织此次集体行动的 13 名退休工人以组织学习为由被隔离一周。至 2006 年底,单位欠发的退休工人工资全部分发到工人手中。同时,H 厂分立改制进行完毕,实现了军品与民品的分离,而退休职工的人事关系与退休金发放问题也统一划归民品公司管理。2007 年初,H 厂总经理 L 提前卸任,单位领导班子大换届。虽然在 2008 年新年,退休工人拿到了国家统一提高的城镇离退休职工工资,但在 H 厂此类行动每年仍在发生。

三、工人集体行动的"单位性"特质

基于对 H 厂工人集体行动的考察,同时结合相似的个案可以发现,"典型单位制"背景下的国企工人的行动不同于一般意义的集体行动,而具有自身鲜明的"单位性"特质,即行动主体的单位人属性、空间的封闭性,以及秩序的权力—利益指向。而这些行动及特质既扎根于"典型单位制"的历史传承,也深受其现实变迁的影响。

(一)参与主体:单位退休老工人

在行动主体上,占据最大比例并发挥主要作用的是已经退休在家的老工人,这些退休工人作为行动主体赋予了这场集体行动以特殊意义:(1)作为一个相对封闭的带有宗法家族特色的单位空间,退休工人虽然在权力上居于弱势，但在伦理上却占据着明显的"上位优势"，退休老工人群体不单单是步入老龄化的老年人，更是企业的建功立业者，改革代价的承受者，拥有表达诉说的话语权；（2）虽然退休工人经历了典型单位制从摇篮到坟墓的单位保障的全盛时代，其生活具有超强的稳定性，但我们却不能过分夸大当时所谓的"单位福利"。因为在物质匮乏的低工资时代，工人获得的单位福利实际上是以低工资为前提条件的。而到市场经济时代，在企业改制所带来的一系列变迁中，从无上光荣的集体记忆到身处下层的真实体验，工人们体会到强烈的相对剥夺感，因此不免陷入集体怀旧与不满，并以集体行动的形式爆发。而在企业转轨与改制的当口，这种集体性事件尤其频繁，影响也尤为强烈①；（3）退休工人由于在组织上的不完全在场，回避了单位的控制，因而其行动具有更大的独立性与自主性；（4）作为单位人的特殊身份，退休工人不是"单数"，而是一个"复数"概念。在封闭的"典型单位制"社区内，通过"接班"等制度形成厂内职工的代际流动，使得全家人都在同一个单位工作。因而，单位的变迁所带来的反应是复线传递与交叉影响的，单位的命运内化为受到影响的每个家庭的命运。因此，几乎每位退休工人的背后都是一个家庭，退休工人的出场与呼声不仅仅代表个人，更代表着整个家庭②。同时，共同的单位制社区生活、相似的生活轨迹与高度的群体同质性使得这些退休工人很容易形成共同的行动目标，结成联盟，也更易于以集体行动的方式争取自身权益。

（二）家属工的"激进角色"扮演

参与此次集体行动的家属主要是 H 厂第一代女工，也就是在建厂初参加工作的女性。在"配合工厂生产，落实家属工作"的宗旨下，这些职工

---

① 笔者在对 H 厂退休工人的访谈中，听到这样的一些呼声："以前都说工人阶级是主人翁、是老大哥，现在不行了。好歹农民还有块地，我们是啥也没有了。眼瞅改制，欠我们这些老工人的钱，也该到位了。"（退休工人 HM 访谈）"不管哪朝哪代，不管谁来做官都得给老百姓吃饭的钱。何况我们都为单位、为国家兢兢业业干了几十年！老了老了不给我们活命钱，这是什么道理！"（H 厂退休工人 2008 年访谈）

② 在"典型单位制"的国有企业，这种"一荣俱荣、一损俱损"的利益共同体现象很常见。因此在经济效益不佳的许多国企，"啃老"非常普遍。如许多退休工人与家属反映道："现在可不比以往，以前我老头子三十块钱一个月，能养活一大家子。现在啥啥都涨价，儿子下岗了，全家都靠着几百块钱过日子，紧紧巴巴的，还得供孙子上学。"（H 厂退休工人 2008 年访谈）

家属工作的主要内容也是围绕着生产中心而开展的辅助性劳动,比如厂办大食堂、运输科等无正规编制的低端劳动领域。从单纯的"持家人"向更为重要的"养家人"角色的转变,曾让她们看到自身的家庭价值的同时也同时获得了社会价值,而这种双重解放的体验更促使她们更加义无反顾地投入到建设国家的热潮中。然而,没有正式编制的临时工工种,也使她们无法享受与正式职工同样的待遇,因而怨言极深。为此,她们多次集体上访,问题仍旧在解决中。而在这次集体行动的自始至终,她们陪伴在自己的老伴身边,一同呼口号、树旗帜、冲破人堤、涌向铁路,甚至直接与来做思想工作的领导发生冲突。①

许多参与过此项工作的干部都有这样的一些体会:

"其实闹事的这些老工人里面,家属的工作是最不好做的。我们到老职工家里去做工作,很多老职工非常通情达理,对工厂有感情,理解工厂的困难。就是这些大奶奶②都非常固执难缠,甚至说蛮不讲理也不过分。工厂的情况摆在这,问题都得一个一个的解决,但我们怎么说都没有办法。"③

"咱们这些大奶奶,咱们做小辈的也不能说她们素质差,但是思想工作确实太难做。她们大多数都是当年建厂和扩建的时候跟着自己爱人过来的,全国各地的哪都有,当时也都是条件有限,都没啥文化,也没技术,就在厂里干点临时工,到现在还没有劳保,生活基本上都是靠老头一个人的。说实话,挺不公平的,所以她们怨气多啊,也能放下面子来,不管这个那个的,遇上啥事了都是闹的比老伴还邪乎。"④

---

① 由于这些女性职工的工作单位属于配合工厂生产的辅助性、边缘性工作,因此不享受正式职工的养老待遇,也不是本次集体行动权益需求的直接涉及者。她们是作为老伴的支持者、拥护者这一角色而出现的。
② 指 H 厂第一批女工与家属,一方面因其年龄偏高,另一方面因为其经常集体上访,难做工作,故在民间被称为"大奶奶"。
③ H 厂基层某车间主任访谈(2008 年 6 月)。
④ H 厂某领导访谈(2008 年 6 月)。

（三）集体行动局限于单位内部

这些行动的诉求对象多是所在单位的领导班子，而很少上升到政府层次。从"典型单位制"的历史形成看，在东北老工业基地建设过程中，其单位地址的选定，往往是根据工业发展的需要，选定在市区边缘或远离市区，实际上已在地方政府控制之外。企业和地方政府二者之间不是垂直的领导关系，而是相互协调的平行关系。从其领导隶属关系上看，这些大型的国营企业一般都是直属于国家的某些部委，行政级别较高，远非区街级别所能比拟。正是在上述意义上，笔者曾提出"弱政府假设"，强调这些大型企业的权力中心地位，企业职工的利益往往与所在企业相关，问题的解决也常常在企业内部才能获得解决。

从"典型单位制"的现实变迁来看，在国家逐步放权的经济改革中，企业经营管理者拥有了更多的自主权。因此，针对企业领导的利益诉求也有更多解决的可能性。相应的，工人们集体行动的空间范围也集中在单位之内，如厂大门、广场、工人文化宫等单位标志性场所。

（四）行动秩序："权力—利益"指向

国企工人寻求利益的行动与企业领导权力平息的博弈中呈现出清晰的权力—利益秩序。在行动的缘起上，国企工人的维权在于巨大的生存压力，受制于"典型单位制"社区的封闭性以及传统产业的单一性，他们缺乏对市场的判断与适应，唯一可以依靠的就是工厂。而一旦这个依靠坍塌，其最底线的生存境遇受到威胁时，长久积淀起来的工人阶级的光荣记忆与集体意识也便丧失了现实基础。也就是说，国企工人所谓的维权从本质上更接近于维存，是放下了尊严的无奈之举[①]。与之相应的单位领导对于集体行动的处理，对于不再司空见惯的集体行动，试图能捂则捂，能拖则拖，大事化小小事化了，尽量不要影响单位的外在形象与政绩，其根本的指向在于以最小成本平息集体行动。因此使得一些原本简单的问题在历

---

① 工人们在访谈中这样说道："我们反正是什么也不怕，这把年纪的人了！我们早就做好了准备，我们要打长期战、持久战！"（退休工人访谈）"我们是有的是时间，也天不怕地不怕！他们不是怕给单位抹黑么，不是怕自己丢人么！我们就抓住他们这一点来闹！"（H厂退休工人2008年访谈）

史欠账、制度变迁与现实矛盾的交织中变得复杂化与长期性。当事态发展到不容忽视的程度时,他们才不得不拿出对策来,那便是习惯性的通过自身的权力优势,动用单位资源来消解集体行动。当相似的事情发生,应对与解决的方式也大同小异。

表9-1 集体行动的全部过程

	主体—受体	行动方式	回应方式
初始阶段	退休工人—单位	坚决对抗	静观态势
发展阶段	单位—退休工人 单位—退休工人 单位—退休工人	杀鸡儆猴 分而治之 补发欠款	去代表化 部分退让 阶段胜利
高潮阶段	单位—退休工人 退休工人—单位双方	禁止静坐 意欲卧轨 双方对话	冲击厂门 承诺答复 警械保卫

通过表1,笔者总结了在集体行动全部过程中,单位与退休工人在不同阶段中采取的技术与策略,以及由此体现出的双方的格局关系:对于由退休工人的集体行动,单位由初始阶段的被动消极转为发展阶段的主动积极;而当集体行动达到了高潮阶段,则呈现出单位与退休工人步步逼近的联动以及紧张激烈的双方互动;最终,集体行动在单位方面动用的武力保卫下平息。

(五)集体行动衍生的深层机制

以退休工人为代表的工人集体行动的特质根源于"典型单位制"延续至今的传统与已然发生着的变迁。

1. 延续的传统:单位共同体情结

"典型单位制"何以有这样深远的影响力,又是怎样发挥其作用的?对于东北老工业基地的国有企业,"单位组织"已经远远超出了一般企业组织的意义。它不仅是一种统治形式,一种社会动员的制度典范,一种深受制度环境影响、"嵌入"在特定制度结构之中的特殊的组织形态,而且也是我国独特的一种社会结构。虽然单位制在走向消解,但单位组织中的一些基本特征仍然左右着这些组织的行为及其行为取向。

（1）"典型单位制"背景下东北老工业基地的经济结构较为单一、缺乏市场因素激活，这将工作其中的工人们深深地制度化，与这一体制一样，工人本身对于变迁的适应缺少外部空间的刺激，其变化也较为缓慢。（2）在社会文化层面，由于"典型单位制"拥有几十年的东北老工业基地的积累，工人在深厚的经济基础与人文基础形成了较强的"路径依赖"，即一种现存的制度、人们的社会行为，都会具有一种类似于物理学中的"惯性"，一旦采取了一种制度、实施了某种社会行为、进入了某种特定的路径，那么，这种制度或行为就可能会情不自禁地产生一种惯性，对以前人们的选择和路径产生一种依赖。[①] 具体而言，"典型单位制"中对工人资源调控与组织安排的制约仍然存在；单位人在生活方式与文化心理等微观领域对单位制生活保持着较高的认同。这种认同在长期的沉淀中亦内化为工人的行为模式与认知模式。前者表现为与国企生涯相伴随的工作与生活方式，后者则凝结为浓厚的单位情结，尤其是"典型单位制"这种从摇篮到坟墓、从生产到生活、从个体到家庭，乃至家族的共同体情结。

2. 行动的力量：解构抑或建构

在市场的不断渗透与社会转型的推进中，市场与国家对工人生存侵蚀越强烈，其对于工人集体行动的刺激就越大。为应对市场及国家的力量，工人行动的秩序默默形成并徐徐展开。将对"典型单位制"共同体的依赖转变为可以在集体行动中获得合法性的传统，对于这种共同体的变迁与分化，从消极的抵抗到积极的行动，这些均建构着集体行动本身，同时也对"典型单位制"产生了重要的影响。这些行动或者在权力的管制下消解，或者在对利益的满足中退出，但共性的是，那些曾经引领着工人阶级辉煌的集体意识在一次次的行动中不断瓦解，单位共同体也在这个过程中逐渐走向裂变，加速了单位共同体走向裂变的进程。这些行动虽包含着对于辉煌过去的集体怀旧，但工人们清楚"一切都无法回去"。他们不是在重建可逆的过去，而是在现实情境下尽可能的保障自身与家庭的利益。从这一角度延伸，这些行动也是对单位制终结后的新的社会共同体的寻求。

---

① ［美］道格拉斯·诺斯：《制度、制度变迁与经济绩效》，刘守英译，上海三联书店1991年版，第1—2页。

四、单位共同体的"变迁之痛"及其后果

众所周知,所谓单位制实际上是在主流意识形态基础上建立的以形成整个社会"一致性"为目的的制度安排。单位制度既是一种特殊的制度组织形式,同时其中又蕴涵着一种强调"整合"与"一致性"的意识形态。20世纪90年代以来,以单位制度发生剧烈变迁为背景,社会呈现出多元化发展态势,单位组织开始走向消解。

(一)变迁之痛:共同体的分裂

在"典型单位制"变迁的艰难过程中,从外围到内部的变异显现出共同体向原子化分裂的秩序。首先,单位外的组织萌生导致了单位密度松动,在单位之外,亦孕育着可能性。其次,单位在国企改革中所有承担的职能不断弱化,既有的福利体系不断瓦解与分化。子女接班、家属照顾等政策已成为一种历史;大量社会资源逐渐回归社会,职工福利从全面到近乎为零,从而导致单位共同体昔日的物质"粘合剂"基本失灵。在不断异质化的社会生活中,事业与企业、干部与职工贫富差距逐渐拉开。第三,单位文化从过去的被高度重视到逐步弱化,已经演化为单纯的经济生产组织的单位文化式微。这最终导致了单位共同体的分裂,即单位性质从社会生活共同体转向经济利益组织;工人的阶层意识由领导阶级到弱势群体;职工身份从主人翁到企业雇工。相应的,工人们曾经光荣的集体意识也不断消解,其行动选择的标准从价值诉求逐渐演变为利益取向,与企业的互动也从积极建设到无声抗议再到集体不满。

如果说"典型单位制"建立形成过程是一个以生产为核心向社会、文化等方面不断辐射、发散的过程,相应的,其变异的过程就是向生产不断的收缩、剥离,以及与之相伴的其他功能的弱化、消解,也即由生活共同体向经济组织的演变。对于单位而言,这是一个甩掉包袱、轻松上阵的新的开始;对于工人及其家庭而言,这却意味着不得不面对撕裂的、疼痛的内心体验,去适应告别城堡、肩挑重负的艰难过程。他们不愿意丧失"单位"对自身乃至整个家庭的保护,更不愿意在社会改革中因利益失衡而使自身的阶

层认同与声望不断下滑至社会的下层。在这种特殊的体验中，如果没有相应的配套机制作为补偿，集体行动的发生就成为一种可能。

故此，国企工人将对"典型单位制"共同体的依赖转变为可以在集体行动中获得合法性的传统，面对这种共同体的变迁与分化，开始了从消极的抵抗到积极的行动。这些行动或者在权力的管制下消解，或者在对利益的满足中退出，但共性是，那些曾经引领着工人阶级辉煌的集体意识在一次次的行动中不断瓦解，单位共同体也在这个过程中逐渐走向裂变。这些行动虽包含着对于辉煌过去的集体怀旧，但工人们清楚"一切都无法回去"，他们不是在重建可逆的过去，而是在现实情境下也尽可能的保障自身与家庭的利益。从这一角度延伸，这些行动也是对单位制终结后新的社会共同体的寻求。

（二）单位制度变迁的后果及未来

对"典型单位制"背景下工人集体行动的探讨最终引向了这样一个命题，当既有的单位共同体逐渐消解，新的社会共同体究竟将如何建构？因为只有这种共同体的生活才能最大程度的满足工人的利益，表达需求，化解问题。在剧烈的社会转型期，实现滕尼斯意义中的"建立于初级群体之上的共同体"追求已不大可能。笔者认为，只有尝试介于单位与个人之间的、与工人生活紧密相关的实体来弥合二者之间的关系，以共同意识的强化，使社会在单位制逐渐走向终结的过程中仍然可以有整合的基本载体。

1. 工会的变革。虽然单位中的工会日益处于失语状态，但其仍然存在复兴的可能性。通过访谈可以得知，许多退休工人在生活遇到困难以及劳资方面出现问题的时候，首先想到的还是工会[①]。这说明工会组织，作为工人阶级利益的代表，依然深入人心。同时，工会虽然本身一方面受制于单位的管理，但另一方面也具有较为广阔的自主空间。作为一种跨单位组织，各个工会直接受到全国总工会的垂直领导与统一管理，与单位之间存在权力介入的边界。更为重要的是，工会本身的性质决定了其必须在社会转型期成功地

[①] "我们遇到事情肯定是先去找工会说事，工会那是我们工人自己的组织啊，工会不代表我们说话，那谁还能管我们这些老工人呢？"（H厂退休工人2008年访谈）

担当工人阶级利益的代表，完成其固有的承诺。随着市场化改革的日趋深入和管理者与工人地位分化的日趋明显，工会改革也变得日益迫切。一个相对独立的、有着很好群众基础和较强行为能力的工会，既是保障工人权益的重要条件，又是缓和管理者与工人冲突的重要渠道。最终，它将有助于伸张社会正义，促进社会公平和经济发展①。

2. 中层干部与基层干部的职业群体的重建。单位制度的变迁必然需要一个根本性的"集体认同"的转换过程。由国家、初级社会群体和个人构成的体系内部的各要素之间的互动关系非常复杂，包括职业群体、法人群体在内的初级群体是作为个人与国家联结的中介而存在的。在单位制变迁中，单位人的定位逐渐从"身份"向"职业"转变，而其中重建中层干部与基层干部这一群体，使之成为联结国家与个人之间的重要载体具有重要的意义。在访谈中可以看到，很多中层与基层干部，处于总经理与工人之间的位置，其所面临的矛盾与尴尬是难以处理的。从本质上说，这些干部基于退休工人的立场考虑问题，但他们需要依附于单位高层领导获得自己的资源②。在单位制逐渐消解的社会，他们这种自主性愈发突显出可能的空间。因此，在单位制变迁中，如何继承国有企业传统的"群众路线"传统，重建中层干部与基层干部与工人之间的血肉关联，使之成为联结国家、企业与个人之间的重要载体便具有空前重要的意义。

3. 全面理解工业社区生活的丰富性。在单位制日益式微和市场主义极盛一时的当下，人们更希望将企业理解为"皆为利来"的纯功利的空间。但我们应该清楚"经济关系既不是个人与企业关系的全部，甚至也不是个人与企业关系的最重要部分"③。故我们在反思单位制包办社会弊端的同时，不能简单地放弃企业基本的社区责任，而应使企业关心群众生活，主动承载

---

① 洪大用：《转型时期中国社会救助》，辽宁教育出版社2004年版，第164页。

② "其实我们做工作时也有些违心。一方面，单位需要生产来维持发展，需要稳定和谐的环境。另一方面，如果单位忽视了工人的利益，这种希望也是难以实现的。改革这些年，我们周围的环境、国家的形势也发生了巨大的变化，而我们工人的工资却分文未涨，这确实与市场、与社会的变化无法适应。尤其是对于做了历史贡献的老工人来讲，是很不公平的。所以我们中层干部的工作周旋于单位和职工之间，特别难做。"（H厂工会干部2008年访谈）

③ ［德］德鲁克：《新社会：对工业秩序的剖析》，沈国华译，上海人民出版社2002年版，第197页。

起焕发社会生活主体性的责任。如果我们将目光聚焦于此次集体行动的场所——H厂厂前广场，便会发现广场承载着非常丰富的社会内涵。建厂之初，这里是传达政策、落实民意的宣传平台，也是工人们业余时间娱乐的文艺舞台。白天，单位领导、工人及家属聚集在广场共同学习国家政策，了解单位方针；傍晚，这里则是一片歌舞的海洋，或者优雅的交谊舞，或者热闹的大秧歌，工人与家属们可以在此放松身心。在向市场经济的转变与挑战中，单位制中很多沉积的问题浮出历史的表面，该广场进而成为了工人们讨论单位政策、国家大事的公共空间。在此次集体行动中该广场又成此次行动的根据地，成为演绎退休工人集体行动的舞台。在厂前广场这样一个公共场所转型与转换的过程，也是国家意识逐步下沉，而传统的集体意识逐渐消解的缩影。故在单位制日益式微的当下，社区需要承载起焕发社会生活主体性的责任。从社区建设的长远目标看，今天的社区建设"既是城市发展的继续，也是市民现代化的继续"①。而从近期目标看，社区发展也往往是解决现实问题的一种手段。在社会转型期，东北老工业基地的就业矛盾非常激化，弱势群体数量大，出现了大量的"新贫困人口"，各种内在的矛盾冲突激烈，难以在短时间内化解，易于酿生突发性事件，产生倍增的负面效应。而当下的社区组织握有的资源非常有限，多处于边缘弱势地位，难以承载由单位分化出来的诸多社会职能。故我们应赋权社区，加快实现社会空间的重组和转换。

4. 需要深思的是，通过将东北地区国企工人集体行动放置于"典型单位制"这一特定背景下进行研究，我们可以清晰地看到这些行动背后的深层机制及这些行动所指向的国企变迁的代价。毋庸置疑，国企改制实际上是中国改革开放，建立社会主义市场经济进程中的一个不可逆转的必然趋势。但改制并不意味着将所有问题化解，而是将更多问题推向社会。改革不单纯是一个经济学问题，更需衡量背后的社会成本。企业与社会要做的不仅仅是对人的空间位移与劳动核算，这更关乎对于历史的尊重，对人的生存与价值的关照。沃勒斯坦曾在《发展是指路明灯还是幻象？》一文中开宗明义的提出这样几个问题：发展是什么？究竟为谁或为什么发展？什么在发展？经济

---

① 费孝通：《费孝通全集》，第17卷（2000—2004），内蒙古人民出版社，2009年版，第291页。

增长是否就等于改善人们的福利、提高人们的生活质量？经济增长过程中，不同社群所付出的代价又是什么？对弱势群体的影响又如何？有没有另类的发展（或"不发展"）轨道，能直接改善人们的生活？谋求发展有什么政治含义？[①] 这些问题击碎了单向度发展的幻象，呼唤着经济逻辑向人本主义的回归，毫无疑问，对于延续至今的改革也有着同样极具分量的启发。甚至可以说，这也是对包括市场改革与国企改制在内的人类变革发出的重要警示。

---

① 许宝强、汪晖选编：《发展的幻象》，中央编译出版社2001年版，第1页。

第三部分

"后单位时代"的城市社区建设的勃兴

第 十 章
单位制度变迁与城市社区建设的勃兴

如果将"单位共同体"视为一种理想的社会建构方案,关涉近代以来中国求存图强的国家理想和国民幸福生活的美好愿望,便可以发现,"单位社会终结"的理论命题,绝不是可以简单地从经济学和管理学视角出发来进行解答的。改革年代单位共同体的消解与变异过程中,牵涉的深层问题在于,需要从理论上回答新时期城市社会的基层生活发生了何种变化,城市治理面临着怎样的环境,我们回应这种复杂性的方式是怎样的?又面临着何种问题与挑战?本章借助 Y 厂改制过程中,企业办社会的部分功能向社区转移的过程,以此来透视"单位社会终结"所连带的一系列复杂问题。

一、迈向"社区制"的探索

单位社会确立了"国家—单位—社会成员"三层次的社会宏观联结模式。"单位组织依赖于国家(政府),个人依赖于单位组织。同时,国家有赖于这些单位组织控制和整合社会。因而,单位组织的状况,构成了当代中国城市社区的基本结构。"[①] 城市社会的基本结构,强调单位作为新中国城市社会经济社会生活的基本组织形式。就此而言,对于单位组织的认识,就

[①] 胡伟、李汉林:《单位作为一种制度——单位研究的一种视角》,《江苏社会科学》2003 年第 6 期。

不能仅仅采取一种功能主义的观点,将其机械地区分为生产职能和社会职能。但吊诡的是,在经济学的效率尺度之下,单位组织转变的复杂命题,被简单地化约为国企改制的效率问题。而这一过程中,"企业办社会"职能的剥离是关键的一环。

(一) 从"街居制"到"社区制"

Y厂区原属C市朝阳区,1958年10月成立D人民公社,1980年改为D和J两个街道办事处。其中D街道办事处位于Y厂第一生活区,截至1986年,下辖38个居民委员会,1134个居民小组,19122户,74715人。办事处有工厂7家,职工441人,商业服务点18家,职工178人。J街道位于Y厂第二生活区,截至1986年,下辖30个居民委员会,589个居民小组,居民8883户,35402人。办事处有工厂2家,职工102人,商业服务点7家,职工48人。①附表中是1986年D街道和J街道下辖居委会统计表。

表10-1　Y厂D街道办事处所属居民委员会

居委会名称	办公地点	组数
迎春路	Y厂标准宿舍203栋1门	31
迎春北路	Y厂标准宿舍34栋4门	51
迎春南路	Y厂标准宿舍21栋3门	33
迎春广场	东风饭店宿舍1栋	30
春光路	Y厂标准宿舍31栋2门	38
长青路一	Y厂标准宿舍43栋2门	38
东风大街	Y厂标准宿舍54栋2门	30
日新路二	Y厂标准宿舍260栋1门	33
锦城大街东	Y厂标准宿舍58栋3门	25
创业大街三	Y厂标准宿舍70栋3门	19
昆仑一路北	Y厂标准宿舍66栋2门	24
昆仑二路北	Y厂标准宿舍82栋2门	27

---

① 以上资料整理自朝阳区地方史志编纂委员会《C市朝阳区志》,吉林文史出版社1993年版,第8—12页。

（续表10-1）

居委会名称	办公地点	组数
长青路三	Y厂标准宿舍84栋2门	23
昆仑一路南	Y厂标准宿舍90栋2门	24
长青路二	Y厂标准宿舍220栋304门	25
昆仑二路南	Y厂标准宿舍96栋1门	25
长青路四	Y厂标准宿舍110栋1门	31
文光路三	Y厂标准宿舍126栋2门	23
四联一路北	Y厂标准宿舍172栋1门	39
越野路三	四联宿舍62栋	35
越野路一	四联宿舍248栋	22
汽车附件厂	四联宿舍204栋	33
四联大街	四联宿舍110栋	34
文光路二	Y厂标准宿舍106栋1门	25
锦城大街西	Y厂标准宿舍154栋3门	21
文光路一	Y厂标准宿舍161栋3门	22
文明路一	Y厂标准宿舍197栋2门	32
文明路二	Y厂标准宿舍182栋2门	29
文明路三	Y厂标准宿舍166栋3门	32
创业大街四	四联宿舍233栋	22
越野路二	Y厂标准宿舍178栋3门	20
和平大街	汽研宿舍4栋	30
日新路一	Y厂标准宿舍256栋2门	45
创业大街二	Y厂标准宿舍295栋1门	28
春城大街	长纺宿舍7栋	32
汽车厂一站	Y厂标准宿舍248栋1门	28
越野路东	Y厂标准宿舍253栋2门	36
四联一路南	四联宿舍179栋8号	39
计38个委		1134组

资料来源：《朝阳区志》，第21页。

表10-2　Y厂J街道办事处所属居民委员会

居委会名称	办公地点	组数
第一居民委员会	Y厂宿舍402栋5门	29
第二居民委员会	Y厂宿舍411栋5楼中门	11
第三居民委员会	Y厂宿舍428栋2门	23
第四居民委员会	Y厂宿舍516栋1门	34
第五居民委员会	Y厂宿舍521栋3门	36
第六居民委员会	Y厂宿舍529栋3门	25
第七居民委员会	Y厂宿舍512栋1门	12
第八居民委员会	Y厂宿舍531栋2门	42
第九居民委员会	Y厂宿舍533栋1门	38
第十居民委员会	Y厂宿舍546栋1门	42
第十一居民委员会	Y厂宿舍572栋1门	51
第十二居民委员会	Y厂宿舍602栋2门	34
第十三居民委员会	Y厂宿舍611栋3门	32
第十四居民委员会	Y厂宿舍591栋1门	36
第十五居民委员会	Y厂宿舍622栋3门	27
第十六居民委员会	Y厂宿舍633栋3门	30
第十七居民委员会	Y厂宿舍647栋1门	29
第十八居民委员会	Y厂宿舍637栋2门	31
第十九居民委员会	Y厂宿舍706栋5门	3
第二十八居民委员会	岗家刘村	7
第二十九居民委员会	Y厂区奔驰路19号	7
第三十居民委员会	长沈路8—13号	10
说明：第二十居民委员会至二十七居民委员会为空委没有住户		

资料来源：《朝阳区志》，第25页。

新中国单位社会的构架中，街居系统在单位组织主导的地点社会中仅扮演着辅助角色，主要管理单位组织覆盖不到的人群，其办法是通过兴办街道工厂。实际上，从前面章节关于单位组织"大而全"的职能设置，也可以看出，单位组织代行了很多政府职能，例如园林绿化、市政管理、计划生育等。Y厂在改制过程中，因其"典型单位制"特征，地方政府资源能力不足，相对弱势，无法把原来承担的政府和社会职能一下子全部抛出去。所以在剥离企业办社会职能的过程中，采用了渐进的办法，通过成立实业总公司，以"一个机构，两块牌子"方式进行过渡，逐步分离。

实业总公司作为集团政企合一的部门，对Y厂的发展起到了积极的推动和促进作用。但是公司化管理社会职能有碍于社会事业的发展，利润与职能、管理与服务之间的矛盾日益突出。针对这一问题，Y集团公司在2001年5月对其在体制上进行了第二次大的调整，就是把实业总公司一分为二，将其中的社会事业管理与服务职能拿出来统一管理，成立社会事业管理部。社会事业管理部是在集团公司所属的从事政府职能、公益事业、为城市居民生活服务的6个服务性事业单位的基础上成立起来的。具有城建管理、行政执法管理、子弟教育、职工医疗、卫生防疫、计划生育、物业管理、房产管理等23项社会事业职能，以逐步把企业行使政府的部分职能回归政府管理。

社会事业部作为模拟政府在管理和服务方面进行了较为深入的研究和实践。加强了与政府之间的联系，共同协商解决Y厂社区内的问题。如在街路改造方面，通过不断地交流，街路改造已经逐步从企业对Y厂社区内的街路进行改造，向政府出资进行改造过渡，这就缓解了企业在非生产经营方面的投资压力。同时，社会事业部各职能科室加强与政府对口部门的横向联系，了解政府部门的职责范围，为完善自身职能创造条件。在市容、市政、环卫、保洁、绿化管理等方面，充分发挥"管"的职能，定标准、定流程，对实业总公司中具体负责"干"的单位行使管理、监督和考核职能。[①]

1995年，C市行政区划调整，成立了L区，D街道和J街道划归L区管辖。1995年正是Y厂市场化改革走向深入的起点。而从Y厂中分离出来的大量政府职能和社会职能需要逐步由政府系统承担。在此过程中，应该特别指出的是，在东北老工业基地所属的"典型单位制"的超大型工业社区内，"强政府"命题却有更为复杂的内涵。主要表现为在政府派生出的工作单位和地方政府两大系统中，以大型企业为主体的单位组织居于"强势"地位，

---

① 李南南：《深化社会事业改革 促进企业发展》，全国政协文史和学习委员会编《Y厂创建发展历程》，中国文史出版社2007年版，第684—685页。

而地方政府则长期处于"弱势",出现了超大型工业社区地方政府"弱势化"的趋向。从政府与超大型国有企业的关系上来看,由于企业在时间上先在于政府;在行政级别上远高于地方政府;在资源占有量上,地方政府更是无法企及。这样就导致了超大型工业社区地方政府"弱势化"趋向,对社区发展构成了一种特殊的制约力量。

地方政府相对于企业的弱势地位,应该说不具有十分普遍的意义。但是具体到本研究中的地点社会,这种格局却直接投射到单位组织变革中的公共性构造转换。在访谈中,D街道的一位干部坦言:"这些年街道的工作好做多了,因为Y厂在2003年非典事件以后对社区建设很重视,现在又正值Y厂厂办大集体改制的关键阶段,企业发展过程中也难免出现与地方的矛盾,所以在街道和社区这些地方事务方面,局面好了很多。特别是2005年咱们成立开发区以后,开发区工委书记由Y集团副总兼任,很多事情比以前好协调的多。"①

如果从政府所承担的公共职能范围和实际运行方式来看,在国企改制过程中,政府的事务范围和资源能力都逐渐扩大,很难说相对于社会,政府是弱势的。然而相对于个案中的超大型国企而言,地方政府开展工作主要是为了企业服务,很多工作的开展需要得到企业的支持。在研究中,我们还发现这样一个有趣的现象:原属Y厂厂区的几个社区相对于从C市L区划拨过来的几个社区,在物业管理、社区文化、社区自治、志愿者服务等方面,均好于后者。D街道Y书记认为这其中的原因有两个方面:

> 一是原Y厂社区居民素质较高,都是Y厂的职工,大家彼此还相对熟悉,收入水平也不错。另外,担任社区干部、从事志愿服务的也多是在Y厂工作期间就担任领导职务的,威望高,大家还是信服的。有了这些人,工作好做了很多,比如维稳,一到两会、国庆等重大节日,维稳工作就很紧张,多亏了这些人呀!二是虽说Y厂已经剥离了企业办社会的职能,但是社区里面住的不是Y厂的现役工人就是老职工,对这些人,Y厂还是管的。前些年Y厂效益不好,可能投入相对小一

---

① Y厂社区工作人员访谈(2010年1月8日)。

些。2000年以后就不同了,市里重视,企业也还算支持。"法轮功"邪教事件和"非典"危机之后,Y厂对社区建设加大了投入,一方面从硬件上支持,大办社区文化阵地,把居民吸引到健康有益的文化活动中来,另一方面强化了社区干部队伍和志愿者队伍。①

(二)"强国家"传统的延续

在关于国家与社会关系的议论中,很多人常常不假思索地认为一个政府机构庞大、国家权力强大覆盖面宽,政治集权程度高、国家的财政实力强的体制为强国家模式。② 这种思维实际上是一种全能主义思维的延续,即以国家剥夺社会能力的程度来判别国家的强弱。而实际上,在现代社会中,国家能力的基础已远不是政府体量的大小、国家权力的覆盖面,或者说国家的集权程度、国家的财政实力等表面特征所能解释的。历史地看,关于强国家的内涵在不断地变化。对此,琳达·维斯的观点颇有见地:"18 或 19 世纪的强国家与现在的强国家有很大分别。对英国在工业萌芽时代来说,建立产权法、培育法治精神、控制领土与社会以及创造国内与全球市场已足够创造蓬勃的经济,但是它们在当代已不再足够形成国家能力。"③ 时至 20 世纪末,越来越多的学者使用国家能力来代替国家强弱这样一个相对模糊又争讼不已的概念。一般说来,国家能力包含三个维度,渗透能力、汲取能力和协商能力。渗透能力可以理解为国家与社会成员、经济组织之间建立制度性联结的能力,"需要国家有一种进入社群并能与人民直接互动的能力";汲取能力是通过金融政策、税收政策等组织和调动资源;协商能力是就公共议题达成一致意见的能力,是国家能力与国家行为的合法性生成过程。而国家能力的基础,简单说来就在于国家拥有有效的"嵌入式自主性",即嵌入民间社会但能保持自主能动的能力。这里值得一提的是,国家能力研究的主要理论范

---

① Y厂街道工作人员访谈(2010年1月8日)。
② 赵学增:《强政府与政府的基本职能:从斯密的国家建制能力谈起》,《华南师范大学学报》(社会科学版),2006年第5期。
③ [澳]琳达·维斯、约翰·M.霍布森:《国家与经济发展——一个比较及历史性的分析》,黄兆辉、廖志强译,吉林出版集团有限责任公司2009年版,第3页。

式和经验基础诞生于西方社会的多元体制,因此在社会利益全体的压力下保持自主行动能力被视为国家自主性的核心。嵌入型自主性越强,国家力量就越强大,反之,国家能力就会萎缩。"国家能力的讽刺之处在于:国家的自主能力越高,与社会组织的距离就越大,只能创造出少量的经济和社会能量。相反地,国家把自主能力透过支持社会团体嵌入社群,产生的经济与社会能量就越多。"①

依此视角结合个案经验事实,我们就会发现至少在本研究个案中,很难得出改革后地点社会中国家(政府)与社会关系具有"强国家"性质的结论。在单位社会变动过程中,很多原先由单位组织承担的职能被"剥离",改由政府系统来承担,具有一定的必然性,同时也存在着问题。这里所说的必然性,主要表现在,国家政令和惠民政策的畅达有赖于渗透进社会的管道,单位组织不再承担这些职能,就需要政府系统来完成。然而,在政府职能转换尚未完成的时期,简单"剥离"和"接纳"的过程,依然沿袭了单位主导(也是国家主导)的公共性。社会成员也将单位社会时期对单位组织的依赖转移到对政府组织的依赖,凡事期待着一个贤明的政府来解决。这不但加大了政府的行政成本,社会自组织的能力也迟迟得不到真正的发育。政府包办的越多,公民意识的成长就越艰难,同时,国家也因此而直接面对个体的社会成员,极容易滋生对政府的不满情绪。从事街道工作多年的 F 女士对此感慨颇深:

> 街道工作事务繁杂,细算下来能有 200 多项,每一项都不是那么好做。我自己分管民政工作,就拿社区建设来说,居民需求不断增多,对我们工作的要求也越来越高。我这边民政科就这么几个人,没有社区的帮助,什么也做不成。这不,今天还接到区里的通知,要求上报各社区社会组织的建设情况,过两天还要抽查。
>
> ……
>
> 开发区和别的地方还不一样,政府也很像企业,这几年 Y 集团改

---

① [澳] 琳达·维斯、约翰·M. 霍布森:《国家与经济发展——一个比较及历史性的分析》,黄兆辉、廖志强译,吉林出版集团有限责任公司 2009 年版,第 8—9 页。

制和发展过程中，有很多问题需要街道来做，比如维稳。一项工作下达下来，不要讲条件，按期保质保量的完成。你说完不成，就换人！所以和社区干部就得平时就处好感情，人家也不是你政府的人，行政指令一到就能好使（东北方言，认真完成好的意思），只有平时处好了，工作才好开展。

……

社区干部抱怨、居民不理解，很多时候居民不会去思考你工作有多么艰难，吹毛求疵的人多了去了。民生工作就是一个大筐，什么都能装进去，家里水暖不好了、与谁谁有纠纷了、买东西上当了……什么什么的事情都能找到社区和街道。没办法，工作还得做好，让百姓满意嘛！①

Y厂的个案或许具有一定特殊性，但单位社会变革的深层命题却是中国改革过程中不得不认真思考的。"国家—单位—个人"的三层次宏观社会联结模式中，单位代表国家对社会成员进行管理和控制，另一方面也处处体现着父爱式的关怀。如前面的章节所言，单位共同体作为对中国社会的整体性重建方案，在这种总体性格局中，国家覆盖了社会领域。而随着市场经济改革和政治民主的不断发展，社会在那里的呼声越来越大。

（三）行政化色彩浓重的"社区"

上世纪90年代末，社区建设运动的热潮伴随着单位制度变迁而兴起。由于单位共同体兼具"小共同体"的性质，其在基层社会的实践，筑起了一个个工业社区②"福利堡垒"。其基本特征是生产空间与生活空间的合一性，即无法离开单位组织来言说工业社区。单位组织向企业组织转变的过程中，生活空间与生产空间的界限逐步明晰，工业社区的福利堡垒性质开始淡化，逐渐转变为单纯的生活社区。这一转变的实践过程是复杂的，一方面，新旧格局的转换存在着很多的关联问题，单位组织控制了大部分社

---

① Y厂社区工作人员访谈（2010年1月8日）。
② 这里使用工业社区的概念是就学理而言的，社区指的是"在一定地域内有归属感的人群"。而就行政管理区划而言，街居制将单位组织划分为街道及下属居委会。

会资源，进行封闭式分配的惯习，导致了这一过程的曲折，出现"逆非单位化"的现象。所谓"逆非单位化"主要是指："企事业单位向社区释放责任，社区组织在接受这些任务的同时……拉住企事业单位，让它们承担社会服务的责任。"[①] 另一方面，随着市场经济的发展，城市社会的复杂性不断增加，社区组织需要应对很多新出现的问题，新旧格局转换就不简单是剥离和承接的关系，而必须不断思考如何回应当代城市生活所衍生的社区服务需求问题。

市场经济改革过程中单位组织向企业组织转变，也深刻地改造着"地点社会"的景观。生产与生活合一的空间构造逐步分离，企业成为单纯的盈利组织和"职场"空间，而生活事务则退缩到社区的场景之中。从公共性构造转换的视角来审视这一过程，会发现，单位社区由原来的单位组织主导的公共性逐渐向政府、企业、社区及草根自治组织协同的新公共性转变。但其实践过程却远比理论抽象的表达要复杂得多。新旧格局转换乃是一个复杂的过程。如 Y 厂对社区建设的认识即是一个逐渐深化的过程。长期以来，因单位组织几乎包办了所有的地方事务，街居系统（社区）处于完全的附属地位，事务范围十分有限，甚至街居系统的办公用房都是向企业租来的，所以无论是企业还是居民对街居系统的认同度都不高。随着大量社会事务从单位内部外移出来，社区的职能迫切需要得到强化。尤其是 2003 年"非典"危机考验着地方社会变动中的社会基础秩序。"非典"时期地点社会遇到了现实的困难，即原有的通过单位组织展开的社会管理的覆盖面已经大大窄化，出现了大量体制之外的"社会人"。如何把这些人组织起来以应对"非典"危机，成为一个迫切却又棘手的问题。面对"非典"的战争依然主要是依靠单位系统来完成，诞生不久的社区系统，虽然已经尽最大的努力来应对挑战，但是其力不从心之处也是显而易见的。

理论上讲，单位组织变革之后，社区应该是城市社会的基本整合单元，是新时期社会基础秩序整合的重要力量。无论是政府还是学界也都对社区建设给予厚望，但社区建设所面临的一些现实难题也是不容回避的。2003 年

---

① 雷洁琼：《转型中的城市基层社区组织——北京市基层社区组织与社区发展研究》，北京大学出版社 2001 年版，第 91—92 页。

之后，社区建设掀起了热潮，但总体来看，到目前为止，解决的仍然仅仅是一些"硬件"层面的问题，比如社区办公用房等。但要使社区能够真正发挥社会整合、社会管理基础秩序的角色，尚有很长的路要走。从深层次上来看，地点社会的社会原子化动向构成了新时期社会基础秩序重构的现实难题：

首先，随着地点社会构成要素复杂性的增加，原有工业社区熟人社会的"全息性"不复存在，社区在很大程度上流于居住空间，而不是具有内聚力的共同体。从事社区工作多年的S阿姨在访谈中向笔者表达了社区在这方面的困惑。S阿姨表示现在社区十分头疼一件事情，就是开具介绍信和证明信：

> 居民在各个部门办理事务，都会被要求出具相关证明文件，例如在继承关系上，法院要求社区出具父母关系证明、夫妻关系证明、子女关系证明，甚至外祖父母祖父母关系证明；居民要办理工商执照，工商局要求居民到社区开民改商用房证明，不做买卖了要改回民用，供电部门又会要求商业用电改民用电证明。S阿姨特意列出了一张单子给笔者，还特意给单子起了个名字叫《社区最难开的证明》：包括：1. 死亡证明，要求证明与死者的各种亲属关系，例如：夫妻关系、子女关系、(外)祖父母关系、父母关系等；2. 民改商用房的工商执照证明；3. 商业用电改民用电的证明；5. 无工作证明；6. 无收入证明；7. 人口失踪证明；8. 房屋产权证明；9. 有几个子女证明（无单位的）；10. 婚姻证明和单身证明；11. 汽车保险证明；12. 人民币损坏证明；13. 胎儿畸形证明；14. 办麻醉卡证明（癌症晚期）；15. 住院发票丢失证明；16. 存折丢失证明。S阿姨表示，社区在这些方面很为难，一方面，这些都是居民确实需要的证明，社区不就是为居民提供便利的么？但另一方面，这些证明很多都直接关系到经济利益和国家政策的事实，开这些证明社区也是要承担法律责任的。现在很多地方都有社区成了被告的事情发生。①

---

① Y厂社区工作人员访谈（2010年1月16日）。

现代社会通过严密的科层体制实现社会管理，但此体制的边界毕竟是有限的，因此就需要一个良好的运行环境，这个运行环境可以成为社会生活的基础秩序。单位社会年代，工业社区是一个全息性的共同体，社会成员之间互相了解、彼此熟悉，因而形成了一个高度信任水平的社会秩序。而随着单位人向社会人的转变，社区一时也很难，甚至根本不可能准确地掌握每个居民的基本信息，在一些改建的商品楼小区，原有的社会互动秩序被破坏，出现了对门不相识的原子化现象，进而也拆解了信任制度的社会基础。

其次，社会原子化现象的出现，不但使得科层机构运行的基础环境不齐备，同时也导致了社区内部的活力难以激发。W 社区关于业主自治的尝试恰好说明了这一点：

> 我们也期望居民能自己组织起来做一些事情，但很难。能动员的也就是一些老年人。年轻人很多互相也都不认识，关上门以后一家是一家。现在不是提各社区成立业主委员会吗，做起来就知道有多难了。得社区干部拿着选票箱挨家挨户去敲门，居民还挺不理解，说也不熟悉这些人，怎么选，选了又能做什么？虽然后来还是按照法定程序选出来了业主委员会，可不到半年，要黄了。（怎么要黄了呢？——笔者问）说来都不是很容易理解，业主委员会一共 7 个人，其中一个是由社区的副主任兼任，其余 6 人选举产生。这 6 人对工作倒也十分热心，只是都要争着当业主委员会的头头，在他们看来一是个面子问题，以前在厂里也都是做领导职务的，在这里就更是谁也不服气谁了，二是工作各有一套思路，谁也不肯让步，后来 7 个人里面有 4 个要退出，自然就黄了。①

后单位时代，社区建设面临着诸多的现实困境。其中被知识界广为诟病的是社区行政化的趋向，即社区演化为"行政末梢"组织。"行政末梢"是一种理论借喻，用来指称居民自治组织的变异问题。在实践中，城市社区居委会协助政府及其派出机构工作、完成政府及其派出机构委托承办的任务往

---

① Y 厂社区工作人员访谈（2010 年 1 月 20 日）。

往占据了社区工作的大部分内容，而居民自我管理、自我服务、自我发展的自治功能则发育不足，学界称之为"社区行政化"。[①]

社区行政化的问题由来已久。实际上，在街居制年代，居委会的行政辅助职能也是强于自治功能的，只是出于"剩余体制"的街居系统在单位制占据主导地位的时期，发挥作用的空间原本就不大，甚至有学者评论，街居系统乃是单位组织方式的复制。[②] 伴随着市场化改革的深入，学界越来越多地意识到单位社会终结的最终完成在于政府、企业、社会三者边界和互动规则的明晰与确定。因此，社区行政化就广受诟病，而期待去行政化的社区能更多地发挥其自治功能。然而如果深入到单位组织变革的实践过程，就会发现社区扮演行政末梢组织虽然存在诸多弊端，但却是不得已的选择。历史地看，实践中的行政末梢边界往往依据国家与社会的关系而界定。在近代民族国家崛起的过程中，国家为了加强对社会的监控能力，其行政机构经历了制度化的、或非正式的延伸。而中国改革开放以来的变革，可以归结为在经济领域的国退，即指令经济向市场经济的转变，然而为了应对改革中出现的种种社会问题，行政系统的资源能力和协调能力总体而言是加强的。社区行政化的原因也正在于此，单位组织转变为经济职能为主的企业组织，很多社会事务需要建立新的管道。而在社会自组织能力相对弱小的情况下，一个街道或乡镇面对着几万甚至十几万的人口很难实行直接管理，必须借助社区的力量。

在一项对 C 市 353 个社区的抽样调查中，我们发现，当前社区居委会与街道办事处的工作关系主要表现在"街道经常开会布置任务"（76.5%）、"街道经常检查考评居委会工作"（54.7%）、"街道规定居委会的工作任务和工作程序"、"街道与社区居委会签订目标责任书"（41.7%），所以，社区居委会的日常工作就是围绕上级部门尤其是街道办事处的各项要求而展开，只对上级部门负责，而忽视社区居民的服务需求；社区居委会开展各种

[①] 参见邓伟志《关于当前中国的社区发展》，《江苏社会科学》，1999 年第 12 期；向德平《社区组织行政化：表现、原因及对策分析》，《学海》，2006 年第 3 期；陈伟东、李雪萍《社区行政化：不经济的社会重组机制》，《中州学刊》，2005 年第 2 期。

[②] 杨丽萍：《从非单位到单位——上海非单位人群组织化研究》，华东师范大学博士论文，2006 年，第 1 页。

社区服务的资金来源也主要依赖政府及街道办事处的投入,街道办事处托管社区财务,居委会各项支出由街道办事处审批,这样,社区居委会在财政、工作程序、服务内容等方面对政府尤其是街道办事处形成了全方位的依附局面,成为政府办事的"一条腿"。①

一个值得忧虑的现象是,尽管社区在自治和协助政府职能两方面已经更多地偏重于行政化的方向,然而要通过社区本来就不丰富的资源发挥联结社会成员的作用,依然显得不是很可靠。社区能够凝聚的人群主要是老年人口、弱势人群,虽然在社会稳定方面,抓住了这些环节就不会出现大的问题,但是总体而言,这很难说就已经完成了新时期社会基础秩序重构的问题。在社会原子化危机得不到有效回应的情形下,社会管理的目标往往只能够设定在社会基本稳定层面,而无法达到真正的和谐有序。

二、"后单位时代"城市治理面临的挑战

"单位共同体"是城市社会生活的基本单元,尤其是在"典型单位制"的背景下,庞大的单位社区呈现出独特的地点社会景观。"地点社会"的提法来自于奥罗姆和陈向明的研究。在他们看来,地点在人类生活中扮演了重要的角色,是我们定义人类生存状态时的主要概念。地点和人类共同生活之间有着某种自然而不变的联系。只有通过这些联系,我们对地点的认识才变得有意义;对地点的认识包括四个方面的内容:首先,一种个人身份认同感,是一种说明"我们是谁"的感觉;其次,一种社区感,成为一个大集体(或者家庭或者邻里人群)的归属感;再次,一种过去和将来感(时间感),一种我们"身后"和我们"面前"的地点感;最后,一种在家里面的感觉,舒适感。② 地点社会不同于地域社会,后者多从文化社会学和历史社会学的角度来界定,"以社会及其发展的相近性为依据而划定的一定地域的

---

① C市民政局与吉林大学联合课题组:《C市社区体制创新研究报告》,打印本,2008年9月。
② [美]奥罗姆、陈向明:《城市的世界》,曾茂娟、任远译,上海人民出版社2005年版,第16页。

社会及其发展的历史"①。当我们深入单位共同体的内部,便能够深切地感受到单位空间作为一种地点社会的意味。社会成员对单位共同体的认同感、归属感,以及生于斯长于斯的熟悉感、舒适感和安全感。当然,在奥罗姆和陈向明的研究中,"地点社会"的提法主要关涉个人的主观体验。而实际上,这种个人对地点的体验来自于地点长期稳固而制度性地运行,这里的制度包括正式制度和非正式制度。就单位共同体而言,作为"微观福利国家"的单位组织既是父爱式全能主义实践的空间,也是单位成员彼此交往互动的空间。在稳固演进的单位空间中,形成了没有陌生人的社会,地点社会的熟悉感、全息性、舒适感由此而来。然而,改革年代,地点社会正在发生着几个方面的变化。"后单位时代"的城市治理,恰恰是需要建立一种新的社会联结模式和公共性构造,回应当代城市社会生活中的公共需求和不断增加的复杂性。

(一) 单位社会变革的深层命题

改革开放以来,随着市场化改革的深入,单位组织为了求得在复杂的市场环境中生存和发展,不得不改变之前全能式的运行模式,而以企业运行效率为核心效标,成为市场经济中的一个利益主体。通过下放企业经济权、三项制度改革、企业内部管理方式的调整、生产政体的再造,单位组织的结构发生着显著的变化。虽然在具有浓厚单位情结社会成员的日常话语中,仍然称改制后的企业为单位,但此单位非彼单位,对于个人来说,单位已经不再是一个"生活共同体",而仅仅是"职场"和"工作场所"②。国有企业的市场化改革不仅要求重新勘定企业、政府和社会的活动边界,对于与企业相关联的每一个社会成员来说,其行为方式也悄然发生着变动,即使这种变动尚包含着对单位温情色彩的浪漫主义怀旧情绪。从更为深入的层面看,单位共同体的消解,提出了再造社会团结和重建公共性构造的理论命题。一方面,单位组织在改革之后,地域社会的空间结构发生着变化,生产与生活的合一性格局被打破,公共服务改由政府承担,而市场运行方式也在地域社会

---

① 周天游、葛承雍:《中国社会史研究的新趋向——"地域社会与传统中国"国际学术会议综述》,《历史研究》1995年第1期。
② 李汉林:《变迁中的中国单位制度回顾中的思考》,《社会》2008年第3期。

中逐渐上升为主导性力量，此前通过单位主导提供公共服务、通过单位内部层级利益组织化体系设置联结社会成员的运行方式已经不再可能，社会成员不再是通过单位组织的内部利益传导结构与公共议题发生联系。另一方面，单位组织生产与生活合一的城中"共同体"面临着瓦解。工业社区的熟人社会特点正在逐渐消逝，现代城市中"对门不相识"的原子化困境也在老工业基地社区中萌生。地方超大型工业社区的封闭结构被打破，市场的发育、生产和生活空间的分离以及原工业社区的内在分裂构成了新时期社会基础秩序重构的经验情境。

单位组织与西方工业组织一个显著的不同在于，单位组织采取了"生产空间与生活空间"高度合一的实践策略。正是出于这一原因，单位组织与地域空间紧密地结合在一起，形成了单位主导的公共性和地点社会的独特景观。生产与生活空间合一包含着以下几个方面的内涵：首先，地理空间上的邻近。生产厂和生活区处在同一地域空间之内；其次，生产与生活空间之间存在紧密联系。从建厂规划开始，生产空间和生活空间就制度性地绑定在一起。再次，生产与生活空间合一，形成了社会成员对单位空间的强烈认同和依赖。齐格蒙特·鲍曼用沉重的现代性来刻画"福特主义"大行其道时期资本主义现代性的基本特征，认为福特主义代表了一种资本与劳动力被固定在特定地域的工业组织形态。① 而单位组织则更为系统地将社会成员的生活空间纳入到单位体制中。从单位社会的复杂起源来看，单位组织生产与生活合一的空间安排，一方面源自于近代中国在走向现代过程中"组织起来"的理念延续；另一方面是资源匮乏的条件下实现赶超式现代化的必然选择。二者统一于新中国前三十年追寻现代化的道路。

然而，如前文所见，单位组织在市场经济年代面临着严峻的挑战，至90年代，完成企业化转变已经成为单位组织几乎唯一的选择。虽然单位体系的消解在不同的省份、地域具有"不同步性"，并且具体单位组织完成企业化转变的实际过程也存在差异，但这一过程中具有共性的是，之前生产与生活合一的单位空间发生了裂变。经济职能逐渐脱嵌于单位空间温情脉脉的

---

① ［英］齐格蒙特·鲍曼：《流动的现代性》，欧阳景根译，上海三联书店2002年版，第83—91页。

共同体。在单位情结浓厚的北方,很多人还把工作的"职场"叫作单位,但此单位已非彼单位。"生产与生活空间的分离"实际上是单位组织的企业化改革的必然选择,并且单位组织企业化改制的过程也就是生产与生活空间分离的过程。

(二) 值得警惕的社会原子化趋向

西方现代性过程中个体主义的兴起构成了传统社会转变的轴心理念,在自由市场的演进中,诸多中世纪带有庇护社会成员色彩的中间社会组织趋于瓦解,社会不断原子化,从而需要在新的社会基础上寻求整合,这也正是社会学诞生的现实依据,即从其诞生开始,社会学就把其使命设定在为正在前进中的现代社会确立秩序。然而秩序的确立却不是斗室中的思考那么简单,又或者是可以一劳永逸。作为现代性规划的一部分,社会学自身也具有了"反思性",[①] 社会的每一点新的变化都需要被纳入到"社会可以可能"这样一个基本问题中再次做出解答。波兰尼发现相对于市场社会的能动社会,然而主旨却在于从国家干预的视角思考破解社会原子化困局的可能。而在20世纪70年代以来,国家干预的模式陷入了"国家危机",继之而来新自由主义在全球的拓展,社会自我保护运动以一种新的形态出现,即萨拉蒙所言的"全球结社浪潮",学界基于此而呼唤一种新公共性的诞生。[②]

而中国社会走向现代的历程,与西方经验存在着巨大的差别。细言之,晚清以降中国社会在西方文明冲击下发生的总体性危机,很难对等地理解为中间社会消退的社会解组运动所带来的社会原子化危机。但这种总体性危机体现了中国传统社会乡土自治的、家族本位的、礼治的社会基础秩序已经很难维持下去,构筑多民族国家崛起的必要社会基础秩序就成为一个最为迫切的问题,新中国单位体制应运而生。在实践层面,单位组织不仅是新中国赶超式现代化组织层面的基础秩序,更为重要的在地点社会层面,构成了社会成员交往、联结、整合的基本模式,并制度化地确立了社会成员与公共议题发生联系的渠道。20世纪八九十年代末,市场经济改革在几个方向上重塑

[①] [英] 安东尼·吉登斯、[德] 乌尔里希·贝克、[英] 斯科特·拉什:《自反性现代化》,赵文书译,商务印书馆2001年版。

[②] 崔月琴、吕方:《非政府组织研究的社会学视野》,《江海学刊》,2009年第5期。

着地点社会景观。首先，单位组织的企业化改革在提升生产组织效率的同时，单位主导的地点社会基础秩序也逐渐瓦解，高度合一的单位空间逐渐分化为国家、市场与社会三个领域。其次，单位组织转变为企业组织，个人化的趋势增强，市场化改革的推进，在很大程度上具有了市场社会的特征，地点社会出现了值得警惕的社会原子化趋向。其三，社会自组织力量薄弱，直接面对着组织化的权力，自我保护和自我发展的动能不足。在这里，暂不对当下中国社会原子化趋向做理论上的概括，姑且从对个案的经验考察中摘取一些事实：

材料1：L社区是Y厂职工老居住区，目前总户数7592户，总人口17944人，其中60岁以上老年人就有近5000人，社区人口老龄化问题十分突出，并且与老龄化问题同时存在的还有老年人家庭空巢化（家中仅剩老人，子女在别的地方居住和生活）的问题。虽然处在一厂区，但是辖区内大部分的建筑不是建厂时期兴建的"大屋檐"①，而是在1980年代重建单位制阶段主要为集体企业职工修建的居住区。其中的居民还包括一部分Y厂主体厂的老职工。90年代中期，Y厂企业化改革过程中，下岗人员就已经出现，社区开始承担对这部分人口的服务职能，主要是再就业服务。2008年，Y厂的厂办集体企业大规模改制，社区出现了大量的下岗失业人员，据不完全统计已达1600余人。在访谈中，社区H书记对笔者讲，社区当前面临的两大困难在于老龄人口众多和下岗失业人员众多。社区的居住格局也在发生着变化，因为是80年代的老房子，户型很小，有能力的家庭子女就换到了别的地方居住，剩下的只是一些老年人。虽然老人们都很热心社区事务，但是社区的资源能力根本不足以解决社区这么多的问题。

H书记在谈论这些年的变化时讲，以前居民间都很熟悉，因为工作和生活都会发生一些往来，同一个班组或同一个车间的都会相约一起去上班，下班后也总能互相串串门子。现在大家都没工作了，过得也不怎么好，互相来往就少了很多。老年人服务虽然任务重，事情繁杂，但还相对好做一些，只要经常关爱老人，对他们有一份爱心就能做好。只是再就业不算好，社区也

---

① "大屋檐"是Y厂厂区居民对20世纪50年代初建厂时期苏联统一设计建造的带有欧式屋檐宿舍楼的称呼。

积极地给登记在册的下岗失业人员介绍工作,但实话说,这些工作待遇都很差、很累。而且在厂里工作惯了的人总会有一种想法,认为上班就是要有个固定的单位,出了门走不远就是上班的地方。①

从 L 社区的材料中,我们发现,单位组织在社会成员的互动和交往中发挥着重要的作用,因为同在一个单位工作,居民彼此熟悉,交往密切。而随着改制的深化,在弱势人群中间,社会关系稀薄化的现象,颇令人忧虑。之前,"单位共同体"如慈父般会从方方面面照顾个人的成长与发展,而面对市场经济的拓展,虽然很难说是"个体主义兴起",但从社会联结方面来看,自顾自的情感已经上升为一种普遍的社会心态,人际关系疏离、社会原子化的趋向已经出现。笔者向 H 书记建议通过发展居民自组织的形式,拓展社区服务的同时解决一些再就业问题。H 书记表示,社区也在从这个方面想办法,只是目前看来,要把大家拢到一起来还很艰难。

材料2:C 社区是 2005 年成立汽车产业开发区的时候从 C 市 L 区划归而来。主要的考虑是为 Y 集团未来的发展预留空间。C 社区的 S 书记对于社区中大规模存在的弃管楼很是着急,但也没有很好的办法。社区共有居民楼71 栋,其中弃管楼就达到 59 栋。S 社区的居民大致可以分为三个部分,商品小区住户、原工作在单位改制后下岗自谋职业的居民和伴随城市扩张从农村户口转为城市户口的居民。原工作在单位组织的居民没有付费购买服务的观念,认为以前我就是不花钱享受这些的,而农村转为城市户口的居民也很难愿意出钱来"改善"一下生活品质。

S 书记坦言,居民和物业公司的矛盾由来已久。虽然物业管理法规早已出台,但是一些物业公司运行还很不规范,甚至有点不负责任,只是想着把钱收上去。奇怪的是,如果居民遇到了问题,不会去找物业公司,而是直接找到社区,希望社区去协调,社区解决不了就去找街道,街道要是不能很好解决,就会打市长公开电话。如果涉及面大的话,还可能围堵社区、围堵道路。S 书记感慨,社区工作都有点像救火队了。日积月累,大家你看着他还没交钱,他说大家交了我就交,结果物业钱收不上去,服务就更做不了,整个就是个恶性循环。社区为此专门召开居民议事会,可偌大一个社区,只来

---

① Y 厂社区工作人员访谈(2009 年 11 月 2 日)。

了 23 个人。面对这样的僵局，S 书记觉得自己也快没办法了，很难改变局面。①

通过材料 2，我们发现，社会成员接受市场经济逻辑尚需要一个过程。而且企业作为服务提供者和社会成员作为消费者的权责边界还需要进一步厘清，并且在现实中探索良性的沟通秩序。此外，值得注意的是，居民生活出现了问题，往往把问题解决的期望全部寄托在社区和政府身上，官办公共性的深层思维还具有一定的延续性。而社会成员之间很难发展出积极的自组织以良性的方式来应对生活中遇到的挑战。

材料 3：W 社区是 Y 厂的老生活区。生活区改造之后，Y 厂现在的员工也有很多居住在这里。按照社区 Z 书记的说法，W 社区属于"居民文化素质高，对服务的要求高，对文化生活的需求更高"的三高社区。近年来，社区开展了丰富多彩的文化活动，成立了业余活动团体，组建了 1700 余人的志愿者队伍，并在条件较好的 T 小区尝试成立业主委员会。虽然，社区工作连年受到区里、市里、省里的表彰，但 Z 书记对社区建设的局面仍然忧心忡忡。原因是社区仅仅能够吸引一些老年人和弱势人群，而收入较好的、年富力强的年轻人很难与社区建立联系。生于汽车厂长于汽车厂的 Z 书记说，前些年的时候社区居委会干部对社区居民都很熟悉，谁住在什么地方，家里有几口人，有什么现实困难都一清二楚。可这几年，随着住房商品化改革，不要说社区干部，就是邻居之间也不见得互相认识。志愿者队伍虽然有 1700 多人，但是主要都是老年人，平均年龄在 67 岁。虽然老人们都有热心、有觉悟，但是很多社区自我服务的工作，我们也不忍心动员他们来参与。另一方面，志愿者活动中，社区还担负责任，一旦哪个老人出点什么问题，社区可是跑不了。Z 书记的忧虑还在于，过些年，这些单位环境熏染、有觉悟、有热心的老人去世了，志愿者队伍能不能维持下去。至少现在，还看不到年轻人有参与进来的热情，每个人都忙着过自己的小日子呢。②

随着单位组织的转变，原来由单位组织承担的大量公共服务和社会职能外移，需要政府和社会来承担。同时，随着市场经济的发展，许多新的社会

---

① Y 厂社区工作人员访谈（2010 年 1 月 10 日）。
② Y 厂社区工作人员访谈（2010 年 1 月 12 日）。

事务也迫切需要社会做出良性的回应。然而社会原子化的局面，成为当前社会建设的直接障碍。社区"银色力量"固然是社会建设的一道暖色，但距离真正富有活力的社会还相去甚远。如果从历史演进的长时段来看，市场经济的发展在起初确实会使得社会成员陷入"一种只顾自己而心安理得的情感，它使每一个公民与其同胞大众隔离，同亲属和朋友疏远。因此，当每个公民建立了自己的小社会以后，他们就不管大社会而任其自行发展了"。①然而，随着市场社会弊端的出现，针对社会原子化的社会自我保护运动也会逐渐出现。虽然，理论研究的关切不可能设定在塑造社会发展的规律，但作为一门具有公共品质和人文关怀的社会科学，我们希望体认社会变化中的一些趋势，因势利导地将其引向良性的对共同生活有益的局面。

　　随着单位组织的企业化转变，"单位社区"发生着剧烈地分异与重组。之前生产生活空间合一的空间格局逐步分离，单位体制之外，出现了大量的"社会人"，然而社区又很难实现对这些人群的有效管理和服务，出现了值得警惕的社会原子化现象。政府为了维护国企转型过程中的稳定局面，其职能逐渐增强，但由于政府包办的公共事务过于广泛，使得政府疲于应付各种临时出现的情况。在此背景下，社区行政化色彩浓厚，原子化的社会成员将对单位组织的依赖转向了政府和社区，而很少考虑通过自我组织、自我服务的方式推动公共福祉。此外，由于政府包办公共性的现实，也导致了国家直接面对原子化的个体，加大了行政的风险，而社会成员只能将利益实现的期望寄托在一个贤明的"父爱式"政府身上。

---

① ［法］托克维尔：《美国的民主》（下卷），董果良译，商务印书馆1988年版，第625页。

第十一章
"后单位时代"的社会原子化与城市社区治理

  如前所述，1949年新中国成立后，为克服传统中国社会的涣散性弊端，共产党人在革命实践中探索建立了单位制，并由此实现了中国社会空前的高度整合和组织化。30多年后，在改革开放、体制变革的背景下，具有高度整合功能的单位制逐渐开始走向消解，复数意义上的"单位人"和"国有人"开始从单位城堡中解脱出来，成为独立的"社会人"。在这一历史性的发展转换中，因新的社会联结性组织尚未发展成熟和健全，必定会产生社会原子化现象。由此，因单位制度变迁而衍生出的社会原子化问题理应成为我们研究和关注的对象。

  人是社会的动物，人类社会得以存续的基础是由各种社会联结机制联合起来的人类社会生活共同体。共同体是人类生活确定性、安全感以及价值归属的来源，而社会联结匮乏的原子化的个体则是人类共同体的否定性存在，是人类共同生活的解构力量。对于任何历史阶段、任何空间范围内的人类社会来说，原子化的个体存在形态都是一场灾难。诞生于19世纪的社会学正是对伴随现代资本主义生产方式逐步确立而来的社会解组运动所产生的社会原子化危机的理论回应。可以说，社会原子化在社会学理论的兴起与发展过程中以反命题的角色警醒着一代又一代的社会学家作出持续的努力。但长期以来，却未能获得应有的关注，只是隐含地出现在社会学理论家的著作之中。本章拟就社会原子化理论的起源、展开及在中国语境下特殊的问题表达做一概括性研究考察。

一、社会原子化问题研究的理论谱系

本章中所说的"社会原子化"不是指一般性的社会关系的疏离,而是指由于人类社会最重要的社会联结机制中间组织(intermediate group)的解体或失缺而产生的个体孤独、无序互动状态和道德解组、人际疏离、社会失范的社会总体性危机。一般而言社会原子化危机产生于剧烈的社会转型期。社会原子化并不是说社会没有联结和零社会整合状态,而是指在一定范围内的社会,其社会联结机制薄弱,社会整合度低下,出现国家直接面对民众的险象,而产生局部的、一定程度的社会失范。

(一)起源:社会原子化作为社会学的反命题

社会学的理论起点在于社会何以可能这一基本问题。用吉登斯的话来说,社会学,其本身即是现代性的一部分,是旨在为现代社会寻求秩序的智力实践。历史地看,承续启蒙运动之社会理想,以自由市场和民族国家建立为标志的现代社会的兴起过程中,个体主义兴起,而传统社会的联结方式遂告解组,社会陷入了空前的整合危机。因此,现代社会在其发轫之初便面临着前所未有的社会原子化危机。社会原子化构成了社会何以可能的一个反命题。这个反命题由如下几重意义构成:首先,社会原子化是社会变迁过程中社会解组运动的直接产物,是社会整合状态的否定,并且构成了寻求新的整合形式的理论与经验活动的起点;其次,具体而言,社会解组指的是处于国家与个体之间的一系列中间组织所构成的"中间社会"的解组,使得国家直接面对个体;再次,社会原子化危机的超越在于重构一个有活力的中间社会,而任其发展则可能导致专制;最后,如马克斯·韦伯的洞见,现代社会组织体系本身包含着使个体进一步原子化的危险。

正如社会学思想史家罗伯特·A.尼斯贝特所言,社会原子化(social atomization)与其说是社会学的一个核心问题,毋宁说正是社会原子化的社会事实扮演了社会学于19世纪在法国诞生的助产婆。在《法国大革命与社会学在法国的兴起》一文①中，尼斯贝特批评了当时社会学思想史界关于社会学兴起的流行观点——即认为社会学是十七八世纪智力图景的逻辑延续之产物。尼氏认为仅仅在思想脉络中追寻社会学兴起的原因并不足以认识问题的全部，而应该把目光投向社会世界中的一些真实变动。18世纪末的法国大革命以国家对社会团体严酷破坏的方式而取得胜利，在我们褒扬法国大革命所昭示的自由与平等理念的同时，应该看到社会本身所经历的重大变化。在尼斯贝特看来法国大革命取消了原有的国家与个人之间的"中间者"（intermediate），而成为"国家—个人"的两极结构，并且个人由于与作为"调解者"同时也是"联结者"的各种组织联结斩断而成为原子化的个体。

在法国大革命之前，法国社会仍然存有诸多中世纪的社会要件。然而自启蒙运动以来，社会思想家均视个人和国家这两者为终极实体。与之相应，唯意志论或绝对主义这两项支配启蒙运动社会思想的要素，虽然在诸多方面是相互冲突的，但在取消中间社会这一点上，却达成了共识。在自然法理论所开启的现代社会理想中，只有个体和国家的思考，而并没有为中间社会预留席位。如为我们所熟悉的大思想家卢梭，在基于"自然人"状态的论证而阐发的社会契约论中，走向了"最极端的个人主义"，所谓个体"独自一个人"（seul）过活，因此他没有丝毫关于任何社会联合的概念。

在启蒙理想的现代性方案中，一切横亘在国家至上与个体自由之间的中间社会组织都需要灰飞烟灭。这样一个直接的后果就是社会自身秩序瓦解，个体在获得"平等与自由"的同时，献上的祭礼是社会共同体本身。可见，在启蒙理想体系内部就包含着社会原子化的危险，现代性自其发轫之初便陷入了深刻的社会悖论。"祛魅"在高扬人的理性之同时，企图确立全新的人类存在方式。中世纪的一切中间社会力量都加入社会解组的进程。在法国大革命的洪流中，作为一个独立社会组织的教会不复存在，牧师也变成了政府的行政官员；修道院与教会大学中断运行，宗教生活在总体上被禁绝；行会秩序被破坏，置于国家的严格控制之下；教育被改造为国家的专擅，以培育合格的公民；财产权亦由家庭持有转而为个体持有，家庭本身则为革命中的

---

① Robert A. Nisbet, "the French Revolution and the Rise of Sociology in France" the American Journal of Sociology, Vol. 49, No. 2, (Sep., 1943), pp. 156 – 164.

平等主义者不断修正,父权制失去了价值,自由与平等之观念进入家庭,婚姻被视为民间契约(civil contract)。尼斯贝特提醒我们,需要认识在自由和平等昂首阔步的另一面,传统的道德与社会团结基础已然坍塌。①

在被称为社会学鼻祖的孔德、涂尔干等社会学家那里,其理论旨趣主要是直面社会原子化带来的空前的道德和社会团结危机,希望以为现代社会重构国家与个体之间的中间社会力量的努力,实现对社会原子化危机的超越。孔德的最初理论关怀同时也是统摄其之后所有智力活动的起点是"社会解组运动"(movement of disorganization)所引发的社会原子化问题以及混乱对社会的侵蚀,他以"暴风般的情境"来描述这种状况,表达了自己的忧虑。他认为唯有通过引导国民放弃自启蒙运动以来极端个体主义的消极态度而采信社会有机整合的观点,才能使现代社会获得秩序。在孔德看来,秩序本身就能带来进步,而社会原子化与社会解组则意味着失序和灾难。在孔德所言的最高的社会阶段,即实证社会(工业社会),学者与牧师将发挥特殊的作用,协调人的感情,帮助人们承认国家治理者的权威,节制权贵的专横和利己行为,教育人们热爱他人,对社会、对集体履行自己的责任与义务,克服原子化个体的利己思想,保证维持社会的共存与有序发展。② 这里,孔德实际上是期望以学者和牧师所构成的现代"知识人社会"补充启蒙理想,重建国家与个体之间的中间层,而实现社会进步。孔德的这种思考代表着一种颇为重要的理论趋向,即关注知识分子和公共领域在现代社会中的价值及其命运。

社会原子化与社会解组问题同样是涂尔干终其一生的学术关怀。如马斯克所言,为个体主义的社会重建道德和社会团结的基础,这一议题贯穿了涂尔干学术生涯的始终③。只是,涂尔干关于中间社会重构的希望寄托在"职业团体"的身上。涂尔干对斯宾塞的进化论式社会变迁观点和生物体有机

---

① Robert A. Nisbet, "the French Revolution and the Rise of Sociology in France" the American Journal of Sociology, Vol. 49, No. 2, (Sep., 1943), pp. 156 – 164.

② Robert A. Nisbet, "the French Revolution and the Rise of Sociology in France" the American Journal of Sociology, Vol. 49, No. 2, (Sep., 1943), pp. 156 – 164.

③ 见 Charles E. Marske, "Durkheim's 'Cult of the Individual' and the Moral Reconstitution of Society", Sociological Theory, Vol. 5, No. 1, (Spring, 1987), pp. 1 – 14. 马斯克教授在该文中,也指出了涂尔干社会学思考与法国大革命所带来一系列重大社会变迁之间的关联。

社会观点，以及英国功利主义所持的病态的自私自利的个体主义思想提出了尖锐的批评，认为这种"个体主义的崇拜"（cult of the individual）"不会成就真实可靠的社会联结"而会引致社会的消解。社会消解的直接后果就是社会原子化的社会失范危机，涂尔干对此痛心不已：

> "我们所要揭示的失范状态，造成了经济世界中极端悲惨的景象，各种各样的冲突和混乱频繁产生出来。既然我们无法约束当前彼此争斗的各种势力，无法提供能够使人们俯首帖耳的限制，它们就会突破所有界限，继续相互对抗，相互防范，相互削弱。当然，那些最强的势力就会在与弱者的对抗中独占上风，使后者屈从于它的意志。但是，这种被征服者虽然暂时屈从了强力统治，却没有认同统治，因此这种状态肯定不会带来一种安宁祥和的气氛。由暴力达成的休战协议总归是暂时性的，它不能安抚任何一方。人的热情只能靠他们所遵从的道德来遏止。如果所有的权威都丧失殆尽，那么剩下的只会是强者统治的法律，而战争，不管它是潜在的还是凸现的，都将是人类永远无法避免的病症。"①

在涂尔干看来，社会原子化是随着社会分工的发展，个体主义兴起而产生的危机，并且已经导致了社会整合危机和道德困境，使得强势对于弱势的专制无处不在。但涂氏认为，这并不意味着之前的集体意识消亡了，而只是由一种形式转变为另一种形式，即建立在个体差异性基础之上的有机团结，这是一种基于社会分工的社会联结形式，每个人都因为与他人之不同与依赖而获得了一种团结感。涂氏发现了当时社会道德危机的社会根源，即在社会物质密度和精神密度同时增加基础上诞生的社会分工，并没有伴随着新的社会联结形式，原有的社会联结机制被持续改造，而新的基于个体主义趋势的社会联结并没有确立起来。在《社会分工论》的二版序言中，涂尔干提出以职业团体来确立个体之间的社会联结，建立"国家—职业团体—个人"这样的三层次社会宏观结构体系，为道德的重建提供基础，涂氏对于现代社会道德重建的这一构想，也体现在《职业伦理与公民道德》一书中。可见，

---

① ［法］涂尔干：《社会分工论》，渠东译，三联书店2005年版，第15页。

社会学的兴起正是对社会原子化现象的理论回应，社会学的创始人的思考开始于为原子化的混乱世界重建秩序和道德。

总体而言，孔德和涂尔干的社会学思考都是基于大革命之后，法国社会由传统社会向现代社会迈进过程中，个体主义兴起而带来的一系列社会后果。虽然孔德和涂尔干的理论构架存在着根本的不同，但是，就重建中间社会的理论诉求这一点而言，却是共同的。

相对于法国贵族体制瓦解和个人主义兴起，德国在迈向现代社会的过程中，却呈现为另外一种局面，即传统的贵族仍然保持着其在政治经济体系中的强势地位。作为普鲁士传统贵族的容克地主阶级，在工业革命浪潮到来之时，走向了农业资本主义的道路，并逐步向工业和银行业发展。随着关税体制的改革和李斯特意义上统一市场的形成过程中，贵族阶级始终主导着现代社会的进程，形成了所谓的"普鲁士式道路"。伴随着德国的统一，及其在随后第二次工业革命的领跑地位，现代性在德国社会的每一寸肌体中扩展。基于德国独特的文化传统和现代化道路，以马克思·韦伯为代表的德国社会学家对于现代社会的把握，明显区别于法国社会学传统。韦伯在其卓越的奠基性著作中，主要以德国经验为基础，对以资本主义生产关系为核心的现代性体系进行了深入的解析。韦伯敏锐地洞察到社会行动类型中工具理性行动迅速在社会生活的各个领域蔓延，国家主导的工业化，建立在强有力的科层组织基础之上，成为吞噬人、异化人的可怕"牢笼"。韦伯同样看重中间组织对于克服社会原子化危机的价值，虽然中间组织在韦伯的理论体系中并没有作为一个清晰界定的概念提出来。但他认为家庭、共同体等传统社会中间组织正在日益理性化，浸润在现代性的逻辑之中。韦伯意识到官僚体系的专制趋向，个体在抽空了社会的丰富性以后，变得孤独、无所归依，并被专制的权力宰制。这里，韦伯实际上思考了个体化了的个人重新被组织进现代社会体系之后的命运，他认为，以官僚制为核心的现代社会使得人与人之间的联结变得单一化，而且官僚制本身可能会陷入被专制力量主导的危险。

尤其值得一说的是，韦伯的宗教社会学理论中，除了解释新教伦理与资本主义的选择亲和性关系之外——当然，新教伦理与资本主义精神的研究本身就包含着为现代社会的男女寻求价值归属的理论抱负——韦伯对于教派组织的社会学意义也作出了独特的诠释。韦伯认为教派"对于近代初期社会群体形成的【一般】原型具有重要的意义,这些原型给今天的'公众舆论'、'文化价值'和'个性'打上了烙印"。① 只是在韦伯的理论构想中,期待教会共同体"以普遍的宗教形态出现,要求凌驾于其他一切共同体之上"②,在今天看来,这未免走向了偏执,但这种偏执在韦伯的理论内在逻辑上却是合情合理的,因为为现代人寻求价值的归属,在韦伯的理论体系中,始终占据着重要的位置。此外,在社会学研究的方法论上,韦伯甚至主张"群体(广义上的)作为持续不断的社会关系(不具有或具有团体)的性质,是一切社会学分析和理论的基点和首要的对象"③。可以说,韦伯对于现代性的解析,进一步深化了对社会原子化的认识,他指出了现代性的组织体系所包含的对个体进一步原子化的力量和走向专制的危险。

总而言之,资本主义生产方式的确立的过程中从未安享片刻的一致,"生产的不断变革,一切社会关系不停的动荡,永远的不安定和变动,这就是资产阶级时代不同于过去一切时代的地方。一切固定的古老关系以及与之相适应的素被尊崇的观念和见解都被消除了,一切新形成的关系等不到固定下来就陈旧了,一切固定的东西都烟消云散了,一切神圣的东西都被亵渎了。人们终于不得不用冷静的眼光来看他们的生活地位、他们的相互关系"。④ 马克思的这段概括可谓对社会原子化危机的最经典表述。

但是,马克思理论体系⑤中社会原子化危机的超越却在于无产阶级在不断地扩大规模过程中,阶级意识逐渐明晰,进而形成运用"资产阶级用来推翻封建制度的武器"(指生产力的发展)来推翻资产阶级,建立自由人联

---

① [德]马克斯·韦伯:《经济与社会》上卷,林荣远译,商务印书馆1997年版,第5版序言,第9页。
② [德]马克斯·韦伯:《经济与社会》上卷,林荣远译,商务印书馆1997年版,第5版序言,第10页。
③ [德]马克斯·韦伯:《经济与社会》上卷,林荣远译,商务印书馆1997年版,第5版序言,第9页。
④ [德]马克思、恩格斯:《共产党宣言》,载《马克思恩格斯选集》第1卷,人民出版社1972年版,第254页。
⑤ 马克思在《共产党宣言》中曾有过对"中间等级"的描述,但是马克思所言的中间等级指的是"小工业家、小商人、手工业者、农民",这与我们所说的"中间社会"大异其趣。在马克思看来,中间等级在不断地分化,下层"降落到无产阶级的队伍中来",个别中等阶级上升为资产阶级,社会结构趋于两极化。

合体的理想社会的力量。马克思认为，工业中的"强制"榨取剩余价值的方式，在不断地造就和扩大资本主义的掘墓人。然而，资本主义在随后的历史演进中，似乎没有出现马克思所预言的革命。于是，马克思关于原子化的命题，就留给了其后继者来解答。

如布诺威所言，葛兰西的"强迫"和"同意"的概念以及他关于阶级利益的实质性妥协的看法，普兰扎斯的公民权以及资本主义国家的相对自主性观念，还有阿尔都塞的意识形态作为一种生活体验的观点，这些对于生产的管理者是都有意义的。而生产管理者运作资本主义的方式构成了资本主义得以暂时延续的关键。布诺威指出："马克思主义将同意的组织放在了国家、市民社会、家庭和学校——就是没想到生产领域，后者总是被预设为阶级斗争的熔炉。我的经历则正好相反，它告诉我，同意是如何在生产中被制造出来的。"在生产领域中，"在将工人分离成原子——锻造工业公民——以及把劳工的利益与资本的利益联系起来上，霸权政体削弱了劳工对资方的对抗以及他们抵制雇主侵犯的能力"[①]。工业组织内部制造出的同意构成了资本主义得以续存的要领。

当然，在布诺威的论著中，更多的是关注工业组织内部工人原子化的社会事实，而对消费领域、意识形态领域的研究则着墨不多。应该说，如果参考鲍德利亚关于消费社会的相关理论和葛兰西等关于意识形态霸权的相关研究，则更能完整理解马克思脉系的社会原子化理论结构。

（二）展开：个体主义原子化与极权主义原子化

社会原子化的理论谱系虽然非常复杂，但从总体上看，其理论的演进基本上是循着个体主义原子化和极权主义原子化这一双向路径展开的。

1. 个体主义原子化

如前所述，社会学思考的起点，在于传统社会向现代社会转变过程中出现的社会原子化的危机。个体主义兴起是现代社会的一个显著特征，而个体主义原子化也构成了社会学思考的一个基本向度。孔德所说的社会解组运动、涂尔干所关注的社会团结类型转换以及韦伯所思考的现代组织对个体的

---

① ［美］布诺威：《制造同意》，李荣荣译，商务印书馆2009年版，第4页。

影响,均是对个体主义原子化危机的理论解释。值得一提的是,法国思想家托克维尔的著作,表达了同样的理论关切,并且对个体主义原子化作出了全面而清晰的解析。

托克维尔认为,随着身份平等而扩大的个人主义,"是一种只顾自己而心安理得的情感,它使每一个公民与其同胞大众隔离,同亲属和朋友疏远。因此,当每个公民建立了自己的小社会以后,他们就不管大社会而任其自行发展了……个人主义首先会使公德的源泉干涸"①。这将无可避免的带来混乱与暴政,"如果每个公民随着个人的日益软弱无力和最后不再能单枪匹马地保住自己的自由,并更加无法联合同胞去保护自由,那么,暴政必将随着平等的扩大而加强"②。在对美国历时9个多月的考察中,托克维尔发现,在美国,行政分权和地方性结社可以克服个体主义原子化危机。结社作为一种艺术,具有深远的价值。"美国居民享有的自由制度,以及他们可以充分行使的政治权利,使每个人时时刻刻和从各个方面都感到自己是生活在社会里的。"③"地方性自由可使大多数公民重视邻里和亲友的情谊,所以它会抵制那种使人们相互隔离的本能,而不断地导致人们恢复彼此协力的本性,并迫使他们互助。"④ 在此基础上,美国人以一种实用主义的道德观和宗教信仰,以"正确理解的利益"原则在一切可能的社会生活领域进行合作,成功克服了身份平等带来的个体主义社会原子化。

拉斯基在为《托克维尔全集》中之《论美国的民主》所作的导言中,对托克维尔的思想做了精炼而准确的总结:分权是使国家的公共目的变成公民个人生活的一个有机部分的途径……结社自由、言论自由和分权是公民行动的保证,并为防止那种践踏人类尊严的独裁的官僚统治提供了手段。⑤

托克维尔关于社会原子化的论述甚至早于社会学的兴起,现代社会在其构成方式和政治生活、社会生活诸多方面均发生了显著的变化,托克维尔期

---

① [法]托克维尔:《美国的民主》下卷,董果良译,商务印书馆1988年版,第625页。
② [法]托克维尔:《美国的民主》下卷,董果良译,商务印书馆1988年版,第635页。
③ [法]托克维尔:《美国的民主》下卷,董果良译,商务印书馆1988年版,第633页。
④ [法]托克维尔:《美国的民主》下卷,董果良译,商务印书馆1988年版,第632页。
⑤ [英]拉斯基:《拉斯基为〈托克维尔全集〉中之〈论美国的民主〉所作的导言》,见托克维尔:《论美国的民主》下卷,董果良译,商务印书馆1988年版,第953—954页。

望自己对美国民主的考察能够为自己的祖国法国提供参照。在这部著作中包含了对个体主义社会原子化潜在危险的焦虑，即导致混乱并走向暴政，也热情饱满地论述了可能的化解方式，即以富有活力的结社生活和充分的自由与之抗衡。可以看出这与孔德和涂尔干的思考包含了共同的元素，就是在国家和个体之间需要存在一个联结每一个社会成员的中间社会，这个中间社会使公民有归属感、安全感和关于生活的确定性和价值。

2. 极权主义原子化

如果说托克维尔预言了社会原子化有走向混乱和暴政的潜在危险。那么汉娜·阿伦特则以德国纳粹和斯大林体制为模板深刻反省了由社会原子化产生的极权主义灾难。"极权主义运动较少地依靠无结构的群众社会，较多地依靠原子化的（atomized）、个人化的群众的具体条件"[1]，"极权主义运动是原子化的、孤立的个人的群众组织。……个体成员必须完全地、无限制地、无条件地、一如既往地忠诚。"……"这类忠诚只能产生完全孤立的人，他们没有其他社会联系，例如家庭、朋友、同志，或者只是熟人。忠诚使他们感觉到，只有当他属于一个运动，他在政党中是一个成员，他在世界上才能有一个位置。"[2] 极权主义制造了一个无阶级的社会，蔡英文在《〈极权主义起源〉导读》一文中对此有清晰的概括：

> 资本主义的"资产积累"的生产方式与不断扩张的原则造就了西方现代社会一大群"孤单"、自觉"多余无用"，以及跟生活世界疏离的"群众"，拼命地追求物欲之满足，充满物欲之激情，罔顾公共事务，但是生活之支离与意义的丧失，使他们成为绝望之存有，他们既无法彼此结合成政治的团体，共同参与政治之事务，更甚者，他们隔绝了其他人，也隔绝了使他们生活有意义的共同世界，在这种"隔绝"与"孤单"，意即：丧失生活之共同世界的存在处境，他们不但丧失了现实感，也丧失了合理健全地判断经验的能力。[3]

---

[1] ［美］汉娜·阿伦特：《极权主义的起源》，林骧华译，三联书店 2008 年版，第 414 页。
[2] ［美］汉娜·阿伦特：《极权主义的起源》，林骧华译，三联书店 2008 年版，第 420—421 页。
[3] 蔡英文：《政治实践与公共空间》，新星出版社 2006 年版，第 20 页。

我们在托克维尔的著作和社会学的奠基者孔德与涂尔干的思考中已经读解出社会原子化可能带来的暴政统治与极权，汉娜·阿伦特则以鞭辟入里的分析揭示出在社会原子化的土壤中如何生长出法西斯暴政的恶瘤。无组织的、原子化的个体迫切需要组织为其提供价值和归属，良性的社会联结方式没有出现，那么恶性的社会组织和联结就会占用这一"真空"，把社会和个体引向深沉的灾难。阿伦特开启的极权主义原子化研究，有着众多的追随者，如卡尔·弗里德里希在《极权主义社会的独特特征》一文中概括了极权主义的六种特征，并对极权主义原子化做出了进一步的说明。

特别需要指出的是，在长期冷战对峙的历史背景下，社会科学研究在一定程度上具有了意识形态的意义。阿伦特关于斯大林体制极权主义特征的论述很快在西方世界，尤其是美国产生一大批追随者。如美国卡特政府的国家安全智囊兹比格涅夫·布热津斯基。受此影响，极权主义原子化也自然成为共产党社会的一个重要特征。这种先入为主的研究判断显然具有浓厚的意识形态色彩。沃尔德以其出色的研究对极权主义理论范式的适用性提出了质疑，并提出了"新传统主义"的理论解释。但是其新传统主义理论对于极权主义的范式超越确是极其有限的，同时也塑造了一个扭曲的中国社会意象。

3. 原子化议题的延续

如果从历史的脉络中思考，极权主义原子化在时间上晚于个体主义原子化。后者是与西方社会的现代转型紧密联系的，可以说自其起点开始，就是一个原子化的过程。而极权主义原子化，出现在一个关键的时间点，1929—1933年全球经济大萧条。就社会学的视角而言，这次危机的爆发，其根本原因在于，自由资本主义经历了一百多年的发展，整个西方世界社会生产力虽然获得了前所未有的繁盛局面，但社会矛盾积聚，社会分化十分严重，并且，在广大的劳动群体中间，社会联结薄弱，无力实现维护和发展自身利益的积极行动。换言之，从现代社会起点即出现的社会原子化危机在这一时刻总体性爆发。此时，在美国以罗斯福新政的政府干预市场，出台诸多保护性政策，这些政府干预具有波兰尼所说"社会自我保护运动"意义，并且收到了一定成效，暂时克服了经济危机和社会危机；而在德国，民众情绪则被导向了狂暴的纳粹政体，将整个人类世界引向深重的灾难。就此而言，极权主义原子化是以一种高度组织化的"原子化"结束个体主义原子化的深刻危机。然而无论是罗斯福新政的政府干预策略还是纳粹的极权主义政体,都未能从根本上克服社会原子化的深层危机。并且在一个新的社会发展阶段,个体主义社会原子化危机又衍生出另外的形态。

英国社会学家齐格蒙特·鲍曼探讨了在"流动现代性"(fluid modernity)时代出现的一种值得注意的原子化境况。即随着新技术的导入和社会的变化,"沉重的资本主义"向"轻灵的资本主义"转变,资本与劳动力牢不可破的联姻破碎了,短期雇佣取代了长期合同,出现了一种强大的"个体分化"力量,它分割而不联合。原有劳动共同体本来脆弱的链接,被高流动性进一步瓦解,个体之间"由于说不准谁会一觉醒来便被分割开来,不知身在何处,所以'有共同兴趣'的观念越发模糊不清,最后变得不可理解。恐惧、忧虑和悲痛的形成方式使得它们的袭击都是独来独往,不相为伴"。① 流动的现代性是一个涉及空间的概念,在社会流动而不是凝固,"全球"而不是"在地"的时代,个体化力量是社会成员无可避免的原子化。公共问题越来越不能吸引人们的目光,"普遍的漠不关心"作为一种可怕的社会生活解构情绪四处蔓延。

可见,在现代社会的发展历程中,社会原子化危机始终未曾根本性的化解。并且,在不同的历史阶段、社会情境之下,往往呈现为新的形态。社会原子化问题构成了社会学理论发展的一种内在推动力,正是在与社会原子化的社会现实的理论对话中,社会学理论才得到不断的创新。这一点,对于理解战后西方社会学理论的变革乃至当下社会学理论的一些最新进展仍然具有根本性的意义。

二、社会原子化理论的"问题表达"

在对社会原子化理论谱系初步考察的基础上,我们似乎可以结合 20 世纪晚期以来的社会剧烈变迁,对社会原子化理论的"问题表达"做一简单的结论式概括。

---

① [英] 齐格蒙特·鲍曼:《个体化社会》,范祥涛译,三联书店 2001 年版,第 13 页。

（一）社会原子化与社会失灵

在理论界，人们长时间关注的是所谓"市场失灵"和"政府失灵"问题，并曾展开旷日持久的"马拉松式"的研讨，但"社会失灵"现象实际上却被人们所忽视。这里所说的社会失灵不是一般意义上的"社会衰落"，而是指在现代社会剧烈变迁过程中人类的社会联结状态发生结构性变化的过程。在理解社会原子化涵义的过程中，最易发生混淆的是"个体化"概念。在西方社会理论的谱系中，从埃利亚斯、鲍曼到贝克，都曾对个体化理论做过较为全面的阐释，其内涵主要是指个体行为的框架以及制约条件的社会结构逐步松动，以致失效，个体从诸如阶级、阶层、性别、家庭的结构性束缚力量中相对解放出来。同时，个体对传统的思想意识和传统的行为方式越来越持怀疑与批判的态度。[1] 个体化这一观念"所承载的是个体的解放，即从归属于自己、通过遗传获得、与生俱来的社会属性等的确定性中解放出来"[2]。故在现代性的话语背景下，个体化虽然也会带来社会孤独和无缘，但究其实质是人类社会发展进程中一种人的解放和进步，是现代化演进的必然结果。而社会原子化则主要是从问题的视角，关注转型社会出现的社会联结遭到破坏，进而呈现出社会解组的种种动向。

其问题主要表现为：

1. 个人间、群体间社会联系的薄弱，社会纽带松弛。

关于现代性对人类社会纽带的消解和破坏作用，很多思想家留下了精辟的论述，他们认为伴随着现代化和城市化进程，农业时代那种充满温情和归属感的共同体将不可避免地走向解体，而代之以陌生人为主体的现代城市社会。更为可怕的是，"作为社会凝聚力源泉的家庭与亲属关系的衰落，以及信任的不断下降，构成了大分裂的特点"[3]。对社会作纯工具化理解的极端个人主义成为社会上占绝对主导地位的思潮。除个人间的联系被空前削弱外，群体间的联系也被愈演愈烈的社区隔离所切断。如福山发现，从 20 世

---

[1] ［德］乌尔里希·贝克：《世界风险社会》，南京大学出版社 2004 年版，第 159 页。
[2] ［英］齐格蒙特·鲍曼：《个体化社会》，范祥涛译，三联出版社 2001 年版，第 181—182 页。
[3] ［美］弗朗西斯·福山：《大分裂：人类本性与社会秩序的重建》，刘榜离、王胜利译，中国社会科学出版社 2002 年版，第 67 页。

纪七八十年代开始，装有大门的社区在郊外如雨后春笋般涌现出来。"在许多人眼里，这些社区是生动的象征，它们象征着分化的、孤立的、缺乏信任的美国。"① 在快速的城市化进程中，人们开始以前所未有的速度集中到城市之中，但集中于城市中的人们却没有也不可能凝聚成一体，而是发生了前所未有的分化和区隔。而且这种分化和隔离并不仅仅表现为富人与穷人、白人和其他人种之间的差异，而是一个整体对接的过程。"这些城市将它们的活动、社会群体和文化进行内部分离，同时又根据其结构的相互依赖进行重新连接。"② 构成了一种典型的城市"精神分裂"和"空间错位"的现象。

2. 个人与公共世界的疏离。

个人与公共世界的"联结"是社会总体联结体系中最为关键的环节。任何一种成熟的文明社会都是建立在一些基本的、真实的社会联结基础之上的。其中最为重要的联结应是介于国家与个人之间的社会初级群体及其相应的组织团体。而走向原子化的社会则恰恰是破坏了上述基本联结，使个人直接面对国家，导致社会内部松散，组织能力差，在表达利益诉求，维护个人权益时，往往以原子化的个人去面对政府和社会。此种现象的危险性在于，弱势群体的利益诉求无法上达，而政府的惠民政策也失去了下传的管道。

3. 规范失灵，社会结构"碎化"。

集体意识乃是社会控制的基础，其迅速走向消解，必然引发严重的社会失范。"集体意识的衰落无疑会使社会陷入道德真空状态，社会成员失去了社会的凝聚力，在意识领域内各处闲散游荡。"③ 从一般意义上讲，人类的社会化及其对社会规范的接受过程，基本上都是以一定规模的组织团体及群体为依托而展开的。伴随着社会的原子化趋势，人们之间虽然仍存在着一定程度上的互动关系，但因其缺少具体的组织平台依托，使得社会规范对个体的制约作用大大减弱。在规范失灵的背景下，社会失去了温情，被一种孤独

---

① [美] 弗朗西斯·福山：《大分裂：人类本性与社会秩序的重建》，刘榜离、王胜利译，中国社会科学出版社2002年版，第161页。
② [美] 保罗·诺克斯、史蒂文·平奇：《城市社会地理学导论》，柴彦威、张景秋译，商务印书馆2005年版，第13页。
③ 李汉林、渠敬东：《中国单位组织变迁过程中的失范效应》，上海人民出版社2005年版，第8页。

感所笼罩。一般民众的公共关怀也不可避免地走向衰微,出现了"无公德的个人"①,而激进的市场化又大大地推进了这一过程。"利己主义是对自己的一种偏激的和过分的爱,它使人们只关心自己和爱自己胜于一切,个人主义是一种只顾自己而又心安理得的情感,它使每个公民同其同胞大众隔离,同亲戚和朋友疏远,利己主义来自一种盲目的本能,而个人主义与其说来自不良的感情,不如说来自错误的判断。"② 当社会走向原子化后,各种人际联结的纽带丧失,社会上自私自利的唯我主义风行,导致各种社会制约因素走向消解,将社会推向无序的险境。"一个分裂的社会是一个其成员越来越难以将自己与作为一个共同体的政治社会关联起来的社会。这种认同之缺乏可能反映了一种个人利益至上主义的观念,而依此观念,人们终将纯粹工具性地看待社会。"③ 一个碎片化的社会的成员越来越难以把他们的政治社会视作一个社群,因为他们所理解的社会是纯粹工具性的。

(二) 社会"原子化"在中国语境下的特殊性

众所周知,社会原子化是社会学自其诞生之日起便密切关注的经典话题之一。如果我们把"社会何以可能"作为社会学穷究的最基本的理论命题,那么,学界迄今关于社会原子化的研究在很大程度上就是围绕着此命题而展开的。出于不同国家历史、文化的限制,社会原子化在不同时期、不同国家和地区,其表现形态存在着明显差别,其克服社会原子化方式亦存在明显不同。

就转型期的中国社会而言,其所表现出的社会原子化动向主要与单位制度和城乡二元结构走向消解直接相关联。

1. 单位制消解与社会原子化

中国自 1949 年以来,鉴于传统社会"一盘散沙"的涣散性弊端,试图通过单位制度,建构出一个高度组织化的"总体性社会"。在单位体制下,单位组织的建立实际上成为中国社会整合的最佳手段。改革开放以来,尤其是在上世纪 90 年代之后,在迈向市场化的进程中,中国城市的典型单位体

---

① 阎云翔:《中国社会的个体化》,陆洋等译,上海译文出版社 2012 年版,第 21 页。
② [法] 托克维尔:《论美国的民主》(下卷),董果良译,商务印书馆 1988 年版,第 62 页。
③ [加] 查尔斯·泰勒:《现代性之隐忧》,程炼译,中央编译出版社 2001 年版,第 136 页。

制和农村的"准单位体制"逐渐走向消解,但代之而起的新的社会体制和组织形态尚在形成、发展过程之中,遂使中国社会的基础秩序发生了包括社会原子化在内的一系列值得我们特别关注的问题。

建国以来,我国社会主义国家的社会基础秩序基本上是依托于单位体制建立起来的,具体表现为"国家—单位—个人"的纵向组织结构体系和以集体主义为核心的道德观念体系,其中又蕴涵着一种强调整体性、动员性和"一致性"的意识形态。在单位体制下,每一个单位人都在"国家—单位—个人"的纵向体系之下生存和生活。单位组织不仅仅是一个单纯的政治控制体系,同时也是一个生活庇护和理想社会体系。在这一意义上,1949年后,单位中的"工业人"堪称是中国城市社会中组织化程度最高的人群。在相当长的时间内,正是通过单位组织,中国城市社会实现了空前的组织化与社会整合。但从20世纪八九十年代开始,以单位制度的消解和中国社会的市场化为前提,一些大型企业组织的内部也出现了原子化动向,先是在减员增效、下岗转制的背景下,从单位中游离出来的部分下岗失业而无法再就业者,在"去单位化"话语背景下,开始脱离庇护体系、归属体系和控制体系,成为从组织中分离出来的原子化人群。稍后,企业中又出现了一些"非正规就业"人群,亦具有明显的原子化特点。在学术界以往的研究中,主要将非正规就业看成是尚未纳入社会保障体系的就业形式,认为其核心特征是缺少福利和不受国家劳动法保护的劳工,而忽略了非正规就业所带来的低度组织化以及原子化生存等重要特点。有的研究者也发现:在转制后的国有工业企业内,其劳动关系呈现出"简单控制型"的变化,"国有企业劳动关系主体等级化,经营者与国家保持紧密的联系,得到其政治与经济的双重庇护……大量低价非正规劳动力的状态则是碎片化的,工会的作用被瓦解"[1]。可见,单位制度变迁背景下的社会原子化消解了"个人"与"国家"之间的社会联结,使城市社会管理体系面临"失灵"的险境。

计划时期中国的社会管理实际上是一种"主辅双线"结构,所谓"主线"主要指基于"国家—单位—个人"这一纵向体系所形成的管理系统;所谓"辅线"主要指以"街道—居委会"为主体的管理系统。而转型期中

---

[1] 佟新:《国有工业简单控制型的劳动关系分析》,《开放时代》2008年第5期。

国的社会管理体系恰恰完成了一个反向的变动，即以企业为主体的单位逐渐"去社会化"，变为纯粹的生产单位，而"街道—社区"体制则开始承担由单位分解出来的诸多社会事务。但值得注意的是，当我们努力将社会管理的重心转向社区时，恰值世界范围内社区认同危机发生之时，这必然对城市社会管理体系建设产生重大影响。

转型期中国社区所发生的认同危机主要表现在：其一，伴随着城市化和郊区化的进程，大量中产阶级居住在内城或郊区条件较好的封闭花园小区内，导致城市居住结构发生根本性变化，意味着城市空间存在分裂的可能。如一些豪华住宅小区声称要专门打造上流社会或者说中产阶级理想的住所，必定带有强烈的封闭性、垄断性和排外性，最终将导致城市社区认同的危机和基层生活的碎片化。其二，由老龄化时代的到来而引发的家庭空巢化及社会活力的丧失。其三，由城乡结合部大量外来暂住人口涌入所带来的社会原子化态势。社会管理及生活的碎片化，其危害在于使社会趋于解组，走向凝固化，造成严重的社会无助和疏离感。

2. 二元结构消解与社会原子化

城乡二元体制走向消解、乡村社会衰落以及社会流动化背景下的社会原子化动向。虽然典型的单位组织主要集中在城市，但从宏观角度看，城市单位组织的存在及其延续实际上是建立在城乡关联的基础之上的。只不过这种"关联"不是"一体性关联"，而是"二元分割"。改革开放后，伴随着城乡二元体制的松动与消解，城乡之间的流动性开始空前凸显，素来闭锁的乡村农民逐渐加入到中国历史上最为壮观的社会流动大潮中。故此，我们在这里所说的乡村社会的原子化主要有两层涵义：其一，指在生产方式转变后，村庄、村民的联系状态发生的变化和过程。改革开放以来，伴随着联产承包体制的建立，村庄共同体和村庄共同利益逐步弱化、消失，村民成了单个的孤立的个体。村庄最基本的社会联结被破坏，村民间的联系极大地弱化，相互之间的社会关联度降低，村庄和村民的集体意识减退、协作能力下降。其二，伴随着新时期城乡关系的剧变，大量农村青壮年劳动力开始进入城市，初入城市时尚存在一定的乡土关系网络，但在步入城市后，伴随着职业的转换与空间的迁徙，迅速走向原子化。从代际的角度看，随着时间的推移，老一代农民工业已踏上了回故乡之路；而新生代农民工因其或生于农村而长于城市，或根本就是出生在城市，其与农村的生产和生活无缘，在城市流动游移的状态下很容易处于原子化状态。

三、如何应对"社会衰落"

近年来，在"发展主义"理论体系的深度主导下，社会各界普遍将目光投向所谓"市场失灵"和"政府失灵"问题，而"社会失灵"现象却在很大程度上被掩盖和遮蔽。人们对经济快速发展背景下复杂的"社会衰落"现象尤其是日益严重的社会原子化趋向，未给予足够的研究和关注。鉴此，我们应更新观念，直面社会原子化问题及其挑战，以探索应对之策。

（一）社会学对社会原子化问题的回应

作为社会学学科关注的核心问题，社会学学科领域内对社会原子化议题的直接和间接回应可以大致分为4类：（1）从结构层面而言，社会原子化是中间组织（在日本社会学界更多称中间团体）解组，导致单个的社会个体直接面对组织化的权力。从结构层面出发的思考，旨在通过重建中间组织，以构筑现代社会制度化的利益表达、共同行动渠道。上世纪90年代以降，更升华为一种对新公共性的理论诉求。（2）从个体层面，社会原子化实际上剥夺了个体作为社会行动者以常态的社会行动达成利益诉求的能力，往往导致个体行动无稳定预期而多以越轨、失范的方式表现出来。（3）从行动层面出发，理论家呼唤行动者的归来，以体认社会宏观结构变革的方式，发现作为积极行动的可能，而获致良性的社会互动关系。（4）在实践层面，社会学关注社会原子化的缘起，以及以之为现实背景社会运动何以发生，试图理解原子化社会中社会运动的发生机理、表现形态以及社会后果。

（二）社会原子化问题的对策选择

众所周知，转型期的中国城市社会管理体系正面临着空前严峻的挑战。从表面上看，其问题主要表现为频发的城市群体性事件及各种社会矛盾冲突。而从深层次看，由社会原子化而引发的城市社会管理基础秩序的"失调"，在很大程度上强化了这一危机。从历史上看，任何一种成熟的文明社会都是建立在一些基本的、真实的社会联结基础之上的。作为现代文明高度发达的产物，走向过密化和陌生化的城市社会秩序之所以会成为可能，主要是因为在城市社会中存在着各种大型组织、工作场所、居住社区，并在其中形成了个人与个人、个人与组织、个人与政府之间各种交错复杂的社会联结。任何意义上的城市宏观社会管理体系的存在和运行，都必须依托这些具体的社会联结。如果这些基本的社会联结被破坏，社会管理体系将无法运行并立即陷入危机状态。而转型期的中国社会在单位制度变迁、城乡二元结构消解和快速城市化的背景下出现的社会原子化现象，恰恰破坏了上述基本的社会联结，对当下的城市社会管理体系提出了严峻的挑战。

1. 社会发展理念的革新

在发展主义占主导地位的时代，财富毫无疑问地被作为评估和衡量发展的唯一尺度，社会领域诸多具有实质意义的变化则往往被忽略。人们醉心物质层面的"有形发展"，却没有意识到发展进程中"保卫社会"的重要性，以至于很少追问："发展是什么？究竟为谁或为什么要发展？什么在发展？经济增长是否就等于改善人们的福利、提高人们的生活质量？经济增长过程中，不同的社群所付出的代价又是什么？对弱势群体的影响又如何？除了现代化和工业化以外，有没有另类的发展轨道，能更直接改善人们的生活？"[①]正是基于上述思考，"新发展主义"构建了一个"保卫社会"的理论体系，认为"贫困"和"弱势"并非仅仅表现为物质财富的匮乏，也表现为社会原子化的危险处境。如在2000—2001年世界发展报告中，即用较大的篇幅对贫困进行新的界定，认为"贫困不仅仅是指收入低微和人力发展不足，它还包括人对外部冲击的脆弱性，包括缺少发言权、权利和被社会排斥在外。从这种多视角观察，反贫困战略具有更大的复杂性，因为需要考虑更多的因素，如各种社会与文化力量"[②]。对贫困广义的深刻理解，有助于我们转变以经济为单一中心的片面的发展观念，关注"社会失灵"现象，实现综合、全面的发展。

2. 社会联结的重建

---

① 许宝强、汪晖：《发展的幻象》，中央编译出版社2001年版，第1页。
② 世界银行：《2000—2001年世界发展报告：与贫困作斗争》，世界发展报告翻译组译，中国财政经济出版社2001年版，第11页。

作为对西方现代社会发展经验的理论反省，社会原子化理论主要来源于西方社会。但我们应注意，出于不同国家历史、文化的限制，社会原子化在不同国家、地区，其表现形态存在着明显的差别，克服社会原子化方式也存在不同：

在欧美社会，社会原子化动向主要表现在宗教世俗化、个人主义膨胀、家庭结构变动、社会独居人口数量快速增加等背景下的社会孤独化趋向。美国学者弗朗西斯·福山在《大分裂》等著作中即曾对西方核心家庭衰败的影响展开分析，认为"西方核心家庭的衰败对于社会资本已产生很大的负面影响，此种衰败跟处于社会底层的人的贫困增多、犯罪水平的上升和信任的下降有关"[①]。而在社群主义者看来，社会原子化的罪魁源自极端的个人主义，因为依照这种个人利益至上主义的观念，"人们终将纯粹工具性地看待社会"[②]。最终导致社会分裂。在东亚社会，所谓社会原子化问题一般表现为严重的公共性问题，如在日本主要表现在个人主义和利己主义风行、价值体系崩坏、老龄社会到来、地域发展不平衡等社会剧烈变动影响下的公共性危机。而在转型进程中的中国社会，社会原子化则主要表现在单位社会"终结"背景下社会联结模式的剧变，出现了村落原子化现象和大量游离于组织之外的城市人群。

在社会原子化应对之策选择的问题上，无论是发达国家还是发展中国家，都选择了社会创新和社会建设作为核心对策。但因西方和非西方国家之间社会发展进程中自然而然地形成的"发展落差"决定了二者之间社会建设的任务具有较大的差别。东亚社会建设和社会创新的核心问题，是所谓"新公共性构建"问题。所谓"新公共性"，实际上是相对于"旧公共性"而言的。从总体上看，20世纪90年代前东亚公共性构造仍具有极大的相同性。表现为东亚威权社会以"官"为主体、以公共事业的实用性为目标的公共体系。如果我们把20世纪90年代前东亚社会在建立民族国家进程中形成的以"官"为主要承载的公共性作为东亚公共性的"典型构造"或"旧公共性"的话，那么，从20世纪90年代开始，以全球化、市场经济的发

---

① [美]弗朗西斯·福山：《大分裂：人类本性与社会秩序的重建》，刘榜离、王胜利译，第149页。

② [加]查尔斯·泰勒：《现代性之隐忧》，程炼译，中央编译出版社2001年版，第136页。

展、消费社会的形成、老龄社会的到来等因素为背景,日本、中国先后出现的在"官"以外的公共性诉求则可视为是一种"新公共性"。新公共性的内涵非常丰富,它既包括"市民的公共性",即基层社区自治、NPO·NGO 建设以及网络社会背景下"公共议论"的最新发展,也包括"跨越国境的公共性",即在全球化背景下超出民族国家空间范围外的"空间公共性"的构建和认同。其核心是解决现代化、城市化高密度居住、人际关系疏离状态下的社会何以可能的问题。

这里所说的"新公共性",其所具有的新意之处在于"多元性"和扩散性,即由传统的以"政府"为主体的公共性转变为多元的公共性诸形态,摆脱了长期以来"国家=官=公"的一元的"公观念",代之以立足于公众基础之上的"新公共性",公共性由"垄断"走向"扩散"。审视转型期中国城市发展变迁的总体进程,我们发现:以"单位社会"逐步走向消解为契机,在旧有的单位福利保障体系宣告终结的同时,昔日的"单位人"也变成了"社会人"。虽然这一转化过程具有长期性和复杂性,但其进程实际上已经揭开序幕。为避免"单位社会终结"后社会的"原子化",人们开始意识到着力建设独立于国家、单位、市场以外的社会支持体系的重要性。于是,昔日由国家和单位垄断和承载的公共性自然被打破,一系列基于社区居民"自我管理"和"自我服务"的民间组织应运而生。这种"新公共性"构建的意义在于寻找新的社群生活,人们可以通过"社群"建构一种"公共性"。这种"公共性"能够让人们发出面对生活共同抉择的呼声,可以使其在面对社会急剧变化的"速度"时,不致失掉方向感和生存的力量,以实现由国民向市民的转化。

3. 地域力的生成

应注意通过一系列有组织的系统的"活动",把单位体制变革背景下渐趋原子化的人群重新组织起来,建立起新的基于地缘社会联结,继而形成较为明显的地域自治力、地域关心力。

所谓地域自治力,主要是指地域居民能充分意识到地域自身存在的问题,并通过相对应的组织手段加以解决的能力。地域关心力一般是指建立在地域认同基础之上,地域居民对地域环境、地域组织等地域问题所保持的带有持续性特征的关注力,简言之,地域关心力在很多情况下也可表述为对地域事务的参与意识与参与能力。所谓协动，主要是指复数的主体，为了某种共同的目标而采取的合力行动。在一般的情形下，协动概念与地方自治具有密切的关联，如一些地域问题单纯靠行政力量和民间力量难以解决时，需要官民结合起来，通过协动的方式协力解决问题。协动的主体虽然主要是市民，但并非仅仅限定在地域居民的范围内。除了地域居民外，作为地域一员的 NPO 和企业市民也是协动的主体。以平等的互动理念来理解协动概念，行政力量同样也只是平等协动一方的主体，被称为"行政市民"，也即协动各主体在责任和行动方面具有相互的对等性。自助、共助和公助不可偏废，共同构成了社会协动的基本内容。

总之，人们可以通过"社群"建构一种"新公共性"，作为新公共性最重要的承载者。各种民间组织和社团在新公共性的构建过程中发挥着越来越重要的作用，这些民间组织和社团把分散的居民密切地联系在一起，形成新的共同体，真正实现了所谓"自我管理"和"自我服务"，将城市社会管理推向一个新的发展境界。

第 十 二 章
单位社区网格化管理的模式建构及选择

自上世纪末社区建设在大陆发轫以来，便一直以社区自治，即"自我管理、自我教育、自我服务"为其高层次建设目标，试图通过来自政府的扶植和培育，以激活单位体制下长期处于休眠状态的社会自治力量。经过十多年的强力倡导推进，我国当下的社区建设业已取得颇为壮观的成绩。但值得指出的是，在强政府格局之下，社区发展仍不可避免地带有极强的行政色彩。同时，在社会矛盾空前紧张以及政府各行政机构"下沉社区"的背景下，社区承担了大量的社会管理和服务事务，处于一种超负荷运转的状态，从而使当下中国基层的社会秩序面临严峻的挑战。作为对上述问题的回应，网格化管理模式在近年应运而生，并在全国各大城市被广为推崇，其建设的热火朝天的局面也开始引起了学界的关注。在转型期中国社会矛盾丛生和社会问题日渐增多的背景下，网格化管理代表了政府试图维护社会秩序、实现社会控制的急切心态，但是，这种新的城市基层社会治理模式对原有的基层"国家—社会"关系会产生哪些影响？其对社区自治会产生哪些影响？它是否能够成为一种持久性的、常态化的管理模式？所有这些都值得我们展开深入的探讨。我们认为，以当下政府的城市管理体制创新为主要内容的社会治理，其推动力一直存在于两个维度，即自上而下的政府治理诉求和自下而上的居民权益诉求，作为政府行政力强力下沉的一种方式，网格化不可避免地会与代表自下而上的居民权益诉求的社区自治产生张力，同时也蕴含着城市基层政权"内卷化"的风险。网格化模式如何才能化解这种风险？网格化模式与社区自治之间除了张力，是否还存在着良性互动、二元互构的可能？本章拟就上述问题展开初步的研究探讨。

一、从"蜂窝"到"网格"：城市社会管理之嬗变轨迹

欲深入研究理解当下中国城市网格化管理问题，首先应将其置于1949年以来中国共产党城市管理模式形成及演变的总体进程之中，把握其起源和变迁的轨迹，并注意发现其各阶段之间发展演进的内在联系，提炼出其发展变迁的内在逻辑。

（一）建国以来中国城市管理的基本传统

众所周知，从1949年中华人民共和国成立时起，在现代多民族国家构建的过程中，中国城市社会形成了"国家—单位—个人"三个层级的"总体性社会"统治结构。对此，学界有着不同的表述，美国中国学家罗兹曼教授认为，此时期的中国社会是一种以"中间组织"为核心的城市社会或"单位社会"。他认为，中华人民共和国成立初期，城市控制依靠两条凌驾于传统式大家庭团结之上的组织办法。其中主要是广泛控制着家庭以外的主要日常活动——工厂、办公室、学校等地方的活动。这些组织除了履行其本职而开会之外，还占据它的成员们的大部分的其他闲暇时间。[①] 显然，这里所说的"中间组织"不是人们所说的公民社会意义上的"中介组织"，而是从属于国家的"单位"。

事实上，无论从何种角度来理解和概括单位现象，都离不开对单位制度一般特征的界定，根据学界已有的研究概括，我们可以将"单位"最具本质意义的特征概括为：特殊的"国家—单位—个人"的纵向联结、动员和控制机制，即单位成员依赖于单位组织，单位组织乃政府实施社会动员和控制社会的组织手段。运用西方国家与公民"距离"理论加以分析，由于国家与民众之间存在着"单位"，我们似乎可以得出国家与民众的关系距离变远的判断。但实际上此种判断是站不住脚的。因为党组织自始至终地贯穿渗

---

① ［美］罗兹曼主编：《中国的现代化》，国家社会科学基金"比较现代化"课题组译，江苏人民出版社1988年版，第491页。

透于单位系统之中，发挥着领导作用。故我们不能仅从控制的角度来理解单位制问题，而要将其置于党的群众路线和社会动员的总体设计之中，才能获得深刻的理解。可见，通过上述政策和制度设计，国家与民众的关系非但没有因"单位"的存在而变远，相反却形成了浑然一体的整体性构造。

在单位制的基本框架内，城市"社会管理"问题被最大限度地弱化了，因为单位组织凭借其"综合性"特点，将政治、经济、社会、文化诸要素结合在一起，构成了资源分配和社会整合的封闭堡垒。在"单位制"和"街居制"的双轨体制下，以政府机关和企事业组织为核心的"单位"始终居于社会的"中心地位"，大量的社会事务基本上都由单位自己办理，形成了"单位办社会"的格局。这里所说的"单位办社会"，并不简单地表现为单位为其职工提供的种种福利待遇，而是具体表现为企业内部政治、经济、文化、社会的高度合一性。在此种体制下，政府直接承担的社会管理的任务并不十分繁重，很多社会事务均通过"单位"分解掉了。在单位体制下，每一"单位"，无论是企业还是机关、学校，都必须在完成自己本职工作的同时，还要"办社会"，即处理好自己"蜂窝"内的各种社会事务。虽然处理好上述工作也需要与辖区所在政府、居委会及相邻单位发生关系，但从总体上看，企事业单位基本上是在其单位体系内化解自身问题，本着"家丑不可外扬"的原则，尽量不要使问题溢出单位门槛之外。故在单位体制下，"国家"与"民众"个人很少直接相遇。无论是源自国家的资源分配，还是单位内部成员的各种利益诉求，都需要通过单位来加以传导和解决。而政府的派出机构——街道办事处和居民自治机构居委会则居于"边缘地位"，其管理的对象基本上是那些没有单位归属的边缘人群。

（二）单位制度的消解与政府社会治理模式的转变

20 世纪 80 年代以来，在以经济建设为中心的主导思想支配下，延续了 30 多年的单位制度开始发生变革。在一系列大力度的改革措施推动下，以单位为核心的"蜂巢社会"则不可避免地走向解体，在单位之外出现了庞大的"自由职业者"和"非正规就业群体"。而快速城市化进程中的城市"过密化"和乡村"过疏化"的变动趋向，则催生了大量流动人口，使得政府的城市管理模式开始发生转变。学术界一般将此种治理模式称之为"政府社会治理技术化",其内涵主要包括两个层面:其一是现代国家通过引入新技术尤其是现代信息技术,来更好地提升自己在公共管理和公共服务中的效能;其二是指国家在实现自身管理目标时,其管理技术、治理手段正在变得越来越"技术化"①。上述社会治理模式的转变有着深刻的社会历史背景,主要表现在:

第一,转型期社会矛盾的凸显。

改革开放后,延续30多年的城乡二元结构虽已逐渐走向松动,但其所承载的社会不平等并未宣告终结,而是以新的形态散布于城乡社会之中。大量农村人口流入城市,沦为弱势,导致中国社会出现了数量庞大的"游民群体"。转型期的中国社会因企业改制、城镇拆迁、农村征地补偿等问题滋生了大量问题和矛盾,社会群体性事件和个人极端事件频发,导致政府与百姓之间的关系异常紧张。而转型期社会原子化的动向则使问题更加复杂化。这里所说的"社会原子化",主要是指由于人类社会最重要的社会联结机制中间组织(intermediate group)的解体或失缺而产生的个体孤独、无序互动状态和道德解组、人际疏离、社会失范的社会总体性危机。在中国语境下,我们所使用的"原子化"概念,主要是指在单位制度变迁过程中社会联结状态发生变化的过程。主要表现为个人之间联系的弱化、个人与公共世界的疏离以及由此而衍生出来的个人与国家距离变远、道德规范失灵等一些基本的社会联结被破坏的现象。社会原子化动向使得个人间以及个人与组织之间的联系中断,导致民众个体利益诉求难以上传,政府的相关惠民举措亦难下达,使得问题呈现出高度复杂化的状态。

第二,城市各级政府社会管理的压力持续加大。

改革开放以来,各级政府社会管理压力的持续加大,首先源于"国家—民众"关系结构的变化。进入20世纪90年代,伴随着单位体制的变迁,在中国迈向市场化的进程中,单位作为计划经济的附属物而遭到批判和抛弃,长期居于国家和民众之间的"联结纽带"——"单位"开始走向消解。加之共产党人传统的"群众路线"等传统动员模式逐渐式微,遂使国家与

---

① 渠敬东、周飞舟、应星:《从总体支配到技术治理:基于中国30年改革经验的社会学分析》,《中国社会科学》2009年第6期。

民众的关系结构发生了剧烈变动,在利益矛盾凸显的背景下,出现了"国家"与"民众"的关系变远,并直接相对的情形,政府的压力陡然增大。

此外,政府重大活动的安全压力也日益增大。进入新世纪后,北京、上海等巨型城市之所以率先推行网格化社会管理,与其城市快速走向过密以及由举办奥运会、世博会等大型活动所带来的社会管理压力有着密切的关系。以2010年上海世博会为例,该项目运营预计吸引国内外近7000万人次的参观者。对整个上海及长三角地区的城市交通、城际交通、市政设施等的运行管理带来巨大压力,对政府的城市管理能力、水平和技术带来极大的挑战。

第三,社区在社会管理领域的局限性。

改革开放初期,我国的各级政府将主要精力投入到经济建设领域,而对社会管理不甚关注。直到2000年前后,为承接由单位分解出来的越来越多的社会事务,方才掀起了以社区建设为背景的基层社会管理的改革浪潮。毫无疑问,社区诞生后,在中国城市基层社会管理领域发挥了重要作用。但其局限性亦非常明显,表现在:(1)与农村村委会选举的异常火爆不同,城市社区选举相对比较沉寂,居民的参与度较低,这说明社区管理者并未获得"自下而上"的强力支持;(2)在强政府背景下,社区的资源获得不可避免地依赖于政府,从而使社区在与政府及其派出机构的接触中处于弱势地位,而未找到社区与政府合作的"契合点";(3)社区空间过大,居民人数过多,难以成为独立的社会自治和参与的基本单位。政府的社会管理压力空前加大,而社区尚未成长到足以独立承担社会管理事务的程度,故政府必须寻找新的富有效力的社会管理方式。

二、网格化社会管理的勃兴

20世纪晚期以来,伴随着中国迈向市场化和单位制度不断走向消解的进程,中国城市社会的管理也经历了由"总体支配"到"技术治理"的结构性转换。作为近年来颇为流行的一种新型的城市社会管理模式,网格化管理集多元力量为一体,标志着城市社会管理由"单一被动"到"多元联动"的转变,提高了城市管理的绩效,引发了城市基层"国家—社会"关系的剧烈变动。如何在变动中处理好"国家建设"与"基层社会活力"之间的关系，营造"官民共治"的社会治理格局，完成基层社会秩序的重构，是摆在我们面前的重要任务。

（一）网格化管理的勃兴

所谓网格化管理，就是在保持原有街道——社区管理体制不变的基础上，按一定标准将城市社区划分为若干个单元网格（一般一个网格内常住人口为4000—5000人），并搭建与统一的城市管理数字化平台相连接的社区信息化平台，通过加强对单元网格的部件和事件的巡查，建立起一种监督与处置相分离的新型基层管理体制。作为我国政府在基层社会管理模式选择上的最新尝试，网格化管理模式最早诞生于"数字城市"建设之中，是一种通过数字化平台整合资源、传递信息以加强管理的方式。值得注意的是，近年来在维稳任务凸显和社会管理体制改革创新的背景之下，网格化管理表现出巨大的社会治理功效，在政府各部门得到较高的肯定性认同，并显示出极强的横向拓展和复制的能力，很快扩展到社会的其他领域，逐渐在社会管理中发挥了重要作用。

在当前政府技术治理展开的背景下，网格化最初是为配合"数字城市"的建设，对原有的社区资源、信息、服务体系进行重新整合与协调，其主要着眼点是在技术、社区资源及公共服务之间建立起契合关系，故在某种程度上可以将其看作是数字技术服务平台在制度上的配套设施。但当数字技术逐渐融入城市基层管理体制之后，很快被原有的体制所形塑和修正。发生了如下值得注意的变化：（1）作为一种治理方式，网格化开始被纳入到城市基层管理体制改革的轨道上来。由于其在社会控制和公共服务等方面具有较强的制度潜力，网格化管理模式逐渐为政府所推动和完善，从而使其应用范围逐渐扩展复制到基层党建、治安、社保、卫生、工会、妇联等领域，几乎所有涉及城市社区治理的职能部门都参与其中。（2）网格开始成为原有的"区—街—社区"结构之下一个新的重要层级而发挥作用。虽然这一层级并不具有行政级别，但却因层级中融有自治力量和行政力量而格外引人注目。（3）网格化通过行政力强力下沉的方式，使政权力量和社会个体之间实现最大限度的联结，有效地克服了原有行政部门推诿扯皮、权责不明等弊端，在整合社区资源、沟通信息、强化服务等方面均发挥了明显的作用。

(二) 网格化管理的功能

网格化模式之所以为政府所推崇，主要是较之原有城市基层管理体制，其在社区治理上表现出以下几个方面的优势功能：

1. 社会控制功能

网格化模式核心的特征，是社会管理的重心下移。在我国当前的城市基层治理中，"秩序"和"稳定"始终是政府所追求的核心目标。但是，我国原有的行政结构是"以科层制和某种松散网络相结合的方式组织起来的，其科层制特征体现在权力和资源的分级配置上，而松散的网络则表现为条与条之间、块与块之间相对封闭而又保持协同的结构形态"①。在社区治理层面主要表现为握有实权和资源的"条线"行政部门各自为政，横向协调困难。而作为"块"上的街道—居委会作为基层社会管理的重心，承担了大量"条线"部门所下达的行政任务，却因其手中无权无资源，从而使基层社区在日常管理中不堪重负，使得城市基层社会治理的难度越来越大，原有条块分割的制度结构弊端暴露无遗。而网格化管理模式则有利于克服这一弊端，它通过政府行政力下沉的方式，将原有的区级行政职权和资源直接下沉到街道，覆盖到社区，实际上是在社区层面上对原有"条线"部门进行了重新的横向协调。同时，由于它是在社区边界不变的前提下划分的更小基层单位——"网格"中展开，使得其对下沉的行政资源重新整合更为容易，变革的制度阻力也较小。网格化模式正是通过行政力的下沉实现了政权力量和社会自治力量在更微观的层面上实现了联结，基层社会更加明确的被纳入了社会管理的轨道中，从而使社区治理的实际绩效大大提高。

2. 信息传递功能

网格化模式可以看作是数字信息技术嵌入到科层化行政体制过程中引发的制度与技术互动的产物。众所周知，数字技术的优势在于信息流通的快捷与规范，进入新世纪以来，快速普及的信息技术在真实的社会生活空间之外构建了一个能够让信息平面快速流动的虚拟空间，深刻地改变了人们的生活

---

① 黄晓春：《技术治理的运作机制研究——以上海市 L 街道一门式电子政务中心为案例》，《社会》2010 年第 4 期。

方式和行为方式。一些发达国家开始探索运用先进信息技术来整合资源，提高公共部门的治理效能。我国的数字城市建设也正是这一背景下的产物。信息技术与行政体制的结合在网格化模式最为直接的体现是社区管理信息平台的搭建。在以往的社区治理中，限于街道的能力有限，管理范围又过大，其对城市社区信息的掌握完全是被动的，而处于上级的条线部门又在本部门职能领域处于信息的垄断地位，这就造成了行政体系中上下信息流动阻隔、横向的信息沟通困难的局面。在信息化时代，网络往往会使社会事件产生一种瞬间无限放大的效应，故在转型期的城市基层治理中，那些看似是微小的矛盾，如果得不到及时有效的处理就可能会造成无法弥补的社会后果。而网格化模式通过网格管理人员的定时巡视和排查，将对社情民意信息的掌控由"被动接受"变为"主动收集"，及时掌握第一手的社区动态，从而使得信息的"收集——反馈"间隔时间大大缩短。

3. 社区服务功能

网格化模式的另一功能优势便是在公共服务的提供方式上，在以往城市基层权力结构下，公共服务资源只能下沉到街道一级，"上面千条线，下面一根针"，上级布置的各种难缠事务的具体执行都落到了街道头上，面对面积过大、人口过多的社区，街道仍沿用行政化控制手段，自然难以提高公共服务的提供效率，而处于上级的条线部门又可以凭借其分工权限的制度设置，相互推卸责任。网格化模式则是将公共服务的权责直接下沉到社区，在街道和社区之下建立了一个更小的执行单元——网格，将过去各自为政的资源重新整合并合理配置，这无疑有利于公共服务的提供效率。目前，各地推行的网格化管理均喊出了"组团式服务"的口号，在每个网格内"配置网格管理员、网格助理员、网格警员、网格监督员、网格司法员、网格消防员和网格党支部书记七种力量"[①]，其内部分工明确，各司其职，"人在格中走，事在格中办"。在某种意义说，这种方法实际是在社区层面实现了城市基层管理资源的一次横向整合。由于网格管理团队实行定时巡视的方式，随时发现问题、解决问题，从而使得社区公共服务的方式实现了由"营业厅

[①] 《求是》杂志编辑部调研组：《社会服务管理网格化：创新社会服务管理的有效途径》，《求是》2011 年第 21 期。

式"向"宅急送式"的转变,做到了"小事调节不出网格、大事化解不出社区和街道",较之以往城市基层公共服务的质量和效率都有了巨大的进步。

(三) 网格化管理的局限

网格化模式之所以能够体现出上述诸项优势,主要源于政府行政力的下沉。面对当前社会群体多元化、社会矛盾复杂化的局面,网格化模式的推出体现了政府基于全面掌控基层秩序、实现社会稳定的心态。通过社会管理的下沉,将城市社区个体纳入到社会行政管理体系当中,所体现的仍是传统的"一竿子插到底"的全方位治理思维。在这一意义上,网格化管理在本质上仍然是技术治理背景下行政科层化力量的进一步展开。它是在未触动原有"街道——居委会"体制的前提下在网格——社区之下细化出的微小单位——实现的一次行政资源和服务资源的整合。从网格化模式的制度安排中我们可以看出,在其三大功能中,仍是以社会控制作为目标的。正是因为如此,因缺乏社区力量的参与,在基层管理的权力结构上,它并没有实现由"垂直结构"向"平面结构"的转变,这使得它在公共服务与社会管理方面,存在不可避免的局限性。

1. 从社会公共服务层面来说,网格化所能提供的服务较少,服务面较窄,带有很强的执行行政任务的色彩,其持久性令人怀疑。尽管在网格中几乎投入了街道——社区所能掌握的所有行政资源,但仍距城市基层全面的公共服务型治理有较大距离。在社会转型期的大背景下,城市社区居民对公共服务的需求是多元化、全方位的,但"科层化的技术治理改革只触及了行政体制中的工具方面,并未从根本上改变行政权力运行的布局和机制"[①],在原有行政科层化体制之下展开的网格化管理模式仍主要依据自上而下的行政力来推动,而对社区内各种社会力量和市场力量的调动仍是非常有限的,也就是说,网格化模式中社会管理的"下沉"中,行政责任的下沉多,而服务资源的下沉少。技术治理改革的主要特征在于目标责任和量化考核,但

---

① 渠敬东、周飞舟、应星:《从总体支配到技术治理——基于中国 30 年改革经验的社会学分析》,《中国社会科学》2009 年 6 期。

是它并不能打破条线部门的科层结构和信息资源的垄断地位,而全面的公共服务治理仍有赖于条线部门的权责在宏观意义上的横向整合与联动,而网格化显然还未做到这一点。

2. 从社会管理层面来说,由于网格化管理模式的实质是政府行政力的强力下沉,将国家政权力量向基层社会的延伸,刚性的行政力是其维系的核心,运作结构缺乏弹性。网格化模式主要着眼于社会秩序的控制,它所代表的社会管理的下沉,实质上仍是政府行政力的下沉。在"国家——社会"关系的分析框架内,行政力尽管带有强制性色彩,但因其具有官方合法性权威,当面对重大突发性社会事件时,在维护社会秩序方面往往能够取得立竿见影的效果。例如,在 2003 年的"非典"事件中,政府便是依靠原有的单位体制以行政命令的形式,迅速实现了对社会大规模流动人口的控制,防止了疫情的大规模扩散。而网格化模式正是这一管理逻辑的体现,它通过细化管理、明确权责的方式,克服了以往国家力量与社会个体在社区层面上存在的联结弱化问题,变被动应对问题为主动发现问题的方式,从而实现了城市基层管理机制的一次重构。

一般来说,社会秩序可分为自然秩序和创制秩序。自然秩序是指在农业社会基于地缘、血缘等天然纽带而形成的自然均衡的状态,而创制秩序则是指进入工业社会以后,由于社会的复杂化使得由承担统治职能的组织(即政府)来提供合理性秩序的状态[①]。从这一角度来说,网格化模式所代表的基层秩序是一种创制秩序。但是在当前所谓后工业社会的背景下,社会复杂性与不确定性程度迅速提高,极大地冲击了原有的社会秩序。尽管如此,使创制秩序越来越精细化以加强其社会控制功能,却绝非问题解决之路。事实上,社会的复杂性与有机性往往是同步增长的,具有高度复杂性的后工业社会挑战着原有的创制秩序的合理性,却也蕴含着基于合作行动和服务需求原则的更紧密的社会联结因素,而任何加强原有社会秩序的做法都会使这种新的社会联结遭到破坏,导致社会不断出现各种危机事件,增加治理难度。因此,新的社会秩序必须是一种非控制导向的、建立在个人自觉合作基础上的社会秩序,以克服创制秩序所存在的弊端。而网格化模式缺乏多元活动主体

---

① 张康之、张乾有:《论复杂社会的秩序》,《学海》2010 年第 1 期。

的参与，并未改变城市基层社会秩序的"创制"格局，其单纯依靠行政力推动的操作结构使其在面对高度复杂性社会问题时，往往会捉襟见肘，其持久性令人怀疑。

事实上，城市基层社会秩序的维护一直存在于两个维度，即政府自上而下的管理维度与居民"自下而上"的自治维度。在社会矛盾显著增加、政府管理难度加大的背景下，城市基层社会秩序的维护实际上取决于这两个维度良性互动的程度。由于网格化模式所代表的行政力扩张的趋势，其具备潜在的形成新的城市行政管理层级的可能性，不仅与简化政府城市行政管理级别的趋势不符，同时也蕴含着基层政权内卷化的风险。这无疑与社区治理的另个维度——社区自治之间形成张力，使原有的"国家—社会"结构发生变化。

三、网格化管理对社区自治可能产生的影响

长期以来，无论是发达国家还是发展中国家，都将社区自治作为城市治理的至高境界和重要途径，并表现出高度重视。由此，转型期的社区民主自治也自然应成为当下中国城市社区建设的重要目标及诉求。2000年以来，在国家颁发的多个社区建设的文件中，都明确指出社区民主自治是社区建设的核心。近年来全国各地的社区建设也在实践中探索出了不同的城市社区自治模式，如上海模式、江汉模式、沈阳模式等。社区成员代表大会、业主委员会、社区议事委员会等社区自治组织也开始建立并扮演重要角色。可以说，如何使社区由传统的生活共同体逐步转变为以居民参与城市治理决策的社会自治组织，已成为当下评价社区发展水准的一个重要尺度。

从总体上看，我国目前的城市社区自治却仍处于低水平阶段，主要表现在：第一，城市居民社区参与严重不足。与农村基层政权选举竞争的火爆场面相比，城市社区选举一直存在参与不足问题，这直接影响着城市社区组织存在的合法性。尽管自改革开放以来我国城市居民的公民意识不断增强，但由于街道和居委会所掌握的治理资源远远不能满足需要，社区居民的很多权益诉求经常难以在社区层面得到合理解决，居民往往倾向于直接同上级主管部门进行对话和博弈。即使在社区自治有了一定发展的地区，由于社区居委

会自身所挟带的行政色彩使得在社区中形成了以居委会为中心的圈内阵营和以社区管理精英参与的自治组织为中心的圈外阵营，两大阵营相互游离却共同存在，在社区形成了社区自治主体二元区隔的局面①，从而无法构成完善的社区参与机制。

第二，社区行政化倾向严重。在单位制走向消解的背景下，虽然我们在体制变革的规划中，努力将昔日由单位承载的诸多社会职能转向社区，实现由"单位办社会"向"社区自治"的转变，但在这一转变进程中，由政府控制资源的旧有控制格局却并未发生根本改变。在现有的区—街—社区体制中，承担着城市基层社会管理重任的社区很难获得居民的高度认同。

第三，社区能力与繁重的社会管理任务之间的不匹配性。社区的主要作用本是在加强其内部自组织能力方面，但进入新世纪以来，快速的城市发展带来了大量社会问题和矛盾，社会群体性事件和个人极端事件频发。出于社会"维稳"的需要，社会治理行政化不仅未得到弱化反而有加强的趋势，这无疑大大限制了城市社区自治的发展。

第四，从理论上看，由于始终对社区自治没有一个明确定位。有学者认为，不同于西方发达国家的社区自治（实际等同于地方自治），中国的"社区自治运行系统是一个权利与权力之间的多元交叉网络，在居民、政府组织、社区组织、社会中介组织、企业等节点之间形成纵横交错的互动网络。换言之，社区自治是一种权利与权力的生态链"②。因此，社区自治的良性运行与这条生态链上的相关要素均衡和有效正相关。可以说，代表城市基层民主的社区自治与代表政府管理的社区行政所形成的两种力量，相互交叉协作，共同构成了中国城市基层治理的基本格局。但是，在这一背景下展开的网格化管理模式，其在基层社会管理方面显示出的优势，恰恰也是行政技术化和规范化的优势所在。由于它主要靠行政力量的支撑，不仅会限制社区多元力量的参与度，而且也必然与尚未健全的社区自治之间存在着明显的不契合之处。

综上所述，可知当下网格化管理模式是在城市社区自治尚处于初级阶段

---

① 闵学勤：《社区自治主体的二元区隔及其演化》，《社会学研究》2009 年第 1 期。
② 陈伟东：《中国城市社区自治：一条中国化道路》，《北京行政学院学报》2004 年第 1 期。

的背景下展开的，其对社区自治不可避免地产生巨大影响，主要表现在：

（一）社区空间区隔化

作为区位中的人类生活共同体，社区实质上是人类各种社会关系在一定空间结构中的展开，无论是传统农业社会的血缘型共同体，还是近代工业社会以来形成的依靠契约精神所结成的业缘型共同体，其内部空间行动主体之间的有机联结都是其良性运行的内在动力。因此，"社区作为现代化城市文明的重要载体，它既是现代化大生产空间的延伸，又是具有独立行动者进行自主生活选择和规划公共实践的空间"①。从多元治理理论的视角出发，社区空间的形成，是多元主体间权力、权利、利益的安排与协商合作的结构。依靠社区互动空间，具有现代自我意识的行动主体（社区组织、个人等）在追求自身权力和利益的过程中，通过日常生活实践，逐渐形成了超乎个体的社区"公共领域"，这一过程正是社区自治得以实现的社会基础。而网格化模式则是将作为完整生活共同体的社区细化成了更小的空间单位——网格，这一做法虽有助于将政权力量与社区个体之间的联结，确保了行政执行的力度，却有可能会损害社区内部长时间建立起来的社群联系，影响其社会有机联结，无助于社区内部自治力量的生成。

1. 在社区建设发轫之初，各城市在空间上重新划分社区时，基本上是依据社区成员的地缘关系、业缘关系、历史联系、心理认同感等相关因素和具体情况，按照定位合理、规模适度、资源充足、功能齐全、有利于社区自治和提高效能等原则，将若干相邻的居委会结合起来，建立起新型的基础社区。但网格化模式的做法却是将现有的社区划分为若干个网格，由不同的网格工作者分头展开工作。虽然在现实中各网格之间的工作还是存在相互之间的联系，但因网格已是一种相对独立的运作空间，故在现实工作中难免出现空间区隔和发展不均衡现象。

2. 尽管网格化模式有完善社区公共服务的一面，但考虑到网格化模式鲜明的行政科层化特征，这实际也暗含着割裂社区内部有机联结的可能。当前，尽管在各地的社区发展中也存在社区志愿者、社会组织等多元化参与情

---

① 张向东：《自主型社区空间的内生机制形成研究》，《社会主义研究》2010年第2期。

况，但其任务与活动往往是由行政管理单位直接布置和要求的，且大多是临时性的事务。显然，这种所谓的"多元参与"并未形成真正的社区"公共领域"，与社区自治的要求相距甚远。在当前社会多元化、复杂化的背景下，网格化模式这种完全依靠管理模式和行政资源将治理问题一揽子解决的做法，在实际运行中也不能实现，若是执著于这一目标的实现，那么其必然演变成一种僵化的、刚性的控制模式。当前城市基层社会的良性治理，有赖于多元行动主体的开放互动参与和多种社区资源的横向整合，越是力图一揽子解决，越有可能导致体制压制。而网格化模式这种力图将问题尽量在网格中解决的办法，既无助于社区公共空间的形成，也不利于社区的横向联结关系的建立，相反却会导致社区空间走向区隔，抑制了社区自治力量的成长。

（二）社区治理科层化

治理（governance）理论自 20 世纪 90 年代以来在世界上开始流行，并深刻地影响了各国政府对社会公共事务的管理方式和统治方式。根据全球治理委员会对治理所作出的界定："治理是各种公共的或私人的个人和机构管理其共同事务的诸多方式总和。它是使相互冲突的或不同的利益得以调和并且采取联合行动的持续的过程——治理不是一整套规则，也不是一种活动，而是一个过程；治理过程的基础不是控制，而是协调；治理既涉及公共部门，也包括私人部门；治理不是一种正式的制度，而是持续的互动。"[①] 与传统"统治"的"自上而下"的权力运行方向不同，治理的权力向度是多元的、相互的，故治理的过程实际上是"一个'上下互动'的管理过程，它主要通过合作、协商、伙伴关系、确立认同和共同的目标等方式实施对公共事务的管理"[②]。从此角度看，处于城市基层的社区治理，也必然是一个多元主体参与和互动的自治过程。其制度安排应为社区居民权利与意愿的表达与实现提供路径，而非仅仅是官方的科层化管理，从而使社区的民主自治在实践中得以发挥作用。以治理理论审视网格化管理模式，我们会发现，网格化管理已具有一定程度的科层化色彩。首先，它是在"区——街道——

[①] 俞可平主编：《治理与善治》，社会科学文献出版社 2000 年版，第 4 页。

[②] 俞可平主编：《治理与善治》，社会科学文献出版社 2000 年版，第 6 页。

社区"之下增设的一个新的非正式的管理层级,其责、权均来自上级授予。同时,其内部分工明确,网格管理员、网格助理员、网格督导员等人员配置,规模虽小,却构成了结构完整的行政工作系统,其功能所体现的仍是上级社会掌控的意志。因此,网格实际上具有与"区——街道——社区"共同组成四级科层管理结构的内在逻辑。无可否认,科层化管理的层级越多,其体制成本和操作难度越大,给社区自治力量留有的活动空间就越小。

众所周知,科层化的优势在于其操作结构的精确性、稳定性、纪律性和可靠性,但过度的科层化往往会形成一种社会强制结构,而社区治理的科层化加剧,则必然会扭曲其作为情感生活与亲密联系的共同体特征。目前,减少城市基层治理的行政层级、强化社区自治已成为一般性社会共识。2010年安徽省铜陵市主城区铜官山区开全国之先河,撤销街道办事处,对社区事务实行居民自我管理,促成区里的事务直接与社区对接,从而提高了社区管理服务的效率,此举获得了相关部门的关注和有限度的肯定。相比之下,网格化管理模式未对现有体制进行改革,却是以增加城市基层管理层级的方式展开其工作的,其效果令人担忧。事实上,"行政科层化的一个矛盾之处,即它越是在责任目标上强调行政效率的提高,就越会在复杂的程序技术设计上付出高昂的成本;越是在考核指标和报表制度上力图规划的细密和周全,就越会暴露出技术监管的不充分性,进而越会使寻租活动工具化和技术化,从而给不同领域的经营活动留出足够的空间"①。因此,网格化作为科层化体制在基层精细化管理的展开,其体现的仍是"自上而下"的制度安排,对强调多元参与、民主治理的社区自治的滞阻效应是不言而喻的。

(三)社区运作行政化

一般说来,社区运作是指社区内部和外部各要素之间,依据一定的原则和制度规范展开的互动、协作的有机过程。促进社区的良性运行,实现公共利益的最大化,是社区治理的核心所在。网格化模式依托于原有的城市基层管理体制而产生,无论是其运作结构,还是其运行方式,均带有明显的行政

---

① 渠敬东、周飞舟、应星:《从总体支配到技术治理——基于中国30年改革经验的社会学分析》,《中国社会科学》2009年第6期。

化特征。行政化的逻辑在于，它通过"自上而下"的行政力量使社区运行呈现出一种刚性的操作秩序，网格化过于浓厚的行政色彩有抑制社区自组织能力生长的可能，使尚未发育健全的社区自治力量走向消解。

在社区建设的进程中，社区行政化素为学者和社区工作者所批判，一般说来，社区的行政化主要表现为：职能行政化、成员公职化、工作方式机关化、运行机制行政化、权力行使集中化等[①]。而网格化模式在很大程度上具备了上述特征。从职能上来说，网格作为社区之下的又一管理层级，其职能主要由上级政府机关所赋予。如湛江新闻网披露了湛江市霞山区所进行的十项网格管理重点工作包括：社会治安、矛盾纠纷调处与维稳工作、市容和环境卫生、交通秩序管理、网格文化建设、民生服务工作、安全生产与食品安全工作、计划生育工作、流动人口和出租屋管理工作、严防违章建筑。通观上述各项任务，可以看出其重点仍在于对基层社会秩序的管理和控制，其职能实质是政府派出机构职能的下放，只是由于缩小了责任范围，工作队伍中加入了片区民警、城管执法队员等执行力量，使得其工作的执行力度大大提高。在成员方面，网格长一般由街道党政班子成员担任，其他成员也主要来自政府系统。在运行机制方面，网格化模式体现的是"自上而下"的权力安排，尽管它有利于迅速掌握基层的社情民意信息，但却未能改变社区成员作为被动管理对象的局面。政府仍是社区事务运作的核心。在权力行使方面，网格化模式力图将城市基层问题在网格内解决的行为逻辑，很可能会导致社区自治组织被架空的后果。由此可见，网格化模式"自上而下"的拉力大，而来自基层的"自下而上"的推力小。由于网格化模式下沉的较为彻底，使其与社区居民建立起直接的联结，这种以行政力作为核心动力的运行方式，极易加剧社区运作的行政化色彩，损害本来就尚未发育健全的社区自治。

在我国当前的城市基层治理中，社区行政化与社区自治是一种此消彼长的关系。二者实际上代表了国家与社会在社区层面上的复杂互动关系。尽管也有学者试图以"社会中的国家"立场来消解二者之间的对立[②]，但不可否

---

① 潘小娟：《社区行政化问题研究》，《国家行政学院学报》2007年第1期。
② 何海兵：《"国家——社会"范式框架下的中国城市社区研究》，《上海行政学院学报》2006年第4期。

认的是，城市基层的良性治理主要取决于政府力量与社区自治力量的互动与协作程度，在社区治理中如果任何一方的力量过于强大，都无助于社区良治的实现。在社区建设中，社区运作应是由社区组织、中介组织、个人等多元自治力量的参与，其推动力也应是多向度的。而网格化模式所带有的"为政府谋事"的行动逻辑，显然不利于社区多元行动主体的沟通与协作，极易与社区自治力量形成"二元区隔"的社会治理格局，影响社区自治的发育。

（四）社区管理的麦当劳化

网格化管理模式一经推出，便为各地竞相效仿推广，在国内各大中城市掀起了一股"网格热"。社会各界对网格释放出来的管理能量与绩效表示了一定程度上的认同。但是我们应注意，网格化模式作为数字城市建设的产物，其良性运行有赖于一系列客观因素，如较好的社区基础设施、大量的资金技术投入、素质较高的社区服务人才等。在北京奥运和上海世博期间，通过"举国体制"，上述观点得到了一定的验证。而如果不具备上述条件，则极有可能造成"网格泛化"的局面。美国社会学家乔治·里茨尔曾用"社会的麦当劳化"来描述美国社会中麦当劳快餐店的经营规则逐渐渗入到社会各个领域和机构中的一种社会现象和文化机制。"社会的麦当劳化"所体现的实质上是韦伯"工具理性"展开所导致的社会合理化过程，麦当劳体制的主要特征在于为顾客、员工以及管理者提供了高效性、可计量性、可预测性和可控制性。它通过标准化和均质化的运作模式使组织的合理性实现最大化。此种机制渗透到社会管理体制中的直接后果是造成各种机构和过程的单一化和机械化，从而将整个社会编织成为一张无所不包的大网，冷酷地控制了每一个人[①]。而网格化模式的盛行也极易造成社区管理的"麦当劳化"。网格化模式结构简单合理，内部团队完善，对基层问题或信息的掌控大大加强，其组织结构和运作模式都是"麦当劳规则"的体现。

在当前的城市管理体制创新中，我们应将城市基层治理体制的创新推广

---

① [美]乔治·里茨尔（George Ritzer）：《社会的麦当劳化》，顾建光译，上海译文出版社1999年版，序言，第4页。

与简单复制相区分。以社区自治为主要目标的社区建设,其路径应是多元的、灵活的,而非单一的、全能化的一条路径和一种模式。网格化模式的无限复制极易导致社区治理的板结化,使社区建设失去活力,而无益于社区治理问题的解决。社区自治的核心在于社区居民的自我管理、自我教育、自我服务。面对当前社区内群体多元分化的趋势,让不同群体和组织有自己的权益表达渠道和公共参与路径,正是社区自治的题中之义。故我们应总结目前已有的不同社区治理模式,因地制宜,真正做到直面实际、在运作中使其更具灵活性,使行政力与自治力均能在社区运行中协调有效地发挥作用。

(五) 网格化管理的其他局限

近期以来,在社会管理体制改革创新的话语背景之下,城市网格化管理获得了政府行政系统的青睐,成为中国城市基层社会管理领域日渐流行的模式。毫无疑问,"网格化"管理运用科层理念和全新的治理技术,在打造"数字城市"、创新社会管理体制以及城市管理服务规范化等方面发挥了特殊的功用,值得肯定。但这并不意味着网格化在日趋复杂的城市管理领域可以无条件地收到"一网就灵"的效果。城市管理网格化模式要想真正深度地嵌入城市基层社会,还必须克服以下局限。

1. 网格运行成本及其持久性

如前所述,网格化管理启动于社会群体性事件和个人极端事件频发的社会转型期,故其提出及运行,实际上是一种依托于网络技术和科层治理技术,以权责明晰划分和监督考评为制度保障,将政府公共行政管理服务系统与基层社区组织结合起来的管控模式,带有一定的应急性。毫无疑问,网格化管理为在基层社会与政府公共服务部门之间建立起畅通的信息沟通反馈机制,避免政府各主管部门之间的扯皮推诿,缩短问题解决的时间,提高政府科层系统的行政绩效等方面发挥了重要的作用。

但城市网格化管理的编织及其运行也潜藏着行政成本膨胀的风险。如在一些网格内设置多名网格指导员,增设各级网格管理指导中心办公室,其人力和设备投入势必增加。此外,网格化管理系统的建立,虽可使政府的社会治理力度得到一定的加强,但其效能是否能够持久,则是令人质疑的。在近年来的大城市中,其网格化管理往往是作为大型活动的配套机制而出台的。

而每当这些大型活动结束后，无论是政府部门还是社区组织，都不可避免地出现倦怠和松懈，从而导致严重的城市管理事故。上海的"后世博"和北京"后奥运时期"出现的种种问题即是明证。故如何将网格化的"非常之举"变为"寻常行动"，则是问题的关键。

2. 网格泛化及内卷化问题

网格化治理之风靡于当下的中国社会，主要是政府为加强社会管理，弥补现有体制的不足，加强各部门间的协动，但随着网格化治理的推行，"网格化的功能与实施范围都被大大的泛化了。就网格化的功能而言，已经被泛化到可以解决任何问题的地步，似乎与党的系统和政府系统相关的所有问题都可以通过网格化来解决，网格化的范围也被大大泛化了。"[①] 当人们确信，一切依赖网格、一切通过网格之后，势必形成严重的网格依赖症，其社会"自我管理、自我服务"的能力必然弱化，其直接后果是将社会管理简单化。

总之，城市管理网格化模式自问世以来，便以体制运转的高效性和超强的执行力，对基层社会治理产生了巨大的影响。网格化模式在基层治理中所展现出的优势，正是源于在当前的基层治理中政府所具备的行政优势并在社区层面加以展开。它通过细化管理单元的方式来实现全方位的社区治理，但此种模式设计却更类似于一种应急式的处理，多元主体参与的缺失和运行力的单一使其长于处理社区治理中表面的、规范性的、浅层次的问题，却短于处理复杂化、深层次的问题，而难以形成一种长效机制。而且，由于网格化模式自身所带有的浓厚的行政扩张色彩，其潜在的基层政权内卷化风险也如影随形。

"内卷化（Involutum）"的概念，最早由美国人类学家克利福德·格尔茨首创，意指具有高度的自我复制能力的传统结构，以其日益精致化的内部调整来应对变化的环境，致使革新因素不断地内卷于传统的结构之中，而难以达到真正的变化。[②] 而在杜赞奇看来，国家政权的内卷化则一般表现为国家与社会旧模式的复制、延伸和精致化。作为一种没有实际发展的变革和增

---

① 陈家刚：《社区治理网格化建设的现状、问题及对策思考——以上海市杨浦区殷行街道为例》，《兰州学刊》2010 年第 11 期。

② 刘世定、邱泽奇：《内卷化概念辨析》，《社会学研究》2004 年第 5 期。

长，内卷化无疑是一种不理想的社会变革形态。而在我国的城市基层治理历史上，居委会组织变革的内卷化便是基层政权建设中的前车之鉴。而在网格化模式中所体现出的上述特征，其与社区自治产生偏离力也是必然。社区自治作为我国社区建设的首要目标，其实质在于使社区居民在自我管理、自我服务层面上重构新形式的共同体，以弥补基层社会组织"社会性"不足的缺憾。它与政府的社区管理构成了动力向度不同却在目的性上能够重合的两个维度，共同在社区治理中发挥作用。但是，在我国当前的社会治理中，"强政府、弱社会"的格局始终没有被完全打破，在社区治理层面上，社区自治力量一直是十分薄弱的，故网格化与社区自治间的张力是否能够维持平衡是很值得怀疑的。毫无疑问，网格化模式的扩张会在社区建设中造成"社区到位"的后果，但此种"到位"并非"自致"，而是在行政力量的强力推动之下实现的。当然，社区既不可能完全"去行政化"，也不可能完全变为行政单位。作为社区治理的两个重要维度，二者不应完全相悖，而是应相互协作，良性互动，共同促进社区建设。因此，寻找二者之间的契合点就显得至关重要了。

四、寻找网格化管理与社区自治间的二元交叉点

自上世纪 80 年代开始，我国城市基层管理体制开始由单位制向社区制转变，与此同时，公共服务供给机制也由计划经济时代的"配给制"向多元参与的"复合式"转变。作为公共服务在社区层面的延伸和补充，社区服务开始成为社区治理的重要内容。社区居民生活需求的满足程度决定了城市基层社会的有效整合，而社区服务的多元参与特征，恰恰需要社区自治力量与行政力量间的有效协作。笔者认为，无论是社区组织还是政府行政组织，都应强化与社区密切相关的服务职能，并将其作为首要目标。因此，在当前政府由"发展型政府"向"服务性政府"转变的大背景下，网格化管理模式与社区自治在社区服务领域存在着目标与内容上的重合。故在实际操作中，我们应深刻反思城市基层社会管理中的"社区无限化"和"网格全能化"的发展误区，淡化网格化模式的行政色彩，用"网格"来促进"自治"，以"自治"来促进"服务"，以消解二者之间的张力，有效发挥二者

的体制优势，以实现二者的互构与互强，促进我国城市基层治理的良性发展。我们认为，这主要应做到以下几点：

（一）反思"无限社区"和"全能网格"之弊

寻找网格化管理与社区自治间的二元交叉点，首先要反思我们在社区建设和网格化管理推进的进程中存在的"无限社区"和"全能网格"的误区。因为在现实中，无论是社区还是网格，一旦被我们赋予了"全能角色"，便自然会产生严重的排他性，而失去了本来的融通性，从而走向变异。

作为城市居民自治组织和基层社会治理的基本单位，社区实际上承载着社会的纵向沟通与横向联系两个方面的功能，是社会的"基础秩序"所在。但事实上，社区本身是有限的，它在功能上无法同宏观意义上的"大社会"相比。在我国近年来的城市基层社会治理中，存在着一个试图建设"全能型社区"的倾向，即将社区看作是单位制之后社会管理的替代物，试图把原来单位解体后所转移出的社会职能全部转交给社区，希望在社区层面将城市基层治理问题全部解决，造成全能社区。此种做法的后果是把社区从其所存在的政治、经济和社会体系中抽离出来，失去了其应有的功能。

同样，网格化模式实践中那种"事不出格"的做法，实际上也是这一逻辑的产物。网格化模式的优势在于，通过"管理下沉"，在社会的纵向沟通上实现"纵到底"，但在横向联系却没有实现真正的"横到边"。在这当中实际存在着一个国家与社会的关系问题。无论是建设"小政府、大社会"模式还是"强政府、强社会"模式，都不意味着国家与社会的相互分离和对立，二者应该是一种彼此联动和相互协作的关系。"中国需要的是一个具有自我组织化能力的社会。没有社会，政权就没有基础；如果社会是脆弱的，政府必然是脆弱的。"[①] 反映到社区层面上，就是应该形成社区自治与政府管理的互动机制。政府应加强法制建设，在涉及公共利益的领域（如安全、卫生、教育、医疗等等）承担起责任，同时为社区自治提供制度保障。而社区自治则是通过社区居民的自组织化完善居民的权利表达与实现的机制，以重建社会横向联结、促进共同体精神的再生，以此来协助政府在社

---

① 郑永年：《改革及其敌人》，浙江人民出版社2011年版，第138页。

会层面上实现善治。网格化模式的有限性在于它虽然通过行政力量实现了国家与社区个体的联结，却无法通过行政力量来重建社区的内部链接，而后者只能通过社区自治来完成。因此，网格化模式所代表的社区行政管理与社区自治作为两个不同的力量而发挥作用，二者不应相互冲突，而应并行不悖、相互协调，共同促进社区的良性治理。

（二）以社区服务联结网格化与社区自治

1. 社区服务与社区治理

在国际上一般将立足于社区的社会服务称之为社区服务。而我国民政部对社区服务所下的定义为："在社区内为人们的物质生活和精神生活所提供的各种社会福利与社会服务。"较之以往政府公共服务形式，社区服务着眼于社区需求，在服务资源、服务形式、服务对象上具有灵活高效、覆盖面广等优点。它不仅能够满足社区居民的社会生活需要，也有利于社区中守望相助良好氛围的建立，其实质就是在社区范围内向社区成员提供各种社会服务的过程。

20世纪80年代初，随着单位制的解体，民政部提出以"社会福利社会办"代替原有的"社会福利单位办"的模式。在这一背景下，民政部确立了社区服务的发展方向，其概念也逐渐被各级部门与社会广泛采用。后来，"社区服务"的概念逐渐扩展延伸为"社区建设"，并逐渐成为中国社会发展的重要议题。进入90年代，由于我国人口、家庭及社会结构的巨大变化，社区服务与社区建设得到社会的普遍关注。一般而言，社区建设包含两个方面：其一，社区通过多元主体的参与为社区居民提供各种公共服务，以满足现代人们的各种社会需求。其二，通过公共参与重建共同体生活形态和共同价值，将社区还原为人们精神生活和社会交往空间。前者正是社区服务的内容，而后者也需要通过社区服务来实现。事实上，"社区"概念的诞生，正是社会学家面对工业革命后人性异化与社会解组所作出的理论回应，滕尼斯所提出的从"社区"到"社会"的变迁过程，正是社区这种传统联系紧密、守望相助、富有人情味的社会关系的瓦解过程。而社区服务则自20世纪以来一直被欧美国家视作克服社会问题、提高社区发展水平的重要手段。可见，在社会转型的背景下，社区服务代表了社会福利提供方式的转变，是社区建设的核心内容之一。社区服务不仅是在社区治理中应对人际疏离和社会原子化的主要手段，也是社区自身通过共同行动和共同参与重现社区友爱互助关系、实现居民自强自立自主的主要内容。因此，无论是社区治理还是社区自治，其内容都在"社区服务"领域出现了重合。

2. 社区服务与政府公共服务

上世纪八九十年代，在"以经济建设为中心"的发展理念和以经济指标为主要考核标准的干部晋升锦标赛体制，促成了此时期的地方政府逐渐演变为"发展型政府"。这种"发展型政府"在行为取向上表现为以追求经济增长为目标，在职能定位上表现为经济建设领域的"越位"、"错位"以及公共服务和社会建设领域的"缺位"。[①] 近年来，伴随着政府管理体制的变革，各级政府的公共服务职能被置于突出重要的位置，公共服务的供给效率与服务质量有所提高。而社区服务作为公共服务在社区层面的延伸和补充，既包含联结政府公共服务的诸多服务事项，也涵盖了许多社会组织服务和居民互助服务的内容。它通过向社区居民提供系统性、福利性、多元性的各种服务资源来满足其从物质到精神的各方面需求，以实现城市基层问题的化解与和谐社区的建设。2006年，国家发布《国务院关于加强和改进社区服务工作的意见》，标志着我国社区服务的发展开始进入以社区公共服务为重点的时期。可以说，这种转变代表了一种全新的社区管理理念，即由原来的单纯依靠行政力来实施"管理"转变为依靠多元参与来进行"治理"，由原来的着眼于社会秩序和社会稳定的"刚性控制"转变为着眼于满足社区需求、促进内部和谐的"软性控制"。目前在西方发达国家，社区服务已经成为其社区治理的重要内容，可以预见的是，未来我国的社区治理也是以向社区居民的服务输出为主。因此，无论城市基层管理体制如何创新，促进社区服务的完善都是其核心所在。

3. 社区服务与社区自治

社区自治是社区居民权利表达与实现的制度安排与过程。当前，社区居民的诉求主要以利益和服务诉求为主，而社区参与诉求也是以自身的利

---

① 郁建兴：《中国的公共服务体系：发展历程、社会政策与体制机制》，《学术月刊》2011年第3期。

益和服务需求为导向的。因此,"在自主性自治社区空间中,个体行动者在需求的驱动下,将各种资源和利益实现有机整合"①,社区自治的目标即在于社区居民的自我教育、自我管理、自我服务、自我发展,它通过对社区居民利益与服务的需求满足使社区重新成为以认同感和归属感为核心要素的自治共同体。可以说,社区自治是社区居民管理与服务的自治,而在这一过程中,社区服务无疑起着非常重要的作用。社区服务的基本属性在于区域性、福利性、群众性、服务性、互助性。它通过社区这个区位载体,注重以人为本,培养居民的凝聚力、归属感和责任感。多元主体的参与和社区资源的调动,使得社区服务能够满足居民生活各方面的需求,其运作方式的社会化、专业化使它能够有效地弥补政府公共服务的不足,促进"小政府、大社会"的社会结构的形成。可见,社区服务与社会自治存在着"正相关"的关系,社区服务既是社区自治的目标也是其内容,社区服务的完善有利于加强社区居民的凝聚力和认同感,促进社区作为自治共同体的重构。

近年来,在学界关于社区研究的成果中,很多学者都对社区行政化持一种批判的态度,认为"社区行政化"是"城市政府为寻求经济增长与社会稳定的平衡,依靠行政权力,自上而下地实现社会再组织化的过程。其基本表现是:社会空间行政化、社区组织行政化、社区事务行政化"②。从本质上讲,社区建设的行政化倾向是我国传统的城市管理"一竿子插到底"的全方位管理思想和方式的延伸,影响了社区自治功能的发挥。③

在现实的社区发展建设中,网格空间的诞生,存在着削弱社区自治能力的可能性。正如有的论者所言:"政府行为的全面回归,不仅使公共服务辐射到社会各个领域,同时也在很大程度上形成了行政强制的倾向:行政体制俨然成为一部设计合理、运转有效的庞大机器,但面对社会出现的突发事件和具体矛盾,则需要每个部件、每个齿轮都随同这一机器系统调整方向,连

---

① 张向东:《自主性社区空间的内生机制形成研究》,《社会主义研究》,2010年第2期。
② 陈伟东等:《社区行政化:不经济的社会重组机制》,《中洲学刊》2005年第3期。
③ 潘小娟:《社区行政化问题探究》,《国家行政学院学报》2007年第1期。

带运行,失去了灵活多变、敏锐出击的应对能力。"① 当然,强调网格化对社区自治的消极影响,并不是要拒斥网格,而是要对二者关系展开复杂性的理解和分析。在现实社会中,社区自治与行政化之间是一个此消彼长的过程。在现阶段社区自治尚不完备的情况下,网格化管理的推进和加强,可能导致行政力量的强化,而弱化社区自我管理传统的生成,对社区自治的进程产生了消极影响。但笔者认为,在现实中,完全意义上的社区"去行政化"实际上是不可能的。在相当长的历史时期内,社区实际上是作为"政府"和"居民"之间的联结组织而存在的。社会是一个超级复杂的联结系统,以至于我们很难用简单的话语完全揭示其中的奥秘。但我们必须关注那些基本的关键性联结环节,因为一个社会如果其关键的联结处被破坏了,便会发生社会解组的悲剧。正如默顿所言:"在社会系统中,人们之间的沟通渠道在结构上的不当或部分中断,也会导致社会解组。处于一定社会关系、地方社区或国家社会中的人必须能够沟通,因为他们相互依赖,以实现社会对他们的期望和他们个人自己的目标。"② 因此,我们应从社会联结的角度来理解社区性质,这样就不会简单地将社区置于与政府相对的立场之上,简单地提出"去行政化"的思路了。

在社会管理领域,最高级的管理境界实际上是"自我管理",故我们要大力培育各种社会组织、中介组织,引导更多的社会力量参与城市社会管理。当然,我们这样说并不是要切断社区与政府的关系,而是要理清行政系统与自治组织之间的关系联结。要追问二者之间是"协动"关系还是"服从关系";是"联结关系"还是"从属关系"。

综上所述,在城市网格中存在着来自政府各职能部门、社区、居民志愿者等多元的力量。应该承认,因各种力量所掌握的资源的多寡,其在网格中所占据的地位也是不同的。如果在网格中来自政府派出人员的力量占据了主导地位,那么,网格管理所释放出来的力量主要是依托于政府的"行政力"。此种力量的增强虽可提升城市管理服务的绩效,但必然会导致城市网格中行政力量的增长和自治力量的萎缩。因此,如何努力增强网格中的

---

① 渠敬东等:《从总体支配到技术治理:基于中国 30 年改革经验的社会学分析》,《中国社会科学》2009 年第 6 期。
② [美]罗伯特·K. 默顿:《社会研究与社会政策》,林聚任等译,三联书店 2001 年版,第 79 页。

"自治力",并使之与行政力相互融通与匹配,便成为问题的关键。在这里,我们强调网格化的上述局限,并不是要否定它,而是要完善它。因为在城市基层社会管理的体系中,来自政府的行政力量和"自下而上"的社区自治力量其间存在着内在的"联结点",是可以并行不悖的。如何化解二者之间的相克和对立,增强其间的亲和与融通,寻找网格化管理与社区自治间的二元交叉点,是解决问题的关键。

总之,新时期政府社会治理正在发生一些值得注意的重要改变,表现为:社会治理的主体由单一政府向多主体、多中心转变;社会治理的手段由平面社会向网络社会转变;社会治理的目的由工具理性向价值理性转变。我们应以理性客观的态度来看待城市管理的网格化模式,处理好"网格管理"与"政府治理","网格管理"与"社区自治"之间的关系。寻找"政府社会治理"与"社区自治"之间有效的联结点,调适好"国家"与"民众"间的距离构造。众所周知,国家与民众的"距离关系"问题,是社会理论体系中的根本问题之一。法国社会学家涂尔干在《社会分工论》中曾揭示国家与个人之间距离拉大的风险,认为"如果在政府与个人之间没有一系列次级群体的存在,那么国家也就不可能存在下去。如果这些次级群体与个人的联系非常紧密,那么它们就会强劲地把个人吸收到群体活动里,并以此把个人纳入到社会生活的主流之中"。在涂氏看来,如果在国家与个人之间失去了一系列的中介组织,那么"国家与个人的距离越来越远,两者的关系也越来越留于表面,越来越时断时续,国家无法切入到个人的意识深处,无法把他们结合在一起"[1]。故我们应"广泛吸收社会组织参与公共政策的制定,特别是积极发挥社会组织在社会管理创新中的重要作用,鼓励它们承担更多的公共服务,努力营造官民共治的社会治理格局"[2]。这是我们在构建网格管理模式进程中所应注意的关键问题。

---

[1] [法]涂尔干:《社会分工论》,渠东译,三联书店2000年版,第40页。
[2] 俞可平:《各级政府应营造官民共治的社会治理格局》,《北京日报》2011年6月13日。

第十三章

老年群体的社区活动与"银色公共性"建构

20世纪六七十年代以降,伴随着老龄社会在世界范围内的陆续来临,关于老龄化问题的研究随即成为国际学术界密切关注的热点问题。迄今为止,围绕着老龄化问题,中外学术界业已给出了包括"社会撤退理论"、"活动理论"、"生命周期理论"、"社会交换理论"、"持续理论"、"社会崩溃与重建理论"、"年龄分层理论"、"角色理论"、"发展理论"等一系列理论解释模型,试图在争鸣探索中找出解决老龄化问题的良方。联合国及世界卫生组织也积极推出种种关于国际老龄问题的行动计划。当然,众多的国家和政府也将老龄化问题提升到国家战略发展的高度,给予空前重视。从近年来老龄社会理论问题研究的总体趋向看,业已呈现出由"消极被动"走向"积极主动"的发展趋向,强调通过以社会参与为主体的积极老龄化战略,发挥老年人在社会上的积极作用,提高老年人的生活质量,以化解由老龄化带来的诸多社会问题。本章试图循着上述理论演进趋向,结合公共性理论,探讨老年群体社区参与在社会公共性构建进程中的特殊作用。

一、老年群体与公共性

(一)公共性释义

作为一个现代政治、社会理论的专用术语,公共性是一个多义性、充满论争的概念。日本《国语辞典》对公共性做的解释是:"就公共性的性质而言，其对社会具有极广的利害和影响。而且其影响不是限于特定的集团，而是面向社会全体。"日本学者斋藤纯一认为，所谓公共性"就是不求'闭锁性'和'同构型'的共同性，是抗拒'排斥'和'同化'的一种相互连带"。① 中国学者李明伍则将公共性概括为"某一文化圈里成员所能共同（其极限为平等）享受某种利益，因而共同承担相应义务的制度的性质"②。总结上述概括，我们会发现，公共性概念最具核心意义的要素包括：（1）共有性，即对社会具有极广的利害和影响，其影响不是限于特定的集团，而是面向社会全体；（2）公开性，通常是指以公开讨论的形式而形成的公共议论；（3）社会有用性，公共性既是一种价值体系，同时也是以公共事业为主体的公益服务体系；（4）作为一种社会理念，公共性是一种基于正义和公正，为达致公共善而努力行动的价值体系。

从历史上看，对公共性问题的关注始于20世纪50年代的美国。1955年，美国学者李普曼发表了《公共哲学》一书，呼吁通过陶冶人们的公共精神来重建自由民主主义，他把这样的思想称为公共哲学，但其观点在社会上并未引起强烈的反响。到20世纪晚期，世界范围内关于公共性的议论骤然升温，各种观点层出不穷。如由日本东京大学校长佐佐木毅和金泰昌共同编辑的十卷本《公共哲学》，由东京大学出版社出版，被译为多种文字，影响极大。

公共性问题的探讨之所以走热，主要是因为20世纪晚期以来人类文明为一种衰落的氛围所笼罩，在"发展主义"主导下，人类社会的发展虽然取得了巨大的成就，但就总体而言，"发展主义"话语下的"发展"是直接与"衰落"联系在一起的："尽管我们的文明在'发展'，人们仍视这些特点为一种失败或衰落。"③ 严重的社会衰败使得传统的基于"公"（政府）的社会治理系统面临严峻的挑战。人们开始选择以非国家为单位的团体的公共精神，来重铸国民的道德和社会纽带。

---

① ［日］斋藤纯一：《公共性—思考のフロンティア》，岩波书店2000年版，第6页。
② 李明伍：《公共性的一般类型及其若干传统模型》，《社会学研究》1997年第4期。
③ ［加］查尔斯·泰勒：《现代性之隐忧》，程炼译，中央编译出版社2001年版，第1页。

(二) 公共性的社会承载者

公共性理念的实现总是以特定的人群为载体来完成的。在学术界,较早从"阶层"和"群体"的角度探讨公共性构建问题的是亚里士多德,他认为中产阶级是最富有公共情怀的。因为中产阶级性格温和持中,"既不像穷人那样希图他人的财物,他们的资产也不像富人那么多得足以引起穷人的觊觎。既不对别人抱有任何阴谋,也不会自相残害,他们过着无所忧惧的生活"①。是上流社会与底层社会间矛盾冲突最重要的平衡力量,亦是现代社会公共文化最主要的承载者。而在美国当代学者雅各比的笔下,公共知识分子是社会公共性最重要的承载者,他在那篇惊世骇俗的带有宣言性质的名篇《知识分子的消逝》一文中,宣称:由于"在 35 岁甚至 45 岁以下的对社会有重要意义的美国知识分子已经很少引发什么评论了。在过去 50 年里,知识分子的习性、行为方式和语汇都有所改变。年轻的知识分子再也不像以往的知识分子那样需要一个广大的公众了:他们几乎无一例外地都是教授,校园就是他们的家;同事就是他们的听众;专题讨论和专业性期刊就是他们的媒体。学院派人士为专业刊物写作。教授们共享一种专业术语和学科。他们的专业生涯成功之时,也就是公共文化逐渐贫乏衰落之日"②。在他看来,壁垒日深的专业体系及学科奖酬体系使得具有公共情怀的知识分子越来越少,以至于走向消失。

上述关于公共性承载者观点的启发意义在于:第一,一个社会的公共性构建不是抽象的,而是具体的,其构建需要真实而具体的"承载者"。第二,探讨了人们的"职场角色"与"公共角色"之间的关系,强调作为社会利益关系集合体的"职场空间"对"公共性"构建的侵蚀和弱化作用。因为无论是在时间上还是空间上,如果一个人长时间陷入"职场",其公共关怀便存在被弱化的可能。第三,在公共性界定的问题上,我们不能"对'公'与'私'进行裂变式的处理,应该把公共性的契机编入到私的行为当中。这样一来,就不是只有公共机构和市民运动来担负公共性,而是从每个

---

① [希] 亚里士多德:《政治学》,吴寿彭译,商务印书馆 1965 年版,第 206 页。
② [美] 拉塞尔·雅各比:《最后的知识分子》,洪洁译,江苏人民出版社 2002 年版,第 1—5 页。

人日常行为的积累中开拓公共性"①。

（三）老年群体与公共性构建之关联

循着亚里士多德和雅各比的研究思路，我们认为，公共性的概念与老年人似乎有着不解之缘。考诸文献，我们会发现学界迄今关于老年人与公共性之关系的研究，主要是围绕着为老年人服务的公共体系的建立而展开的，强调老年人生活的生存性和被动性。此种趋向的影响在于"强化了老年人的生活依赖。尊老养老文化是指社会和家庭成员基于敬老、养老的价值观、道德观所形成的一种代际间互动的行为模式。这种行为模式所强调的主要是子代对父代、晚辈对长辈的资源流动，而父代和长辈则坦然地接受这种流动并形成一种理所应当的由子女侍奉、照料、赡养的文化心理。养老的生存性色彩"② 对老年群体生活的被动性和生存性色彩的过度强调，其直接后果便是人们很少从积极进取的角度去思考，而使老年人与公共性的关联带有极强的消极性和被动性。

在欧美学界，此种理论情调则以著名的"社会脱离理论"为代表。1961年伊莱恩·卡明和威廉·亨利在《逐渐衰老》一书中提出："老年人减少他们的活动水平，寻求较消极的角色，减少与他人的交往，越来越关心他们的内心生命却被看作是正常的、不可避免的和令人满意的。脱离理论的基础是假设能力不可避免地会随着年龄的增长而下降和普遍期待死亡。脱离的过程可能由老年人也可能由社会起动。不管脱离社会的过程如何开始，都可以假定是相互起作用的，对社会和个人都会产生积极的影响。"③ "脱离理论被认为不仅适应老年人，而且对社会也有利。所有的社会都需要井然有序地把老年人的权力传给年轻一代。例如，退休政策被认为是确保具有新能力和技能的年轻人进入职业角色的一种手段。脱离理论认为，社会服务——如果

---

① ［日］佐佐木毅、［韩］金泰昌主编：《公共哲学》第六卷《中间团体开创的公共性》，刘文柱译，人民出版社2009年版，第148页。
② 姚远、范西莹：《范西莹从尊老养老文化内涵的变化看我国调整制定老龄政策基本原则的必要性》，《人口与发展》2009年第2期。
③ ［美］N.R.霍曼：《社会老年学》，冯韵文、屠敏珠译，社会科学文献出版社1992年版，第68—69页。

有的话——不应该谋求恢复老年人的生气,应该鼓励他们退出社会。"①

与上述消极被动的生存性取向不同,我们认为老年群体与公共性构建存在着明显的积极性关联。主要表现在:(1)一般说来,老年群体漫长而特殊的经历使其对公共道德的体悟更加充分。众所周知,儒家是尊老的,这不仅因为老年人对其后代有恩,更主要是因为老年人富有生产智慧和社会智慧。孔子在《论语·为政》中对自己也是对理想的人生状态有过一段真切的自我评价。原文表述为:"吾十有五,而志于学。三十而立,四十而不惑,五十而知天命,六十而耳顺,七十而从心所欲。不逾矩。"后世人们一般把这些自我评语作为人生不同阶段所应达到的生活及道德理想状态。值得注意的是,在孔子这段著名的人生阶段成长论中,也可窥出人生累积的深层意蕴。作为社会人,人只有善于积累,才会对人与人、人与社群、人与自然等基本关系产生深刻的理解,并应对自如。总之,在老年人的身上,我们能够发现更多的随着时间的流逝而积淀起来的公共道德精神。

(2)孔子提出"知者乐,仁者寿",意为只有成为一个仁者,才能长寿,这实际上是在强调人的社会性和公共性。人只有在社群中,即社会关系中才会找到自己的角色,才会赋予"仁德"以社会意义。

(3)在告别职场之后,老年群体拥有更多的闲暇时间,这为其社会参与提供了可能。在现代社会的背景下,人的社会性在很大程度上是属于职场和单位的,无论是在时间上还是空间上,个体都从属依赖于组织。毫无疑问,这对个体的公共角色扮演会产生较大的影响。而当人步入老年后,来自职场和单位的身份依从基本上不存在了。转而从"职场人"和"单位人"转变为社会意义上的"社区人"和"社会人"。在这一意义上,只有老年人才实际上拥有真正意义上的社区生活,社区及依托社区而建立起来的社团成为老年人公共参与的平台。

(4)当然,老年人也不是一个简单的同质性群体,其群体的内部的构成极其复杂,其参与模式也各具特色。一个人脱离社会的程度可以随着个人在社会结构中所处地位的不同而发生变化。例如,一位退休的大学教授比一

---

① [美] N. R. 霍曼:《社会老年学》,冯韵文、屠敏珠译,社会科学文献出版社1992年版,第69页。

位退休的钢铁工人会有更多的机会保留他的专业职务。一个人可能脱离社会（如较少参与社会事件），但在心理上却依然充分参与（例如继续从报章杂志上了解并讨论当前的各种事件）。总之，努力开发老年人身上所承载的公共性，有利于改变社会对老年人的负面态度，并探寻老年人重新进入社会的现实途径。

可见，我们不能仅仅从消极的角度去理解老年人与公共性之间的关系。事实上，在城市社会中老人是最有可能成为"公共人"的群体。

二、基于老年人社会参与而生发的公共性

日本学者佐藤庆幸认为，一般说来，人类文明的"社会系统"是由公的、私的、共的或志愿部门以及社区部门这四个次级系统间的相互关系所构成。① 所谓"公的"，主要是指"政府的"和"官的"，大体上包括了学术界所说的社会构成中的"第一部门"；所谓"私的"，是指带有个人的私密性"家庭空间"和"个人空间"。所谓"共的"或志愿部门，则主要是指社会的第三部门。社区则是"自下而上"的市民自治组织。在以往的研究中，人们往往将研究重点集中在社区参与和志愿部门参与等直接参与上，而忽略了基于"私的领域"的间接参与而开出的公共性。

（一）基于老年群体社区活动而产生的公共性

在现代社会的背景下，人的社会性在很大程度上是属于职场和单位的。职场角色扮演固然具有较为明显的社会性，但建立在职业群体利益基础之上的职场参与亦具有明显的局限性。无论是在时间上还是空间上，个体都从属于组织，要为社会区隔中的"组织"而努力工作。毫无疑问，这直接影响到个体的公共角色的扮演。而当人步入老年后，来自职场和单位的身份依从已大大淡化或基本上不存在了。相比之下，虽然老龄群体在退出职场之后社会参与的力度有所下降，但其社会参与的广度却有所扩大。于是，社会意义上的社区人和社会人的角色便很自然地浮出水面。在这一意义上，老年人实

---

① [日]佐藤庆幸：《志愿部门与社会系统的变革》，见[日]佐佐木毅、[韩]金泰昌主编《公共哲学》第六卷《中间团体开创的公共性》，刘文柱译，人民出版社2009年版，第223—224页。

际上拥有真正意义上的社区生活。与一般职场人将社区当作"睡城"不同,老年群体的社区生活是真实的。虽然20世纪晚期以降,世界范围内出现了严重的社区认同危机,但对于老年人来说,社区仍是其重新建立进入社会最重要的管道。

(1) 人类从降生到离开这个世界,无时无刻不是存在于一个依赖体系之中。与婴儿时期的"怀抱依赖"不同,老年人晚年最可靠的社会依赖是其老年同伴群体。尤其是在社区中,那些离开职场单位,回归社区生活的老年群体,通过参与社区组织的团体活动,形成了一个相对稳定的老年伙伴群体。由此群体而建立起来的老年互助体系在其现实生活中往往起到重要的作用。毫无疑问,与职场上活跃的社会人相比,蛰居于社区中的老年人社会资本的活跃程度要打些折扣。但为避免老年人的原子化,依据其兴趣爱好结成团体,通过社团活动,却有助于其实现再社会化和再组织化。由此,"老年人的社会公益组织和互益组织是老年人实现自助、互助和他助的重要载体,也是我国传统单位制度弱化以后老年人获取资源和利益传输的重要渠道,同时也是政府节约社会管理成本,提高老年社会政策效率的重要途径"[1]。

(2) 老年人积极参与社区文体活动,对于社区文化氛围亦会产生积极的影响。此外,这些每日生活在社区公共空间中的老年群体实际上扮演了社区最为有效的治安监控器角色。诚如雅各布斯所言:城市街道拥有很强的自治功能,主要表现在:"组建公共监视网,以此来保护陌生人以及我们自己,发展一个小范围的、建立在日常生活基础上的网状关系,以此来建立一种相互信任和社会监控的机制;帮助把孩子纳入一种相当负责的能包容的城市生活里。"[2] 很显然,前面所说的这种带有自治功能的公共监视网在很多情况下,是通过老年群体来实现的。老年群体以社区街道和公共空间为依托的互助行动,不仅可以发挥自助的作用,而且还可以生发公共性。

(3) 基于社区民主参与的公共性。

在国外老年学研究中,很多学者往往强调老年人政治参与的作用,认为"老年组织的实效。当前的老年组织比起它们的前辈由于以下几种理由而更

---

[1] 陈红:《开发老年人力资源,促进社会可持续发展》,《人口与经济》第3期。
[2] [加] 雅各布斯:《美国大城市的死与生》,金衡山译,译林出版社2005年版,第130页。

具实效。第一，当前的老年组织的各项要求更富现实性。第二，现在的组织在追求其目标上更有坚持性。第三，它们更具竞争力。第四，它们的领导并不是依赖于某个不可代替的、神圣威严的领袖。第五，当前的组织由于拥有较多的成员和不同的供选择的收入来源，因此在财务上也更为殷实。第六，当前的政治环境更能接受和容忍老年人和他们的问题"①。而转型期的中国城市社区民主参与的主体实际上主要是老年人群。

（5）基于个体老年精英志愿者魅力而生发的公共性。

近年来学界的理论分析表明："老年人从事志愿服务等社会公益活动的动机与青年人不尽相同，但同属理性的效用最大化行为，期待的主要是心理收益；而且老年人从事志愿者活动拥有独特的资源优势，同时也更符合社会整体的利益。"② 而且，与其他群体不同，"老年人参与志愿者活动更多的是实现精神和心理的满足。因此，老年人参与志愿者活动具有鲜明的时代特征，体现出浓厚的'回报党恩'与'党性'情结。老年人强烈的参与愿望与其特殊的生命历程和制度背景有关"③。

（二）由老年人参与家庭服务而开出的公共性

众所周知，在现代社会学理论体系中，家庭被定位为"私人空间"，但当我们将"世代"概念引入到分析体系之中时，便会发现：作为家庭与社会的结节点，"家庭不单纯是私人空间，可以把它定位为与公共性相关联的单位，使其成为一种战略性概念。有必要以与家庭和社会两方面相关联的世代概念为杠杆来思考公共性"④。由此，"发挥世代生成力，从对可持续社会做贡献的意义上讲也担负着公共性。即使它发生在私人家庭的亲子关系当中，但作为结果是向下一代负责任，所以它是公共的"⑤。在华人世界中，一个人在其成长阶段，有成家、育子、立业的使命，而当其步入老年后，亦

---

① ［美］里查得·C. 克伦塔尔：《老年学》，毕可生等译，甘肃人民出版社1986年版，第432页
② 陈茗、林志婉：《老年志愿者活动的理论思考和实证分析》，《人口学刊》2003年第4期。
③ 段世江、王凤湘：《中国老年志愿者参与动机的质性分析》，《河北大学学报》2010年2期。
④ ［日］佐佐木毅、［韩］金泰昌主编：《公共哲学》第六卷《中间团体开创的公共性》，刘文柱译，人民出版社2009年版，第131页。
⑤ ［日］佐佐木毅、［韩］金泰昌主编：《公共哲学》第六卷《中间团体开创的公共性》，刘文柱译，人民出版社2009年版，第147页。

约定俗成地负有帮助子女料理家务的责任。但值得提出的是，在现有的理论和政策框架体系内，往往将老人的家务劳动视为"私域之事"，而未将其列为对社会贡献的范围内，从而抹杀了老人的社会贡献。对此，有的学者明确指出："目前各种方法计算国民收入劳动是不包括家务劳动的，因为家务劳动不能创造物质产品，在市场经济的国家家务劳动也不算作产值，只有通过市场的那部分才计入国民生产或国内生产总值。这就意味着，从事家务劳动不算作参加社会发展。其实，老年人退休后从事家务应看成是对社会的一种贡献。中国从事家务劳动的人口多，其中 90% 是妇女，很大一部分是年龄较大的。另一方面，中国年轻一代男女劳动参与率高，大部分青年夫妇双方都参加社会劳动。此外，中国家庭生活水平普遍较低，第三产业又不发达，家务劳动社会化水平很低，因此，家务劳动量较大，家务占用的时间较多，再加上教育子女和照顾老人，消耗的体力和时间就更多。繁重的家务劳动对社会劳动者，特别是对夫妇都就业的青年、成年夫妇来说都是沉重的负担，它不可避免地要影响到经济活动。因此，老年人退休后自觉承担一些家务劳动和照顾子女生活、工作，减轻子女的家务和培育下一代的负担，无疑是有利于子女的学习和工作，在这个意义上说，是对社会的间接贡献。至于一贯从事家务劳动的老人，他们的劳动都应看成是对社会的一种贡献，应该受到年轻一代和社会的尊重。"[①]

三、老年人社会参与的限制

人口老龄化是人类社会最重大的成就之一，同时又是人类迄今面临的一个最严峻的挑战。毫无疑问，作为一种积极的老龄化战略，老年群体的社会参与，对于提高老年人的社会形象，提高其生活质量，具有重要意义。2002年，联合国在马德里召开的第二届老龄问题世界大会上，通过了《国际老龄问题行动计划》，强调老年人正面形象是《国际行动计划》的组成部分。要承认人生经验带来权威、智慧、尊严和克制，敬老乃人之常情，自古而然。但在某些社会中，这些价值观念常常被忽视，需要越来越多保健和支助

[①] 邬沧萍：《老年人对社会的贡献》，《群言》1987 年第 1 期。

服务的老年人大都被看成经济负担。健康地进入老年固然是老年人一个日益重要的问题，但公众将注意力集中在保健规模和费用、养恤金及其他服务上，从而对老龄产生负面形象。应使风度引人、多彩多姿、富创造力并作出重要贡献的老年人形象受到公众注意。

但必须指出的是，我们在充分肯定老年群体社会参与积极作用的同时，要注意不能将老年人社会参与的作用无限夸大，因为这既不符合事实，同时还会产生一些意想不到的负面影响，因为"如果把老年人对社会贡献不恰当地夸大，就会造成一种印象，老年人可以继续成为生产者，削弱社会对'老有所养'承担的责任，对老年人也是不利的，而老年人对社会的贡献是以'老有所养'作为前提的，如果老年人晚年生活得不到保证，老年人对社会贡献将受到极大的限制"[①]。也应该注意到其社会参与活动存在诸多局限性，主要表现在：

（一）社会关系的稀薄化

应该承认，现实社会中诸多正式社会关系，基本上是围绕着"职场社会"建立起来的，而当老年人退出"职场"后，其一生中依赖于职场而建立起来的各种正式社会关系不可避免地开始退色。这也正是迄今为止一些老年学研究者对老年群体社会角色持消极态度的重要原因。他们认为社会中，"不断加快的社会变化速度产生了一种重视年轻人的生活方式。各种美的概念首先集中于和年轻人相联系的那些特征之上。社会公认的价值观，往往也就是当时年轻人的价值观。而老年人的价位观和信念，常被称作'旧式'的或被认为是应该抛弃的过时生活方式"[②]。虽然上述观点是一种不合理的偏见，但我们在评估老年群体社会关系现状时，却不可忽视其社会关系稀薄化的事实。

（二）个人身体状况之局限

随着年龄的增长，老年人身体状况不可避免地呈下降趋势，毫无疑问，这对于老年群体的社会参与产生了严重的影响。新旧世纪交替之际，在国内

---

① 邬沧萍：《老年人对社会的贡献》，《群言》1987年第1期。
② ［美］里查得·C.克伦塔尔：《老年学》，毕可生等译，甘肃人民出版社1986年版，第29页。

颇具影响力的居民互助组织"和心俱乐部"的创始人史品忠便是一个典型案例。史品忠开创"和心俱乐部"时，主要依靠的是一种助人的奉献精神。但随着老的志愿者离开或去世，人口流动性大，旧有的活动办法受到了冲击。因资源匮乏，史品忠为帮助居民往往需要自己付钱。史品忠本人身体不好，老伴有较重的心脏病、胆囊炎，每月看病吃药花很多钱，两个人工资又不高。无奈之下，他只好回到居住在哈尔滨的儿子身边。

（三）老年群体社会参与的分化

老年群体不是一个简单的同质性群体，其中存在着巨大的差异。故其社会参与行动也自然会发生较大的差异。有的学者发现，"老年人社会参与更多地表现为'消极参与'，体现自上而下参与的取向，带有明显的政府动员色彩。老年人自下而上的参与严重不足，自组织性不强"[①]。导致目前老人群体的社会参与主要是依靠"老年精英"展开的。而欲拓展老年人社会参与的广度，就必须遏止老年群体社会参与分化的局面，积极动员，形成新的社会参与格局。

自2000年前后中国新时期城市社区建设发轫之时起，社区建设的组织者和参与者一直期待着造成一个融"职场人群"和"社区老年群体"为一体的具有广泛社会参与的新的社会共同体。但十多年过去了，除了那些关涉到社区多数人利益的事件曾引起多数人参与的"集体行动"之外，在常态的社区生活中，积极参与社区活动的始终是老年群体和弱势群体。以至于有的学者撰文指出："中国城市社区建设中一个突出的问题是：由单位制和当代社会生活脱域等因素影响，城市主要社会成员（职业群体）的主要社会活动不在城市社区之中，城市社区建设存在普遍性的边缘化问题，社区服务并未将占大多数的职业群体纳入社区服务的范围。"[②] 考诸当下社区建设的实际，我们会发现，上述观点基本上反映了当下中国城市社区参与的实际情况。但我们必须清楚地意识到，上述情况很可能是社区参与常态现象。因为与农村村落积极参与的情形不同，城市市民的社区参与基本上都属于"有

---

① 李宗华：《近30年来关于老年人社会参与研究的综述》，《东岳论丛》2009年第8期。
② 刘少杰：《新形势下中国城市社区建设的边缘化问题》，《甘肃社会科学》2009年第1期。

限参与"。这里所说的"有限",既是指参与者的范围有限,同时也是指参与力度有限。相比之下,老年人应是最为积极参加社区活动的群体,其对社区活动的积极参与,对于城市工作场所以外的公共性构建,发挥了不可替代的作用。

第十四章

单位制变迁与社会管理体制改革的理论逻辑

新旧世纪交替之际,伴随着单位全能管理体制的逐渐走向消解,社会各界对于社会管理、治理诸问题展开了深入的研讨。在探讨中,人们发现,长期以来,"社会"在很大程度上被视为是经济和政治的从属性存在,而很少将其作为一个独立的领域展开研究。故对学界而言,社会管理体制改革实际上是一个真正意义上的新问题,缺少必要的理论积累。此外,人们也常将社会管理体制改革创新看作是一个单纯的实践问题,对其理论逻辑关注不够,这直接影响到人们对社会体制改革长期性和复杂性的理解。本章拟将社会管理体制改革的相关问题置于单位制度变迁的历史背景之下,围绕着"体制生成论"—"体制构造论"—"体制转换论"—"体制协调论"这一系列理论分析框架,以发现社会管理体制的生成、结构特征及其变革转化的一般性规律,为新时期中国的社会管理体制改革创新提供理论依据。

一、"体制生成论"

在地球上的生命世界中,人类堪称是社会建构能力最为旺盛的高级动物。相对于其他社会性动物来说,人类"不只是生活在社会中,他们为了生存而创造社会。在他们存在的过程中,他们发明新的思想方法和行动方法，既作用于他们自己，也作用于周围的大自然，因而他们创造出文化和历史"①。正是在这一意义上，当我们直面"社会体制改革创新"这一问题时，必须首先将"时间变量"纳入研究分析视野，追溯社会体制的起源、形成、发展、转换及其走向衰落的长时段进程，以把握体制变革的历史前提和现实基础。只有明晰上述问题，我们所关注的社会体制改革创新，才能得以顺利展开。

（一）时间积淀与社会管理体制构造

将时间变量引入社会管理体制改革进程中加以分析，我们会发现：时间不仅仅是一种自然范畴，而是一项社会制度，一种社会结构，"整体社会现象既产生社会时间又是社会时间的产物。它们产生社会时间，又在社会时间中运动和展开"②。通过一定社会时间积淀而形成的社会体制和社会结构，其一旦形成，便会化生为一种社会力量，长时间地发挥作用。故我们应承认：只有"现在"，而没有"过去"，因为"在现在所处的情境下，过去被不断地重新创造出来"③。由此，拆解和变革一种"社会体制"往往比创造一种"体制"耗时更长，所付出的成本和代价也更为昂贵。以20世纪50年代以来中国总体性社会背景下的单位体制和城乡二元体制的形成为例，我们会发现：与早发内生型现代化国家不同，中国在1949年完成民族独立和建立政权任务后，在严峻的国际环境下，为实施优先快速发展重工业战略，其社会长期存在着"二元结构"。所谓二元结构，一般说来就是把城市社会作为一元，农村社会作为另一元的城乡分割状态，其结果导致城乡之间壁垒森严，形成了严重的不平等。这种植根于二元社会结构基础之上的不同社会管理模式虽然具有一定的历史合理性，但其负面影响却是始终存在的：一方面，二元结构对城乡社会人为的隔离机制，严重地制约着城乡社会健康发展；另一方面，二元结构及二元公共性蕴涵着巨大的社会不平等，使得农民失去了作为现代公民所应享受的基本权利。故在现代社会发展进步的背景

---

① ［英］约翰斯顿：《人文地理学词典》，柴彦威等译，商务印书馆2004年版，第663页。
② ［美］乔治·古尔维奇：《社会时间的频谱》，朱红文、高宁、范璐璐译，北京师范大学出版社2010年版，第26页。
③ ［英］特纳：《社会理论指南》，李康译，上海人民出版社2003年版，第508页。

下，这种二元分途的社会体制不可能持久，其走向消解具有必然性。到今天，在工业化、城市化的背景下，虽然这种基于城乡不平等而建立起来的"城乡二元社会体制"业已开始走向消解，但作为存在长达半个世纪之久的特殊的社会体制，城乡二元社会体制不会骤然"终结"，由"城乡分立"到"城乡一体"的变迁，不是从"传统"到"现代"的单向推进，而是一个复杂的、长时间的"双向互动"过程，其体制会以各种形式渗透入新时期中国社会的转型和发展进程之中，长久地发挥影响和作用。

（二）发现体制变革的"连续性"

理解把握"体制生成论"，还必须从长时段角度，弄清本土的"社会体制变革史"，审视其"体制生成"的独特进程及历史积淀。只有如此，我们才能洞悉其社会体制的内部结构和运行逻辑，明晰体制改革创新的进路。故所谓"体制生成论"，实际上就是将时间变量纳入社会管理体制的研究分析过程中，从纵向角度研究探讨社会管理体制在其本土发生的历史背景以及发展演进的真实历史进程，以发现和确立社会体制改革创新所依据的最为基本的历史前提和社会基础。

通过这种注重纵向时间联系的、长时段的历史分析，有助于我们发现不同的"社会体制"以及同一体制不同历史发展阶段间复杂的内在关联，避免简单地割裂历史，进而实现一种强调"连续性"的体制变革的理论目标和实践诉求。尤其是对于中国这样一个拥有漫长历史的国度来说，更应着力研究历史上不同时期不同社会管理体制产生的背景、过程及其特点，注意发现这些特点赖以存在的社会历史文化条件，并关注这一连续性的"发展进程"是如何积淀于历史发展进程中，化生为中国特色的社会管理传统的。在新时期，这些传统还有怎样的价值，经过怎样的努力，才能实现创造性转化，为新时期中国的社会管理体制改革创新提供本土传统支持。

（三）"体制生成"的比较视角

从"体制生成论"的角度审视任何一种社会管理体制，实际上也隐含着一种历史比较的眼光，即通过不同历史背景、不同历史阶段、不同国度社会管理体制的横向比较，以发现不同社会管理体制的形成及其特质。如对于业已完成由传统到现代转换的欧美发达国家而言，因经历了较长时间的调适，其社会体制的发展已较成熟平稳。而对于转型期的中国社会来说，因其正处于工业化、城镇化、信息化、市场化、国际化交织的战略机遇期和矛盾凸显期，其社会体制的建构及调适的任务自然会异常艰巨。加之中西历史上社会管理的不同传统，决定了中西社会体制的不同格局。

总之，从长时段视角关注"体制生成"的轨迹，不是发思古之幽情，而是一种与现实生活密切关联的真切追求。因为社会管理是人类社会自步入文明时代之始即已存在的一项必不可少的管理活动，通过这种长时段的"体制生成论"的分析研究，可以深刻地理解社会管理体制发生的历史必然性及合理性，发现体制的"本土之根"，避免抽象片面地对社会管理体制进行脱离历史的理解和评价。

二、"体制构造论"

迄今学界关于社会管理体制的研究分析，主要是以社会三大部门的构成及其相互关系理论为总体框架而展开的。从此框架出发，社会管理体制一般被理解为关于国家机关、企事业单位、民间组织以及社会公众在社会管理中的权责划分和操作方法等的制度体系，包括对各类社会管理主体权利和义务的划分和对管理社会事务的制度规则方式方法的约定。故所谓"体制构造论"，主要是从静态角度分析社会管理体制的构成要件、结构特征，以及从动态角度研究其发展运行的基本规律。

（一）社会体制的"结构力量"分析

所谓社会管理体系中的"结构力量"，主要是指社会系统中结构的整体性、功能性、内在规定性与自我平衡性的肯定性力量。这一"结构力量"往往隐含着对维持社会秩序及社会运行连续性和稳定性的推崇与肯定，是我们构建社会管理体制进程中最可倚重的正向力量。

如前所述，"社会体制转换"的进程一般都是围绕着社会三大部门及其相互关系为总体框架而展开的。各国根据自己的社会历史文化传统及现实情况，所选择的社会管理模式都有所不同。但就其从传统到现代的总体演化轨迹而言，多数国家的社会管理模式及结构要素基本上都呈现出由"简单"到"复杂"、由"一元"到"多元"的发展趋向。

不同的社会管理模式必定具有不同的"体制结构"，拥有不同的"结构力量"。如在中国古代历史上，基于"家国同构"，依托于"皇权绅权"的社会管理体制，其构造比较单一，大体上是循着"朝廷—家族—个人"这一路向展开的。中国社会"举整个社会各种关系而一概家庭化之，务使其情益亲，其义益重"。由此，人们之间互有义务，"全社会之人，不期而辗转互相连锁起来，无形中成为一种组织"。[①] 可见，中国的"家文化"具有超强的复制渗透能力，影响到社会各个层面，形成了以"家国同构"为特色的结构力。新中国成立后，依托于单位制而建立起来的"国家—单位—个人"的总体性社会，同样是将社会的经济、政治、社会、文化整合于带有浓厚家族文化特色的"单位"，产生超强的"一统性"。当时，国家通过城市单位制度和农村人民公社的"准单位制度"、户籍制度和高度一元化的意识形态，将绝大多数的资源都集中在政府手里，形成了"国家—单位—个人"的社会管理动员和控制体系，此种社会管理体制的管理主体仍是一元的。改革开放以来，伴随着单位社会走向"终结"的过程，社会宏观管理联结模式开始变为"国家—社区、社会团体—个人"。中国社会的经济结构和阶层结构都发生了空前的变化，各种民间组织开始发育，个人的权利意识开始得到张扬，社会管理的主体开始走向多元化，出现了多元主体格局，建立了新的社会管理工作领导体系，构建了社会管理组织网络，制定了社会管理基本法律法规，初步形成了党委领导、政府负责、社会协同、公众参与、法制保障的社会管理新格局。上述这些社会管理的多元主体之间的关系不应是相互拒斥的，而应具有较强的内聚力和结构力，形成一种社会管理领域的多元"合力"。

故如何在社会管理多元主体并存的条件下，增强其合作共治能力，成为社会管理体制改革创新的关键。在上述社会管理体制的结构分析中，最值得给予特殊关注的是"第三部门"。所谓社会"第三域"，实际上是建立在"社会三分法"认识基础之上的。三大部门的功能各不相同，"政府部门的

[①] 梁漱溟：《中国文化要义》，上海世纪出版集团2005年版，第72—73页。

职能是确保对法律的遵守和对资源的分配；企业部门是提供工作机会，促进经济发展；社会部门主要是满足社会和生存性需要（生存性是指在自由社会环境下的个人选择行为）。要在 21 世纪建设（或者重建）健康的、可实现社会功能的社区，这三个部门必须都发挥各自的作用"①。但相比之下，"第三部门"根本上是为了社会的目的而存在，而并非实现营利的目标。故在社会管理体制改革进程中，应扮演重要的角色。

（二）社会体制中"消解结构"的因素

虽然现代人业已在长期的社会管理体制改革和创新实践中获取了关于社会管理体制及其运行的一些理性认识，但欲达至"体制协调"的目标，仍需直面诸多"消解结构"诸因素的挑战。如在转型期的中国，随着经济体制改革和政府管理体制改革的深化，逐渐进入一个社会利益多元分化、社会结构深刻变化、社会关系剧烈变动、社会矛盾集中出现的关键时期，我们将要直面许多严重的困难和挑战，主要表现在：

（1）社会管理领域存在体系陈旧，多头管理，各主体间的不协调等问题，导致基层政府在社会管理中往往"办事无腿"、"说话无嘴"、"调控无手"、"执法无权"，造成管理失灵。作为一项系统工程，当下的社会管理体制改革有民政、公安、卫生、社保等诸多行政部门参加，在现实工作中，如何避免政出多门，重复建设，相互推诿现象，便成为社会管理体制改革顺利推进的难点和关键。

（2）社会原子化的挑战。所谓"社会原子化"，主要是指人际关系疏离化，社会纽带松弛，初级社会群体走向衰落，个人与公共世界的疏离，规范失灵，社会道德水准下降等现象。在社会原子化的背景下，因人类社会最重要的社会联结机制——中间组织的解体或缺失而陷于个体孤独、道德解组、人际疏离、社会失范的总体性危机状态，从而使一切完美的制度设计都难以推进实施，最终化为泡影。虽然自进入工业社会以来，人类的种种社会计划活动业已证明，人类是具有一种超强"社区本能"的高级动物，但到世纪末叶，伴随着社会分化和隔离的加剧，世界范围内还是出现了严重的社区认

---

① ［美］德鲁克基金会：《未来的社区》，魏青江译，中国人民大学出版社 2006 年版，第 30 页。

同危机,"我们运用社区本能来彼此隔离、自我保护,而不是创建一个丰富多样又互相交融的世界社区文化"①。故新时期中国社会管理体制改革创新进程的推进,不仅需要具体的社会政策体系构建和现实制度的出台,还需要克服社会原子化所引发的"社会失灵"的挑战。

(3)社会流动性的挑战。现有的关于社会管理体制的制度设计和政策体系基本上都是以静态社会为对象展开其设计的,但不容忽视的是,当下的中国社会正处于空前的流动状态,如对于游走于城乡之间、处于流动状态的农村流动人口来说,以城—乡空间为依托所建构的社会管理和服务体系难以满足其需要。此外,作为单位体制变迁的直接后果是社会上出现了数量庞大的"非正规性就业人群"。一般说来,"非正规就业"作为正规就业的补充,对于扩大就业面具有正面作用。但在转型期的中国,非正规就业人群迅速膨胀的一个直接后果是加剧了人群的流动化和不稳定性,使大量人群长期游离于组织之外,成为原子化的孤独的个体,亦给社会管理提出了挑战。毫无疑问,这增加了社会管理体制改革方案现实推进的难度。故在社会管理体制改革创新进程中,我们必须回答:如何在这样一个多元利益和复杂矛盾的社会环境中,最大限度地抑制那些"消解结构的因素",找到推动社会管理体制改革创新的可操作的现实推进路径。

三、"体制转换论"

所谓"体制转换论",主要是指任何一种社会管理体制及模式实际上都是一定历史条件下的产物,其存在虽然具有相对稳定性,但不可能静止不变,而是时刻都处在变化调整之中。而就体制转换的内容而言,其涵义虽然非常广泛,但其核心实际上主要是"国家—市场—社会"三角关系的变动与重组过程。如何在变革的条件下,适时地推进社会体制的改革和转换,是我们把握社会体制改革创新的核心与关键。

(一)"体制转换"的必然性及其性质

在现代社会条件下,与经济结构和社会结构的剧烈变动相同步,社会的

---

① [美]德鲁克基金会:《未来的社区》,魏青江译,中国人民大学出版社2006年版,第4页。

城乡结构、阶层结构、就业结构、居住结构、利益结构和需求结构均随之发生相应变化。在此背景下，经济结构与社会结构之间发展的不协调便成为现代社会的主要矛盾。在社会管理体制不能适应经济、社会发展需要的情况下，必然要求其发生相应的变革。同时，在全球化背景下，各民族国家间的交往和联系也日益频繁，其在社会管理体制领域相互之间的学习采借也在很大程度上推动了社会管理体制的发展转换。社会管理体制改革创新背景下的"体制转换"，其实质是一种社会创新。作为社会变迁的重要组成部分，社会创新的主旨在于发现解决问题的新途径，并通过社会改革和政治改革，改变人们相互之间的关系模式，以解决现存的社会问题，调整社会变迁的方向。在这一意义上，"社会创新就是创造新的程序、法律或者组织，它改变着人们相互之间发生关系的方式，它解决具体的社会问题，或使迄今为止还达不到的社会秩序或社会进步成为可能"①。

（二）"国家—市场—社会"三角关系的重组

社会体制转换进程的主线往往表现为"国家—市场—社会"三角关系重组的过程，调整好三者的关系，谨防政府失灵、市场失灵和社会失灵险象的发生，是体制改革创新的难点和关键。

首先，在人类文明发展史上，不同的国家和地区依据其自身的社会历史特点，形成了独具特色的"国家—市场—社会"三角关系组合模式及其传统，有的是强国家传统，有的则是重市场，有的则表现为强社会。如美国历史上因其"社会存在于国家之前。也可以这样说，社区形成于人们处理他们共同的问题的政府或政府机构以前。当人们要自己处理各种问题时，他们通常发现在志愿组织中与别人一起行事是有用的。这样的结果产生了消防部门、学校、领养协会等许多志愿者团体。甚至在政府产生后，美国人通常不愿意使用它，担心会重新形成专制制度或官僚化。因此，市民们仍然自己解决问题，直到大家同意需要政府的帮助"②。而在非西方国家，则一般延续着"强国家、弱社会"的传统，国家的"公"几乎囊括了一切，而那种自

---

① ［加拿大］司徒·康格：《论社会创新》，《马克思主义与现实》2000年第4期。
② 李亚平、于海：《第三域的兴起》，复旦大学出版社1998年版，第35页。

下而上的市民参与的传统,则不甚发达。认识这些历史上积淀而成的厚重的"传统",对于我们理解、推进"体制转换"的进程,具有重要意义。

其次,上述传统体系并非是一成不变,而是随着时势的变化而不断地调整着其存在形态和关系模式。20世纪90年代以来,众多发达国家在经济全球化、低增长高失业、人口老龄化和社会结构经历剧烈变迁的背景下,也对其"国家与社会"关系结构进行了一定的调整,即由传统的国家与社会的单一对立关系转变为两者的协调与合作关系。主要表现在"国家回归"趋势。如近年来,在以"小政府、大社会"传统著称的美国社会,面对"市场失灵"和"公民社会非社会化"的情形,美国政府越来越重视国家在社会管理和社会整合等方面的重要角色。表现在美国政府在社会发展事业上的支出比重日益增加;以社会需求和解决问题为导向,实现社会服务社会化;国家完善法律,对非营利组织进行监督管理。美国政府开始专注民间捐款和民间组织资金的绩效问题,并委托大学和研究机构进行研究,评估非营利组织的社会效益问题。① 此外,那些以行政主导型为主的非西方国家在社会管理模式上也发生了很多新变化。在社会管理模式上体现出国家与社会良性双向互动的趋势。如韩国和日本政府经常采取与公民社会组织合作的形式开展社会福利和社会服务项目,以弥补政府功能的不足,同时使用网络等新兴技术加速国家与社会的互动,以此提高社会管理的基层性和公共性。

再次,就社会体制转换的总体趋向而言,表现出"国家—市场—社会"关系中传统的"单一"式取向开始发展为三者的多元组合取向等,强调其三者间的协同互动。当然,在其关系结构中,这三种力量的地位和作用也不是均等的。故把握其间复杂的动态"关系结构",便成为社会体制转换的关键。

(三)新旧"体制转换"中的复杂联结

在推进社会管理体制改革创新的过程中,我们必须清楚地意识到"旧体制"的终结,不可能是简单的"空间位移"和一般性的功能转换,而是一个长期复杂的转型过程。在令人眼花缭乱的转型进程中,"构成体制根本

---

① 丁元竹:《对美国社会管理体制的考察》,《中国改革》2005年第11期。

特征的基本运行原则和连接原则以及在其基础之上建立起来的制度系统也消失了。但是，一个体制的基本连接原则的消失并不一定意味着体制运行过程中发展起来的所有经济和社会结构、传统、观念、行为方式和策略也随之消失。崩溃意味着所有这些因素的运行环境发生了剧烈的变化，其结果造成这些要素要么逐渐消失，要么发生深刻的转变"①。尤其是在传统社会管理体制走向消解，而新体制尚未建立的背景下，最易出现种种社会管理盲区以及由此引发的社会危机。

在体制转换进程中，新旧体制并不是简单的、截然断开的"分离关系"，而是存在着剪不断理还乱式的"复杂联结"。近年来国外学者关于社会转型、发展及对新时期社会管理体制转换的研究，其研究基调多落在"转变"和"破"之上，如福山的"历史终结论"、塞勒尼的"资本主义类型学"、布洛维的"第二次大转变"等理论，主要强调与旧体制告别的过程，而忽略了转换进程中两种体制间的密切相互关联和复杂的继承关系。即或是有的学者强调转型发展的复杂性，但仍对社会发展的"均衡"、"建设"，即"立"的维度关注不够。事实上，仅仅从"破"的角度来分析社会转型和发展是不够的。除了"破"以外，我们还应认真地从"立"的视角来更加全面地理解问题，注意新旧体制之间复杂的"联结"。

四、"体制协调论"

作为社会管理体制改革创新的终极目标和理想诉求，所谓"体制协调论"，实际上是追求一种使社会管理体制达致静态结构合理和良性动态运行的理想状态。一种成熟的社会管理体制必须具备较为健全的管理体系和组织架构，从事社会管理的各种力量的分工和协作方式也相对稳定，形成一种充满活力和趋于协调的社会管理格局。

（一）体制协调的制度基础

从宏观角度看，在"政治体制"、"经济体制"、"文化体制"、"社会体

---

① ［匈］玛利亚·乔纳蒂：《转型：透视匈牙利政党—国家体制》，赖海榕译，吉林人民出版社2002年版，第1—2页。

制"这"四位一体"的大系统中，社会体制必须与其他诸体制保持有良好的协调关系。而从中观角度看，社会管理体系内部各类社会管理主体间亦应具有良好的协调关系。但长期以来，在社会管理体制改革创新的问题上，学界存在着两种简单化倾向：

其一是习惯于把"社会体制"包含在政治体制和经济体制中来加以把握，而很少赋予其独立的地位，导致"社会体制"往往表现为一种依附性和边缘性的存在。尤其是非西方后发国家在走向现代化的进程中，为实现其赶超西方的目标，在以"经济发展"为绝对目标的背景之下，以"经济发展"覆盖了"社会发展"，在相当长的时间里忽略了社会建设问题，致使其经济—社会发展出现了严重的不协调。上述观点的危险性在于：人们坚信，一切在经济发展过程中发生的社会问题，均可通过经济发展而最终获得解决，从而贬低了社会建设的现实价值。就中国的情况而言，改革开放以来，鉴于经济落后，中国首先选择了经济体制作为改革的突破口，努力实现由"计划经济"向"市场经济"的体制转变。在确立市场经济体制的过程中，为了给市场经济的前进开路，社会各界展开了对单位体制的批判。在这股批判浪潮中，实际上是将单位体制作为计划经济的附属物而全盘否定的。在当时的人们看来，单位体制的弊端在于其效率低下，是一种"僵化的"、"被锁定"的社会。当时的情形是，只有批判而少有建设。但当市场经济体制孤军突进了近二十年后，人们才发现：我们在抛弃单位体制的同时，没有创制出新的社会体制，开始意识到社会建设的必要性。在这一意义上，中国的社会体制改革具有一定的滞后性。因此，如何消除发展主义背景下"经济中心论"的影响，处理好经济体制、政治体制与社会体制之间相互依存的关系，是当下中国社会管理体制改革的难点和关键。

其二是在和谐社会构建的背景下，有的观点又将社会体制变革视为是与"经济体制"和"政治体制"毫不相干的问题。从表面上看，此种观点似乎是想要凸显社会管理体制改革创新的重要地位，但实际上是把狭义的"社会体制"从宏观的"四位一体"的社会大系统中抽离出来，使其成为没有友邻部队支持的一支"孤军"，无法形成合力，最终架空了"社会体制"改革。事实上，经济体制改革的深化，是社会体制改革创新的基本前提，而政治体制改革则是社会体制改革的保障。只有强化社会体制改革，才能推进经济体制和政治体制改革走向深化。其间的关系是相互联系、互为条件的。

(二) 体制协调的思想基础

欲实现"体制协调",还必须努力促进思想观念的根本性转换。从理论上看,"体制协调"的目标诉求实际上是在追问社会体制"何以必要?何以可能"的问题,亦是在探寻社会体制存在的合法性基础及其变革的逻辑起点问题。

从历史上看,无论是欧美世界还是东亚诸国,其社会管理体制框架建立的理论依据实际上主要源于本国政治精英和知识界对国家——社会关系的基本理解。在前现代社会,绝大多数国家的社会管理体制运行基本上都是循着"自上而下"的工具性的行政权力管制导向而展开的,其对社会管理体制的构建,或建立在统治秩序维护的基础之上,或建立于经济计算的基础之上,而忽略了对社会权利的重视和提倡。而在现代社会条件下,公民理论理应成为现代社会体制框架的重要思想支持。在西方现代早期社会理论体系中,所谓公民权一般被看作是在某一国家权威之下的一种地位,认为"公民身份可以说是国家与它的公民所签署的契约。公民与国家是两个独立的个体,是对等的。而国家在政治体制中的角色亦随着公民社会的崛起而有所改变"。[①] 公民身份最重要的成分包括民事权、政治权和社会权,这里所说的"社会权"是指从享受少量的经济和安全的福利到充分分享社会遗产并按照社会通行标准享受文明生活的权利等,与之最密切相关的机构是教育系统和社会服务。在此框架下,个人与国家间的责任是相互的。从个人对国家的责任立论,是"国家兴亡,公民有责";而从公民社会权利的角度看,则可表述为"匹夫兴亡,国家有责"。基于上述逻辑,作为现代社会的一分子,每个人都天然具有社会权利,公民就不再是公权力宰制的对象,而其享受国家的政策保障似乎具有天然的合理性。与欧美社会"个人——社会"二分的结构不同,包括中国在内的东亚国家在漫长的历史发展进程中其社会结构多呈现出"家国同构"和"威权主义"结构形态。在此结构形态下,个人得到的关照几乎都来自"家",臣民意识较浓,而社会权利意识和社会上出于"志

---

① 彭华民:《西方社会福利理论前沿》,中国社会出版社2009年版,第50页。

愿主义"的关怀则不甚发达。为此我们应强调以社会权利为内容的推进路径的重要性。现代社会管理的核心应是如何在维护社会权利的前提下实现对社会的有效控制。除了反思采借欧美思想中社会权利意识外，我们还应继承和激活中国民主革命和社会主义革命时期的"群众观"和"服务观"，通过"群众路线"，最大限度地实现"代表人民群众利益"这一根本性诉求。

（三）社会管理体制改革创新与社会基础秩序的重构

社会管理体制改革创新除了要重视宏观结构探索外，更要努力探寻社会基层管理和社会基础秩序构建之道。这里所说的"社会基础秩序"，包括的范围很广，但其核心内涵主要包括两个方面：其一是组织形态的"基础秩序"，意指社会结构体系中自生自发的基层秩序，主要包括城乡社会的基层组织建设和社会秩序的维持；其二是观念形态的"基础秩序"，主要包括社会道德规范、人们之间的相互信任关系以及保证社会正常运行的规则体系。我们应关注社会基础秩序与社会管理体制改革创新之关系，论证社会管理体制模式生成、转型等环节在构建中国社会基础秩序中的基础作用。通过这一机制，既可阐明宏观社会管理体制模式建构，又以从理论和实践上回答基层社会管理体制发展与和谐社会构建之间的内在关联。

总之，基于单位制度变迁背景下的"体制生成论"——"体制构造论"——"体制转换论"——"体制协调论"，实际上是从不同的视角和切入点，循着理论思辨的路径，进入到社会管理体制改革这一重大改革话题之中。通过上述的理论思辨，有助于我们深入理解"社会体制"的实质、结构及其动态运行轨迹，更好地展开问题研究。在理论与经验对话的基础上，提炼概括构建新时期中国社会管理体制的基本理论框架，从理论上和实践中回答新时期中国社会管理体制的模式选择和推进路径问题，为形成中国式社会管理与治理模式提供理论准备。

结　语

"单位共同体"变迁与"城市治理"的未来

　　20世纪八九十年代以来，伴随着单位制度的变迁和单位共同体的走向消解，"单位"是否已退居背景，变成缺少现实影响的历史元素，"单位研究"也由此变为明日黄花？如果说当代"城市治理"是对当下城市问题的回应，那么"单位共同体"的变迁与城市社会治理的未来又存有何种关联？笔者在此愿意将围绕这样两个问题所展开的探讨，作为本书的结语。目的在于再次强调和阐明我们所坚持的观点：

　　从"长时段"的角度，将单位社会的起源、形成及发展置于20世纪以来中国社会"危机"和"重建"的高度来加以认识，就会发现，单位社会是作为中国社会精英为解决社会总体危机，"重建社会"的根本性措施而出现的。单位社会不是传统社会的回归，而是一个现代性的版本。作为一种理想社会的总体性建构方案，"单位共同体"在长期的实践中，已经沉淀下一套独特的社会文化及心理构造，深度地影响着当代中国城市社会治理的模式选择、运行及未来走向。因而，关于"后单位"时代的城市治理，如果仅仅因循问题导向的思维进路，往往看到的是悖论的现实，而缺乏一种总体性的眼光。

　　毫无疑问，在过去的20多年的时间里，"单位研究"业已取得了丰硕的理论成果。但稍作细致清理，就不难发现，当我们将单位社会的消解与"后单位时代"的来临作为理解中国社会转型的宏观背景时，所能借用的理论往往为一种"二元叙事结构"所主导。市场经济改革对中国社会的改变是巨大的，但仅仅将这场"大转型"置于某种目的论式的表述框架之内，陷入一种"从……到……"的思维定势之中，必然割裂新中国成立以来两个 30 年之间的连续性，难以发现当代中国社会某些悖论现实背后的深层逻辑。遂导致我们对于当下遇到的社会现象，难以从深层把握其内在逻辑，而是疲于在问题的"倒逼"下，被迫地去改变和适应。

一、"后单位时代"的城市中国

由于"单位共同体"的内在矛盾性，单位社会的体制注定是难以长期维系的。在效率主义的叙事框架下，"单位共同体"改革的目标被设定为"市场经济环境下独立经营主体"。然而，如果我们忽视"单位共同体"历史承载的复杂性，在拆解单位共同体时，只是从经济和企业管理的视角去看问题，便会使得我们对中国社会 60 年变迁中某些带有连续性的理论命题视而不见，而整日疲于应付社会生活中的新问题和新风险。

在"单位共同体"消解与变异的过程中，城市社会的复杂性不断增加，其变化主要体现在几个方面：

（一）城市社会异质性增强

在计划经济年代，"单位共同体"是城市社会生活的基本单元。尽管不同的单位因其行政级别、行业归属及地域特征诸方面的不同，存在着一定程度的差别，但各单位基本的组织构架和运行方式是一致的。社会成员的分化、交往、认同以及利益组织化，都是在单位组织的边界中完成，整个城市社会被切分为若干"同构"的蜂窝状的社会空间。在此意义上，单位时代的城市生活是具有较高同质性而低度分化、低度流动的。改革年代，原有的"单位共同体"不断消解与变异，"单位共同体"的一体化架构，逐步分解成为政府、市场和社会分立的结构；并且，在市场化、工业化和城市化快速发展的过程中，整个社会的流动性水平显著提升，我们正在迎来一个"陌生人"的社会。有数据显示，全国约有 3 亿人口与常住户口分离。可见，在城市走向过密化的背景下，城市中人与人的关系相反却开始走向"过疏"，在缺乏组织依托的情况下，出现了原子化的趋向。这里所说的"原子化"

主要是指在现代社会剧烈变迁过程中人类的社会联结状态发生结构性变化的过程。主要表现为个人之间联系的弱化、个人与公共世界的疏离以及由此而衍生的个人与国家距离变远等情形。对于任何一种社会来说，原子化都是一种险象，是众多社会风险的渊薮，值得我们格外警惕。

（二）城市公共生活日趋复杂

社会需求和利益组织化方式与单位社会时代大相径庭。城市社会出现了复杂的变化，在经济领域，不同的所有制形式并存，与此相应，不同的就业形式并存，尤其值得一提的是市场经济年代出现了众多的"弱势群体"，例如下岗失业人员和非正规就业人口[①]。作为城市社会异质性程度提升的一个结果，不同社会群体对于公共服务和公共议题会有不同的需求与看法。有学者提出单位共同体的利益内聚化方式对于当代城市利益组织化路径[②]有着确凿的影响。但同样值得注意的是，不同群体利益组织化的能力与方式也是大相径庭的。

（三）城市社会的脆弱性及其风险

从长时段的视角俯瞰世界城市化的进程，我们会发现当代城市发展一个值得注意的总体性演进趋向——都市过密化。都市过密首先表现在其人口总量的急剧膨胀，越来越多的人开始告别乡村，集聚到大城市当中。从"过密问题"的角度看，过密都市中社会治理的难点在于城市的人口数量膨胀，过多过密。而从"过密社会"的视角看，更具有挑战意义的问题在于：过密社会中的人群没有建立起社会所必须的社会联结，从而使我们的城市社会异常涣散，充满了严重的风险和不确定性。

随着城市现代要素的增加，城市社会逐渐步入了一个高风险的社会。种种内在和外在于社会体系的风险，对城市人的生活构成了巨大的挑战。如现有的研究和统计表明：在大都市走向过密的过程中，老龄人口的数量大幅上升。老龄化社会背景下大批老年"无缘人群"成为典型的脆弱群体，其存在使过密城市的管理运行充满风险。但从城市应对这种社会风险和"糟糕

---

① 黄宗智：《中国被忽视的非正规经济：现实与理论》，《开放时代》2009年第2期。
② 张静：《社会冲突的结构性来源》，社会科学文献出版社2012年版，第107—120页。

物品"的能力来看,很多时候是乏善可陈的。往往是我们被所谓的社会问题、社会风险"倒逼着"去改革我们的城市治理方式,而对城市社会走出"单位共同体"之后的城市治理,缺乏整体性的认识和设计。遂导致无论是科学研究还是政策制定领域都采取了问题导向的城市社会治理,而非将城市治理的问题置于中国城市社会60年历史变迁的绵延之中来理解,从而形成"后单位时代"城市治理的总体设计。

(四)国家、市场、社会边界的重构

当代城市中国家、市场和社会的边界正处于转型和调整的时期。如果说"单位共同体"是国家主导的一体化社会建构,那么市场经济改革过程中,国家、市场与社会边界的重构就是"单位社会终结"的题中之义。在经济领域,国家一改计划经济年代指令管理的全面介入方式,不断下放权力,从而激活市场微观主体的动能;但从国家与社会关系的角度来看,却不能简单得出"国家退场"的结论。一方面,改革30年,尤其是本世纪以来的十余年,国家通过社会政策、社区建设以及社会管理等"社会生产"运动,重新建立与社会的关联性。这种重建过程,不同于"市民社会"、"法团主义"、"社群主义"等任何一套政治哲学学说,带有鲜明的中国印记。表现为,中国传统社会以及新中国单位共同体传统在改革年代的延续,社会是在国家的看护与照料之下成长的,国家对社会成员依然沿袭着一套"父爱式"的社会管理行为模式。

总之,单位制度变迁背景下城市社会生活的复杂化,主要表现为社会联结和人类凝聚方式的重构。一般说来,社会是一群具有共同文化与地域互动关系的个人与团体组成的。用荀子的话来说,就是"人能群,群有分"。与前工业时代和城市化初期的城市相比,现代大都市尤其是特大型城市,人们聚集于过密都市中,完成了物理空间意义的集聚,但形体的接近并不能意味着社会意义上的接近,更谈不上社会学意义上的"凝聚"。法国社会学家伊夫·格拉夫梅耶尔曾在其《城市社会学》一书中,对"凝聚"这一概念展开了颇具新意的分析,他认为"凝聚"概念本身就揭示了城市现象的两面性:"一方面,凝聚是一种过程,是人们接近、相会和'凝聚'的运动;另一方面,就其常用意义而言,凝聚又是这一运动的稳定结果,是某一地点的

持久结构。这种结构是由人们所希望的接近造成的,但反过来又成为接近的根源。"① 在他看来,没有凝聚力的社会则是不能维持社会的基本秩序和活力。毫无疑问,在过密社会中,辐辏于大城市内的人们在物理空间业已开始接近,但人们在社会意义上的凝聚却完成得不好。

二、当代城市治理的理论逻辑

在国企改制的阶段,作为单位组织剥离社会职能的配套政策,国家开始着手推动社区建设和社会政策发展。这一阶段的工作主要集中在再就业和城市最低生活保障制度建设方面,其实质是服务于国有企业改制的经济改革,而并未形成社会生产的理论自觉和政策自觉。在经历了"法轮功邪教事件"和"非典"危机以后,社区建设才获得了社会各界的重视。换言之,"单位共同体"消解的理论命题,在较长的时期里,并没有被知识界和政府部门从宏观社会变迁的角度去认知,更多的是沿袭着"出现问题—解决问题"的治理方式。90年代末,尤其是新世纪以来,在城市社会的复杂性激增的背景下,社区建设、社会管理和城市治理运动的兴起,逐渐成为知识界和政府部门炙手可热的话题。

(一) 国家主导的社区建设运动

从中国社会学史的角度来看,"社区"一词最早进入知识界的话语体系是在20世纪30年代,以吴文藻、费孝通为代表的老一辈社会学家,在对芝加哥学派城市人类生态学的引进过程中,提炼概括出"社区研究"的方法,以期实现对当时中国社会整体结构特征的把握②。这一时期的社区概念,基本沿袭了滕尼斯的共同体理论和美国芝加哥学派帕克等对于社区的经典界定,即取其地域社会及生活共同体的意义。新中国成立以来,社会构造发生了根本性的变革,单位社会成为举国一致的纵向一体化社会整合模式,独立的社会领域已经不复存在,社区一词遂为学界所淡忘。在"单位社会"加速消解与变异的过程中,政府部门逐渐认识到社区建设在城市社会管理体制

---

① [法] 伊夫·格拉夫梅耶尔:《城市社会学》,徐伟民译,上海人民出版社2005年版,第18页。
② 王铭铭:《小地方与大社会——中国社会的社区观察》,《社会学研究》1997年第1期。

重建过程中的重要性，相继出台了一系列相关文件，并于新千年伊始由中共中央办公厅、国务院办公厅联合下发了《中共中央办公厅、国务院办公厅关于转发〈民政部关于在全国推进社区建设的意见〉的通知》，掀起了全国范围的社区建设热潮。① 在此过程中，社区硬件设施不断完善，组织机构得以壮大，以"社区党工委"、"社区行政事务管理中心"和"社区代表会议委员会"三个机构为核心的"三驾马车"，辅之以业主委员会、社区民间社团等自治组织，共同拉动社区建设的格局逐渐形成。

回顾社区建设20多年的实践，国家始终是社区建设的主导力量，而社区亦被视为国家治理的单元。② 国家通过资源的供给和政策的引导，在一轮又一轮自上而下的"社区建设"运动中推动社区的发展。这一过程中，出现了几个值得注意的现象：

第一，"社区行政化"的问题。在正式的法律文本中，社区是城市社会的基层自治组织，政府部门有指导的权力，社区组织辅助政府部门完成社会服务和社会管理的任务。强调基层自治的学者认为，在国家主导的社区建设运动中，社区在自治和传递政府公共服务两项职能中，更偏重协助政府实现公共服务的职能，从而失去了自治的根性，沦为政府部门的"腿"③。但如果从"后单位时代"国家转型视角下去认识，就会发现这种批评是有失偏颇的。在市场化改革的浪潮中，失去了"单位共同体"的庇护，个体面对越来越多的社会风险，便迫切需要国家重新建立与个人联结的管道，将体现国家责任的公共服务传递到基层社会。而面对庞大的城市人口规模，正式的政府组织，渗透和延伸能力又是极为有限的，必须借助社区这一直接联系社会成员的组织渠道，来实践国家与个人关系的重构。正如默顿所言："在社会系统中，人们之间的沟通渠道在结构上的不当或部分中断，也会导致社会解组。处于一定社会关系、地方社区或国家社会中的人必须能够沟通，因为

---

① 夏建中：《从街居制到社区制：我国城市社区30年的变迁》，《黑龙江社会科学》2008年第5期。
② 杨敏：《作为国家治理单元的社区——对城市社区建设运动过程中居民社区参与和社区认知的个案研究》，《社会学研究》2007年第4期。
③ 潘泽泉：《社区：改造和重构社会的想象和剧场——对中国社区建设理论与实践的反思》，《天津社会科学》2007第4期。

他们相互依赖,以实现社会对他们的期望和他们个人自己的目标。"① 因此,我们应从社会联结的角度来理解社区性质,这样就不会简单地将社区置于与政府相对的立场之上,简单地提出"去行政化"的思路了。

第二,"社区主体性"的觉醒。在国家主导的社区建设运动中,"社区的主体性"不断觉醒。所谓"社区主体性"指的是社区作为组织,在完成正式组织目标的同时,还存在着组织本身的利益诉求,这种利益诉求,不完全与其实现政府公共服务传递的目标相一致,而更多地与社区居民的现实需求直接相联系。尤其是 2000 年以来,各级政府在社区建设领域投入更多的资源,并建立了一套社区建设的"锦标赛"体制②,在基本服务设施、服务项目建设的基础上,推出量化打分的"奖补政策"。从制度设计上讲,这种做法能够帮助"国家"重回基层社会,使得基层社会的运行,在国家社会治理的意志范围之内活动。但非预期的后果也是明显的,与自我管理、自我服务的"社区"宗旨相悖的是,社区建设的内容,围绕着"自上而下"的设计,而往往与社区居民的真实需求难以对接。

第三,社区参与的热情不足。近年来,"社区民间组织"和"社区志愿服务",在量的方面获得了快速的增长,但制约志愿服务品质提升的瓶颈因素也是显而易见的。由于社区建设的资源,主要来自于地方政府的供给,社区自身的资源能力不足,遂导致"社区民间组织"的发展仅仅局限在能够得到资源支持的"文体活动"及"社区教育"等几个有限的领域,带有极强的"展示性"。另一方面,"社区服务"的志愿者,多是一些资源状况和服务能力都相对薄弱的人群,如老年人和大学生。这就极大地限制了"社区服务"品质的提升和范围的持久性拓展。

(二)父爱主义的"回应性政治"

按照西方政治社会学的理论观点,市场化快速推进,作为"社会自我保护运动"③ 的公民自组织能力,将会同步地快速成长。当我们将这一颇有

---

① [美]罗伯特·K.默顿:《社会研究与社会政策》,林聚任译,三联书店 2001 年版,第 79 页。
② 周飞舟:《"锦标赛"体制》,《社会学研究》2009 年第 3 期。
③ [匈]卡尔·波兰尼:《大转型:我们时代的政治与经济起源》,冯钢等译,浙江人民出版社 2007 年版,第 114 页。

些"政治现代化"意味的观点放到中国"单位共同体"消解的历史语境中，会发现一些值得注意的悖论现象。毫无疑问，上世纪90年代中期以来，中国的市场经济建设取得了巨大的成就，市场的逻辑在诸多的领域中已影响日深。但诚如张静教授指出的，当代众多"利益组织化"的单元，恰恰不是阶层、阶级这样一些同质性内聚的群体①。换言之，中国基层社会的政治，并没有按照西方政治社会学的理论预设，形成以"个体主义"政治伦理为基础的"公民社会"，而是因循中国社会固有的"路径依赖"。表现为"传统社会"和"单位社会"时期，父爱式的"回应性政治"依然是较为普遍的社会心理期待。

甘阳先生在《通三统》一书中提出，中国社会有传统的儒家伦理、社会主义的公平观念和市场经济的理性观念三个传统②。"父爱主义"显然是儒家传统的遗产，但这一传统在新中国独特的"单位共同体"中被保留下来，并得到较为充分的发挥。在传统社会，"血缘共同体"是最为重要的社会细胞，在每一个家庭、家族或宗族中，都会有一个"家长"来管理共同体的事务，并且"家长"有责任看护和照料其成员的需求。国家与乡土社会之间，虽然只是发生有限的联系，但国家与乡土社会的关系在"天、地、君、亲、师"和"家、国、天下"的儒家伦理中被赋予了照料与看护的内容，君王是"代天牧民"，国人是"臣子"、"子民"，而作为国家代表的地方官员是"父母官"。总之，"父爱主义"的治理模式有着深厚的历史积淀，作为一种独特的"民情"，国人期待并相信，生活中的失败与困难，需要靠"圣君贤相"的家长来解决，而不是诉诸社会的自我组织，通过"结社"的方式来解决问题。另一方面，国家也乐于扮演这种角色，垄断了"公"的领域，官府被称作"公门"。在"单位共同体"的架构中，社会成员被纳入"自上而下"的单位组织，进而融入国家赶超式现代化的"大共同体"。同时，"单位"也代表着国家，看护和照料其社会成员，这种看护和照料，与传统社会的政治合法性基础不同，乃是依据国家在革命和建国的历程中，对工人阶级的政治承诺。在此意义上，国家通过"单位共同体"的建构，将

---

① 张静：《社会冲突的结构性来源》，社会科学文献出版社2012年版，第107—120页。
② 甘阳：《通三统》，生活、读书、新知三联书店2008年版，第3页。

父爱主义的回应性政治延续了下来。

毫无疑问，与现代社会的"个体主义"原则相比，"父爱主义"的回应性政治具有截然不同的利益实现路径。此外，尤为重要的是，作为一种颇具普遍性的"民情"，"父爱主义"的治理原则，成为执政合法性的一部分，任何执政者如果罔顾其国民的冤屈和困境，其治理的合法性，将会面临严重的危机。有趣的是，这种"父爱主义"的回应性政治，在市场化改革30多年后的今天，依然沿袭了下来。个体将对于家族、单位的依附，转向对于政府和国家的依附。在遇到了困境的时候，不是诉诸法律或"结社"，而是希望通过一定的方式让"家长"看见。很长一段时间，在维持社会稳定的压力下，城市治理中的"父爱主义"回应性政治非但没有走向式微，反而愈演愈烈，甚至出现了一些畸变的现象。

（三）社会管理的网格化与属地化

与"稳固"相比，"流动"总是给社会的有序化带来更多的挑战。在城市化快速推进的过程中，如何在高流动性的城市社会保持秩序，并提供更优质的公共服务，实现更有效的社会管理，是摆在城市管理者面前的重要问题。一种便捷的做法，是依据地理区位，将城市社会分割成若干的网格，采取属地化管理的模式。众所周知，"社区"就是一个地域性的自治组织。通过社区实现属地化管理，是新千年社区建设的一个重要构想，但在操作层面，难度是比较大的。一个社区的规模，往往人口达一万多甚至数万人。并且，当代的城市社区，已经不是"单位共同体"时期的"全息社区"了。不光社区干部及工作人员难以熟悉每一户社区成员，即使邻居之间也未必相识。可见，通过社区实现属地化管理是非常困难的。

近年来，"网格化"管理作为一种重要的社会管理创新方式在全国的城市中推广。所谓"网格化管理"，是在"社区"之下，寻找合适的、可操作的网格单元，将党、政、社会自组织等多种资源整合在一起，推动网格内社会成员的社会服务和社会管理。其具体的运作方式为：以街道、社区为基础，在管理辖区内，以1万平方米左右区域为基准划分单元网格，建立城市网格化管理信息平台，对城市部件、事件实施管理，实现市、区、专业处置部门和网格监督员四级联动的管理模式和信息资源共享系统。在转型期中国社会矛盾丛生和社会问题日渐增多的背景下，网格化管理一方面代表了政府试图维护社会秩序、实现社会控制的急切心态①；另一方面也体现了国家从"城市管理"到"城市治理"的理念变迁，一种国家"自上而下"推动和社会"自下而上"民主化相结合管理的新思路呼之欲出。

实践表明，"网格化社会管理"在维护城市社会稳定，推动公共服务水平提升方面，确实发挥了积极的效用。但其缺憾也是不容忽视的，城市治理亦绝非"一网就灵"：一方面，在街道和社区之下建立网格，意味着"国家—街道—社区"的架构之下，多出了新的层级，并且在资源主要来自国家的体制下，"网格"这一层级的行政化色彩是确凿无疑的。虽然在网格化管理的架构中，汇集了国家和社会组织等多种主体，但国家的力量是绝对主导性的，这实际上强化了国民对于国家的依赖，而挤压了社会自组织生长的空间，甚至可以想象，网格化管理，并不可能走出"父爱主义回应性政治"的窠臼；另一方面，当代城市生活的一个重要特点是，社会需求与社会风险的多元化。必须承认，网格在传递社会服务、响应社会需求方面具有积极的价值，但其属地化的定位，也使得其作用范围受到了限制，一些社会需求、社会问题和社会风险，已经远远超出了"网格"的边界，显然网格式的行政分割方式，对于响应和应对具有广域性、多层次性的社会需求、社会问题和社会风险时将会出现"力有不逮"的现象。

三、"城市治理"的未来

毫无疑问，走出单位社会的"理想城堡"，不会自然进入一个融"个人独立自由"与"老者安之、少者怀之，朋友信之"为一体的至高发展境界，而是需要以现实主义的态度来应对城市社会复杂性激增所带来的挑战。从"单位共同体"变迁的历史长时段分析，重构新中国国家建构与改革以来中国社会转型的理论关联性，有助于我们深化对"城市治理"未来的认识。如果说20世纪七八十年代末启动的改革开放主要着力点是经济领域中的效率提升，那么经历了35年经济快速增长的中国，面对复杂而多元的社会现

---

① 田毅鹏、薛文龙：《城市管理"网格化"模式与社区自治关系刍议》，《学海》2012年第3期。

实时，不能继续因循"现实倒逼改革"的问题主义制度变迁逻辑。而是需要在深入把握"单位共同体"变迁遗留给中国社会深层命题的基础上，对未来的"城市治理"做"总体性"的设计。

（一）再造"社会团结"

"社会团结"是社会学的基本问题，尤其是在剧烈的社会变迁时期，关于社会团结的追问可以激发出无穷的理论想象力。在"单位共同体"的诸多特征中，最具根本性的核心在于，"单位共同体"代表了中国走出近代危机，迈向赶超式现代化道路过程中选择的"社会团结"模式。借助"单位共同体"，国家与个人之间形成了一个"中间地带"。毋庸置疑，单位社会乃是现代社会的一种独特类型，但"单位共同体"作为一种社会团结模式，却有别于社会学鼻祖涂尔干所言的现代社会的"有机团结"模式，而是内在于新中国国家建构道路之中的，国家主导的、父爱主义的社会团结模式。

随着"单位共同体"的消解与变异，中国社会出现了值得警惕的"社会原子化"取向。究其实质，在于国家与社会成员之间"中间组织"的缺失。在市场经济改革和政治民主化进程过程中，再造社会团结的着力点恰在于"中间组织"的培育和发展，主要载体有社区组织、非政府组织、居民自治团体、结社、公共议论等。需要认识到，社会团结的再造过程将会是复杂的和长期的。新中国单位社会的确立，社会的独立性基本被取消，市场化改革中，社会的复杂性在不断地增加，在强调国家责任之外，知识界更是大声呼唤"社会的回归"。应当承认，城市社会治理，离不开社会部门有效而合理的运转。在市场经济改革中兴起的"社会自我保护运动"需要和"自上而下"的政府机构改革结合起来，形成国家与个人新型互动关系的结合点。国家的在场，固然是公共性格局中不可替代的要件，而随着改革的深化，富有活力、动态均衡的公共性格局，必然要包含社会部门的参与。通过社会自组织的培育，重塑城市社会团结，进而结束社会原子化的局面，对于城市社会的良善治理意义深远。

（二）培育"自治"的民情

托克维尔在《论美国的民主》中曾指出，美国社会有一种独特的"民情"。这种民情就是"结社",即相信社会自我组织、自我管理和自我服务的能力。关于这种"结社民情"的产生,学界通常持"移民社会论"的观点,相反的观点则认为很难说这种民情是否起源于美国,作为移民社会的特质,这是否又是一种新的"美国特殊论"。但毫无疑问的是,这种"民情"极大地丰富了美国个人独立自由、社会自治的内涵。

如前所述,当代城市社会治理中,依然存在着"父爱主义的回应性政治"。从公平的角度来看,"会哭的孩子有奶吃",这种"回应性政治"如果不能借助"事件"的契机而上升为带有普遍主义效应的制度变迁,则往往是机会主义的,是偏颇的,是有失公正的。从效率的角度讲,"回应性政治"没有统一的理性尺度,而是在具体的情境中冲突与博弈,最终以当时各方都能接受的"合意"原则为依据,就此而言,回应性政治又是高成本、低效率的。可见,这种"民情"存在着固有的缺陷。在市场化、城市化、工业化和全球化,深度和广度都空前的时代,社会生活中的权利和自由,需要有基于普遍性原则、事本主义原则的组织来保障。如果社会成员利益组织化的方式,不能超越狭隘的血缘共同体,如果其利益实现方式多是借用"回应性政治",那么我们时代一些公共性的问题就会无人问津,超越了"倒逼式改革"的一种积极的公共生活也就无从谈起。

综上所述,从应对城市社会复杂性激增的现实出发,城市治理中"自治"的民情培育,就有了内在的依据。所谓"民情",往往被等同于传统,更有些学者愿意将其称为民族性、甚或劣根性等等。实际上,"民情"在于"养成"。通过公共生活空间的培育,通过公共生活惯习的养成,给社会立法,在一系列普遍主义的原则下去形成稳定的互动方式,将社会自组织打造成为需求满足、服务供给和利益组织化的单元,就有望能够形成一种"民情"的新传统,而与"父爱主义的回应性政治"竞争,最终实现替代。

(三) 重塑城市社会"新公共性"

"再造社会团结"和"重塑'自治'民情"的目标在于形成一个国家与社会良性互动,共同管理公共事务的"新公共性"。即我们不但要生产出一个社会,而且要使其以良性的方式运行,形成与国家和市场密切互动、彼此强化的"新公共性"。"新公共性"概念主要是基于东亚社会发展及其公共性构造转换的历史经验而提出的。新公共性的内涵非常丰富，它既包括"市民的公共性"，即基层社区自治、NPO、NGO 建设以及网络社会背景下"公共议论"的最新发展，也包括"跨越国境的公共性"，即在全球化背景下超出现代国家空间范围外的"空间公共性"的构建和认同。其核心是解决现代化、城市化高密度居住、人际关系疏离状态下的社会何以可能的问题。

"新公共性"思想对于本书关于社会基础秩序的研究最具启发性的一点在于，其对基于西方经验的"对抗公共性"进行超越的尝试。就西方公共性的实践而言，我们很难将其视为包治百病的灵丹妙药，西方公共性的内在危机也是客观存在的。道格拉斯·拉米斯教授对于民主本意的探究和罗伯特·达尔教授关于多元民主困境的思考等均是围绕这一议题展开。或许只有以查尔斯·泰勒教授对于市民社会模式的探讨作为起点，在多元现代性视野下，体认具有不同历史文化传统和现实社会背景的社会中公共性的实践逻辑，才能真正在转型中国发现真问题，并提供有价值的方案。

在这方面，日本学界关于公共性的研究多基于一种"共生"的政治哲学，以生物学的"共生理念"来寻求超越"对抗公共性"的可能。所谓"共生"一般是指复数种类的生物在同一空间内或同一关系体系内共同生存的现象。日本《广辞苑》中将"共生"解释为：一起在共同的地方生活；不同种类生物具有行动上、生理上的联系，在一起生活的状态；分为共利共生和单利共生；寄生有时也被作为共生的一种。社会领域内广义的"共生"通常包括"人与自然的共生"、"异民族的共生"、"与残疾人共生"、"与老年人共生"、"男女共生"、"与疾病共生"等。政治学家山口定对"共生"有这样的认识："'共生'的提倡，第一，在我们现今的竞争社会中，必须是对生存方式本身的自我之决心的表白。因为在竞争关系中，站在优势一方者虽然也说'共生'，但若没有相当的自我牺牲的觉悟的话，就不会得到弱者的信赖。第二，不是强求遵从现成的共同体的价值观，或是因片面强调'和谐'与'协调'而把社会关系导向同质化的方向，而必须是在承认种种异质者的'共存'的基础上，旨在树立新的结合关系的哲学。第三，它不是相互依靠，而必须是以与'独立'保持紧张关系为内容的。第四，是依据'平等'与'公正'的原理而被内在地抑止的。第五，必须受到'透明的公开的决策过程的制度保障'的支撑。"① 应该说，"共生"的认识是一种向异质性开放的、基于宽容的社会结合状态，这样的观念在上世纪 90 年代后的日本社会大范围流行，是日本现代社会意识觉醒的一个重要表征。

我们所提倡的新公共性，是政府、市场和社会共在的公共性格局，三种力量以开放、包容、对话、协作的方式共同致力于新公共性格局的建构。新公共性可以从中国传统文化中汲取精神营养，如忠恕之道、和谐理念；并兼而汲取现代社会的公共性理念，如正义、平等、自由、权利。这一理想是公共性的价值圭臬，达到这一理想的过程则需要不懈的努力。循此路径回应单位社会终结的深层命题，则有望开拓出一种中国气派的"和谐公共性"。

---

① ［日］山口定：《关于共生》，《朝日新闻》1994 年 10 月 30 日。

参考文献

《马克思恩格斯选集》1—4卷,人民出版社2012年版。

《毛泽东选集》1—4卷,人民出版社1992年版。

《毛泽东文集》1—8卷,人民出版社1996年版。

《毛泽东早期文稿》,湖南人民出版社1990年版。

《建国以来毛泽东文稿》1—13册,中央文献出版社1998年版。

《邓小平文选》第3卷,人民出版社1993年版。

《陈云文稿选编》,人民出版社1982年版。

中共中央文献研究室编:《十二大以来重要文献选编》上下册,中央文献出版社2011年版。

中共中央文献研究室编:《邓小平年谱》,中共中央文献出版社2004年版。

曹锦清、陈中亚:《走出"理想城堡"———中国"单位"现象研究》,海天出版社1997年版。

杨晓民、周翼虎:《中国单位制度》,中国经济出版社1999版。

李培林、张翼:《国有企业社会成本分析》,社会科学文献出版社2000年版。

刘建军:《单位中国——社会调控体系重构中的个人、组织与国家》,天津人民出版社2000年版。

张静:《利益组织化单位》,中国社会科学出版社2001年版。

张翼:《国有企业的家族化》,社会科学文献出版社2002年版。

李汉林:《中国单位社会:议论、思考与研究》,上海人民出版社2004年版。

李汉林、渠敬东:《中国单位组织变迁过程中的失范效应》,上海人民出版社2005年版。

田毅鹏，漆思：《"单位社会"的终结——东北老工业基地"典型单位制"背景下的社区建设》，社会科学文献出版社2005年版。

宓小雄：《构建新的认同：市场转型期国有企业的劳动控制》，社会科学文献出版社2007年版。

吴文藻：《吴文藻人类学社会学研究文集》，民族出版社1990年版。

俞可平主编：《治理与善治》，社会科学文献出版社2000年版。

李亚平、于海编：《第三域的兴起》，复旦大学出版社1998年版。

王彦斌：《中国组织认同》，社会科学文献出版社2012年版。

周雪光：《组织社会学十讲》，社会科学文献出版社2003年版。

李义天：《共同体与政治团结》，社会科学文献出版社2011年版。

阎云翔：《中国社会的个体化》，陆洋等译，上海译文出版社2012年版。

《孙中山全集》1—11卷，中华书局2006年版。

康有为：《大同书》，古籍出版社1956年版。

钱穆：《湖上闲思录》，三联书店2000年版。

费孝通：《费孝通文集》1—14卷，群言出版社1999年版。

冯友兰：《中国现代哲学史》，广东人民出版社1999年版。

张灏：《烈士精神与批判意识——谭嗣同思想的分析》，广西师范大学出版社2004年版。

李树青：《蜕变中的中国社会》，商务印书馆1946年版。

费孝通：《乡土中国 生育制度》，北京大学出版社1998年版。

刘仰东编：《梦想的中国：30年代知识分子对未来的展望》，西苑出版社1998年版。

冯崇义、[美]古德曼：《华北抗日根据地与社会生态》，当代中国出版社1998年版。

李新、陈铁健：《伟大的开端》，中国社会科学出版社1983年版。

张静主编：《国家与社会》，浙江人民出版社1998年版。

曲庆彪：《超越乌托邦——毛泽东的社会主义观》，北京出版社1996年版。

李泽厚：《中国近代思想史论》，人民出版社1979年版。

冯天瑜：《中华原典精神》，上海人民出版社1994年版。

罗岗、倪文尖编：《90年代思想文选》（第2卷），广西人民出版社2000年版。

汪晖：《现代中国思想的兴起》上下部，三联书店2004年版。

林毓生：《中国意识的危机——五四时期激烈的反传统主义》，贵州人民出版社1988年版。

中共中央政策研究室编：《政策汇编》上下册，中共中央东北局1949年5月印刷。

中华全国总工会办公厅编：《建国以来中共中央关于工人运动文件选编》（1949年10月—1988年8月）上册，中国工人出版社1989年版。

中共中央书记处研究室理论组、中华全国总工会办公厅编：《当前我国工人阶级状况调查资料汇编》（1—2），中共中央党校出版社1983年版。

劳动部保险福利司编：《我国职工保险福利史料》，中国食品出版社1987年版。

劳动出版社编：《东北两工厂学习管理企业的经验》，劳动出版社1951年版。

东北人民出版社编辑部：《某工厂的党群工作经验》，东北人民出版社1951年版。

《学习东北国营厂矿政治工作经验的体会》，华东人民出版社1954年版。

第一汽车制造厂工会编：《第一汽车制造厂建厂期间的工会工作》，工人出版社1957年版。

中国第一汽车集团公司史志编纂室：《中国第一汽车集团公司年鉴》，吉林科技出版社2000年版。

安岗：《从一个工厂看社会主义企业管理》，工人出版社1955年版。

东北人民经济计划委员会编：《计划经济论文选》第5辑，东北财经出版社1953年版。

吴艳：《老工业基地改造研究》，大连出版社1997年版。

朱建华：《东北解放区财政经济史稿》，黑龙江人民出版社1987年版。

周银校：《集体经济改革初探》，辽宁人民出版社1989年版。

《当代中国》丛书编辑部：《当代中国的劳动力管理》，中国社会科学出版社1990年版。

《中国社会主义国营工业企业管理》编写小组编：《中国社会主义国营工业企业管理》上下册，人民出版社 1964 年版。

张卓元、郑海航主编：《中国国有企业改革 30 年回顾与展望》，人民出版社 2008 年版。

赵德馨：《中华人民共和国经济史》，河南人民出版社 1988 年版。

武力：《中华人民共和国经济史》，中国经济出版社 1999 年版。

汪熙、魏斐德主编：《中国现代化问题——一个多方位的历史探索》，复旦大学出版社 1994 年版。

孙立平等：《动员与参与：第三部门募捐机制个案研究》，浙江人民出版社 1997 年版。

梁万富：《中国特色的城市社区建设》，辽宁大学出版社 2002 年版。

王青山、刘继同：《中国社区建设模式研究》，中国社会科学出版社 2004 年版。

尹保云：《现代化通病——二十多个国家和地区的经验与教训》，天津人民出版社 1999 年版。

张静：《社会冲突的结构性来源》，社会科学文献出版社 2012 年版。

陈启能：《中国和加拿大的社区发展》，民族出版社 2002 年版。

金观涛、刘青峰：《中国现代思想的起源——超稳定结构与中国政治文化的演变》（第 1 卷），香港中文大学出版社 2000 年版。

彭华民：《西方社会福利理论前沿》，中国社会出版社 2009 年版。

包亚明：《现代性与空间的生产》，上海教育出版社 2003 年版。

雷洁琼主编：《转型中的城市基层社区组织——北京市基层社区组织与社区发展研究》，北京大学出版社 2001 年版。

贺照田主编：《后发展国家的现代性问题》，吉林人民出版社 2002 年版。

刘小枫：《现代性社会理论绪论》，上海三联书店 1998 年版。

金耀基：《从传统到现代》，中国人民大学出版社 1999 年版。

李培林：《社会结构转型：另一只看不见的手》，社会科学文献出版社 2004 年版。

谢立中、孙立平主编：《二十世纪西方现代化理论文选》，上海三联书店 2002 年版。

蔡英文:《政治实践与公共空间》,新星出版社 2006 年版。

[美] 华尔德:《共产党社会的新传统主义》,龚小夏译,牛津大学出版社 1996 年版。

[美] 卞历南:《制度变迁的逻辑——中国现代国营企业制度之形成》,卞历南译,浙江大学出版社 2011 年版。

[苏] M. ЗЕЛИКСОН:《车间主任经验谈》,马宏祺等译,重工业出版社 1950 年版。

[苏] 奥甫相尼科夫等:《工业企业中的政治鼓动》,张造勋译,人民出版社 1956 年版。

[美] 德鲁克基金会:《未来的社区》,魏青江译,中国人民大学出版社 2006 年版。

[美] 杜赞奇:《文化、权力与国家:1900 – 1942 年的华北农村》,王福明译,江苏人民出版社 2004 年版。

[美] 魏特夫:《东方专制主义:对于极权力量的比较研究》,徐式谷译,中国社会科学出版社 1989 年版。

[美] 西达·斯考切波:《国家与社会革命:对法国、俄国和中国的比较分析》,何俊志、王学东译,上海世纪出版集团 2007 年版。

[匈] 雅诺什·科尔奈:《社会主义体制——共产主义政治经济学》,张安译,中央编译出版社 2007 年版。

[德] 斐迪南·滕尼斯:《共同体与社会——纯粹社会学的基本概念》,林荣远译,商务印书馆 1999 年版。

[美] RE. 帕克等:《城市社会学:芝加哥学派城市研究》,宋俊玲、郑也夫译,商务印书馆 2012 年版。

哈佛燕京社、三联书店主编:《儒家与自由主义》,三联书店 2001 年版。

[美] 亨廷顿:《变化社会中的政治秩序》,王冠华等译,三联书店 1989 年版。

[英] 安东尼·吉登斯:《社会理论与现代社会学》,文军、赵勇译,社会科学文献出版社 2003 年版。

[美] 莫里斯·迈斯纳:《毛泽东的中国及后毛泽东的中国》,杜蒲、李玉玲译,四川人民出版社 1989 年版。

［美］彼得·埃文斯、迪特里希·鲁施迈耶、西达·斯考切波编著：《找回国家》，方力维等译，三联书店2009年版。

［澳］琳达·维斯、约翰·M.霍布森：《国家与经济发展——一个比较及历史性的分析》，黄兆辉、廖志强译，吉林出版集团有限责任公司2009年版。

［美］金·S.卡梅隆、罗伯特·E.奎因著：《组织文化诊断与变革》，谢晓龙译，中国人民大学出版社2006年版。

［德］沃尔夫冈·查普夫：《现代化与社会转型》，陈黎等译，社会科学文献出版社2000年版。

［英］卡尔·波兰尼：《大转型：我们时代的政治经济起源》，冯钢、刘阳译，浙江人民出版社2007年版。

［美］W.理查德·斯科特：《制度与组织——思想观念与物质利益》，姚伟、王黎芳译，中国人民大学出版社2012年版。

［法］埃哈尔·费埃德伯格：《权力与规则——组织行动的动力》，张月等译，上海人民出版社2005年版。

［法］涂尔干：《社会分工论》，渠东译，三联书店2000年版。

［日］佐佐木毅、金泰昌主编：《公共哲学》第1卷，刘文柱译，人民出版社2009年版。

［美］萨拉蒙：《全球公民社会——非营利部门视界》，贾西津、魏玉等译，社会科学文献出版社2002年版。

［美］彼得·F.德鲁克：《新社会：对工业秩序的剖析》，沈国华译，上海人民出版社2002年版。

［美］罗伯特·K.默顿：《社会理论和社会结构》，唐少杰、齐心译，译林出版社2006年版。

［法］伊夫·格拉夫梅耶尔：《城市社会学》，徐伟民译，上海人民出版社2005年版。

［多国］雅克·鲍多特等：《与地球重新签约——哥本哈根社会发展论坛文选之一》，吴小英译，人民文学出版社2003年版。

［加］查尔斯·泰勒：《现代性之隐忧》，程炼译，中央编译出版社2001年版。

［美］W. 苏贾：《后现代地理学》，王文斌译，商务印书馆2004年版。

［美］安东尼·奥罗姆、陈向明：《城市的世界——对地点的比较分析和历史分析》，曾茂娟、任远译，上海人民出版社2005年版。

［德］斐迪南·滕尼斯：《新时代的精神》，林荣远译，北京大学出版社2006年版。

［加拿大］简·雅各布斯：《美国大城市的死与生》，金衡山译，译林出版社2005年版。

［英］齐格蒙特·鲍曼：《共同体》，欧阳景根译，江苏人民出版社2003年版。

［法］托克维尔：《论美国的民主》，董果良译，商务印书馆1996年版。

［美］麦克·布洛维：《公共社会学》，沈原等译，社会科学文献出版社2007年版。

［美］彼得·德鲁克：《工业人的未来》，余向华译，机械工业出版社2006年版。

［美］马克·赛尔登：《革命的中国：延安道路》，冯崇义译，社会科学文献出版社2002年版。

［美］詹姆斯·R. 汤森、布兰特利·沃马克：《中国政治》，顾速、董方译，江苏人民出版社2003年版。

［英］吉登斯：《现代性的后果》，田禾译，译林出版社2000年版。

［德］贝克、［英］吉登斯、［英］拉什：《自反性现代化》，赵文书译，商务印书馆2001年版。

［美］塞缪尔·亨廷顿：《现代化——理论与历史经验的再探讨》，罗荣渠等译，新华出版社1997年版。

［德］H. 罗尔夫·哈赛等：《社会市场经济辞典》，卫茂平等译，复旦大学出版社2004年版。

［匈］玛利亚·乔纳蒂：《转型：透视匈牙利政党——国家体制》，赖海榕译，吉林人民出版社2002年版。

［法］佩鲁：《新发展观》，张宁、丰子义译，华夏出版社1987年版。

［美］凯文·林奇：《城市形态》，林庆怡等译，华夏出版社2001年版。

［美］莫里斯·迈斯纳：《马克思主义、毛泽东主义与乌托邦主义》，张宁、

陈铭康译，中国人民大学出版社 2005 年版。
［日］山口定等：《新公共性》，有斐阁 2003 年版。
［德］马克斯·韦伯：《经济与社会》上卷，林荣远译，商务印书馆 1997 年版。
［美］布诺威：《制造同意》，李荣荣译，商务印书馆 2009 年版。
［英］齐格蒙特·鲍曼：《个体化的社会》，范祥涛译，三联书店 2001 年版。
［美］保罗·诺克斯、史蒂文·平奇：《城市社会地理学导论》，柴彦威、张景秋译，商务印书馆 2005 年版。
［美］乔治·里茨尔（George Ritzer）：《社会的麦当劳化》，顾建光译，上海译文出版社 1999 年版。
［美］拉塞尔·雅各比：《最后的知识分子》，洪洁译，江苏人民出版社 2002 年版。
［美］N. R. 霍曼：《社会老年学》，冯韵文、屠敏珠译，社会科学文献出版社 1992 年版。
［美］乔治·古尔维奇：《社会时间的频谱》，朱红文、高宁、范璐璐译，北京师范大学出版社 2010 年版。
［英］特纳：《社会理论指南》，李康译，上海人民出版社 2003 年版。
［德］齐美尔：《社会是如何可能的》，林荣远 编译，广西师范大学出版社 2002 年版。
［美］罗兰·罗伯森：《全球化——社会理论和全球文化》，梁光严译，上海人民出版社 2000 年版。
［英］马丁·阿尔布劳：《全球时代——超越现代性之外的国家和社会》，高湘泽、冯玲译，商务印书馆 2001 年版。

Andrew G. Walder, 1986, "Communist Neo–Traditionalism: Work and Authority in Chinese Industry". Berkeley: University of California Press.

Xiaobo Lu, 1997, "Minor Public Economy: The Revolutionary Origins of the Danwei", in Xiaobo Lu and Elizabeth J. Perry (Eds), Danwei the changing Chinese workplace in historical and comparative perspective, New York, M. E. Sharpe.

后 记

本书是国家社会科学基金研究项目"单位制度变迁中的社区建设研究"（08BSH019）的最终研究成果。该项目立项于2008年夏，但实际研究却可上溯到2004年春。众所周知，2003年10月，以中共中央、国务院下发《关于实施东北地区等老工业基地振兴战略的若干意见》（中发［2003］11号文件）为标志，国家实施振兴东北地区等老工业基地的战略正式启动。同年12月，国务院做出成立振兴东北地区等老工业基地领导小组的决定。2004年4月，国务院振兴东北办正式成立，由此，振兴东北战略开始全面铺开。

毫无疑问，中央在新世纪伊始，继西部大开发后，提出振兴东北战略是一项真正意义上的综合国策，意在通过一系列政策举措推动东北地域社会实现新的发展与转换。作为对国家振兴东北战略的回应，吉林大学社会学系在2004年春召开了以振兴东北为主题的国际学术研讨会，众多著名学者云集长春，试图从"经济—社会"的综合视角来解剖"东北现象"，推进东北振兴。为参加此次盛会，我特地撰写了一篇题为《典型单位制对东北老工业基地社区发展的制约》的论文。会后发表在《吉林大学社会科学学报》2004年第4期。在该文中，我提出了"典型单位制"概念，认为：理解"东北现象"应该注意对建国以来东北社会的特性有一个总体性的概括。"东北老工业基地振兴最具现实意义的推进方略，应包括以国企改革为核心的经济发展和以社区建设为核心的社会重建两项核心内容。建国以来，以东北老工业基地为代表的超大型工业社区在其漫长的历史发展进程中，形成了极具特色的典型单位制，表现为空间分布上的集中性和封闭性，社会资源的单位垄断制以及浓郁的单位氛围和国营惯习，导致社区对企业的高度依附从属,使得东北老工业基地的社区建设存在着推力不足、资源匮乏、社会公共空间形成缓慢等现象。由此,社区发展便成为东北老工业基地振兴的一大难点和关键。"

以此文为契机,我在相当一段时间内,将研究的兴奋点放在了单位制研究领域,并承担了一些关于单位制研究的科研项目,陆续发表了《单位社会的终结及其社会风险》、《典型单位制度的起源与形成》、《单位制度变迁与集体认同的重构》、《"单位人"集体行动的实践逻辑》、《单位社会起源的社会思想寻踪》、《单位社会历史地位的再评价》、《寻找中国社会的"自性"》等论文。这些关于单位制度研究的学术论文多被《新华文摘》、《中国社会科学文摘》、《中国人民大学报刊资料(社会学)》全文转载或转摘,产生了一定的学术反响。上述研究直接为本书奠定了一定的学术基础。

2008年"单位制度变迁中的社区建设研究"研究项目获立后,我邀吕方作为课题组的主要成员参加课题研究。我主要负责课题的总体设计及相关文献资料的梳理工作,而吕方则主要负责田野实地调查工作。在课题研究过程中,我们深入到Y厂等超大型国有企业所在社区展开调研,取得了一些宝贵的资料和新认识,深刻地意识到关于单位类型研究的重要性。在以往的研究中,学术界一般都是将"单位制度"作为一种全国性的、一般性的制度和体制纳入研究视野的,很少将其置于不同空间和地域文化背景下,探讨其具体的多元意义的变异,亦未关注研究单位不同类型的存在。故我们在研究中注意将"地方性"变量引入"单位—社区"研究,从"单位社会"的研究视角出发,探讨"典型单位制"对老工业基地社区发展的影响与制约,深刻体认单位研究的深层内涵,以丰富发展"单位理论",解决"单位社会终结"和社区建设等理论难题,较好地完成由"单位社会"向"后单位社会"转化的过程,推进基层社会管理体制的改革创新。

通过研究,我们认为该项目研究的深入拓展,对于我们深入理解1949年以来中国"单位社会"这一独特的社会结构和当下正在发生的复杂的社会转型具有重要意义。同时也有助于揭示当代中国发展变迁的"地方景观"。长期以来,人们谈及"东北现象",往往将其简单地视为经济现象,仅从"经济视角"加以分析理解。而在我看来,"东北现象"实际上与"典型单位制"背景下的"单位办社会"的格局有着密切的关联。从该项目研究目前所取得的成果看，基本上达到了课题研究设定的目标。但限于种种局限，课题研究还存在一些有待进一步深化之处，如课题研究田野调查的持续性和稳定性还需要加强。对"典型单位制"这一核心概念挖掘和阐释的深度和广度仍显不足。尤其是对典型单位制的代表性企业社区的成长史和转型史的长时段研究还不够深入，从而影响到对问题认识的深度。今后，我们应选择更多的超大型企业社区作为样本，加强不同类型的典型单位制企业社区的比较研究，将研究推向深入。

本书由我和吕方副教授合作完成。具体分工如下：田毅鹏负责撰写导论、第3章、第4章、第9章、第12章、第13章、第14章。吕方负责撰写第5章、第6章、第7章、第8章、第10章。田毅鹏与吕方合作撰写第1章、第2章、第11章、结语。值得提出的是，我的博士生陶宇和薛文龙分别参加了第9章和第12章的撰写工作，在此表示感谢。全书的统稿工作主要由田毅鹏负责。在统稿阶段，恰值吕方副教授赴美国芝加哥大学从事博士后研究。通过互联网的往返传递，吕方对其负责撰写的文稿进行了认真的修订，并核对了部分外文资料，使得书稿得以如期交付出版社。

在本书即将付梓之际，我们衷心感谢国家社会科学基金成果匿名评审专家对书稿提出的宝贵修改意见。感谢吉林大学社会学系各位老师多年来的支持和帮助。中央编译出版社的曲建文编审在书稿的审定和编辑过程中修订了书中的一些讹误之处，提出了诸多修改意见，给本书增色不少，在此表示由衷感谢。当然，本书存在的不足和讹误之处则由作者本人负责，欢迎大家随时批评指正。

田毅鹏
2013年12月6日于长春吉林大学匡亚明楼

图书在版编目(CIP)数据

"单位共同体"的变迁与城市社区重建 / 田毅鹏, 吕方著.
— 北京：中央编译出版社, 2014.4
ISBN 978-7-5117-2083-2

Ⅰ. ①单…
Ⅱ. ①田… ②吕…
Ⅲ. ①社区建设-研究-中国
Ⅳ. ①D669.3

中国版本图书馆 CIP 数据核字(2014)第 042887 号

"单位共同体"的变迁与城市社区重建

出 版 人：刘明清
出版统筹：薛晓源
责任编辑：王 文 曲建文
责任印制：尹 珺
出版发行：中央编译出版社
地　　址：北京西城区车公庄大街乙5号鸿儒大厦B座(100044)
电　　话：(010)52612345(总编室)　　(010)52612335(编辑室)
　　　　　(010)52612316(发行部)　　(010)52612315(网络销售)
　　　　　(010)52612346(馆配部)　　(010)66509618(读者服务部)
传　　真：(010)66515838
经　　销：全国新华书店
印　　刷：北京瑞哲印刷厂
开　　本：787 毫米×1092 毫米 1/16
字　　数：332 千字
印　　张：21
版　　次：2014 年 4 月第 1 版第 1 次印刷
定　　价：98.00 元

网　　址：www.cctphome.com　　邮　箱：cctp@cctphome.com
新浪微博：@中央编译出版社　　微　信：中央编译出版社(ID：cctphome)

本社常年法律顾问：北京市吴栾赵阎律师事务所律师　闫军　梁勤
凡有印装质量问题，本社负责调换，电话：(010)66509618